U0046931

not only passion

not only passion

THE GAME

把妹達人

從宅男到型男之路

Penetrating the Secret
Society of Pickup
Artists

1

尼爾·史特勞斯 著
Neil Strauss

貓學步 譯

dala sex 015A

把妹達人1——從宅男到型男之路（2023新版）
The Game: Penetrating the Secret Society of Pickup Artists

作者｜尼爾·史特勞斯（Neil Strauss）

譯者｜貓學步

潤校｜李建興

主編｜洪雅雯

企劃編輯｜張凱甡

校對｜金文蕙

行銷企劃｜陳秉揚

美術設計｜楊啟巽工作室

內文排版｜邱美春

總編輯｜黃健和

出版｜大辣出版股份有限公司

105022台北市南京東路四段25號12樓

www.dalapub.com

TEL: (02) 2718-2698　Fax: (02) 8712-3897

service@dalapub.com

發行｜大塊文化出版股份有限公司

105022台北市南京東路四段25號11樓

www.locuspublishing.com

TEL: (02) 8712-3898　Fax: (02) 8712-3897

讀者服務專線：0800-006689

郵撥帳號：18955675

戶名：大塊文化出版股份有限公司

locus@locuspublishing.com

法律顧問｜董安丹律師、顧慕堯律師

台灣地區總經銷｜大和書報圖書股份有限公司

地址：新北市新莊區五工五路2號

Tel: (02) 8990-2588　Fax: (02)2990-1658

製版｜瑞豐實業股份有限公司

二版一刷｜2023年02月

二版二刷｜2023年02月

定價550元

ISBN｜978-626-96856-1-5

版權所有，翻版必究

Printed in Taiwan

把妹達人1：從宅男到型男之路 / 尼爾.史特勞斯(Neil Strauss)作；貓學步譯. -- 二版. -- 臺北市：大辣出版股份有限公司出版：大塊文化出版股份有限公司發行, 2023.02 面；15×21公分. -- (sex；15B)
譯自：The game : penetrating the secret society of pickup artists
ISBN 978-626-96856-1-5(平裝)　1.CST: 擇偶 2.CST: 兩性關係
544.31　　　　　　　　　　　111020408

謹獻給過去幾年我在酒吧、夜店、購物中心、機場、雜貨店、地鐵和電梯裡交談過的千萬民眾。

如果你正好看見此書，希望你知道我並沒有在你身上玩遊戲。我可是真心誠意。真的，你不一樣。

將PUA重新定義
再定義

文 | 作家H

　　在近幾年裡面，我除了上電視節目暢談兩性議題，分析兩性關係之外，其實在線下，也有相關的工作找上門。

　　舉例來說，像是幫一群所謂的「宅男」上課！上什麼樣的課？就是「如何搭訕女生」，又或者「如何交到女朋友」……

　　雖然我從不自詡為「把妹達人」，但的確因為活得久的關係，相較於有相當比例母胎單身的宅男學員們來說，在他們眼中我似乎成為了一位「上段的戀愛賢者」！

　　但是秉持著不以傷害對方為前提的戀愛展開技術教學的我，還是不免於在實戰經驗當中，踢到無數次的鐵板。

　　當我試圖用心靈撫慰那套，自我付出那些伎倆去跟宅男學員說明，如何擄獲女性芳心時，我能夠得到的回應，只有一雙雙茫然的雙眼！

　　對他們來說，我講的話就像是找來一位沒有信仰的路人，朗讀《聖經》給他們聆聽一般，毫無感知！

　　於是我終於想通。

　　試問：在他們連女性的手都還沒牽過，連女性的嘴唇滋味都尚未嘗過之前，我要如何告訴並且教育他們，就是要用無私、無我的精神，去愛你

的對象，並且還不求回報?!

尤其是後來當我聽到學員們告訴我，其他老師的某些教學方式之後，我才逐漸了解，在「把妹教學」的這個世界裡，「理想很豐滿，現實很骨感」這句話，同樣是存在並且成立的。

畢竟對於這個時期的男人而言，初階的「把妹目標」根本不在於未來如何建立幸福生活如此長遠的景色，而是在於如何快速牽手、如何趕緊親密、如何火速上床……

我不得不承認，任何一件事情鑽研到極致，都會成為一門學問，也是一種藝術。把妹亦然。

但我更想強調，任何一種工夫練到最後關頭時，都有可能因為一念之差，進而成佛，或者入魔。

而PUA這三個英文字（Pickup Artists縮寫），就是在這樣的狀況下，不斷地被重新定義又定義！

在現在華文的估狗網頁上，打上這三個字母，你會看到的幾乎全部是極度貶義的解釋。雖然大部分的說明都會先寫上「PUA一開始是用來教導男性如何追求女性的SOP流程」，然而一路讀到後面的條列時，你就會看到文章一點一點的將這整件事情化成妖魔鬼怪！

像是：必須先利用好奇心作為陷阱去吸引女性，再逼迫自己偽裝出另外一種人格，去取得女性的信任感，或者創造反差感藉以讓女性靠近。而PUA當中最可怕的就是後來被斷章取義，連結到所謂的「煤氣燈」效應。用來孤立女性，好讓女性沒有半個人可以信任後，就可以被男人用各種言語侮辱、操控，導致女性失去自信，任憑男人擺布！

最終，「PUA」三個字就成為了「利用騙術控制女性藉以獲得性愛或

者操控對方」的一門終極暗黑技巧!

在「把妹達人」一書當中,我們可以清楚地閱讀出,讀者的確身體力行實踐了各種「把妹」的方式與技巧。但是從各個章節裡面,我們可以看出一個簡單的脈絡,其實和我在課堂上教學的流程,並無二異。像是:

第一章:選定目標。

第二章:接近與開場。

第三章:展示價值。

第四章:障礙排除。

第五章:孤立目標。

第六章:建立情感連結。

第七章:取得引誘位置。

第八章:刺激購買慾。

第九章:進行身體接觸。

第十章:摧毀最終抵抗。

第十一章:管理期待。

如果沒有閱讀過內容的讀者,或許會對這本2007年就出版的「把妹聖經」感到質疑。一如前面所言,在這個世代的台灣社會裡,「PUA」三個字幾乎和「煤氣燈效應」或者「貶低及控制女性」劃上等號。

然而實際上像是第五章的〈孤立目標〉,內容講的根本就不是要去打擊女性自尊讓她喪失自我意識,而是指當宅男單兵作戰,目標對象可能是和另外一名女性友人一起出現在酒吧時,你要如何把一旁的人事物清空,

好讓自己可以單獨和女性相處，藉機會表達自己的魅力或特色。

這一切的技巧，從最根本的說話，到最後的性生活協調與否，都在這本書裡面一一被一段段的小故事演繹出來。而之所以會有這樣一門學問的誕生，憑藉的都是男人的本性，為了狩獵獵物，達到性愛目的，過上食色性也的生活！

也因此，在推薦這本書的時候，我不會告訴你這是一本多麼注重心靈層面，如何提升你戀愛靈性的書籍。但我卻可以老實地告訴你，這是一本男人看完都深有同感，並且的確可以從中學習到如何與女人上床，達到大部分男人在年輕時期夢寐以求每日快活的一大寶典！

PUA可以是「搭訕藝術」，也可以是「暗黑操控」。正如一名男人手上取得一把手槍之後，你可以用來自衛，又或者用來傷害對手！

建議你，閱讀這本重新再來過的《把妹達人1：從宅男到型男之路》一書，就讓書中的「謎男」與「型男」兩個角色，帶領你進入真正正統的把妹搭訕藝術，或許可以讓你心裡的「PUA」三個英文字母，又在這個世代裡，重新被定義，再定義！

我是H，推薦本書給每一位對男女關係感到迷惘的人兒，因為就算是女性，也可以藉由這本書的內容，了解更多男人在面對「追求性愛」時所花費的力氣與腦筋，到底是藉由什麼樣的迴路所驅動！

了解異性，也了解自己！

把妹達人三部曲：
折疊、拆解、再成為一個人

文 | 蔡宜文（專欄作家）

我剛看完這三本書以後，對我先生說：

「我想到有一群男人打炮要花這麼多心力，要經過外貌改造、研討會有些要學魔術、讀心術、催眠術，甚至還有巫術，精通整整十四頁的術語，才能夠打到炮，你多數時候只要洗澡就好了，你真是個幸運的男人。」

《把妹達人》這系列三本書，主要是在討論作者兼主角尼爾，從上謎男的課程開始，進入到把妹達人（在書中通常稱為PUA）的社群內，然後走訪各門派宗師，也開始創造自己的招式，有了許多多重的性伴侶，同時也與PUA夥伴們開啟了住在一起的好萊塢計畫後失敗。作者仍然持續透過書籍傳授把妹技巧，但後來他找到了希望可以長期交往的伴侶卻又出軌破壞了這段關係，為了能夠改變自己又進入性愛成癮的復健所，改善自己的成癮問題，也嘗試去開拓多元親密關係等不同的可能。最後，他還是找到了與伴侶和解的可能，有一個Happy Ending。

光是這三本書的安排，就有點好萊塢約會電影的感覺，那種宅男有天

找到方法得到很多女伴，但尋尋覓覓發現人最終要回歸真愛與家庭，然後用各種方法改造自己成為更好的人，然後也找到那個真的愛著「真實的自己」的另一半，最後，過著幸福快樂的日子。

當大辣找上我來寫這個系列的導論時，我跟他們說我會很持平地來寫這篇評論，喜歡就喜歡，批評就批評，他們說好。我覺得這是很有勇氣的行為，所以我讀得非常認真，原先，我以為自己會被其中各種不把女人當人看的招數激怒──但沒有。

讀的過程中我最常感受到的情緒是荒謬，像是看待窮人版的《比佛利嬌妻》或是TLC之類的頻道上，總熱愛尋找一個生活過得很悲慘的胖子展示，最後試圖改造他的肥胖跟人生。

作為一個社會學家，我知道他們現在的人生困境都有結構性的因素。但作為一個俗氣的觀眾，你還是會在心中興起一種「為什麼？為什麼你會把你的人生搞成這樣？」的荒謬之感。

這個荒謬之感貫穿了我的整個閱讀體驗，或許就是它壓過了我本來可能會被其中招式引起的憤怒。在這點上，不得不說，尼爾是個在章節安排上相當精妙的作者，或許在他寫作本書時同時使用了他在PUA社群所學到的與自身的寫作專長，我在看這本書的時候，可能也是被他給勾住了，讓我想要跟這幾本書對話，並且覺得有趣（這大概就是作為讀者在遠端提供給作者的IOI）。

而我這別要提到，尼爾有一個非常厲害的章節安排，那就是，他在展現完如何巡視、運用招式得到女人之後，又會有章節描述他以及其他巡佐的內心感受，有時甚至是描述他們無力完成性行為，童年的陰影或是彼此之間流露出的怯弱。透過強弱強弱的安排，除了大幅降低了讀者對於作者

的惡感，同時也將作者乃至於他所描述把妹社群當中的所有角色，還原成為一個又一個的「人」。

拆解後，還原成一個人

我上面提到各種不把女人當人看的招式確實存在，但不被當人看的不只是女人。這個社群當中的無論是型男、謎男、老爹等用書中的專有名詞來講的巡佐、PUA們，他們在用這些不把女人當人看的招式把妹以前，反而都先把自己給變成了一個不是人的他者，也就是在把女人不當成人以前，他們也不把自己當成人。

首先是進入這個社群時，你就必須要拋棄過去的名字，好像千尋進入湯婆婆的湯屋打工一樣，你要切換成另一個身分，拋棄過去的自己。當然，我們每個人幾乎都在人生某個時候，會對現在的自己感到厭惡，可能會想要透過學習、閱讀跟各種不同的方式，去找到不同的自我，但從尼爾成為型男的描述中，更像是與過去或是外面世界的自我產生斷裂，而去生成了另外一個屬於把妹達人社群的自己，這種感覺就像是進入監獄或是精神病院這種全控機構一般，雖然沒有到那麼嚴格，但透過網路到實體社群的互相監視，這群人相互規訓，而去形成了另一個功能性的自我——把妹時的人格。

這個人格看似解決了一些問題，例如將不自信的人變成自信，將不敢跟女生講話的人變成可以講話，也好像短暫解決了尼爾本身對於愛的渴求和原生家庭根源的問題，但這個人格，並沒有跟原先的那個自我產生連結，也因此最後型男（也就是尼爾）提到許多巡佐都是社交機器人，他們

的反應乃至於生活的方式都不像是人類，無法回歸到那一個自我存在的世界裡。

當然或許因為這系列書是尼爾寫的，所以他是其中看起來最「人」的那一個，可即使是尼爾，他在變成型男後也不由自主地會用套路的方式去思考人際關係。看到最後，讀者會跟尼爾一起發現，他進入這個社群明明為了要交到更多女朋友，但最後卻是更常在處理跟男人之間的關係。這些把妹達人或是巡佐們，雖然都標榜自己在過往的性關係或是親密關係中處於弱勢，或是現在並非人生的巔峰時刻，你覺得他們應該會互相幫助，甚至他們很多都還有師徒的關係，可是在這種「成為強勢男人」及「女性慕強」的想法下，他們反而常常成為彼此的阻礙，甚至，難以締結出把彼此當成人的關係，只能夠把對方當成是僚機或是對手，而不是朋友跟親人。

在無法與男性朋友建立起支持系統時，他們與追求到的女人的關係也無法締結對等的人和人、主體與主體之間的關係，那就更不可能從中獲得支持，所以最後不是離開，就是又回歸到個人舊有的支持系統（例如原生家庭），在這邊我們也可以看到，尼爾無論是在第一本的最後與第三本中，他感受到情感上的支持，往往也並非來自於他藉由技巧把到的妹，或是那些陽剛領袖，而是那些在復健所等地交往共享問題的朋友、夥伴，以及對等交往付出的伴侶。

所以，最後還是迪士尼美好結局？

尼爾最終回歸到一對一的核心家庭關係，看起來像是某種美國中產階級家庭的神話。這好像有點否定他之前所教授的技巧，我很希望我可以斬

釘截鐵地這麼說，但其實不是，我必須坦白說，尼爾的技巧，其實是「有用的」。

就坦白說吧，我們都希望找到一個喜歡「真實的」自己，就是我不需要去學會那些滿滿三十天的技巧，不需要學會什麼拒絕的力量，不需要先否定別人、冷落別人，不需要改變外貌，我就可以得到愛，有一個人就這樣真正地愛著我。越是不擅長社交的人，越常有這種期待，有人會翻山越嶺看到我那樸實無華的外貌下存在著美好的內在，他喜歡我，是因為我是我。

我不否認這世界上存在這種愛，但他不會自然而然地出現，你必須要先把自己放在別人面前，然後給別人挑挑揀揀，經過拒絕與否定，然後抱持了一線希望，希望那個人出現——這件事情很殘酷，對女人而言是，對男人而言也是。

在台灣這幾年PUA成為街頭搭訕、把妹課程以及在交往中使用操控手段達到目的等課程的代名詞。不好意思，就算看完這系列書籍，我也沒有想要幫PUA擊鼓伸冤的意思，畢竟從這些招式當中，就能夠看見這些招式存在著「毀了女人，讓他變得好控制」的可能性存在，包括剝奪、貶低、或是提到把女人當成動物或無生物，甚至催眠等等，在這其中可以看到掌控權力、控制比起性慾的滿足，更常出現在PUA與他們搭訕的對象關係之中。而主控權的爭奪戰也出現在PUA們彼此，就算這些最初的把妹達人並無意創造出這種以經濟、情緒甚至催眠等方式操控及摧毀女人來建立關係的方式，也無法否認上述的手段，終將造成這樣的結果。

或許，好好地作為一個人談戀愛？

我要擊鼓伸冤的或許是這世界對於追求者／男性的殘酷，主流的親密關係腳本賦予了男性追求的責任跟義務，把擁有伴侶作為男性衡量自我（與彼此衡量）的重點項目，結婚與生子則成為了成功男人的必須，親密關係不僅僅是與他人締結關係的方式，更是衡量自己是否是個足夠好的男人，是否有人會愛你。也就是說，如果男人不像這群人創造出另一個自我，而是以那個真實的自我上陣，真實的他或許要經歷無數次對於自我的否定跟挫敗。

可是，在男兒有淚不輕彈的家庭與學校教育下，當代男性缺少了面對傷痛跟失敗的情緒教育，礙於社會慣例他們難以相互安慰，社會唯一許可男性可以表露出柔弱之時，又是只有在面對母親跟戀愛對象的時候。最後，他們必須要先被傷害，成為一個不是人的人，才能夠抵達那個能夠容納自己情緒的奶與蜜之地（——也就是真愛著他們的女人），但這時他們已經不再是自己，又需要花費更多的時候把那個與自己疏離的自我，調整回自己，才能夠好好地與對等的人建立起親密關係。

這三本書所描寫的，在我心中大概就是這樣的一個歷程。所以我不會說請大家都不要來看這本書，其實相反，我覺得無論男女都滿適合把這三本書唸完的，去看到當代社會對於戀愛的想像對於男人有多麼的殘酷，以至他們必須要先創造另外一個疏離的自我，才能得到一點有人喜歡自己的可能。然後，讓我們回頭想，有沒有那個可能，我們——無論男女——都可以好好地作為一個平等的有思想的「人」互相戀愛呢？

「我不會成為任何一種人：既非壞人也不是好人，既非卑鄙小人也不是正人君子，既非英雄也不是懦夫。如今我在自己的角落裡苟且度日，以尖酸與全然無用的安慰自我嘲弄：智者不可能故意成為某種固定的樣子；只有愚人才會這麼做。」

——杜斯妥也夫斯基（**FYODOR DOSTOYEVSKY**），《地下室手記》

（*Notes from Underground*）

讀過本書初稿的人都問過相同的問題：

這是真的嗎？

裡面寫的事情真的發生過？

這些人真的存在嗎？

所以我發現我有必要重申幾句老套……

以下所言全屬真人實事。

真的有發生過。

男人會否認，女人會懷疑，

但是此書還是要呈現赤裸裸、殘酷、令人不安的事實，

我要在此先請求您的諒解。

不要恨這些玩家……要恨就恨這遊戲吧。

CONTENTS

選定目標

Select a Target

男性並非真的敵人——他們只是可憐的受害者，被一種過時的男性氣概迷思所蒙蔽，讓他們在無熊可殺的時候，毫無必要地感到手足無措。

——貝蒂‧傅瑞丹（Betty Friedan，女性主義作家），《女性迷思》（*The Feminine Mystique*）

謎 男
Meet Mystery

屋子裡一片狼藉。

門板裂了開來，鉸鏈也脫落了；牆上散布著拳頭、電話、花盆撞擊的凹痕；賀柏為了逃命，躲到飯店去了；而謎男則哭著癱倒在客廳地毯上。他已經整整哭了兩天了。

這不是那種正常的哭泣。正常的眼淚是可以理解的，但謎男已經超出常理，他失控了。一星期以來，他游移在極端憤怒與暴力，和一陣一陣間歇性、發洩式的嗚咽之間。現在他威脅著要自殺。

我們有五個人住在這棟房子裡：賀柏（Herbal）、謎男（Mystery）、老爹（Papa）、公子（Playboy）、還有我。來自全球各地的少男和熟男到這裡來和我們握手、合照，向我們學習，想成為我們。他們稱我為型男（Style），這是我努力贏得的稱號。

我們從不用自己的真名——只用化名。甚至我們的宅邸，就像那些從舊金山到雪梨到處繁殖出來的一樣，也都有個代號，叫做「好萊塢計畫」（Project Hollywood）。如今好萊塢計畫正搖搖欲墜。

散置在客廳地板上的沙發和幾十個抱枕，被男性汗水和女人的體液沾得又臭又髒。而渾身香水的年輕人持續造訪，每天晚上從日落大道向這裡

聚集，白色地毯已經泛灰了。菸蒂和用過的保險套噁心地漂浮在按摩浴缸裡。過去幾天謎男的荒唐胡鬧已經澈底摧毀了這房子的每個角落，房客們嚇壞了。他190公分高，有點歇斯底里。

「我沒辦法告訴你這是什麼感覺，」他整個身體都在抽搐，啜泣著說：「我不知道我會做出什麼事來，但絕對不是理性的事。」

他從地板上伸手捶打沙發上骯髒的紅椅墊，沮喪地哭嚎越來越大聲，這個大男人的聲音充滿了整個客廳，但是聽起來和嬰兒或動物沒什麼差別。

他穿著小了好幾號的金色絲袍，露出結痂的膝蓋。腰帶末端勉強足夠打成一個結，袍子兩邊敞開了半吋，露出蒼白無毛的胸膛和鬆垮的灰色卡文克萊四角褲。顫抖的身體上唯一的其他衣物，是緊緊蓋在頭上的毛線帽。這是洛杉磯的六月。

「活著這件事，」他又開口說了：「真是毫無意義。」

他用濕潤的紅眼睛回頭看著我，「那是井字遊戲。你不可能贏得了，所以最好的辦法就是不玩。」

屋子裡沒有別人了，我得處理這一切。在他又開始痛哭或憤怒之前，必須讓他冷靜下來。情緒的循環一次比一次糟，這次我怕他會做出無法挽回的傻事。

我不能眼睜睜看著謎男死掉。他不只是朋友，他還是心靈導師。他改變了我的人生，如同改變其他數以千計像我一樣的人。我得幫他弄點煩寧（Valium）、贊安諾（Xanax）、唯寇錠（Vicodin），任何東西都好。我抓了我的電話本，搜尋最可能有藥的人——例如搖滾樂團的人、剛動過整型手術的女人、過氣童星。但是我打過去的每個人不是不在家就是沒有藥，

或宣稱沒有藥，因為他們自己都不夠用了。

只剩下一個人可以找了：那個讓謎男變成這樣的女人——卡蒂雅。她是個派對女王，手頭一定有些東西。

卡蒂雅是個嬌小的俄羅斯金髮妹，有很嗲的聲音和小博美犬的精力，十分鐘之內就出現在前門，帶著一顆贊安諾和擔心的表情。

「別進來，」我警告她：「他可能會殺了妳。」雖然這也是她活該自找的。這是我當時的想法。

我把藥丸和一杯水拿給謎男，等他的啜泣慢慢變成嗚咽，再幫他穿上鞋子、牛仔褲和一件灰色T恤。他現在很溫馴，像個大孩子。

「我要帶你去治療。」我告訴他。

我帶他出門走到我那台老舊生鏽的雪佛蘭汽車旁，把他塞進狹窄的前座。有時候，我看見他臉上閃現一陣憤怒，或是流淚。希望他能暫時保持冷靜，讓我來得及救他。

「我想學點武術，」他平靜地說：「這樣當我想要殺人的時候，就能派上用場。」

我一腳踩下油門。

我們的目的地是藤蔓街的好萊塢心理健康中心（Hollywood Mental Health Center）。那是一大棟醜陋的水泥建築，不分日夜被那些對著街燈尖叫的遊民、家當都在手推車裡的變裝癖者，以及會露宿在任何有免費社會福利之處的人圍繞著。

我發現，謎男也是他們的一分子。他只是碰巧擁有領袖氣質和才華，能吸引別人到他身邊，讓他免於被這世界孤立。我注意到他擁有兩種特質，是每個我訪問過的搖滾巨星都會有的：眼裡散發一種瘋狂、積極的光

芒，以及完全無力約束自己的能力。

我帶他進入大廳，幫他掛號，然後一起等醫師看診。他坐在一張廉價的黑色塑膠椅上，緊張兮兮地盯著單調的藍色牆壁。

一個小時過去，他開始坐立不安。

兩個小時過去，他皺著眉頭，臉上愁雲慘霧。

三個小時過去，淚水開始湧現。

四個小時過去了。他突然離開椅子衝出候診室，穿過建築的大門。

他快步走著，好像知道自己要去哪裡，雖然「好萊塢計畫」遠在五公里之外。我追著他跨過街道，在一家小型購物商場外頭趕上他。我抓住他的手臂把他扭過來，好說歹說地把他勸回候診室。

五分鐘……十分鐘……二十分鐘……他又站起來跑掉了。

我追著他跑，有兩個社工人員呆呆地杵在大廳裡。

「攔住他！」我大叫。

「我們不可以這麼做，」其中一個說：「他已經離開院區了。」

「你就這樣讓一個打算自殺的人離開這裡嗎？」沒有時間爭吵了，「先幫我準備好一個治療師，等我把他帶回來。」

我跑出門外，望向右方，他不在那裡。我看向左方，也沒有。我往北跑到噴泉大道，在街角看見他，再次把他拖回來。

當我們到達的時候，社工人員領他走過一條漫長昏暗的走廊，進入一個整片乙烯地板、讓人產生幽閉恐懼症的小隔間。治療師坐在辦公桌後頭，把玩著頭髮上的黑色糾結。她是個苗條、年近三十的亞洲女人，顴骨很高，塗暗紅色唇膏，穿著直條紋的長褲套裝。

謎男陷進她對面的椅子裡。

「你今天覺得怎麼樣？」她擠出一個微笑問道。

「我覺得一切都沒有意義了。」謎男說。他突然哭了起來。

「我在聽，」她說，並在她的本子上潦草地記錄，好像這件個案對她而言已經可以結案了。

「所以我要把自己從基因庫裡除掉。」他嗚咽著。

她以偽裝出來的同情望著他。對她而言，這只是她每天要看的十幾個瘋子之一。她唯一要搞清楚的是，他需要藥物治療還是住院。

「我活不下去了，」謎男繼續說：「一切都沒有用。」

她以機械化的姿勢將手伸進抽屜，掏出一小包面紙遞給他。當謎男伸手拿面紙，初次抬頭對上她的眼睛。他呆住了，靜靜望著她。以這樣的小診所而言，她長得令人意外地可愛。

短暫的活力閃過謎男的臉，但瞬即消失。「如果我在別的時間、場合認識妳，」他捏皺手中的面紙，說：「事情就不一樣了。」

他的身體通常昂然挺立，現在卻像濕軟的通心麵一般蜷曲在椅子裡。他一邊沮喪地盯著地板，一邊說話。「我知道該說什麼、做什麼來吸引妳。」他繼續說：「每一條規則，每一個步驟，每一個字，全都在我腦子裡。只是我現在……沒辦法做……」

她機械式地點點頭。

「妳應該在我沒這麼慘的時候見見我。」他吸著鼻子，緩慢地繼續說：「我曾經跟全世界最美的女人交往過。如果換個地方、換個時機，我會讓妳變成我的女友。」

「是啊，」她安撫他說：「我相信你會。」

她根本不懂。她怎麼可能懂？這個手裡捏著皺巴巴面紙，嗚嗚咽咽的

大男人正是世上最偉大的把妹達人。這不只是一種看法，而是事實。兩年來，我見過太多自稱最厲害的人，但謎男勝過他們全部。那是他的嗜好、他的熱情、他的使命。

這世上只有另一個人能與他匹敵，那個人現在也坐在醫師對面。謎男把我從一個未開竅的宅男改造成超級巨星，我們一起稱霸把妹界。在我們的學生和眾門徒眼前，達成令人嘆為觀止的把妹行動，我們橫掃洛杉磯、紐約、蒙特婁、倫敦、墨爾本、貝爾格勒、敖得薩（Odessa，位於烏克蘭），還有其他地方。

而現在，我們人卻在瘋人院裡。

型 男

Meet Style

　　我一點魅力也沒有。我的鼻子對臉而言比例太大，雖然不是鷹勾鼻，但鼻樑上有一塊隆起。我沒有禿頭，但要說我的頭髮只是稀薄，也未免太含蓄了。只有一小撮靠著落建生髮水長出來的頭髮，像風滾草般覆蓋在我的頭上。在我看來，我的眼睛細小如珠，雖然有活力的光芒，但藏在我的眼鏡後面，沒人看得見。我的額頭兩側都是凹的，我覺得這讓臉型看起來更性格，但也沒有因此被稱讚過。

　　我比自己期望的身材矮，而且太瘦了，無論我怎麼大吃大喝，在大多數人看來仍是營養不良。當我低頭看著自己蒼白、鬆垮的身體，我懷疑會有哪個女人會願意與我同床共枕，更別說是擁抱了。所以，對我而言，認識女人非常辛苦。既不是那種女人發酒瘋之後會對著傻笑或想要帶回家的傢伙，也無法像搖滾明星那樣，可以向女人分享或誇耀名利，或像洛杉磯有些男人提供她們古柯鹼或豪宅。我擁有的全都在我腦子裡，但沒人看得出來。

　　你可能注意到，我並沒有提到我的個性。這是因為我的個性已經澈底改變了。或者，更精確一點來說，是我澈底改變了自己的個性。我創造了「型男」，我的另一個人格。兩年來，型男比過去的我更受歡迎——尤其

對女人而言。

我從來都無意改變個性，或是用虛構的身分闖蕩江湖。事實上，我對自己和生活都很滿意。直到一通不經意的電話（一切總是始於一通不經意的電話）引領我踏上這段旅程，進入我十幾年記者生涯中碰過最怪異、最刺激的地下團體。那通電話來自一位出版社編輯傑瑞米·魯比史特勞斯（Jeremie Ruby-Strauss，跟我沒有親戚關係），他在網路上無意間看見一篇號稱上床指南（layguide）的文章，全名〈如何哄女生上床指南〉（The How-to-Lay-Girls Guide）。他說，數十位把妹達人的智慧結晶都濃縮在那火熱的150頁中，他們在新聞群組中切磋交流了將近十年，祕密地努力把誘惑的藝術變成一門真正的科學。這些資訊需要改寫整理成一本條理分明的工具書，他認為我正是適當人選。

我不太確定。我想寫的是文學，而不是指點性饑渴的青少年。但是，當然，我跟他說先拿來看看也無妨。

從開始閱讀的那一刻起，我的人生就改變了。比起其他書籍或文章，例如《聖經》、《罪與罰》或《烹飪的喜悅》，上床指南更令我大開眼界。未必是因為其中的資訊，而是它將我突然推向那條道路。

回顧我的青春期，始終有個很大的遺憾，那和不夠用功讀書、對我媽不孝或偷開我老爸的車撞上公車完全無關，純粹只是我沒和夠多女孩子胡搞瞎混。我自認是個有深度的人——我每三年重讀一次喬伊斯（James Joyce）的《尤利西斯》（*Ulysses*），純粹因為好玩。我認為自己算通情達理，為人也不錯，盡量避免傷害別人，但是我似乎無法進化到下一個階段，因為我花太多時間思考女人了。

當我初次見到《花花公子》雜誌創辦人休·海夫納（Hugh Marston

Hefner）時，他已經七十三歲了。根據他自己的統計，他睡過一千多個世上最美麗的女人，但他只想談論他的三個馬子——曼蒂、布蘭蒂和珊蒂，以及，感謝威而剛，可以讓她們全都滿意（雖然他的錢可能就夠令她們滿意了）。如果他想要和其他人上床，他說，條件就是大家一起來。我從這次談話中領悟到，這傢伙爽了一輩子，即使到了七十三歲，他還在追捕獵物。如果海夫納都不覺得膩，那我什麼時候才會覺得？

如果上床指南不曾出現在我面前，我就像大多數男人，思考異性的方式絕對不會進化。事實上，我的起步比大部分人都糟。前青春期時沒玩過醫生遊戲、沒出現付一塊錢就掀裙子給你看的女生、不曾在同學身上不該碰的地方搔癢。我青春期大部分的時間都被禁足，所以當我唯一的開苞機會出現——有個喝醉的大一女生打電話來提議幫我吹喇叭——我不得不拒絕，否則我媽會大發雷霆。

我在大學時代開始找到自我：感興趣的事物、總是太害羞不善表達的個性，還有以嗑藥和談話（依照這順序）擴展我心靈視野的一票損友。但是我在女人身邊總是不自在：她們嚇壞我了。大學四年，我在校園裡沒和半個女人上過床。

畢業後我得到一份《紐約時報》的記者工作，跑文化線，在那裡我開始對自己和自己的意見建立自信。終於，我擠進了一個沒有禁忌的特權世界：我和搖滾歌手瑪莉蓮·曼森（Marilyn Manson）、克魯小丑（Motley Crue）一起上路，跟他們一起寫書。在那段時間，即使靠著後台通行證，還是得不到任何人的親吻，除了湯米李（Tommy Lee）之外。後來我幾乎放棄希望了。有些男人就是走運，有些男人就是沒辦法，顯然我是沒福氣的那種。

問題不在於我沒上過床。有那麼稀罕的幾次我真的走運了，卻把一夜情搞成兩年，因為我不知道下次要到什麼時候才會再發生。上床指南對我這種人有個簡稱：AFC──受挫的拙男（Average Frustrated Chump）。我就是個AFC，不像達斯汀。

我在大學畢業那年認識達斯汀，他是我死黨馬可的朋友。馬可是個愛裝高尚的塞爾維亞人，從幼稚園開始，我們兩人就一起過著禁慾的生活，這主要得歸咎於他那顆西瓜頭。而達斯汀並不比我們兩個高大、有錢、出名或英俊，但他卻擁有一種我們所缺乏的特質：他能吸引女人。

當馬可第一次介紹我認識達斯汀，我其實沒什麼特殊印象。他又矮又黑，留著棕色的長捲髮，穿一件俗氣的舞男襯衫，故意不扣扣子。那天晚上，我們去一間芝加哥夜店。當我們寄放外套的時候，達斯汀問：「你知不知道這裡有沒有什麼陰暗角落？」

我問他找陰暗角落做什麼，他回答說那是把妹的好地方，我懷疑地抬起我的眉毛。然而，進門不過幾分鐘，他就和一個正在跟朋友說話、看來很害羞的女孩眉來眼去。什麼話也沒說，達斯汀走開了。那女孩跟著他──直接走向陰暗角落。當他們親吻愛撫完畢，便不發一語地分開，完全不用客套地交換電話或甚至尷尬地道別。

那個晚上達斯汀重複使出這奇蹟般的神技，總共四次。一個新世界在我眼前開啟。

我拷問了他好幾個小時，試圖找出他到底擁有什麼神奇魔力。達斯汀就是他們稱為天生好手的那種人。他十一歲那年失去童貞，被鄰居的十五歲女兒拿來做性實驗，自此之後他就爽個不停。某天晚上，我帶他去一艘停泊在紐約哈德遜河的船上參加派對。當一位性感、眼神純真的棕髮女孩

走過，他轉頭對我說：「她正是你喜歡的型。」

我照例否認了，然後盯著地板，擔心他會拱我出來跟她搭訕，果然他很快就有動作。當她再次經過，他問她：「你認識尼爾嗎？」

那是個很蠢的開場白，但無所謂，反正都已經開場了。我結結巴巴地吐出幾個字，直到達斯汀接手拯救了我。後來我們和她男友在酒吧碰頭。他們才剛開始同居，她和男朋友一起出來遛狗。幾杯下肚之後，他牽了狗回家，留下女友寶拉和我們一起。

達斯汀提議回我家去煮頓宵夜，於是我們走回我在東村的小公寓。不過宵夜沒煮成，卻一起癱在床上，達斯汀在寶拉的一側，我在另一側。當達斯汀開始親吻她的左臉，並向我示意對她的右臉如法炮製，然後我們同步往下移動到她的頸部、乳房。我對寶拉的安靜順從感到很驚訝，但這對達斯汀而言似乎稀鬆平常。他轉頭問我有沒有保險套，我找了一個給他。他脫下褲子進入她，我則繼續無助地舔著她的右乳。

那是達斯汀的天賦，他的能力：給女人她們從未想過會體驗到的幻想。事後，寶拉常常打電話給我。她一直想要談論那次經驗，把它合理化，因為她無法相信自己會那麼做。這正是達斯汀總是能夠得手的原因：他搞到女孩；而我，只得到罪惡感。

我把原因歸咎於純粹是個性不同，達斯汀擁有我缺乏的天生魅力與動物本能。至少我是這麼想的，直到我讀了上床指南，並且瀏覽它推薦的新聞群組和網站。我發現整個社群的人都是達斯汀——那些男人宣稱找到了打開女人心防與雙腿的密碼——還有其他成千上萬像我一樣的人試圖學習他們的祕訣。不同之處在於，這些人把他們的方法拆解成一套特定的規則，適用於任何人。而每個自稱把妹達人的人，都有自己的一套規則。

那裡有職業魔術師謎男、催眠師羅斯・傑佛瑞（Ross Jeffries）、億萬企業家瑞克・H（Rick H.）、房地產仲介商大衛・狄安傑羅（David DeAngelo）、脫口秀演員雜耍人（Juggler）、建築工人大衛・X（David X），還有誘惑大師史提夫・P（Steve P.），他的魅力大到真的有女人付錢向他學習高級口交技巧。

如果把這些人和比較英俊、渾身肌肉的壯漢一起放在邁阿密南灘，他們肯定吃癟；但如果把他們放在星巴克或酒吧，只要壯漢一轉身，他們就會輪流和他的馬子親熱。

發現了這個圈子後，最先改變我的是詞彙。AFC、PUA（pickup artist，把妹達人）、巡視（sarging，勾引女人）和HB（hot babe，辣妹）都朗朗上口。然後我的日常生活習慣也改變了，我開始沉迷於這些人創造出來的線上論壇。在認識女人或約會之後，無論多晚回到家，我都會坐在電腦前，把當天晚上的疑問貼在版上。「如果她說她有男朋友的話我該怎麼辦？」、「如果她在晚餐吃了大蒜，這表示她不打算親我嗎？」、「女人在我面前塗口紅，這是好徵兆嗎？」……

然後坦白者（Candor）、槍巫（Gunwitch）、形控（Formhandle）這些網友們開始回答我的問題。（答案依序是：採用「男友終結者橋段」；你想太多了；不好也不壞。）我很快地發現這不只是網路現象，而是一種生活方式。許多城市都有人想要成為把妹達人的信徒，從洛杉磯、倫敦、札格拉布（Zagreb，克羅埃西亞首都）到孟買。每個星期，他們成群結隊出去認識女人之前，會先聚集在所謂的「巢穴」裡一起討論戰術。

藉著網路和化名，上帝給了我重生的機會。一切還來得及，把自己變成達斯汀，變成每個女人的渴望——不是嘴上說說，而是發自內心深處真

正的渴望，超越她的矜持，直達她狂想和幻夢的所在。

　　但我無法獨自辦到。在網路上和人交談並不足以改變我前半生的失敗。我必須見見他們的本尊，看他們在現場如何行動，搞清楚他們是誰，以及他們成功關鍵是什麼。這就是我的使命——我的志業與執著——找出世上最強的把妹達人，在他們的羽翼之下乞求庇護。

　　我人生中最奇妙的兩年就此展開。

---

* 本書書末的〈把妹術語一覽表〉提供了詳細解釋。

接近與開場
Approach and Open

對我們所有人而言，不論男女，第一個問題不是學習，而是捨棄所學。

——葛羅莉亞‧史坦能（GLORIA STEINEM，美國女權運動者）於法薩爾大學（Vassar College）畢業典禮演說

01

　　我從銀行裡提了五百美元，塞進一個白色信封裡，然後在信封外面寫上「謎男」。這可不是我生命中最驕傲的一刻。

　　我已經花了四天為此做準備──在百貨公司買了價值一百美元的衣服，花一整個下午尋找完美的古龍水，並且砸下七十五美元剪個時髦髮型。我想要呈現我的最佳狀態，畢竟這是我第一次和真正的把妹達人見面。

　　他的名字，或至少他在網路使用的名字，是謎男。他是社群中最受推崇的把妹達人，威力強大。他詳盡的貼文，讀起來像是如何操控社交情勢以結識並吸引女人的演算公式。他在家鄉多倫多夜遊引誘模特兒和脫衣舞孃的事蹟，在網路上有完整的報告，文中充滿了他自己發明的術語──「狙擊槍否定」（sniper negs）、「霰彈槍否定」（shotgun negs）、「團體理論」（group theory）、「興趣指標」（indicators of interest）、「抵押」（pawning）──全都是把妹達人字典中的經典詞彙。整整四年，他在把妹新聞群組中提供免費諮商。然而在十月，他決定為自己標個價，貼了下面這篇：

應眾人要求，謎男即將在世界各大城市舉辦基礎訓練課程。第一期課程將在洛杉磯舉行，十月十日星期三晚上開始至週六夜晚結束，費用是500美元。內含夜店入場費、四個晚上的禮車接送（很貼心吧！）、每晚在禮車內的一小時講課加上行動結束後半小時的任務檢討，以及最重要的，每晚三個半小時和謎男一起現場行動（一晚兩間夜店）。本基礎訓練結束前，你會接觸差不多五十個女人。

向一個致力於把妹大業的工作室報名並不是件容易的事。這麼做等於承認了自己的失敗、低劣、無能。這表示，在多年的性行為（或至少是性知識）之後，你還是沒有長進、沒有搞懂。會求助的人通常都已經走投無路。所以，如果毒蟲要進勒戒所，暴力者要進抓狂管訓班，那麼社交白癡就該進把妹學校。

把我的e-mail寄給謎男，是我做過最困難的事情之一。如果任何人——我在洛杉磯的朋友、家人、同事，尤其是唯一的前女友——發現我付錢上把妹現場演練課程，一定會殘酷地嘲笑譴責我。所以我嚴格保密，告訴大家我整個週末都要帶一個老朋友到處去玩，以躲避社交聚會。

我必須把這兩個世界切割開來。

在寄給謎男的郵件中，我沒有告訴他我的姓氏或是職業。如果被追問，我打算說我是作家，就這樣。我要匿名穿梭於這個次文化中，不想因為我的身分得到任何好處或額外的壓力。

然而，我還是要面對我的良知。無庸置疑，這是我人生中做過最可悲的事了。不幸的是——相較於，比如說，在洗澡時自慰——這不是我可以單獨做的事。謎男和其他學員會在那裡親眼目睹我的恥辱、我的祕密、我

的無能。

男人在成年初期有兩個主要的目標：一是追求權力、成功和成就感；二是追求愛、伴侶和性。當時我有一半的生活是一團糟。我必須像男子漢一樣站起來，承認我只是半個男人。

02

　寄出郵件一個星期之後，我走進好萊塢羅斯福飯店的大廳。我穿著一件藍色毛衣，輕薄柔軟得像是棉製的，一條側邊有飾帶的黑色褲子，還有一雙讓我墊高幾吋的鞋子。我的口袋塞滿了謎男交代每個學員要帶的用品：一枝筆、一本筆記、一包口香糖，以及保險套。

　我一眼就認出了謎男。他像帝王般坐在一張維多利亞式的扶手椅上，臉上帶著「我是世界第一」的微笑。他穿了一套休閒式的寬鬆藍黑色西裝，小巧但明顯的唇環在下巴晃蕩，指甲塗成了黑色。他未必很有魅力，但是很有領袖氣質——又高又瘦、一頭栗色長髮、顴骨高聳、一臉蒼白毫無血色，活像個被吸血鬼咬過、正變身到一半的電腦怪胎。

　在他旁邊有個身材較矮、外表嚴肅的人物，他自我介紹是謎男的僚機（wing），名叫萬惡（Sin）。他穿了一件緊身黑色圓領衫，髮色極黑，服貼地往後直梳，但從膚色看來，他像是天生紅髮的人。

　我是第一個到場的學員。

　「你的最高得分是多少？」我一坐下，萬惡就靠過來問我。他們已經在評估我了，想搞清楚我是否能掌握這場「遊戲」。

　「我的最高得分？」

「是啊，你跟幾個女孩子交往過？」

「唔，大概七個左右。」我告訴他們。

「『大概』七個？」萬惡逼問我。

「六個……」我招供。

萬惡的排行在六十幾個那一級，謎男在幾百個那一級。我看著他們，心想：這就是我幾個月來在網路上熱心學習的把妹達人。他們是另一種層次的生物：他們擁有的魔法，足以解決令偉大文學作品主角們煩憂不已的無力與挫折，那些引起我共鳴的人物——比如利奧波德·布魯姆（Leopold Bloom，《尤里西斯》的主角之一）、艾歷克斯·波特諾伊（Alex Portnoy，菲利普·羅斯〔Philip Roth〕的《波特諾伊的怨言》〔Portnoy's Complaint〕主人翁）、或是《小熊維尼》中的小豬。

當我們等待其他學員的時候，謎男丟了一個裝滿照片的牛皮紙袋在我大腿上。

「這些是我交往過的一部分女人。」他說。

紙袋裡是數量驚人的美女：性感的日本女星大頭照；酷似麗芙·泰勒的棕髮美女簽名宣傳照；《閣樓》雜誌年度女郎的亮面照片；古銅膚色、前凸後翹的脫衣舞孃穿著睡衣的快照，謎男說那是他的前女友派翠莎；還有一張照片是擁有矽膠海咪咪的棕髮妞，謎男正在一間夜店裡吸她的胸部。這些都是他的資歷憑證。

「我得整個晚上假裝不去注意她的胸部才能辦到。」當我問謎男最後一張照片時，他解釋道。「把妹達人必須是通則的例外。你不能做其他每個人都在做的事，絕對不行。」

我仔細地聆聽，確保每個字都自動烙印在我的大腦皮質上。我正參與

一場重要活動，在其他評價較高的把妹達人中，唯一出面授課的是羅斯·傑佛瑞，基本上就是他在1980年代末期建立了這個社群。但今天是史上第一次，學習把妹的學員們離開研討室的安全環境，進到夜店裡，準備在他們對女人施展身手時接受專家評鑑。

第二個學員到了，他自我介紹是多面（Extramask）。他是個高瘦長、淘氣的二十六歲年輕人，一頭西瓜皮髮型和一張輪廓俊俏的臉，穿著過度寬鬆的衣服。如果髮型和穿著改善一下，他可以輕易變成一個帥哥。

當萬惡問他得分多少，多面不自在地抓抓頭。「我和女生的經驗幾乎是零，」他解釋：「我從來沒有吻過女生。」

「別開玩笑了。」萬惡說。

「我連女生的手都沒牽過。我的成長過程相當封閉，父母都是非常嚴格的天主教徒，所以我總是對女生有很大的罪惡感。但我交過三個女朋友。」

他望著地板並搓揉著自己的膝蓋，緊張地畫著圓圈，一邊列舉出他的女友，雖然並沒有人要他詳細說明。總之，其中有米澤兒，才交往七天就甩了他。還有克莉兒，她答應和他約會的兩天後，就反悔說她犯了一個錯誤。

「然後還有卡洛琳娜，甜美的卡洛琳娜，」他臉上綻放出夢幻的微笑說：「我們只當了一天的情侶。我記得她和朋友隔天下午來我家。我看著她過街，心裡很高興見到她。當我走近，她卻大叫：『我要甩了你！』」

這些戀情很顯然都發生在六年級。多面悲傷地搖搖頭，很難分辨他是不是故意要搞笑。

接著到達的是個膚色黝黑、四十幾歲的禿頭男，他專程從澳洲飛來參

加這個課程。他擁有昂貴的勞力士錶、迷人的口音，以及一件我生平見過最醜的毛衣——厚重的針織怪物，五顏六色的鋸齒狀圖紋，看來活像是失敗的手指畫作品。他渾身散發著財大氣粗的自信。然而當他開口告訴萬惡他的得分（5分）那一刻，他就露餡了，他的聲音顫抖起來，不敢直視任何人的眼睛，浮現出可悲與幼稚的一面。他的外表就像他的毛衣，只是個意外，並沒有顯現他的本質。

他是社群的新人，連名字都不肯說，於是謎男給他取個外號叫「毛衣」。

我們三個是這期課程僅有的學員。

「好啦，我們還有很多要談的。」謎男拍拍他的手說。他向前靠近，以免飯店裡其他客人聽見。

「我現在的工作就是讓你們進入遊戲。」他接著說，銳利地注視了我們每個人的眼睛。「我必須把我腦子裡的東西輸入你們的腦子裡去。把今晚想像成一個電玩遊戲。這不是真的，每一次接近目標，都要想著你是在玩遊戲。」

我的心臟開始劇烈跳動。試圖和一個不認識的女人搭訕，光是想像就嚇壞我了，尤其還有這些人盯著我，等著打分數。相較之下高空彈跳和跳傘還容易多了。

「你的情緒只會把事情搞砸。」謎男接著說，「它們會企圖迷惑你，所以要記住，一點都不能信任情緒。你有時會感到害羞和自我意識，你必須像處理鞋子裡的小石頭那樣，雖然不太舒服，但別理它。它不是公式的一部分。」

我環顧四周，多面和毛衣看來似乎跟我一樣緊張。「我要在四天之

內教會你們這整套公式——贏得勝利所需要的招式步驟。」謎男繼續說，「然後你們必須反覆練習這個遊戲，才能學會如何獲勝。所以，先準備好接受失敗吧！」

謎男停下來點了一杯加了五片檸檬的雪碧，然後告訴我們他的事蹟。他以清楚響亮的聲音訴說著——他說這是在模仿勵志演說家安東尼·羅賓斯（Anthony Robbins）。關於他的一切似乎都是刻意、排演過的發明。

自從十一歲拆穿了同學的牌戲祕密起，謎男的人生目標就是成為大牌魔術師，例如大衛·考伯菲。他花了好幾年時間研究練習，在慶生會、企業活動、甚至幾場脫口秀中努力展現他的才華。然而在這過程中，卻犧牲了他的社交生活。他到二十一歲還是個處男，他決定設法挽救。

「世界最大的神祕之一，就是女人心，」他誇張地對我們說，「所以我開始試圖解開它。」

他每天搭半小時的公車到多倫多，去酒吧、服飾店、餐館和咖啡廳。他不知道網路社群或任何把妹專家，只能獨自進行，只靠一項他真正會的技術：魔術。他往返市區好幾十趟才終於鼓起勇氣和陌生人說話。從那時候起，他日日夜夜忍受著失敗、拒絕和尷尬，直到他一片接一片，拼出了社交力學（social dynamics）的拼圖，發現他相信潛藏在所有男女關係底下的模式。

「我花了十年才發現這一點，」他說，「基本模式就是FMAC——尋找（find）、認識（meet）、吸引（attract）、收場（close）。信不信由你，這種遊戲是直線式的。很多人不懂這一點。」

接下來半小時，謎男說了他所謂的「團體理論」（group theory）。「我執行這特定組合的活動已經幾百萬次了，」他說：「別找上單獨一人

的女孩，那不是完美的誘惑法，美女很少是落單的。」

　　接近目標團體之後，他繼續說，關鍵在於忽略你想把的那個妹，先去吸引她的朋友——尤其是男人和任何其他潛在的障礙。如果目標很迷人而且習慣男人的奉承，把妹達人必須假裝不受她的魅力影響，藉此來吸引她的注意，而這就要使用所謂的「否定」（neg）。

　　否定既非恭維亦非冒犯，介於兩者之間，是一種無意的冒犯或暗藏諷刺的恭維。否定的目的是貶抑一個女人的自尊，主動表現出對她興趣缺缺——舉例來說，指出她的牙齒上沾到了唇膏，或是在她講話之後遞給她一片口香糖。

　　「我不孤立醜女，也不孤立男生，我只孤立我想要上的女生。」謎男滔滔不絕，眼中閃耀著對自創格言的信念，「如果你不信，今晚就是實驗之夜，你將親眼目睹。我會先做示範，你們先觀察我怎麼做，然後我會把你們推出去嘗試幾回合。明天，如果你照我說的去做，在十五分鐘之內就能和女孩子親熱。」

　　他看著多面。「試舉出五個雄性領袖的特質。」

　　「自信？」

　　「對。還有呢？」

　　「力氣？」

　　「不是。」

　　「體味？」

　　他轉向毛衣和我。我們也毫無頭緒。

　　「雄性領袖的首要特質就是微笑。」他擠出一個做作的微笑說：「當你進入一個空間，一定要微笑。一走進夜店，遊戲就開始了。藉著微笑，

你看起來就像是和大家一夥的，你很有趣，而且是號人物。」

他指著毛衣。「當你走進來跟我們說話的時候，並沒有微笑。」

「那不太適合我，」毛衣說：「我微笑的時候看起來很蠢。」

「如果你保持一貫的做法，只會得到一貫的結果。這叫做謎男方法（Mystery Method），因為我是謎男，而這是我的方法。所以我要拜託大家，請你在接下來的四天裡多少接受我的建議，嘗試一些新東西。你會看見差別在哪裡。」

除了自信和微笑，我們學到，雄性領袖的其他特質是注重儀表、保持幽默感、與他人博感情、扮演一個空間裡的社交中心。沒有人自找麻煩去糾正謎男他其實講了六項特質。

當謎男進一步分析雄性領袖，我發現一件事：我會淪落在此──多面和毛衣也在這裡的原因──是我們的父母和朋友縱容的。他們從來沒有給我們如何社交的工具。現在，雖然晚了幾十年，該是學會這些的時候了。

謎男繞著桌子，看著我們每個人。「你想要什麼樣的女孩？」他問毛衣。

毛衣從他的口袋裡抽出一張折疊整齊的筆記。「昨天晚上我寫了一張自我目標的清單。」他打開那張紙說，上面填滿了四欄標上數字的項目。「而我追求的其中一項就是妻子。她必須聰明到可以進行任何對話，而且有格調和美貌，走到哪裡都是目光焦點。」

「嗯，看看你。」謎男說：「你看起來很平凡。人們以為只要讓自己看起來平凡一點，就可以吸引各種女人。錯！你必須與眾不同。如果你看起來平凡，就會把到平凡的妹。卡其褲是在辦公室穿的，不要穿來夜店。還有你的毛衣──燒了吧！你得要突顯自己，我說的是最誇張的。如果你

想把到完美的女孩，你必須學習「孔雀理論」（peacock theory）。」

謎男熱愛理論。孔雀理論的概念是，為了吸引物種中最優質的雌性，必須以華麗繽紛的模樣脫穎而出。他告訴我們，對人類而言，等同於孔雀扇狀尾巴的，是閃亮的上衣、花俏的帽子，以及在黑暗中閃爍的首飾——基本上就是我這輩子斥為俗豔的東西。

到了對我個人進行批評的時刻，謎男列了一大串有待改善的清單：拿掉眼鏡、把雜亂的山羊鬍修出形狀、剃掉我頭上花大錢修剪的風滾草、穿著大膽一點、要一件可以引起話題的衣物、買些首飾、生活豐富一點。

我寫下每一項建議。他真是個無時無刻都在思考著把妹的傢伙，像致力把花生變成汽油的瘋狂科學家。他的網路留言檔案有三千筆之多——超過兩千五百頁——主旨全是破解女人的密碼。

「我有個適合你用的開場白，」他對我說。「開場白」（opener）就是一套準備好的劇本，用來開始和一群陌生人交談；那是任何想要把妹的人必備的第一樣東西。「當你看見一群人當中有你喜歡的女孩，就這麼說：『嘿，看來這裡的派對已經結束了。』然後轉頭對你喜歡的女孩說：『我要不是同志的話，妳還真是我的菜。』」

一抹猩紅在我臉上燃燒。「真的嗎？」我問，「那會有什麼幫助？」

「一旦她被你吸引，你是不是同志都不重要了。」

「但那不是說謊嗎？」

「那不叫說謊，」他回答：「那是調情。」

對於團體作戰，他提供其他開場白的範例：天真但吸引人的問題，像是「妳認為魔咒有用嗎？」或「喔，天啊，妳有看到在外面打架那兩個女的嗎？」當然，這些都不怎麼令人讚嘆或有意義，但全都是用來讓陌生人

打開話匣子的。

他解釋，謎男方法的重點在於避開雷達接近。不要帶著色瞇瞇的眼神接近女人。先了解她，然後讓她努力取得被你追的權利。

「外行人把妹會立刻採取行動，」當他起身離開飯店，他宣稱：「專家則會等個八到十分鐘。」

裝著滿腦子的否定、團體理論和偽裝用的開場白，我們準備好進攻夜店了。

03

　　我們擠進禮車裡前往Standard Lounge酒吧，一個以重重天鵝絨繩裝飾的飯店附設熱門夜店，隱密性極高。謎男就在這裡粉碎了我對真實世界的認知。我原本以為，人際互動模式有所侷限，實際上竟然廣闊到超乎我的想像。這個人簡直是機器。

　　我們進場的時候，Standard Lounge一片死寂，時間還太早。店裡只有兩撮人：靠近入口處的一對情侶和在角落的兩對。

　　我正準備要離開，卻看見謎男向角落那群人接近。他們隔著玻璃桌對坐在沙發上，男人坐在同一邊。其中一個是史考特‧拜歐（Scott Baio），這個小演員最紅的作品是在《快樂時光》（*Happy Days*）中飾演恰奇（Chachi）。他們對面坐了兩個女人，一個褐髮妞和一個像是剛從《Maxim》雜誌內頁走出來的金髮妞，剪短的白色T恤被假奶撐得老高，下襬整個懸空，在健美且緊實的腹部上頭拍打著空氣。這個女人是拜歐的女伴。我推測，她也是謎男的目標。

　　謎男的意圖很清楚，因為他不和她說話，背對著她，秀出什麼東西給拜歐和他的朋友看。我又靠近一點觀察。

　　「小心點，」拜歐說：「那值四萬美金。」

謎男手上拿著拜歐的手錶。他把錶小心翼翼地放在桌上。「現在看喔，」他命令說：「我要緊縮我的胃部肌肉，增加氧氣流動到我的腦，然後……」謎男在手錶上揮動他的手，秒針停止跳動。他等了十五秒鐘，再次揮動他的手，慢慢地秒針又重新動了起來——拜歐的心也是。謎男的四位觀眾爆出掌聲。

「再表演別的！」金髮女郎懇求。

謎男以一個否定讓她碰軟釘子。「哇，她要求還真多啊。」他轉頭對著拜歐說：「她一直都是這樣嗎？」

我們正在目睹的是實際進行的團體理論。謎男為男士們表演得越多，那個金髮女郎就越大聲，企圖引起注意。而每一次，謎男都推開她，繼續和他的兩個新朋友說話。

「我通常不出來玩的，」拜歐對謎男說：「我玩夠了，而且我太老了。」

又過了幾分鐘後，謎男終於理睬那個金髮女郎。他伸出手，她把手放在他的掌上，他開始為她看手相。他正採取一種我聽說過的技巧，叫做「冷讀」（cold-reading）：那是一門技術，在完全不知道對方個性或背景的情況下，講一些有關他們自身的陳腔濫調。在現場，任何知識——無論多麼冷門——都是一種力量。

謎男每說準一次，金髮女郎的嘴就張得更大，直到她開始詢問他的職業和超自然能力。謎男的每個回答都刻意強調自己的年輕，以及他對於拜歐表示「玩夠了」的美好生活羨慕不已。

「我覺得自己好老喔。」謎男說，刻意誘導她。

「你幾歲了？」她問。

「二十七囉。」

「才不老呢，那樣很好啊。」

他成功了。

謎男喚我過去然後在我耳邊小聲說話。他要我去和拜歐跟他朋友聊天，讓他們分心，好讓他泡那個妞。這是我第一次當「僚機」——謎男這個術語連同「目標」（target）和「障礙」（obstacle）等詞彙都取自電影《捍衛戰士》。

我努力地和他們哈啦。但是拜歐緊張地盯著謎男和他的女友，沒有理我。「告訴我這一切都是幻覺，」他說：「他不是真的在泡我馬子吧？」

漫長的十分鐘過後，謎男站起來，搭著我的肩，我們離開了那家夜店。到了外面，他從外套口袋裡抽出一張餐巾紙，上頭有她的電話號碼。「你看見她的反應了嗎？」謎男問，「那就是我玩這遊戲的原因。我所學到的一切都用在今晚，為了達成這個結果，而且真的有用。」他自滿地微笑：「這個示範怎麼樣？」

這樣就夠了。在一個名人（無論紅不紅）面前偷走他的女友，這是達斯汀都做不到的壯舉。謎男的確有兩把刷子。

當我們坐禮車到Key Club的時候，謎男告訴我們把妹的首要誡律：「三秒法則」（three-second rule）。男人看到女人到跟她說話之間只有三秒，他說。如果他花了更久的時間，不只可能會因為盯太久而被女方討厭，還會因為過度思考如何下手，而導致緊張，結果就搞砸了。我們一走進俱樂部，謎男就把三秒法則付諸行動。他大步走向一群女人，伸出他的手問道：「你們對這個的第一個印象是什麼？不是我的大手，是這些黑色指甲。」

當那些女孩湊過來圍繞著他，萬惡把我拉到旁邊，建議我在店裡到處晃晃，嘗試我的第一次接近。一群女人走過，我試著說些什麼，但是「嗨」這個字只稍微擠出我的喉嚨，音量小到不足以讓她們聽見。當她們陸續魚貫而過，我跟隨其中一個女孩，從後面抓了她的肩膀。她嚇了一跳，轉身賞我一個令人畏縮的「死變態」表情，這正是我一開始害怕跟女人說話的原因。

「絕對不要……」萬惡用鼻音勸告我：「從後方接近一個女人。永遠要從正面靠近，但是要偏一點，用不會太正面衝突的角度切入。你應該側過頭去對她說話，看起來像是你可能隨時會走開。你看過《親聲細語》（*The Horse Whisperer*）裡的勞勃瑞福嗎？大致像那樣。」

幾分鐘之後，我看見一個狀似微醺的年輕女子，一頭糾結的金色長捲髮，穿著一件粉紅背心。我斷定她會是讓我挽回顏面的捷徑。

我繞了一圈，直到位於她面前的十點鐘方向，然後靠近，想像我正在接近一匹不想被驚嚇到的馬。

「喔，天啊，」我對她說：「妳有看見在外面打架的那兩個女的嗎？」

「沒有，」她說：「發生什麼事了？」

她很感興趣，和我說話了。這種開場白真的有用。

「呃，有兩個女孩為了一個身高只有她們一半的男人打架。打得很凶。警察逮捕她們的時候，那男的就站在那兒乾笑。」

她咯咯笑了起來。我們開始閒聊那家店和現場表演的樂團。她非常友善，似乎很感謝我跟她交談。我完全不知道接近一個女人可以這麼容易。

萬惡側身到我這裡來，對我耳語：「開始『進挪』（kino）。」

「什麼是進挪？」我問。

「進挪？」女孩回問。

萬惡走到我的身後，抬起我的手臂，放在她的肩上。「進挪就是你碰觸女人的時機。」他小聲說。我感覺到她身體的溫度，也讓我記起了我有多麼喜愛肢體接觸。寵物都喜歡被撫摸，只是貓狗乞求肉體的關愛與性無關。人類也是一樣，我們需要碰觸，但是我們對性過度焦慮與沉迷，每當有人碰觸我們，就開始緊張不自在。不幸的是，我也不例外。當我對她說話時，我的手在她肩膀上感覺很不對勁。它就只是擺在那裡，像是脫離軀體的四肢，我猜她一定也奇怪我的手放在那裡做什麼，並想著如何才能優雅地擺脫掉我。所以我放她一馬，自己把手移開。

「孤立她。」萬惡說。

我提議坐到下面去，於是我們走向一張沙發。萬惡跟過來坐在我們後方。

正如我學到的一樣，我請她透露她覺得男人有哪些吸引人的特質。她說幽默感和屁股。

很幸運地，我擁有其中一項。

突然間，我感覺到萬惡在我的耳朵上呼吸。「聞她的頭髮！」他指示我。

雖然不太確定用意是什麼，我還是嗅嗅她的頭髮。我以為萬惡要我否定她。於是我說：「聞起來都是菸味。」

「不對！」萬惡小聲說。我猜我做錯了。

她似乎生氣了。為了補救，我又嗅了一下。「但是在那底下，有種非常令人陶醉的味道。」

她把頭偏到一邊，微微皺起眉頭，上下打量著我，說：「你真怪。」我搞砸了。

幸好謎男很快就過來了。

「這地方死氣沉沉，」他說：「我們去目標比較多的地方。」對謎男和萬惡而言，夜店好像不是真實世界。他們可以輕鬆地和女人說話，並同時向學員耳語，在陌生人面前丟出把妹術語，甚至在一連串動作之中打斷學員，在團體面前解釋他哪裡做錯了。他們很有自信，而且話中充滿了令人無法理解的術語，女人幾乎沒空起疑，更不會想到她們正被當成訓練拙男更有女人緣的活道具。

我向那女孩道別，如同萬惡教過我的，我指指臉頰說：「吻別一下。」她真的啄了我一下。感覺真爽。

離開的途中，我去了洗手間，發現多面站在那裡，手指繞著一小撮沒洗的頭髮。「你在等廁所嗎？」我問。「算是吧，」他緊張地回答：「你先用。」

我給了他一個疑惑的表情。「我可以告訴你一件事嗎？」他問。

「當然。」

「在別人身旁小便對我而言是個很大的困擾。只要有人站在那裡，我就尿不出來。就算已經在尿了，一有人走過來，我就會停下來。然後只能又緊張又很幹地呆站在那裡。」

「沒有人在評論你啊。」

「是啊，」他說：「我記得大概一年前，有個男的和我剛好站在隔壁要小便，結果我們都杵在那裡。撐了大概兩分鐘，我們都意識到彼此的尷尬，後來我就拉上拉鍊到別間廁所去上。」他頓了一下，繼續說：「那傢

伙並沒有因為我的迴避而向我道謝。」

我點點頭，走到小便池，沒有什麼多餘的自我意識，輕鬆地解放了。比起多面，我會是個比較好教的學員。

當我離開廁所時，他還愣在那裡。「我喜歡有隔板的小便池，」他說：「但似乎只有在高級場所才找得到。」

04

　　在前往下一家酒吧的禮車上，我精神抖擻。「你覺得我能夠親到她嗎？」我問謎男。

　　「如果你覺得你能，那麼你就能。」他說：「當你開始自問應該或不應該，那就表示應該。而你要做的就是『瞬移』（phase-shift）。想像一個大齒輪就要砸到你頭上了，衝吧，開始追她，告訴她你剛注意到她的皮膚好美，然後按摩她的肩膀。」

　　「但是你怎麼知道那樣做沒問題？」

　　「我的做法是先尋找『IOI』（indicator of interest）。IOI就是興趣指標。如果她問你叫什麼名字，那是個IOI。如果她問你是不是單身，也是一個IOI。如果你握她的手然後緊握一下，結果她也緊握回來，又是一個IOI。當我得到三個IOI，我就馬上進行瞬移，想都不用去想，就像電腦程式一樣。」

　　「但你要怎麼親她？」毛衣問。

　　「我會說：『妳願意親我嗎？』」

　　「然後會發生什麼事？」

　　「有三種狀況，」謎男說：「如果她說『願意』，這種情況很罕見，

那麼你就親她；如果她說『也許吧』或是猶豫，你就說『那我們來試試看。』然後親她；如果她說『不要』，你就回她『我又沒說妳可以，妳對有我企圖喔。』」

「這樣子，」他露出勝利的笑容：「你不會有什麼損失。每個可能發生的狀況都在計畫中，連笨蛋都懂。這就是謎男的『親吻收場』（kiss-close）。」

我瘋狂地在筆記本上抄下關於親吻收場的每一個字。以前從來沒有人教過我該如何吻女人。那只是男人應該自己學會的事情之一，就像刮鬍子和修車。

我坐在車裡，腿上放著筆記本，聽著謎男說話，納悶著為什麼我在這裡。參加把妹課程並不是正常人會做的事。更困擾的是，我在想為什麼這對我會那麼重要，為什麼我會那麼快地沉迷於網路社群和裡面那些匿名網友。

也許是因為，吸引異性是我人生中唯一感到澈底失敗的領域。每次我走在街上，或在酒吧裡，我都會在塗著紅色唇膏、黑色睫毛膏的美麗臉龐回瞪著我時，看見自己的失敗。慾望與挫敗的組合真是要命。

在那一夜的實習之後，我打開我的檔案櫃，在紙堆中東翻西找。我想找出某個東西，某個多年不見的東西。半個小時後，我找到了：一個標示著「高中作品」的檔案夾。我抽出一張橫條筆記紙，上面從頭到尾布滿了我怯懦潦草的字跡。那是我這輩子嘗試寫過的唯一一首詩，高二的時候寫的，而且從來沒有讓別人看過。然而，那正是我的問題的答案。

性挫敗

你出門的唯一理由，
你心中的唯一目標，
是為了一瞥那熟悉的一雙腿
或一個女人的握手，
雖然你只能算是她的朋友。

沒搞頭的夜晚培養敵意，
沒搞頭的週末繁殖仇恨。
透過紅眼看著全世界，
對朋友家人生氣，
為了他們無法理解的理由，
唯有自己明白憤怒的原因。

那個「只是朋友」的人，
你認識那麼久，一直與你保持距離，
讓你無法做想做的事。
她再也懶得戴上面具和你調情，
因為她認為你喜歡真正的她。
事實上你喜歡的正是她的調情。

自己的手成了最親密的愛人，

賦予生命的精子被浪費在面紙裡並沖下馬桶，

你質疑何時才會停止，

想著那個有機可乘的夜晚原本可能發生什麼好事。

那個害羞的人微笑著看起來想要認識你，

但你無法鼓起勇氣開口。

於是她將成為你夜裡的幻想之一，

原本能夠得到但卻沒有。

你的手將代替她的手。

當你忽視工作和有意義的活動，

當你忽視真正愛你的人們，

為了難以擊中的目標。

是除了你之外每個人對女人都很走運？

還是女人只是不像你那麼渴望愛情？

　　我寫下那首詩之後的十年，什麼也沒有改變。我還是不會寫詩。而且更重要的是，我的感覺還是一樣。也許報名謎男的課程是一個明智的決定。畢竟，我至少對我的缺陷做了一件主動積極的事。

　　就連智者都住在愚人的天堂啊。

05

　　課程的最後一晚，謎男和萬惡帶我們去一間叫做Saddle Ranch（馬鞍牧場）的酒吧，位於日落大道上的一間鄉村主題的人肉市場。我曾經去過那裡——不是去把妹，而是去騎它的機器牛。我在洛杉磯的目標之一，就是征服那部機器的最高段速，但不是今天。因為連續三個晚上在外面玩到凌晨兩點，然後陪謎男和其他學員們一起檢討分析，遠遠超過預定的半個鐘頭，我早就累掛了。

　　然而，不過幾分鐘光景，我們永不倦怠的把妹教授已經在吧台邊，和一個說話大聲、微醺的女孩子親熱起來，她一直想要偷他的圍巾。看著謎男的一舉一動，我發現他用了完全一樣的開場白、步驟和台詞——然後幾乎每次都能得到電話號碼或一個舌吻，即使那女人跟她男朋友在一起。我從來沒見過這種事。有時候和他說話的女人甚至還流下淚來。

　　我朝著機器牛場走去，頭頂著謎男堅持要我戴的粉紅色牛仔帽讓我覺得好蠢，我看見一個女孩，一頭烏黑長髮，穿著緊身毛衣，一雙古銅色美腿伸出她的荷葉邊裙。她正興致勃勃地和兩個男生說話，在他們身旁蹦蹦跳跳得像個卡通人物。

　　一秒鐘……兩秒鐘……三秒鐘。

「嘿，看來這裡的派對已經結束了。」我對那些男生說，然後轉過頭去對著她。我結巴了一下。我知道下一句台詞——謎男已經催了我整個週末——但我一直害怕講出來。

「要……要不是我是同志的話，妳還真是我的菜。」

一個大大的微笑在她臉上綻開。「我喜歡你的帽子！」她尖叫，抓著帽簷。

扮孔雀果然有用。「嘿，」我重複之前聽謎男說過的台詞，對她說：「請勿碰觸高價品。」

她的回應竟然是把手臂環抱住我，說我好有趣。隨著她的熱情，我的恐懼感一點一滴蒸發。我發現，認識女人的祕訣只不過是知道該說什麼，以及何時說、如何說。

「你們幾個怎麼認識的？」我問。

「我們剛認識。」她說：「我叫艾羅諾娃。」她笨拙地屈膝行禮。

我視之為一個IOI。我讓她見識了謎男稍早教我的心電感應測試，我猜中1到10之間她心裡所想的數字（提示：幾乎永遠都是7），然後她興高采烈地拍手。那些男生，在我優越的手腕面前，全都走開了。

當酒吧打烊，艾羅諾娃和我到外頭去。與我們擦身而過的每個AFC都豎起拇指說「她好辣！」或「你這幸運的混蛋！」真是群白癡。他們正在搞砸我的遊戲——前提是，我得先想出辦法告訴艾羅諾娃我不是gay。真希望現在她已經自己發現了。

我記得萬惡告訴我要進挪，於是我把手環著她的肩。然而這一次，她退開了。那肯定不是個IOI。我上前一步再試一次，可是在酒吧裡和她一起的其中一個男生走過來，兩個人打情罵俏了起來，我則是愚蠢地站在一

旁。幾分鐘後她轉身向我，我對她說我們應該找個時間出來玩。她同意，於是我們交換電話。

謎男、萬惡和學員們都在禮車裡，看著整個交換過程。我鑽進車裡，原以為我這次的電話收場很了不起，但謎男不為所動。

「你得到電話，」他說：「是因為你對她逼得太緊，反而讓她玩弄你。」

「你的意思是？」我問。

「我有沒有告訴過你『貓繩理論』（cat string theory）？」

「沒有。」

「聽好，有沒有看過貓咪玩弄繩子？當繩子在牠頭上晃蕩，就是碰不到時，貓會瘋狂地試圖抓到繩子。牠會撲到空中，跳來跳去，追著繩子到處跑。一旦你把繩子放下，讓它落在貓爪中，牠只會看著繩子一秒鐘，然後無趣地走開。牠不想要那條繩子了。」

「所以……」

「所以當你用手攬著她，那個女孩從你身邊躲開，這時你應該給她點顏色瞧瞧——轉身去和別人說話，讓她想辦法贏回你的注意。但是你卻像乖小狗一樣立刻跑回她身邊。結果咧，她和那個蠢蛋說話的時候把你晾在旁邊。」

「那我該怎麼做？」

「你應該說：『我讓你們兩個獨處吧。』然後走開，彷彿你把她讓給他——明知道她比較喜歡你，但你必須表現出你才是大獎。」

我微笑。我想我真的懂。

「是啊，」他說：「要當跳來跳去的繩子。」

我陷入沉思，把腿抬到禮車的吧台櫃上，癱在椅子裡。謎男轉向萬惡，他們交談了幾分鐘，感覺像是在談論我。

我迴避著他們的眼神，猜想他們是不是要告訴我，我妨礙了這課程，我根本還沒準備好，應該回家多研究六個月之後再來上課。

突然間，謎男和萬惡結束了他們的私人會議。謎男露出一個大大的微笑，直視著我。

「你是我們的一員了，」他說：「你會成為超級巨星。」

06

MSN社群：謎男沙發吧（Mystery's Lounge）

主題：性魔術

作者：謎男

我在洛杉磯開的謎男方法工作坊大成功。在下次課程中，我決定要傳授透過魔術來展示心靈力量。畢竟，有些人需要道具來傳達迷人的個性。沒有任何優勢就想進攻──例如說：「嗨，我是個會計。」──絕對無法擄獲目標的注意和好奇心。

所以，在課程之後，我放棄FMAC四階段理論，把接近拆解成十三個詳細步驟。以下是所有接近的基本模式：

1. 走進房間時要微笑。看著目標所在的團體，遵守三秒法則。不要遲疑──立刻接近。

2. 背出一個已經滾瓜爛熟的開場白，或是連續兩三個。

3. 開場白要能夠打進整個團體，而不只是目標。當你說話的時候，盡量忽略目標。如果團體中有男人，把注意力放在男人身上。

4. 用我們設計的許多否定行為來否定目標。告訴她：「好可愛，妳大笑的

時候鼻子會扭動耶。」讓她的朋友們注意並嘲笑它。

5. 藉著故事、魔術、八卦和幽默來對整個團體傳達個性。把注意力特別放在男人和比較不優的女人身上。在這期間，目標會發現你是注意力的中心。你可以表演各種熟記的橋段，像是「秀照片慣例」*（photo routine），但是只表演給目標身旁的障礙者看。

6. 如果目標表示欣賞，再次否定她。舉例而言，如果她想要看照片，你就說：「喔，她很貪心哦，你們是怎麼跟她處得來的？」

7. 問整個團體：「你們是怎麼認識的？」如果目標已經和其中一個人交往，問出他們在一起多久了。如果是很認真的交往，可以說：「很高興認識你們。」然後禮貌地告退。

8. 如果沒有人替她說話，對團體說：「我好像有點冷落了你們的朋友。我可以跟她聊個幾分鐘嗎？」他們總是會說：「嗯，當然。如果她同意的話。」如果你有正確地執行之前的步驟，她會同意。

9. 把她和團體孤立開來，說你有個很酷的東西要給她看，帶她坐到你身邊。當你帶著她穿越人群，做一個進挪測試──握她的手。如果她緊握回來，就成功了。開始尋找其他IOI。

10. 和她坐在一起，表演一套神祕解讀、心電感應測試，或任何會令她著迷心動的示範。

11. 對她說：「美貌是很平凡的東西，可貴的是對生命充滿活力和展望。告訴我，妳的內在有什麼與眾不同的特點？」如果她開始列舉，這是一個正面的IOI。

12. 停止講話，看看她是否以開頭是「所以……？」的問題重新開啟談話，如果她這麼做，你已經看見三個IOI了，接下來可以……

13.親吻收場。突然說：「妳願意親我嗎？」如果背景或環境並不能導向肉體親近，那麼給你自己一個時限，說：「我得走了，改天再聊吧。」然後要到她的電話，走人。

——謎男

謎男方法課程講義

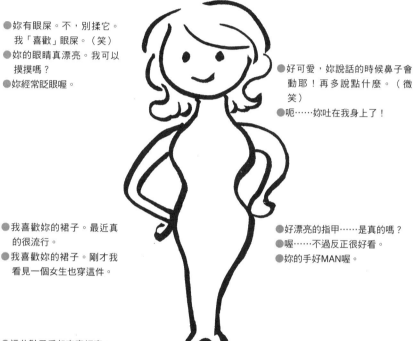

●那是假髮嗎？喔……不過反正很好看。
●我覺得妳的頭髮盤起來／放下來比較好看。
●妳怎麼稱呼這種髮型，鬆餅頭嗎？（微笑）

●妳有眼屎。不，別揉它。
　我「喜歡」眼屎。（笑）
●妳的眼睛真漂亮。我可以
　摸摸嗎？
●妳經常眨眼喔。

●好可愛，妳說話的時候鼻子會
　動耶！再多說點什麼。（微
　笑）
●呃……妳吐在我身上了！

●我喜歡妳的裙子。最近真
　的很流行。
●我喜歡妳的裙子。剛才我
　看見一個女生也穿這件。

●好漂亮的指甲……是真的嗎？
●喔……不過反正很好看。
●妳的手好MAN喔。

●這些鞋子看起來真好穿。

---

*　秀照片慣例（photo routine）是指在外套口袋裡放一袋照片，彷彿才剛沖洗出來的樣子。不過每張照
　　片都是預先挑選過的，用來傳達把妹達人個性的不同面相，像是和美女、小孩、寵物、名人在一起
　　的合照，或和朋友鬼混、玩直排輪、跳傘等刺激活動的照片。每張照片都要附帶一個有趣的小故事
　　來搭配。

07

　　當然，歷史上有寫下《愛的藝術》（*Art of Love*）的羅馬詩人奧維德（Ovid）；根據多位西班牙貴族的功業杜撰出來的情聖唐璜；死在斷頭台上的法國傳奇浪子洛贊公爵（Duke de Lauzun）；還有以四百頁回憶錄詳盡記載征服上百位女人的大情聖卡薩諾瓦。但毫無疑問地，現代誘惑之父是羅斯・傑佛瑞，一位高瘦、臉上坑坑疤疤、自稱來自加州國王港（Marina Del Rey）的怪胎。身為導師、教派領袖與交際高手，他指揮著一支由六千多個性饑渴的男人組成的大軍，其中包括政府高官、情報員、解碼員。

　　他的武器就是聲音。長年研究每一個催眠大師與夏威夷巫醫之後，他宣稱找到了專門技術——能讓所有活著的女人變成蕩婦。傑佛瑞自稱啟發了湯姆・克魯斯在電影《心靈角落》（*Magnolia*）中的角色，他稱之為「快速引誘」（Speed Seduction）。

　　結束長達五年的無性期之後，傑佛瑞在1988年藉著「神經語言程式」（NLP，neuro-linguistic program）的幫助發明了快速引誘，那是一種催眠與心理學的爭議性結合，出現於1970年代的自我改造興盛期，而且造成安東尼・羅賓這類的勵志型導師崛起。NLP的基礎誡律是，個人的想法、感受和舉止——以及對別人的想法、感受和舉止——都是可以操縱的，只要藉

由設計過的言語、暗示與姿勢來影響潛意識。傑佛瑞輕易地看出NLP對搭訕藝術有著革命性的潛力。

長年以來，傑佛瑞藉著控告、打壓或持久戰，排除掉把妹領域中的其他競爭者，好讓他的快速引誘學派成為釣人的主宰模式——直到謎男出現並開始在工作坊授課。

因此，網路上對謎男第一期課程目擊報告的熱烈要求排山倒海而來。謎男的仰慕者想要知道這門課值不值得上；他的敵人，尤其是傑佛瑞和他的門徒，則是想拆他的台。所以我不得不張貼一篇關於親身體驗的完整報告。

在我的報告最後，我提出在洛杉磯招募「僚機」，唯一的條件是多少要有點自信、聰明，而且熟悉社交。為了使自己成為把妹達人，恐怕得把我看謎男做過的所有事情都吸收內化。這唯有靠熟能生巧——每天晚上造訪酒吧和夜店，直到成為像達斯汀那樣的天生好手，或像謎男這樣的後天養成專家。

我把課程報告貼上網的那一天，收到一封來自加州安西諾（Encino），暱稱為葛林伯（Grimble）的電子郵件，他自稱是羅斯·傑佛瑞的學員，想要和我一起進行「巡視」（sarge），他用的這個詞，是把妹達人的術語，意指出去認識女人；典故顯然來自羅斯·傑佛瑞的愛貓之名——巡官（Sargy）。

我給了他我的電話，一個鐘頭後，葛林伯打來了。葛林伯將引導我入門，加入這被稱之為「祕密會社」的世界，比謎男更進一步。

「嘿，老兄，」他以陰謀的語氣說：「所以你覺得謎男的遊戲怎麼樣？」

我告訴他我的評價。

「哇，我喜歡，」他說：「但你改天應該跟劈腿（Twotimer）和我一起出來。我們已經跟羅斯・傑佛瑞出來巡視過很多次了。」

「真的嗎？我很想認識他。」

「聽著，你可以保密嗎？」

「當然。」

「在你的巡視中，你用了多少技術？」

「技術？」

「你知道的，有多少是技術性，多少是隨便唬爛的？」

「我想是五五波吧。」我說。

「我高達百分之九十。」

「什麼？」

「是啊，我使用老套卻有效的開場白，然後誘出她的價值觀並找出她的『罩門語』（trance words）。然後我會進行某個祕密橋段。你知道『十月男人順序』（October Man sequence）嗎？」

「沒聽過。」

「上星期我和一個女孩約在這裡，而且讓她脫胎換骨。當我的手指拂過她的臉，我告訴她注意⋯⋯」這時他改用一種緩慢、催眠般的聲音繼續說：「我碰過的地方有什麼感覺⋯⋯那會留下能量滲透的痕跡⋯⋯妳會感覺到能量擴散開來⋯⋯讓妳想要深深地去體會這些感官⋯⋯變得更加⋯⋯強烈。」

「然後咧？」

「我把手指拂過她的嘴唇，她開始吸它。」他勝利地大聲宣告：

「『完全收場』（Full-close）！」

「哇！」我說。

我完全聽不懂他在講啥，但我想要這種技術。我回想起每一次帶女人回家，跟對方坐在床上，靠過去想要親吻，然後就被「我們還是當朋友就好」（let's just be friends）的台詞擋回來。事實上，這種拒絕狀況普遍到讓羅斯·傑佛瑞為它發明了一個簡稱「LJBF」，而且還有冗長的制式回答*。

我和葛林伯聊了兩個小時。他似乎認識每個人，從史帝夫·P這號傳奇人物（據說有一堆崇拜他的女人，為了獻身給他還會付他錢）到瑞克·H這種人，他是羅斯的得意門生，歸功於一樁跟他有關的事件，一個浴缸和五個女人。

葛林伯會是個完美的僚機。

---

* 傑佛瑞的制式回答是：「這種事我可不能保證。朋友不會把彼此推入這樣的窘境。我唯一能夠保證的是絕對什麼也不做，除非我們都覺得完全自然、有意願，而且準備好了。」

08

　　隔天晚上我開車到安西諾的葛林伯家接他一起出去巡視。這是我在謎男的課程之後第一次上現場，也是我初次和網路上認識的陌生人一起出去。我只知道他是個大學生，而且喜歡女人。

　　當我停好車，葛林伯大步跨出來，露出輕浮的微笑，看起來並不危險也不凶惡，只是有點兒滑頭，好像政客、業務員或（我猜想）誘惑者。雖然他是德國人，卻有大麥般的膚色，事實上他自稱是俾斯麥的後裔。他穿著一件棕色皮夾克，裡面是銀色印花襯衫，鈕扣沒扣，露出無毛的胸部。他手上提著一個裝滿錄影帶的塑膠袋，把袋子丟到後座。他讓我聯想到貓鼬。

　　「這都是羅斯的研討會實況，」他說：「你一定會喜歡華盛頓DC那場座談會，因為他在那裡談到『共感覺』（synesthesia）。其他帶子是金和湯姆的。」──那是羅斯的前女友和她的新男友。「內容是他們在紐約的研討會，『進階錨定與其他邪惡伎倆』（Advanced Anchoring and Other Sneaky Stuff）。」

　　「什麼是『錨定』？」我問。

　　「等你見到我的僚機劈腿的時候，他會教你。你體驗過『調味料錨

定』（condiment anchoring）嗎？」

看來我要學的還多著呢。男人基本上不會像女人那樣貼心地詳述細節。女人家會討論所有事。當男人上床之後和他的死黨們碰面，他們會問：「怎麼樣？」然後他會比個拇指向上或向下的手勢，就這麼簡單。若是詳細描述過程，就等於是強迫你的朋友去想像他們並不想看的畫面，想像著麻吉脫光光或做愛，這在男人之間是個禁忌，因為他們可能會發現自己興奮起來──我們都知道那是什麼意思。

自從我在六年級開始有了淫慾，我就假設：只有那些常常出去玩、有比較多露臉機會的傢伙才能爽到──畢竟，那正是他們稱之為走運的原因。他們唯一的工具是努力不懈。當然，有些男人在女人身邊輕鬆自在，他們會殘酷地嘲弄她們，讓她們服服貼貼。但那不是我，光是向女人問個時間或問路，都要鼓起我所有的勇氣。我一點兒也不懂葛林伯一直在說的關於錨定、誘出價值觀、找到罩門語，或其他玩意兒。

沒有這些技術，我要怎麼搞定女人？

那是個安靜的星期二夜晚，在谷區，葛林伯唯一知道可以去的地方是當地的TGI Fridays餐廳。我們在車上熱身──聽著瑞克·H教導巡視的錄音帶，練習開場白、假裝微笑、在座位上蹦蹦跳跳讓自己活躍起來。這是我做過最蠢的事情之一，但我正要進入一個新世界，當中自有行事規則。

我們走進餐廳大門──自信、微笑、趾高氣揚。不幸的是根本沒人甩。吧台上有兩個傢伙正在看電視上的棒球比賽，一群生意人坐在角落的一桌，吧台員工大部分都是男的。我們大搖大擺走向陽台。當我們把門推開，一個女人出現，嗯，測試我們所學的時候到了。

「嘿，」我對她說：「我想聽聽妳的意見。」

她停下來聽著。她大概160公分，一頭短捲髮，身體像棉花糖似的，但她的微笑很美，是個很好的練習對象。我決定使用脫口秀主持人摩瑞·波維奇（Maury Povich）的開場白。

　　「那是我的朋友葛林伯，他今天接到一通摩瑞·波維奇的節目打來的電話。」我開始說：「他們要做一段關於神祕愛慕者的節目，顯然有人迷戀上我朋友了。妳覺得他該不該去上那個節目？」

　　「當然應該啊，」她回答：「為什麼不去？」

　　「但如果神祕愛慕者是男的怎麼辦？」我問：「脫口秀總是會安排一些爆點，萬一是他親戚呢？」

　　這不叫說謊；這是調情。

　　她笑出聲來，好極了。「換成是妳會去上那個節目嗎？」我問。

　　「可能不會。」她回答。

　　突然間，葛林伯插話。「所以妳要我去上那個節目，但妳自己卻不去。」他逗她：「妳一點也不喜歡冒險，對吧？」看著他行動實在很過癮。我只能讓對話進入閒聊，他卻已經引導她進入性的部分了。

　　「我喜歡冒險。」她抗議。

　　「證明給我看。」他微笑著說：「那我們來做個小練習，這叫做共感覺。」他向她靠近一步。「妳有沒有聽說過共感覺？它能讓妳找到所有的能量來達成並感受妳人生中想要的東西。」

　　共感覺是快速引誘兵工廠中的神經毒氣。名符其實，它是感官的重疊。然而，在把妹的情境中，共感覺指的是一種清醒催眠，把女人放在高漲的意識狀態，叫她想像愉悅的影像和感官在內心滋長。目標是：讓她不由自主地興奮起來。

她同意了，閉上眼睛。我終於可以見證羅斯的祕技之一。但是當葛林伯正要開始，一個精壯、漲紅著臉、穿著汗衫的壯漢大步走向他。

「你在幹嘛？」他問葛林伯。

「我正要教她一種叫做共感覺的自我成長練習。」

「嗯，她是我老婆！」

我忘了確認她有沒有戴婚戒，但我懷疑結婚這種小細節對葛林伯會有什麼差別。

「解除這傢伙的武裝，」葛林伯轉頭催我：「讓我繼續對她下手。」

我完全不知道該怎麼解除他的武裝，他似乎不像史考特·拜歐那麼鬆懈。「他也可以教你那個練習，」我怯弱地說：「那真的很酷喔。」

「我聽不懂你在說啥屁話，」那傢伙說：「我學這種東西幹嘛？」

他往前一步把臉逼近我，聞起來有威士忌和洋蔥圈的味道。

「它會顯示是否……是否……」我結結巴巴：「算了。」

那傢伙抬起手來推了我一把。雖然我告訴女孩們我有172公分，其實只有167公分。我的頭頂只到他的肩膀。

「別這樣，」他老婆轉向我們說：「他喝醉了，所以才會變這樣。」

「變怎樣？」我問：「暴力？」

她落寞地微笑。

「你們看起來很登對，」我說。解除武裝的嘗試顯然失敗了，因為他就要解除我的武裝了。他醉茫茫的紅臉距離我只有5公分，大吼著要把什麼撕成碎片。

「很高興認識你們，」我趕緊說，慢慢往後退。

當我們撤退回車上，葛林伯說：「記得提醒我……要教你如何處理

『AMOG』。」

「AMOG？」

「團體中的雄性領袖（alpha male of the group）。」

喔，我懂了。

09

四天後的星期六下午，我獨自在家看葛林伯給我的錄影帶，他打電話來告訴我一個好消息。他和他的僚機劈腿，跟羅斯‧傑佛瑞約在加州披薩廚房餐廳碰頭，然後要遠征蓋堤美術館，邀請我一起去。

我早到了十五分鐘，選了一個座位，瀏覽從網路把妹版列印下來的貼文，直到羅斯、葛林伯和劈腿來了。劈腿的黑髮用髮膠抓出藤蔓的質感，搭了一件皮夾克，擁有蛇一般的氣質。他有一張嬰兒般的圓臉，看起來好像葛林伯的複製人，只是用輪胎幫浦充過氣了。

我站起來自我介紹，羅斯沒理我。他不是我見過最有禮貌的人。他穿了一件毛料長大衣，走動的時候大衣鬆鬆地垂掛在他腳邊，人很瘦、呆頭呆腦的樣子，有灰色短鬚和油亮的皮膚。他的頭頂是半禿的一團又短又亂的灰色捲髮，鷹鉤鼻非常突出，簡直可以把他的外套掛上去。

「你從謎男那裡學到了什麼？」羅斯輕蔑地問。

「很多。」我告訴他。

「像是什麼？」

「嗯，我的癥結之一是看不出女孩子是否受我吸引。現在我知道了。」

「你怎麼知道？」他問。

「當我得到三個興趣指標的時候。」

「舉例說明。」

「我想想。當她問你叫什麼名字。」

「那是一個。」

「當你握她的手，緊握一下，然後她握回來。」

「兩個。」

「還有，呃，其他的我現在想不起來。」

「啊哈。」他跳起來：「那麼他並不是個好老師，對吧？」

「不，他是個很棒的老師。」我抗議。

「那麼舉出第三個興趣指標。」

「我現在想不起來。」我覺得像在做困獸之鬥。

「那就是啦。」他說。他真是個狠角色。

一個塗著藍指甲、有點嬰兒肥、棕色頭髮的嬌小女服務生走過來點菜。羅斯看著她，然後對我眨眨眼。「這些是我的學生，」他告訴她：「我是個導師。」

「真的嗎？」她問，假裝很感興趣。

「如果我告訴妳，我教人如何利用心靈控制來吸引任何他們想把的人，妳信嗎？」

「別鬧了。」

「是真的。我可以讓妳愛上這一桌的任何一個人。」

「怎麼辦到？用心靈控制？」她很懷疑，但有點好奇。

「我問妳一個問題。當妳真的被某人吸引，妳怎麼知道？換句話說，

妳會從自己內心裡得到怎樣的信號，讓妳發現……」這時他放低聲音，慢慢地吐出每一個字：「妳……真的……很喜歡……這個人？」

我後來才發現，這個問題的目的是讓女服務生在他面前感受到被吸引的情緒，把那些感覺和他的臉孔連結在一起。

她想了一會兒。「嗯，我猜我肚子裡會有種怪怪的感覺，像是有蝴蝶在飛。」

羅斯把手放在自己的腹部。「是啊，而且我打賭，妳越覺得受到吸引，那些蝴蝶越是從胃部往上飛……」──他慢慢地把手往上移到胸口──「直到妳的臉開始發燙……就像現在這樣。」

劈腿靠過來小聲說：「這就是錨定。把某種感覺，比方說愛慕，連結到一個碰觸或手勢上。然後，每次羅斯像那樣抬起手，她就會被他吸引。」

羅斯繼續打情罵俏的催眠話術幾分鐘之後，女服務生的眼神開始呆滯。羅斯逮住機會無情地玩弄她，每隔幾秒鐘就像電梯一樣把手從胃部抬到臉上，每一次她都因此而臉紅。她手中的盤子，不太穩定地平衡在她瘦弱的手臂上。

「以妳的男友為例，」羅斯繼續說：「妳立刻就被他吸引了嗎？」他彈了一下手指，把她從恍惚狀態中釋放。「還是過一段時間？」

「嗯，我們分手了。」她說：「但的確需要一段時間，我們一開始只是朋友。」

「但更棒的是，如果妳能夠立刻感覺到被吸引的情緒……」他把手像電梯一樣抬起，她的眼神又開始呆滯。「對某人。」他指著他自己，我猜這是另一個NLP技巧，好讓她認為他就是那個人。「真是不可思議，對

吧？」

「對啊。」她同意，完全忘了其他桌的客人。

「妳的男朋友有什麼問題嗎？」

「他太幼稚了。」

羅斯逮住機會。「嗯，妳應該和成熟一點的男人交往。」

「剛才我們說話的時候，我正想到這點，關於你。」她咯咯笑著。

「我敢打賭，妳剛到我們這桌的時候，我一定是妳最不感興趣的人。」

「真奇怪，」她說：「因為你並不是我會喜歡的類型。」

羅斯提議等她放假的時候可以一起去喝杯咖啡，她立刻抓住機會給他電話號碼。他的技術和謎男完全不同，但似乎也是貨真價實的。

羅斯發出勝利的大笑聲。「好了，妳的其他客人大概要生氣了。在妳離開之前，我們何不把妳現在擁有的這些美好感覺……」他再度抬起手來，「放在這包糖裡頭，」他拿起一包糖然後用他抬起來的手揉過，「好讓妳可以整天隨身攜帶。」

他把糖包遞給她。她把糖放進圍裙然後走開，臉上依舊紅通通的。

「這招，」劈腿小聲說：「就是調味料錨定。那包糖會讓她想起對他的正面情緒。」

當我們離開餐廳，羅斯對老闆娘使出完全相同的招式，並要到了她的電話。兩個女人都是二十幾歲，而羅斯已經四十好幾了。我被澈底打敗了。

我們擠進羅斯的車，前往蓋堤美術館。「任何你想從女人身上得到的東西——愛慕、慾望、幻想——都只是一種在她體內和腦部運作的內在過

程。」他一邊開車一邊解釋：「要喚起這個過程，你只需要問問題，而她為了回答你，會把問題運行過體內和腦部，彷彿體驗到這些。然後她就會把愛慕的感覺聯想到你身上。」

劈腿和我一起坐在後座，瞄著我的臉查探反應。「你覺得怎麼樣？」他問。

「很了不起。」我說。

「是很邪惡。」他更正，嘴邊露出一抹微笑。

當我們到達蓋堤美術館，劈腿把注意力放到羅斯身上。「我想請教你『十月男人順序』。」他催促，「我調換了其中幾個步驟。」

羅斯轉向他。「你了解這玩意是很惡劣的吧？」羅斯一邊說，一邊在劈腿胸前搖搖手指。他又在錨定了，試圖把惡劣的概念和禁忌的橋段連結在一起。「我不在研討會中教這個是有原因的。」

「為什麼？」劈腿問。

「因為，」羅斯回答：「那就像把炸藥交到小孩子手上。」

劈腿又微笑了。我完全看得出他在想什麼——因為，在我的心裡，邪惡這個字眼已經和微笑錨定了。

「達爾文說適者生存，」當我們走過美術館的二十世紀前藝術展區，劈腿對我解釋，「在從前，這表示強者生存，但是如今，強壯無法幫助你在社會上領先。女人只和誘惑者交配，這些誘惑者懂得如何透過言語和肢體碰觸，激發女性腦中的幻想。」他說話的方式、動作的方式、看著我的方式，看起來很刻意，像是事先排演過的。彷彿他正把我的靈魂吸進他的眼睛裡。「所以適者生存這套理論已經不合時宜了。身為玩家，我們站在一個新時代的起點：悅者生存！」

雖然我不強壯也不善於取悅人，但我喜歡這個想法。我講話又快又亂，動作很軟弱，肢體語言很笨拙。對我而言，要生存還有待努力。

　　「卡薩諾瓦是我們的一分子，」劈腿繼續說：「但我們活得更有格調。」

　　「嗯，以前那個時代要引誘女人可能得多費些工夫，礙於當時的道德觀。」我說，試圖貢獻一點有用的東西。

　　「而且我們擁有技術。」

　　「你是說NLP？」

　　「不只如此。卡薩諾瓦得單打獨鬥，」他的目光深深望進我的眼睛，露齒一笑：「而我們可以彼此掩護。」

　　我們在展覽廳中潛行，盯著那些看畫的人們。我看著葛林伯、劈腿和許多不同的女人搭訕。但我不敢在羅斯面前班門弄斧，我很怕他會批評我做的每件事，或是因為我沒有應用他的技術而生氣。但從另一方面來說，這傢伙建議學員克服接近的恐懼，方法是隨便走向一個女人對她說：「嗨，我是火星人曼尼，妳最喜歡什麼口味的保齡球？」所以，我其實不必擔心在他面前看起來很蠢。他專門創造蠢蛋。

　　當天結束時，羅斯拿到三個電話，劈腿和葛林伯各拿到兩個，而我什麼也沒有。

　　我們搭乘纜車下山到美術館的停車場，羅斯滑進我旁邊的座位。「聽著，」他說：「我幾個月後會有一場研討會。我會邀你參加，完全免費。」

　　「謝謝。」我說。

　　「我會成為你的導師，不是謎男。你會發現我所教的東西威力無

窮。」

　　我不確定該怎麼回答。他們在爭奪我──一個拙男。

　　「還有，」羅斯說：「交換條件是，我要你帶我去五攤，不，六攤好萊塢派對，要有超級辣妹的，我需要擴展眼界。」

　　他微笑著問：「一言為定了？」一邊用他的拇指揉著他的下巴。我很確定他在錨定我。

展示價值

Demonstrate Value

我的男人，嘴甜得像莓果，聲音磁性像貝斯，身體壯得像阿諾，臉蛋帥得像丹佐・華盛頓⋯⋯他總是談論心靈層面的沉重話題，對我而言很有意義，因為好男人真的很難找。

——胡椒鹽合唱團（SALT-N-PEPA），〈好個男人〉（Whatta Man）

01

　　最佳的掠食者不會趴在叢林地面張牙舞爪，獵物會避開牠們。牠們會緩慢無害地接近獵物，贏得信任，然後發動攻擊。

　　至少萬惡是這麼說的。他滑稽地稱之為「萬惡方法」。

　　雖然在課程之後謎男已經飛回多倫多，我和萬惡還是保持聯絡。我看過有個女人第一次到他家裡，他把她壓在牆上抵著她的脖子，故意作勢吻她然後又放開她，讓她的腎上腺素瞬間飆升，既害怕又興奮。然後他為她做晚飯，絕口不提剛剛的事，直到上甜點時，他猛盯著她瞧，就像老虎盯著獵物，然後以一種壓抑慾望的口吻說：「妳最好別知道我現在想要對妳幹嘛。」那差不多就是我該告辭的時候了。

　　除了滑頭的葛林伯之外，比較掠食性的萬惡也是個可信賴的僚機。但我們的友誼並沒有持續很久。某天下午，在比佛利購物中心巡視之後，萬惡告訴我他要加入空軍當飛官去了。

　　「軍隊的薪水很穩定，」當我們坐在購物中心的咖啡廳裡，他解釋：「而且我可以住在任何我想住的地方。我當待業中的電腦程式設計師已經太久了。」

　　我想勸他打消念頭。萬惡熱愛星體投射（astral projection）電音樂團、

哥德搖滾、性愉虐和把妹。如果他加入軍隊，就必須隱藏這些嗜好。但他已經下定決心了。「我跟謎男有談到你，」他說，低身向前靠在桌子上，聲音一如以往，非常嚴肅。「他想要把下一期課程排在十二月，我不能再當他的僚機了，他希望由你來接手。」

我一想到可以和謎男與他的祕技共度另一個週末，像是他用來讓女人落淚的「三層橋段」（triple-stacked pattern），我就得努力控制語氣中的興奮。「我想我會有空。」我說。

世界上有這麼多的把妹學徒，我無法相信謎男選擇了我。他認識的人一定不太多。

只剩下一個小問題：我十二月其實沒有空。我已經訂好機票要到貝爾格勒探訪馬可，就是那位介紹我認識達斯汀的同學。要跟馬可取消已經太遲了，但要我錯過當謎男僚機的機會更是免談。

一定會有解決的辦法。

那天晚上，我打電話給多倫多的謎男，他和父母一起住在那裡，還有兩個外甥女、他姊姊和姊夫。

「嘿，老兄，」謎男接電話說：「我在這裡無聊斃了。」

「我很難相信。」

「這裡正在下雨，但我好想出去玩。可是找不到人和我一起出去，也不知道該去哪家夜店。」他停下來叫他的外甥女小聲點，「我大概只能一個人去吃點壽司了。」

我以為偉大的謎男每天晚上都會有女孩子排隊，還有一大票巡佐搶著約他去夜店玩。沒想到他死氣沉沉地蹲在家裡。他父親病了，母親負擔很重，而他姊姊正和丈夫鬧分居。

「你不能跟派翠莎出去嗎？」我問。派翠莎是謎男的女友，就是他的把妹履歷照中穿睡衣的那個。

「她在生我的氣。」他說。謎男四年前認識派翠莎，當時她才剛從羅馬尼亞移民船上陸沒多久。他想把她塑造成理想女友——他說服她去隆乳、為他口交（她以前從沒做過），還有去當脫衣舞孃——但她對女女性愛的部分抵死不從。對謎男而言，這破壞了交易。

每個人都有進入遊戲的原因。有些人，像多面，是個處男，想要體驗一下和女人嘿咻是什麼感覺；有些人，像葛林伯和劈腿，每天晚上都想要新的女孩；還有少數人，像毛衣，正在尋找完美的妻子。謎男也有他自己的特定目標。

「我想要享受齊人之福，」他說：「我想要一個完美金髮妞和一個完美亞洲妹，她們要彼此相愛就像她們愛我一樣。派翠莎的異性戀影響了我和她的性生活，因為除非我想像有另一個女的在場，否則無法保持勃起。」他姊姊和姊夫正在吵架，他把電話拿到另一個房間，然後繼續說：「所以我才跟派翠莎分手，在多倫多沒有別的完美女人了。沒有豔光四射的美女，頂多只有7分的。」

「搬來洛杉磯吧，」我慫恿他：「你最喜歡的那種孔雀型女孩全都住這兒。」

「是啊，我真的得離開這裡。」他嘆氣說：「所以我想要安排一堆課程。在邁阿密、芝加哥和紐約都有一些人想報名。」

「貝爾格勒怎麼樣？」

「什麼？那裡不是在打仗嗎？」

「沒有，戰爭早結束了。而且我得去找一個朋友。他說那裡很安全，

我們可以免費住他家，而且斯拉夫女人大概是全世界最正的了。」

他猶豫著。

「而且我有免費的同行機票。」

一陣沉默，他正在考慮。

我再加把勁。「管他的，當作是探險嘛。就算是最糟的情況，你也能拍到新照片供照片慣例使用啊。」

謎男的思考模式像流程圖。如果他同意某件事，會立刻表示贊同而且總是使用同一個詞，正如他接下來說的：「搞定！」

「好極了！」我說：「我會把班機時間e-mail給你。」我等不及要搭上那六小時的航班了。我想要從他的腦中澈底吸光每一點知識、每一種魔術、每一句搭訕台詞、每一個故事。我想精確地模仿他說過的一字一句，使過的所有的伎倆，因為很管用。

「等一下，」他說：「還有別的問題。」

「什麼？」

「如果你要當我的僚機，你不能叫尼爾・史特勞斯。」他以他說搞定的斬釘截鐵語氣說，「該是你改變的時候了，變身成為另一個人。你想想看，尼爾・史特勞斯，作家，一點也不酷。沒有人想跟作家上床，他們是社交階級的底層。你必須是個超級巨星，不只是跟女人。你是需要一門藝術的藝術家，而你的藝術就是有待學習的社交技巧。我看過你的臨場表現，你適應得很快。那正是我和萬惡選你的原因。你等我一下。」

我聽見他翻動一些紙張。「聽好，」他說：「這是我個人的發展目標。我想要籌錢辦一場巡迴魔術秀；我想要住在奢華飯店，有禮車來回接送到表演場地，還要大型魔術的電視特集；我想要飄浮在尼加拉瓜瀑布

上；想要到英國和澳洲旅遊；我要珠寶、電玩遊戲、模型飛機、私人助理、專屬造型師……而且我想要在《萬世巨星》（*Jesus Christ Superstar*）歌舞劇裡扮演耶穌。」

至少他知道他的人生想要什麼。「我真正追求的，」最後他說：「是要讓女人哈我，男人想要變成我。」

「你小時候該不是受虐兒童吧？」

「不是。」他怯懦地回答。

對話結束前，他說他會e-mail給我一個叫做「謎男沙發吧」（Mystery's Lounge）的祕密線上社群的登錄密碼。他在兩年前創立了謎男沙發吧，在那之前，他在洛杉磯睡過一個大膽的女酒保，她在把妹新聞群組中發現了一篇他寫的貼文，是關於她的事。花了整個週末細讀其他的網路文章之後，她寫信給謎男的女友派翠莎，踢爆她男朋友的課外活動，結果幾乎毀了他的戀情。這件事教育他身為把妹達人的壞處：被抓包。

不像我讀過的其他把妹版，討論區裡有幾百個菜鳥不斷要求少數幾個專家給些建議。謎男則精挑細選了社群中最強的把妹達人到他的私人論壇，在這裡他們不只分享祕密、故事和技巧，還張貼他們和女人的合照——甚至偶爾還有他們現場行動的影音檔案分享。

「但記住，」謎男嚴肅地說：「你不再是尼爾・史特勞斯。當我在現場看到你，我希望你是另一個人。你需要一個把妹專用的名字。」他停下來慎重思考：「時髦男嗎？」

「型男（Style）怎麼樣？」那是我能自豪的一件事：或許我向來不善社交，但至少我知道如何打扮得比那些人好看。

「就叫型男吧。謎男與型男。」

沒錯，謎男與型男聯手出擊，聽起來很棒。把妹達人型男──教導可憐的窩囊廢如何認識夢中情人。

　　但是一掛掉電話，我就發現一件事：首先，型男得先磨練自己。畢竟距離我參加謎男的課程才過了一個月，還有很多要學。

　　該進行討厭的改變了。

02

　　我青少年時期的偶像之一是哈利・克勞斯貝（Harry Crosby），他是1920年代的詩人，老實說，他的詩很爛。但是他的生活方式很傳奇，身為富豪摩根（J. P. Morgan）的侄子兼教子，他跟海明威和D. H.勞倫斯私交甚篤，是第一個出版《尤里西斯》節錄本的人，也是失落世代的頹廢象徵。他過著放蕩、吸鴉片的生活，堅信自己會在三十歲前死掉。他二十二歲時娶了無肩帶胸罩的發明人波麗・皮柏迪（Polly Peabody），並且說服她改名為卡芮絲（Caresse）*。蜜月的時候，他們把自己關在巴黎的房間裡，埋首閱讀。到了三十一歲，當他發現自己的生活方式死不了，克勞斯貝便舉槍自盡。

　　我並沒有可以陪伴我的卡芮絲，但我把自己關在屋裡，過了一星期克勞斯貝式的生活：讀書、聽錄音帶、看錄影帶、研讀謎男沙發吧上的留言。我讓自己沉浸在誘惑理論中。我必須捨棄尼爾・史特勞斯，把自己重新包裝成型男。我不想辜負謎男和萬惡對我的期望。

　　要做到這點，需要改變的不只是我對女人說的話，還有我的行為舉

---

*　法文的愛撫之意。

止。我必須變得有自信、有趣、堅定果決、很優雅，成為我從小到大不曾被塑造的雄性領袖。我有太多蹉跎的光陰要彌補——我只剩下六個星期。

我買了關於肢體語言、調情和性技巧的書。我閱讀了女人性幻想的文選，像是南西・佛萊黛（Nancy Friday）的《女人的祕密花園》（*My Secret Garden*），為了內化這個想法：女人饑渴的程度就和男人一樣，或許更強；她們只是不想要有壓力、被騙或是被當成蕩婦。

我也訂了市場行銷的書，像是齊亞迪尼（Robert Cialdini）極富創意的《影響力》（*Influence*），學習到幾個左右大部分人決策的關鍵原則。其中重要的就是社會認同，意思是說，如果其他人都在做某一件事，那一定是好的。所以如果你在酒吧裡攬著一個美女（在社群中的稱之為「樞紐」〔Pivot〕），一定比你單獨行動更容易認識女人。

我看了葛林伯給我的錄影帶，每一捲都做筆記，熟背肯定的話（「如果有個女人走進我的世界，那一定是她生平最幸運的一件事」）和橋段。台詞和橋段是有差別的。台詞基本上是任何為女人預先準備好的說詞，橋段則是更精密規畫的劇本，專門設計來讓她興奮起來。

男女的思考和反應是不同的。隨便讓一個男人看《花花公子》雜誌封面，他就可以上陣了。事實上，讓他看一個去核的酪梨也行。而女人，根據快速引誘派的說法，不太容易被直接的影像和台詞說服。她們對隱喻和暗示比較有感覺。羅斯・傑佛瑞最有名的一個橋段，是利用Discovery頻道一個關於雲霄飛車設計的節目來隱喻吸引力、信任和刺激，這些必備的性愛先決條件。這個橋段描述「完美的吸引」，當雲霄飛車升至頂點然後迅速俯衝而下，提供了一種刺激感；然而它也提供安全感，因為它是被設計來讓你在一個舒適、安全的環境中享受這樣的體驗；最後一結束，會讓你

想爬回去一玩再玩。就算這個橋段不太可能讓女人興奮起來，也總比談工作好多了。

然而，光是研究羅斯・傑佛瑞還不夠，他的很多點子都只是應用了神經語言程式。所以我探本溯源，又買了加州大學教授理查・班德勒（Richard Bandler）和約翰・葛瑞德（John Grinder）的書，他們在1970年代創立並推廣這個催眠心理學的邊緣學派。

在NLP之後，也該學習一些謎男的魔術。我在魔術用品店花了一百五十大洋，買了關於飄浮、彎折金屬和讀心術的錄影帶和書籍。我從謎男那裡學到，對一個有魅力的女人該做的當務之急，就是展示價值。換句話說，我和其他覬覦她的傢伙有何不同？嗯，如果我可以看著她的叉子就把它折彎，或是在還沒交談之前就猜出她的名字，那就是不同之處。

為了進一步展示價值，我買了筆跡分析、符文解讀和塔羅牌的書。畢竟，每一個人最愛的話題都是自己。

我研讀的一切都做筆記，研發例行步驟和故事，進行現場測試。我拋開了我的工作、朋友、家人。我正在進行一項一天十八個小時的神聖任務。

我極盡所能把最多的資訊用力塞進我腦袋所能承載的極限，然後又開始研究肢體語言。我報名參加搖擺舞和騷莎舞的課程，租了《養子不教誰之過》和《慾望街車》，練習詹姆士・狄恩和馬龍・白蘭度的表情和姿勢。我研究《天羅地網》（*The Thomas Crown Affair*）中的皮爾斯・布洛斯南、《第六感生死緣》（*Meet Joe Black*）中的布萊德・彼特、《野蘭花》（*Wild Orchid*）中的米基・洛克、《紫屋魔戀》（*The Witches of Eastwick*）中的傑克・尼克遜、還有《捍衛戰士》中的湯姆・克魯斯。

我觀察我肢體動作的每一個細節。我走路的時候手臂是否擺動？手臂是否略向外彎，彷彿試圖配合巨大的胸肌？我走路是否充滿自信、昂首闊步？我可以把胸膛挺得更高嗎？可以把頭抬得更高嗎？可以把我的腿跨得更大步，彷彿避免卡到巨大的生殖器嗎？

修正這些可以靠自己改善的部分之後，我還報名了「亞歷山大技巧」（Alexander Technique）課程，改善我的儀態，擺脫遺傳自父系家族的圓肩詛咒。因為沒有人聽得懂我說的話——我講話太快、太小聲、而且音調太含糊——我開始上每週一次的正音和歌唱的家教課程。

我穿著有型的外套和鮮豔的襯衫，並卯起來添購很多配件。我買了戒指、項鍊和假耳環。我嘗試過牛仔帽、羽毛圍巾、螢光項鍊、甚至在晚上戴太陽眼鏡，看哪種最能吸引女人的注意。在我心裡，我知道這些缺乏品味的裝飾都很俗氣，但謎男的孔雀理論是對的。當我戴上至少一件醒目的飾品，特別容易跟有興趣認識我的女人打開話題。

我幾乎每晚都和葛林伯、劈腿、羅斯・傑佛瑞出去，囫圇吞棗地學習每一種新的互動方式。女人厭倦了普通男人問的普通問題：「妳從哪兒來？……妳做什麼工作？」有了橋段、花招和慣例，我們成了酒吧裡的英雄，將女性同胞從無聊中解救出來。

當然，並不是所有女人都欣賞我們的努力。雖然我沒有被甩過耳光、吼過、被酒潑過，誇張的失敗故事還是一直縈繞在我內心深處。有個故事是約拿的，他是把妹社群裡的二十三歲處男，他被一個喝醉的女孩K了後腦勺——兩次，因為她誤會了他的否定。還有一個阿拉斯加的巡佐大雕小子（Little Big Dick），坐在桌邊和一個女孩聊天，女方的男友從背後走過來，把他從座位上掀倒在地，然後猛踹他的頭整整兩分鐘，害他的左眼窩

裂傷，臉上還留下靴子印。

但他們只是例外，我希望。

當我開車到加州大學洛杉磯分校（UCLA）所在的威斯伍德（Westwood），初次嘗試在白天出來巡視的時候，這些挫敗案例盤據在我的心裡。我漫步在街道上，試著挑個人作為我第一次接近的對象，儘管牛仔褲後口袋中塞滿了我最愛的開場白和慣例的小抄，我還是很緊張。

我走過一間咖啡店，看見一個戴著棕色眼鏡的女人，金色短髮在她肩上舞動著。她很瘦，身體曲線圓滑柔和，牛仔褲緊得恰到好處，美麗的膚色就像融化的奶油，看起來就像校園中有待發掘的璞玉。

她走進店裡，我決定進攻，但是隔著櫥窗又看了她一眼。她看起來像是個冷漠的知識分子，內在令人震撼的美麗尚未綻放，或許我可以跟她談論塔科夫斯基（Tarkovsky）的電影。也許她會是我的卡芮絲。如果我現在不接近她，以後一定會後悔。於是我決定嘗試第一次白天把妹。搞不好她近看可能就沒那麼正了。

我走進店裡，發現她正在走道上看信封。

「嘿，也許妳可幫我解決一個疑問。」我對她說。當我提出摩瑞・波維奇開場白，我注意到她近距離看起來更美了。我意外邂逅了一個名符其實的滿分，卻必須遵照規則否定她。

「我知道不該這麼說，」我脫口而出：「但是我從小看兔寶寶卡通長大，而妳擁有最可愛的大門牙。」

我很擔心這樣會不會太超過了，我是臨時想出這個否定的，很可能會被呼一巴掌。但是她露齒一笑。「虧我戴了那麼多年的牙套，我媽聽了一定會很失望。」她反過來對我調情。

我表演了心電感應慣例，而且很幸運地她選了7，她很驚訝。我問她是做什麼工作的，她說她是模特兒，在TNN頻道主持節目。我們聊得越久，她似乎越喜歡這些對話。但當我注意到這些伎倆真的有用，卻緊張了起來。我無法相信一個這麼美的女人會喜歡我。店裡的每個人都盯著我們瞧，我無法繼續。

「啊！我的約會要遲到了……」我告訴她，雙手因為緊張而顫抖。「但我們應該怎麼做，好改天繼續聊呢？」

這是謎男的電話收場慣例。把妹達人絕不會主動給女孩子電話，因為對方可能不會打。真正的行家一定要讓女人覺得可以放心地給出電話號碼。而且，絕不可以主動索討，因為她可能一向都拒絕，要反過來引導她自己提議。

「我可以給你我的電話。」她提出。

她寫下她的名字，接著是電話號碼和e-mail。我真不敢相信。

「其實我不太常出去玩。」她警告，作為事後補充。也許她已經反悔了。

當我回到家，我從口袋裡抽出紙條放在電腦前。既然她自稱是模特兒，我想在網路上找找看她的照片。她只給了我她的名字達琳（Dalene），幸好她的e-mail包含了她的姓，科堤絲（Kurtis）。我在Google打進這些字，然後出現了將近十萬筆結果。

我剛才把的是現任年度玩伴女郎！

03

　　每天晚上我都坐在電話前面，盯著達琳·科堤絲的電話號碼，但我就是沒辦法打電話。對這個完美女人，我的信心與外貌都不夠。我的意思是，我和她約會的時候該怎麼辦？

　　我記得十七歲暑假打工的時候，和一個叫做伊莉莎的女孩約了吃午餐。我很緊張，雙手與聲音都抖個不停。我越尷尬，她就顯得越不自在。等到食物上桌的時候，我連在她面前咀嚼都不敢。那是場大災難──甚至不算是約會。我和年度玩伴女郎在一起還能抱什麼期望？

　　有個適合這狀況的成語：自慚形穢。我覺得自慚形穢。

　　我等了三天才想打電話，但又拖到隔天，然後又覺得週末打好像我沒有社交生活似的，所以應該星期一再打給她。到那時候已經過了一個星期了，她很可能已經忘了我。我們那天頂多才聊了十分鐘，而且我必須承認，我做了一個很弱的收場。我只是某個她在路上遇見的有趣怪人。這個女人可以選擇地球上任何一個男人，沒有理由會想要再見到我，於是我一直沒有打。

　　我最大的敵人是我自己。

　　直到一星期後，我的首次正式成功終於出現。謎男工作室的多面在週

一晚上突然造訪我在聖塔莫尼卡的公寓。他非常興奮，因為他剛剛有了一個奇妙的發現。

「我一直以為打手槍和疼痛是分不開的。」他在我開門的那一刻劈頭就說。

多面看起來不一樣了。他染了頭髮而且抓出造型，穿了耳洞，戴了戒指、項鍊，穿龐克風的衣服，看起來真的很酷。他手上拿了一本安東尼·羅賓的《激發心靈潛力》（*Unlimited Power*）。我們很顯然是同一掛的。

「你在說什麼啊？」我問。

「好吧，我講慢一點。我打出來、清乾淨、然後穿上內褲，對吧？」他走進來跌坐在我的沙發上。

「我猜我聽得懂。」

「但我到昨天才知道，我的尿道裡還有精液。所以我去睡覺時，精液會在我的尿道裡變硬。難怪我早上起床尿尿，怎樣都尿不出來。」他把手放在胯下擺動，以輔助說明。「所以我用力一擠，結果一大塊精液從陰莖裡飛出來砸在牆上或某個鬼地方。」

「你瘋了。」我從來沒有體驗或聽說過這檔事。多面是天主教禁慾教育和耍寶脫口秀演員的怪異合成體。我完全看不出他到底是嚴重焦慮或只是想搞笑。

「那痛得要命，」他繼續說：「害我整整一個禮拜都不敢打手槍。但是昨天晚上我一噴完就把那鬼東西從老二裡擠出來。」

「所以你現在可以放心打手槍了？」

「沒錯，」他說：「而且我還沒告訴你好消息呢。」

「我以為那就是好消息。」

他興奮地提高音量：「我現在可以在別人旁邊尿尿了！一切都是靠自信。我在謎男那裡學到的東西，不是只能用在女人身上。」

「沒錯。」

「還可以用在尿尿上。」

我們開車到La Salsa餐廳去吃墨西哥捲餅。鄰桌一位很漂亮但有點邋遢的女人正把發票塞進爆滿的記事本中。她有一頭棕色長捲髮，五官像小雪貂一般，超大的咪咪幾乎從她的運動衫裡蹦出來。我違背三秒法則，撐了大概兩百五十秒，最後終於鼓起勇氣接近。我不想在多面面前顯得像個死菜鳥。

「我正在上一門筆跡分析的課，」我告訴她：「在我們等上菜的時候，介意我拿妳來練習嗎？」她疑惑地看著我，然後答應了。我把筆記本遞給她，請她在上面寫一句話。

「有意思，」我說：「妳的筆跡一點都沒有偏斜，非常筆直，這代表妳是個獨立的人。」

我確定她肯定地點了頭，然後繼續。這是我從書上學到的，那本書是揭露冒牌靈媒慣用伎倆、陳腔濫調的冷讀以及肢體語言解析的技巧。「妳的筆跡不算工整，這表示基本上妳不太善於讓自己井然有序、按部就班。」

我每告訴她一點，她就靠得更近，點頭如搗蒜。她的笑容很美，而且很健談。她說她才剛上完一個喜劇課程，還說可以念一些筆記本裡的笑話給我聽。

「我的表演以這個來開場，」她在我的分析之後說：「我剛從健身房回來，天啊，我的手臂好痠。」這是她的開場白。她把它記在後褲袋的小

抄裡。我發現把妹很像脫口秀或任何其他表演藝術，都需要開場白、慣例和一個令人難忘的收場，再加上一種天賦，讓每一次看起來都有新鮮感。

她說她晚上住在鎮上的旅館，於是我提議開車送她。當我放她下車的時候，我指指臉頰說：「吻別一下。」她親了我的臉頰。多面興奮地踢著我的椅背。我告訴她我還有工作要做，但等我忙完了會打電話約她出來喝一杯。

「你今晚要跟我和視界（Vision）一起去夜店玩嗎？」多面等她離開後問我。

「不，我要跟這個女孩子碰面。」

「好吧，反正我還是會去。」他說：「但是等我回家之後，我會幻想著剛剛親你的那個女孩，然後打出最大的一坨。」

那個晚上出門去接她之前，我列印出葛林伯寄給我的羅斯·傑佛瑞禁忌橋段之一。我決心要彌補最近的錯誤。

我們去了一間老式酒吧。她換了一件磨損的藍色毛衣和鬆垮牛仔褲，看起來有點矮胖。不過我還是很高興能和我把到的女人進行一次真正的約會。我終於有機會實驗一下更進階的招數。

「有個方法，」我告訴她：「可以讓你更專注於妳的目標和妳的生活。」我覺得自己像是在Fridays餐廳的葛林伯。

「什麼方法？」她問。

「那是一種想像的練習，朋友教我的。我不太懂，但是可以唸給妳聽。」

她想要聽。

「好，」我說，打開那張寫著橋段的紙條開始念。「妳試著回想上次

感到快樂或愉悅的時候。當妳現在感覺到它，這些感覺在妳體內的哪個地方？」

她指著胸口。「以1到10分來說，這感覺有幾分？」

「7分。」

「好。現在，當妳專注於這種感覺，妳似乎可以看見一種顏色從這感覺當中流出來。那是什麼顏色？」

「紫色。」她閉上眼睛說。

「很好，現在，如果妳讓所有從那裡流出來的紫色，充滿溫度和強度，那會是怎麼樣？隨著妳的每一次呼吸，讓那紫色更濃一點。」

她的身體開始放鬆，我可以隔著毛衣看見她的胸部上下起伏。我辦到了——我喚起了一種反應，就像我目睹羅斯‧傑佛瑞在加州披薩廚房做的一樣。她越進入恍惚狀態，我就越有自信繼續這個橋段，讓顏色在她體內擴展並增加強度。我能想像劈腿會在旁邊吐出「邪惡」這個字眼。

「以1到10來說，妳現在覺得如何？」我問。

「10。」她說。我想奏效了。

然後我要她把那顏色濃縮成一個小紫豆，裡面包覆著她感到愉悅的所有力量和強度。我要她把想像的豆子放在我手中。然後我把手沿著她的全身移動，剛開始保持一點距離，然後輕輕地碰觸。

「注意，把我的碰觸想成一隻筆刷，把這些顏色和感覺轉移到妳的手腕，穿過妳的手臂，然後到妳的臉上。」

老實說，我不知道這樣到底有沒有讓她興奮起來。她在聽，而且似乎很享受，但她並沒有像葛林伯故事裡的女孩那樣開始吸我的手指。事實上，我不只覺得有點蠢，而且覺得很下流，竟然假借催眠去摸她。我不喜

歡這些禁忌的橋段。我玩遊戲是為了學習自信，不是心靈控制。

我停下來問她的感想。「感覺很好。」她露出可愛般的笑容說。我無法分辨她是不是在迎合我，但我猜如果看起來很安全的話，大部分人都會願意嘗試些新把戲。

我把紙條折起來放進口袋，然後開車送她回旅館。但我沒有放她下車，而是把車停進車庫裡。我跟著她進入房間，緊張得不敢吭聲，怕她突然轉頭問我：「你幹嘛跟著我？」但她似乎已經默許了：看來我們今晚會上床。我不敢相信我的好運。辛苦練習之後，我終於得到了回報。

根據謎男的說法，女人從認識到上床大概需要七小時。這七個小時可以全部發生在一個晚上，或分散成七天：接近和聊天一個鐘頭，講電話一個鐘頭，約出來喝一杯兩個鐘頭，講電話再一個鐘頭，然後下次碰面約會兩個鐘頭，再一起上床。

至少等待七個小時，就是謎男所謂的「按部就班遊戲」（solid game）。但是有些時候，女人可能早就盤算好要帶人回家，或是在比較短時間內就能輕易哄上床。謎男稱之為自動上門的「肥肉」（fool's mate）。我和這個女孩花了一小時在餐廳，還有兩小時在酒吧。我就要體驗到第一次自動上門的肥肉了。

她插進卡片鑰匙，綠燈亮了——我覺得那是一個徵兆，暗示熱情之夜的來臨。她打開門，我跟著走進去。她坐在床沿——就像電影一樣——然後脫掉鞋子。先是左腳，然後右腳。她穿著白色襪子，我覺得相當惹人憐愛。她把兩隻腳的腳趾往上扳，然後往下彎，隨即癱倒在床上。

我向前靠近了一步，準備撲到她身上抱住她。但突然間，一股超難聞的味道襲擊我的鼻孔，讓我不禁往後退。那根本就是紐約地鐵裡流浪醉漢

身上的那種噁心酸臭味，足以熏走整車廂乘客的味道。無論我退後多遠，味道還是一樣強烈，充滿了房間裡每一吋空間。

我看著她，她仍躺在床上淫蕩嬉戲著，渾然不覺。是她的腳，她的腳讓整個房間臭氣沖天。

我得趕快脫身。

04

　　每天晚上出遊和約會之後，把妹社群的學員和大師們會上網張貼當晚的詳細分析，稱之為「現場報告」（field reports）。他們記錄冒險的目的各有不同：有些人想要尋求幫助改善錯誤，有些人想要分享新技巧，還有少數人只是想炫耀。

　　在我和臭腳女的不幸事件之後，多面在網上貼了一篇現場報告。顯然當天晚上他也經歷了一場奇異冒險。他耗在把妹社群的時間有了回報。他可以跟別人一起尿尿，可以打手槍而不會弄痛自己；而現在，到了二十六歲，他終於開苞了──雖然不是以他期待的方式。

MSN社群：謎男沙發吧
主題：現場報告──我F收場了一個女孩
作者：多面

我，多面，第一次F-close了一個女孩──終結了我的處男狀態（雖然我沒有射出來）。我就從頭說起吧。
星期一，我和視界一起去巡視。我們去了一家三層樓的夜店，裡頭大概有

十五間包廂，每間都有獨立的吧台。我們幾乎每個地方都巡視過了。

大致上，我整晚都覺得狀況不好，這也反映在我的巡視中，不像平常那麼順利。我到二樓去找視界。某個女孩帶走他的圍巾，他找不到她。當我和他說話時，這個「寬臉」女孩走過來認真地對上我的眼睛。她說：「嗨。」

很少會有小妞先對我開口，於是我對她說：「嘿，妳有沒有看見他的圍巾？」

我只是在說些廢話。看到她臉上的表情，我就知道我說什麼並不重要。

在圍巾談話之後：

寬臉：你長得很好看（帶著1/4中國人／1/4英國人／1/4有錢中國人／1/4莎莎嘉寶的口音）。

多面：真的嗎？謝謝。

寬臉：你什麼時候來的？

如你所見，這段對話很遜，但我知道有搞頭了。如果還對她使出我的慣例，那就是在巡視中走回頭路了。

我們聊了些老套的屁話：工作、今晚做了什麼、自己的經歷等等。接著移到一個人比較少的地方（她要求的）。我們站著聊天的時候，視界偶爾過來給我社會認同，拍拍我的肩膀之類的。全都有用。

寬臉：你今晚有什麼打算？

多面：（想著：天啊──今晚總算可以嘿咻了。）

多面：我不知道。妳呢？

寬臉：我想找點刺激。

多面：是啊，我也想找點刺激（輕鬆地說）。

寬臉：要跟我和我朋友一起走嗎？

多面：當然，那我先去跟我朋友說一聲。

寬臉：好啊，我在那邊等你。

我去找視界。

多面：老兄，成了。我想我可以嘿咻了。

視界：去去去，快滾吧你。

然後，我找到寬臉和她的塞爾維亞女朋友。我們牽手走到她車上，大概十五分鐘的距離。我對這整件事覺得很緊張，但是努力冷靜下來。

我們途中聊了什麼？不多，就是些無聊的屁話，像是天氣多冷、我的職業、其他一般的閒聊。很明顯暗示著這是一夜情。我們上了她的車，她朋友卻吵著想吃披薩。以下是我的O.S.：

我操妳的披薩，蠢婊子！我還是處男而且等不及要上床大幹一場。妳自己去弄台車來找妳他媽的披薩！

寬臉故意忽略披薩的事，偶然經過一家披薩店，我們放她的朋友下車。然後我坐到前座，看著她的中等身材想：「真酷，等等就可以到處亂摸

了。」

車裡的對話依然無關性愛，只是無聊的閒扯。我先前問她在學校修些什麼課，她說：「待會再告訴你。」這問題我大概問了三次，每問一次她就對我越失望。我不在乎，我擔心的是這是她唯一不肯告訴我的事。

只剩下我們兩個在車上的時候，她還是說了。不就是些愚蠢的通識課程嘛，根本就不重要。然後她談到她「夢想中的工作」。我問她是什麼，但其實我一點興趣也沒有。

寬臉：我想當警察。

多面：（想著：妳會是全世界最爛的警察，妳永遠也當不成。）

多面：為何不去實現妳的夢想？

寬臉：吧啦吧啦，吱吱喳喳，嘰哩咕嚕嘰哩咕嚕……

到了她家。她和一個室友住在這棟大得要命的公寓閣樓。她的房間大得要命，裡頭還有一台大得要命的名牌電視。她要我去放點音樂，因為她要去一下浴室。我打開某個嘻哈頻道，她說過她喜歡這調調。

她穿著睡衣出來，我把她壓在地上然後射在她臉上！沒有啦，說真的……她穿著睡衣出來，說我可以用浴室。我並不想洗澡，但我猜這是嘿咻的慣例，所以就進去了。記得嗎，兄弟們，我當時還是個處男——一切都狀況外啊。進了浴室我只是愣在那裡，沒有洗老二或任何地方。唯一想到的事，就是打給視界說我快要上她了，但我想那樣太賤了。

我猶豫著是否該全身脫光走出去呢？嗯。我決定要以進來的狀態走出去，也就是除了襯衫之外什麼都穿著。你能想像我脫光讓老二晃啊晃的走出去

嗎？

燈已經關了，她躺在床上。我走過去開始愛撫她，親她的脖子和耳垂，然後她拉著我的手放在她右乳房！我一邊揉一邊親她。不知何故，我開始摩擦她的陰部（隔著她的睡衣），她呻吟起來。於是我把褲子脫了，但還穿著內褲。

我打賭你們這些傢伙沒想到我會寫這麼詳細，對吧？

然後我親吻她並摩擦她的下體。這實在很難，我無法同時又親她又摩擦她，我盡力了。

她開始摩擦我的老二，感覺好讚！哈哈

寬臉：上我吧，多面。

多面：好啊。

於是我脫了內褲，跪在她床上，硬得像石頭的老二晃動著──你知道的。

寬臉：把套子戴起來，我有一個。

多面：我也有一個。

我不想用她的。我很怕這種事，因為某些原因，像是她會搞破壞之類的。

寬臉：哪一牌的？

多面：Sheik。

重申一次，我當時還是處男，根本不知道怎麼戴保險套。

多面：幫我戴保險套，那會讓我興奮。

寬臉：好。

她沒辦法把套子戴上去，於是她去拿她的。等她拿了她的過來，我早已經
自己戴好了。然後我上了她！

一次又一次。

整件事過了大約十五分鐘，我想：「爛斃了。這就是性愛嗎？太鳥了，我
想走人了。」我是真的想走人。「我努力了好幾個月只為了這個嗎？」

我以正常體位在她裡面抽動了十五分鐘，啥感覺也沒有。

她一直在呻吟，而我就只是像個機器那樣抽動。於是我決定換個姿勢──
就像A片那樣。

我把她放到上面。我一直幻想這樣做，但她在我上面時我想：「幹，還真
痛！媽的我老二快斷了。」

兩分鐘後，我又換姿勢，因為實在太痛了。我讓她做狗爬式，以為這招會
很有趣。我從後面抱住她然後試著找縫隙，但是找不到。我到處戳她的屁
股和大腿附近尋找入口，就是找不到洞！這實在太慘了。她開始抱怨，實
在是拖太久了。我想：「妳哭天什麼？冷靜點嘛，真是的。」在這當中我
根本就不興奮。

我又插了兩次，但都彈出來。她又開始抱怨。我只好再換個姿勢，又回到
她在上的姿勢。失算！我很怕我的老二會立刻斷掉。大概四分鐘之後，我
們回到正常體位，然後我用力地幹她。

嘿，是她說她想要的。

我說些像這樣的鬼話：「妳喜歡這樣嗎？」、「喊我的名字！」、「妳喜歡用力點？」

別忘了，這整個過程中我都在心裡頭忍耐著。我相當失望。

三十分鐘後：

寬臉：換掉你的套子。

多面：（想著：我以為這是在打炮了半個鐘頭之後要做的事。但我更火大的是這場性愛還沒結束。）

於是我把套子拿下來，撕開一個新的。

寬臉：你在幹嘛？

多面：戴新套子啊。

寬臉：為什麼？

多面：妳不是說要換？

寬臉：不用啦。

管他的，我很高興不用繼續耗下去。

於是我們光著身子躺在一起又啵了一會兒。她想要擁抱，我不太想，但我還是做了。

這是我的錯。做完之後我應該扯掉套子，然後打手槍到射出來。我應該把

精液射得到處都是，弄在她臉上，還有她的高級電視上頭。

寬臉：躺下來休息五分鐘，我幫你叫計程車。

多面：什麼？五分鐘？為什麼要趕我走？

寬臉：沒有，我不是那個意思。只是做完之後休息五分鐘很好。

多面：這五分鐘要幹嘛？

寬臉：不幹嘛，就是放鬆。

多面：但為什麼是五分鐘？

五分鐘後她打電話去叫車。計程車公司讓她在電話中等了很久，她沮喪了起來，因為她等得很煩。我也準備好要離開了。

我又和她聊了一下。她說她在夜店裡注意到我看起來很有活力。她喜歡。

寬臉：你接著要做什麼？（已經凌晨三點半了）

多面：我要跟我朋友去另一家夜店玩。（我更有活力了，簡直活蹦亂跳。）

她很不爽我還要出去玩。其實我是騙她的，我在不爽她這麼快就想擺脫我。基本上，我的確是想馬上離開她家——但要照我的方式走。

計程車來了，我離開她那裡。離開前我們大概又親了三次。

我沒有要她的電話號碼，因為：

1.我不想再上她。

2.這顯然是一夜情。

為了安全起見，我在離開前抄下她家住址——以防我把什麼東西忘在那裡。抄了總比沒有好。

所以就這樣。我把老二插進某個妞裡面，開了苞，但這個性經驗實在很糟。事後，我覺得有點骯髒而且被利用了。

大致上，我並不覺得和處男時期有什麼不同。然而，我相信在巡視時這會對我有所幫助。我的意思是，我現在有性經驗了，我知道這是怎麼回事了。所以從此以後，對任何我搭訕的女孩，我可能會想：「誰在乎？我不需要妳的東西！」

—— 多面

05

如何親吻一個女人？

你和她之間只距離1公分。從任何標準看來，都不是很遠的距離，甚至不必移動身體去為你們之間的鴻溝搭起一座橋樑。然而這是男人生命中最艱難的1公分。這一刻，男人必須放下所有與生俱來的特權；把驕傲、自我、尊嚴和努力拋在一邊；而且只能祈禱——希望她沒有把臉移開，或甚至更糟的，搬出那套「我們還是當朋友吧」的說詞。

我每天晚上出門去訓練自己成為謎男僚機的期間，很快就發展出一套有用的慣例——至少某些程度上不會被拒絕。我知道如何打進一個團體，回應大部分可能發生的狀況，然後帶著電話號碼或改天碰面的約定離開。

回到家，我會回想當天晚上的事件，找出我可以改進的地方。如果表現得太瞎，就再思考各種方法改進——切入的角度、轉身、剝奪、時間限制。就算沒有要到電話，我也不會像其他巡佐那樣怪對方太冷酷或太惡劣。我會怪我自己，然後分析每一個字、姿勢和反應，直到找出一個戰略錯誤的癥結。

我在一本叫做《NLP簡介》（*Introducing NLP*）的書中讀到，世上沒有所謂的失敗，只有記取教訓。我讓那些學到的教訓在我腦中不斷演練，

好讓我在現場的時候精準無誤。我必須對謎男的學員證明自己，就像萬惡對我證明他自己一樣。當眾出糗會毀了我，學員們會貼文說型男是個大肉腳。

但我還有個無法解決的問題。雖然一個開場白、一個否定和一次高度價值的展示就足以得到任何人的電話，但我還是不知道接下來該怎麼做。沒人教過我。

我是說，理論上我知道謎男的親吻收場該說的話：「妳願意吻我嗎？」但我實在很怕說出口。花了那麼多時間和女人建立關係（無論是在夜店裡半個鐘頭，還是下次碰面好幾個鐘頭），我擔心會破壞已經建立起來的聯繫與信任。除非她給我一個明顯的暗示，表示她對我有性趣，否則我會覺得試圖親吻她會讓她失望，讓她覺得我和其他男人沒什麼兩樣。

就是這麼愚蠢的拙男想法。我得擺脫住在我腦袋裡的好好先生。不幸的是，去貝爾格勒之前已經沒有時間這麼做了。

06

在飛行中，我學會了幾種戲法，一種稱作雙關語的魔術、基礎的符文解讀和讓點燃的香菸消失的方法，是我這輩子最有生產力的一趟航程了。現在謎男和我來到貝爾格勒，這大概是一年當中最糟的季節，冰霜與半融雪厚厚地積在街道上。馬可開了一輛1987年的銀色賓士車載我們到他的公寓，那車子有個毛病，每次一打到二檔就會熄火。

謎男的頭髮沒洗，往後梳成一把油膩的馬尾，他在前座翻著背包，變出一件黑色長大衣。他剪掉大衣的第三顆鈕扣，縫上表面有星星的黑色織布，看起來活像是穿去文藝復興慶典的玩意兒。謎男的戒指也是自己做的，在塑膠表面畫上一顆眼球。他比我更像個怪胎。他最偉大的魔法，就是每天晚上出門前把自己變成一個好看的玩家。

「你得把頭髮剃一剃，」他看著我說。

「不，謝了。萬一我的頭型很奇怪，或像我爸一樣頭上有胎記怎麼辦？」

「照照鏡子吧你。你戴眼鏡，又戴帽子遮你那一大塊禿頭，皮膚白得像鬼一樣，看起來像是從小學之後就沒晒過太陽。你成績很好是因為你很聰明而且學得很快，但是外表也很重要。你叫型男，就得有型男的樣子。

馬上去剃掉頭髮、動雷射近視手術、加入健身房！」

他是個很有說服力的怪胎。

他轉向馬可：「這附近有沒有理髮店？」

很不幸地，真的有。馬可把車停在一棟小建築物前，我們走進去發現，這是一家塞爾維亞阿伯經營的理髮店，裡頭空蕩蕩的。謎男讓我坐上椅子，叫馬可指示理髮師除掉我的風滾草，然後在一旁監督，確保理髮師剃到露出頭皮。

「禿頭是無奈，但光頭是選擇。」他說：「如果有人問你幹嘛剃光頭，就跟他們說：『我以前頭髮長到超過屁股，但我發現這樣把我的優點都遮住了。』」他大笑。「或者也可以說：『嗯，大部分摔角選手都會剃光頭。』」我在心裡記著要把這兩句話都加進我的小抄裡。

當理髮師弄完，我盯著鏡子，覺得自己好像化療病人。

「看起來很棒，」謎男說：「我們找找附近有沒有日晒沙龍。我會立刻讓你看起來像個猛男。」

「好吧，但我不要在塞爾維亞做雷射近視手術。」

剃完頭、晒黑皮膚後，我的第一個想法是：為什麼拖到現在才做？我看起來好多了，魅力指數從5分變成6.5分。這趟旅行真是來對了。

馬可看起來像是需要美容療程的人。190公分的大塊頭，比大部分塞爾維亞人都要精壯，黯沉的皮膚和不成比例的大頭，好像史努比卡通裡的人物。他穿著一件大了一號的大衣、灰底白斑點的厚毛衣和奶油色的高領衫，看起來真像隻烏龜。

馬可大學畢業後，無法實現在美國當個上流社交名人的夢想，只好就搬到比較小的池塘，塞爾維亞，他父親在這裡可是個知名藝術家。

他開車載我們到他的單人公寓，裡面只有一張小帆布床和一張雙人床。因為沒有睡袋或沙發，我們同意輪流睡那張大床。

謎男去洗澡的時候，馬可把我拉到一旁。

「你和這傢伙在一起幹嘛？」

「你的意思是？」

「我是說，他膚淺得要命。我們一起上過芝加哥拉丁學校，上過法薩爾大學。這傢伙跟這些地方一點也不搭，他不是我們這一掛的。」

「我了我了，你說得對。但是相信我，這傢伙會改變你的人生。」

「好吧，」馬可說：「到時候就知道了。我上個月認識一個與眾不同的女孩，我要好好把握。你要保證別讓謎男的把妹伎倆毀了一切，讓我出糗。」

馬可自從搬到貝爾格勒之後，就沒有和半個女人交往過。但是幾個月前透過朋友介紹，他認識了一個叫做戈卡的女孩，而且認定她就是真命天女。他開車載她出門約會、買花送她、請她吃晚餐、最後送她回家，像個完美的紳士。

「你和她睡過了嗎？」我問。

「沒有，我甚至沒親過她。」

「老兄，你真像是個澈底的AFC。改天哪個傢伙在夜店裡跟她說：『妳覺得魔咒有用嗎？』然後就把她拐走了。她想要冒險，想要上床，所有女孩子都想要！」

「不過，」馬可說：「她和其他女孩子不一樣。這裡的人比洛杉磯有格調。」

專家對這種狀況有個術語，他們稱之為「真命天女症」（one-itis）。

那是AFC的通病：他們會執迷於一個既沒交往又沒上過床的女孩，在她身邊就會顯得困窘緊張，結果把人家嚇跑。PUA會說，真命天女症的解藥，就是出門去和一堆其他女孩上床——再看看那朵花是不是還那麼特別。

07

　　我帶去貝爾格勒的道具袋是個Armani的黑色側背包，大小和一本精裝小說一樣，可以方便地掛在身上。有這麼多魔術戲法、機關裝置和現場所需的其他工具，光靠褲子的四個口袋絕對不夠，所以幾乎所有江湖上的PUA都會有個道具袋。我的法寶內容如下：

一包口香糖：無論你進行得多順利，有口臭就得不到親吻收場。

一包潤滑型保險套：必備，不只因為有可能上床，還有激勵效果。

一枝筆：用來寫下電話號碼、筆記、表演魔術，還有分析筆跡。

一塊衣物棉絮：用來做棉絮開場白。走向一個女人，停下來，不發一語地從她的衣服上拿掉棉絮（事先藏在手心裡），問她：「黏在這裡多久了啊？」然後把那塊棉絮遞給她。

一袋挑選過的照片：用來做謎男的秀照片慣例。

一台數位相機：用來做謎男的數位照片慣例。先拍好一張你和女孩微笑的照片，再拍一張正經照，最後是一張親吻照（親臉或嘴都可以）。然後和她一起看照片，看到最後一張照片時，說：「我們看起來很登對，不是嗎？」如果她同意，你就得手了。

一盒薄荷糖：用來做薄荷糖慣例。把兩顆薄荷糖放在手上，慢慢地吃一顆，然後拿第二顆餵她。如果她接受，就說：「我忘了告訴妳。我是個印度送禮者*（Indian giver），我想要回我的薄荷糖。」然後親她。

護唇膏、遮瑕膏、眼線筆、吸油面紙：可帶可不帶的男性化妝品。

小抄三張：一張是你用來快速參考的最愛慣例，兩張是用來練習的新慣例和新台詞。

一組放在布袋裡的木製符文：用來做符文解讀。

一本筆記本：用來記電話號碼、筆記、魔術技法，或羅斯・傑佛瑞蹩腳的素描畫家開場白：非常嚴肅地畫一個女孩的肖像，告訴她「妳的美麗給了我藝術靈感」，然後給她看一張像小孩子塗鴉的簡單線條畫，標題：「咖啡館的中等美女」。

一條螢光項鍊：在黑暗中發光的項鍊，用來炫耀。

兩對假耳環和假唇環：可以自行選擇的飾品。

一台小型數位錄音機：可以偷偷錄下巡視過程，事後播放並檢討。

兩條備用的便宜項鍊，兩個備用的拇指戒：在電話收場之後，用來送給女孩當禮物。問她：「妳不是小偷吧？」然後慢慢把自己身上的項鍊或拇指戒拿下來，為她戴上、吻她，然後說：「這還是我的，只是用來讓妳想起我。下次見到妳的時候，我會把它要回來。」等她離開之後，從袋子裡取出備用的首飾替換。

一個小型紫光燈：指出女孩衣服上的棉絮和頭皮屑，以便否定。

四款不同的古龍水試用瓶：讓自己香噴噴，以及用在古龍水開場白：在兩邊手腕噴上不同的古龍水，然後請女孩子聞你的手腕，選一個她喜歡的。之後，用筆在手腕上把她的選擇做上記號。在夜晚結束前統計結果，

找出最受歡迎的香味。

各種魔術戲法：彎折叉子、讓香菸消失，以及讓啤酒瓶飄浮。

是的，我把重量級武器都帶出來了。這是個重要的夜晚——我第一次在課程充當僚機——我必須證明自己。

我一時忘了告訴謎男，他的課程標準收費相當於塞爾維亞人年平均所得的一半，所以我們大部分學員都來自國外。他們和我們約在「阿吉巴」（Ben Akiba）碰面，那是一間開在貝爾格勒中央廣場旁的夜店。異國選項（Exoticoption）是個美國人，從義大利佛羅倫斯搭火車來的，他在那裡唸書；傑瑞是來自德國慕尼黑的滑雪教練；而沙夏則是本地人，在奧地利唸書。

陌生學員們立刻就開始相互打量，從衣著到肢體語言，一百個小細節湊在一起就能創造出第一印象。謎男的任務——現在是我的任務，就是微調這些細節，讓這三個人變成PUA。

異國選項很酷，不過，他太努力裝酷反而對自己不利。傑瑞的幽默感很好，但是給人的第一印象有點無聊。至於沙夏，唉，他亟需搶救。對他而言，光是社交就是一大挑戰：他看起來像隻長青春痘的大幼鵝。

這次輪到我繞著桌子問：「你的分數多少？」、「你的癥結是什麼？」以及「你想跟多少個女孩睡覺？」

異國選項二十歲，跟兩個女人交往過。「我敢接近女人，而且我的確吸引過一些馬子。」他開始說，右手閒散地垂在旁邊的座位上。「但我的癥結是吸引力。即使我感覺到她們被我吸引了，我還是無法好好收場。」

---

* 指送了人家東西又討回去的人。

傑瑞三十三歲，和三個女人交往過。「我在咖啡館和其他大部分安靜的環境裡可以辦得到，但是在夜店就很不自在。」

沙夏二十二歲，他說他和一個女人交往過。我們都懷疑他謊報。「我加入遊戲是因為這就像『龍與地下城』*（Dungeons and Dragons）。當我學到一個否定或慣例，就像是得到一個新咒語或一根新法杖，讓我等不及要用用看。」

一個接著一個，他們把恐懼（和他們的錄音機）攤在檯面上。我的職責是帶他們進入遊戲，把我腦子裡的東西塞到他們的腦子裡。

課程的教學部分很容易。我只要阻止謎男偏離主題——他太自戀了——並發給他們講義。真正的挑戰是示範的部分。

我們一邊解說，一邊把準備執行任務的學員們派到不同的桌子去，讓他們去打開「組合」*（sets），觀察他們的肢體語言和女人的反應，然後給他們回應：

「你在那個組合貼太緊了，那會顯露出你的飢渴。你得站直身子，用後腳當重心，好像隨時會走開。」

「你在她們附近盤旋太久了，讓人覺得不自在。你應該坐下來給自己一個時間限制。譬如說：『我只能待幾分鐘，因為我得趕快回到我朋友那裡。』這樣她們就不會擔心你整晚賴在那裡。」

沙夏表現最差。他摸索著開場白，盯著自己的鞋子，一點自信都沒有。女孩子會聽他說話只是基於禮貌。

在酒吧，我注意到一個細緻優雅的黑髮妞和一個高的金髮妞，擁有完

美的人工膚色、深深的酒窩和老牌女星寶·狄瑞克（Bo Derek）式的波浪頭。她們散發著活力與自信。這會是個大挑戰，所以我指派沙夏上場。

「打進那邊的兩人組。」我指示他。派人進入組合並不需要用到任何技巧。「說你要帶一些美國來的朋友去玩，請她們推薦一些值得去的夜店。」

這是一場被「打槍」（crash-and-burn）的任務。沙夏溫馴地從後方接近她們，試了好幾次想讓她們注意。即使得到她們的注意，他也撐不了多久。就像許多男人一樣，他說話死氣沉沉的。長年來的不安全感和社交恐懼，已經把他生命中的精神和喜悅驅趕到體內深處。每當他開口，沒有任何人想費力去聽清楚他模糊的喃喃自語。他明顯地透露出「我是生來被忽略的」。

「進去。」當他看著沙夏在金髮妞那邊掙扎，謎男對我說。

「什麼？」

「你進去幫他一把，讓學員看看該怎麼做。」

恐懼首先抓住我的胸口，輕輕夾住心臟的頂端。然後我的胃部翻絞，喉嚨緊縮，於是我猛吞口水，潤一潤喉嚨，希望當我開口的時候，會吐出充滿自信、清晰的聲音。即使經過這麼多訓練，我還是嚇壞了。

大部分的女人都比男人更有洞察力，她們能立刻看出你的不誠懇和鬼扯。所以偉大的把妹達人必須選對把妹伎倆——而且真心相信它，否則就只能算是個好演員。和女人說話時，還在擔心對方有什麼想法的男人都

---

* 經典角色扮演遊戲。

* 指在公共場所的一群人。雙人組是兩個人一起；三人組是三個人，以此類推。

注定要失敗；在女人幻想他褲子裡有什麼之前，就被逮到想入非非的男人也注定要失敗。大部分的男人都屬於後者。沙夏是，我也是。我們無計可施，那是我們的天性。

謎男稱之為「動態社交平衡」（dynamic social homeostasis）。我們不斷地被兩種力量拉扯，一邊是我們和女人上床的強烈慾望，另一邊是接近時自我保護的本能。這份恐懼存在的原因，他說，是因為部落經驗在演化時綁住了我們。在部落中，當男人被女人拒絕的時候，村落中的每一個人都會知道。然後他會被孤立，而他的基因，如謎男所說，則被無情地斬除。

我一面接近，一面試著把恐懼趕出我的胸口，理性地評估情勢。沙夏的問題在於身體的位置。這兩個女人都面對著吧台，沙夏卻從後方接近，所以她們回答時必須轉過頭來。

如果她們不想理他，只要轉頭面向吧台，他就被擋開了。

我回頭看了一眼。謎男和另外兩個學員都正在看我表現，我必須做出正確的角度。於是我從吧台左邊切入，緊鄰著黑髮妹——那個障礙者，如謎男所說。

「嗨，」我發出沙啞的聲音，趕緊清了清喉嚨。「我就是沙夏說的那個朋友。所以妳們推薦哪家夜店？」

我彷彿聽見一聲靜默的嘆息，好像所有人都鬆了一口氣。總算有人過來打圓場了。

「嗯，雷卡（Reka）是個吃晚餐的好地方。」黑髮女孩說：「還有在河邊有一些很棒的船，像是盧卡司（Lukas）、克魯茲（Kruz）和艾希爾（Exil）。地下（Underground）和太陽神（Ra）也很好玩，雖然那不是我

會去的地方。」

「嘿，既然我們正在聊天，我想請問妳對某件事的意見。」我回到熟悉的地盤上了，「妳認為魔咒有用嗎？」

現在，我已經習慣說出魔咒開場白──是關於一個朋友的故事，他愛上了一個女人，因為她暗中對他下了一個魔咒。我一邊動著嘴巴，腦子一邊盤算著怎樣卡位到金髮妞旁邊。沒錯，我打算偷走我學員的馬子，反正他跟她沒什麼機會。

當我說完故事，我說：「我會這麼問是因為我以前從來不信這個，但我最近有了不可思議的經驗。來，」我對金髮妞說：「讓妳看個東西。」

我移動到她們椅子的另一邊，以便緊靠著我的目標。

現在我和金髮妞一對一了。但我還是得坐下，不然她終究會因為我居高臨下而有壓迫感。可是現場沒有空的椅子，我得隨機應變。

「伸出妳的手，」我對她說：「然後站起來一下。」

當她一站起來，我轉到她身後然後溜進她的座位。現在我終於進入這組合了，而她正尷尬地晾在外頭。這是接近方法的完美執行，就像一盤精采的西洋棋賽。

「我偷了你的椅子。」我笑道。

她微笑，調侃地捶我的手臂。遊戲開始了。

「我是開玩笑的，」我繼續說：「靠過來一點，我們來做個心靈感應的實驗。不過我只能待一下下，然後妳就可以拿回妳的椅子。」

即使我猜錯她的數字（是10），她還是很喜歡這過程。然後我們繼續聊天，謎男走到沙夏身邊，叫他纏住黑髮女孩，好讓她無法把我的目標拉走。

馬可說得對，這裡的女孩子美極了。她們也都極為開朗，而且英文說得比我還好，令我鬆了一口氣。我真的很喜歡聽這個女孩說話；她極富魅力、博學多聞，還是個MBA。

到了該撤退的時候，我告訴她希望可以在回國之前和她碰一次面。她從小皮包中抽出一枝筆，給我她的電話號碼。我彷彿感覺到謎男的讚許——還有學員的認可。型男是貨真價實的。

沙夏還在跟黑髮妹說話，我在他耳邊說：「告訴她我們得走了，然後跟她要e-mail。」他照做，而且，她還真的給他了。

我們重新集合然後離開咖啡館。沙夏變了一個人，他的臉興奮地漲紅，像個小男孩似的在街道上一路蹦蹦跳跳，用塞爾維亞語唱歌。以他自己笨拙的方式，表現出他自己。他以前從來沒有拿到過女孩子的e-mail。

「我好高興，」沙夏大叫：「這可能是我生命中最美好的一天！」

正如任何經常閱讀報紙或犯罪實錄書籍的人所知，從綁架到開槍濫射等暴力犯罪行為中，有很大比例是男性性衝動與慾望挫折的結果。讓沙夏這樣的傢伙學會社交，謎男和我等於是把世界變成一個比較安全的地方。

謎男伸手勾住我的脖子，把我的臉拉進他巫師般的大衣裡。「好傢伙，沒讓我漏氣，」他說：「不只因為把到女孩，而是讓學員親眼看到它發生，並相信這是行得通的。」

就在那時候，我發現了這整趟冒險的缺點。在我心裡，男女之間出現了一道鴻溝。我開始把女人視為測量儀器，衡量身為一個把妹達人該如何自我提升。她們是我的實驗人偶，只能用髮色和分數來分類：金髮7分，棕髮10分。即使我在進行很有深度的對話，了解一個女人的夢想和觀點，我也只是在心裡的流程表打上一個對應的勾而已。在同性的交往中，我正

發展出一種對異性的不健康態度。而這種心態最令人困擾的是，它似乎讓我把妹越來越順利。

馬可開車載我們到埃及主題的夜店「太陽神」，門口有兩尊犬頭神阿努比斯的水泥像守衛著。裡面幾乎沒人，只有保全人員、酒保和一群吵鬧的塞爾維亞人聚集在吧台椅上，圍著一張小圓桌。

我們正要離開，謎男在那群塞爾維亞人裡發現了唯一的女孩。她年輕苗條，一頭長長的黑髮，穿著一件紅色洋裝，露出一雙完美纖細的腿。那是很突兀的組合：她被理平頭的精壯傢伙們圍繞著。這些猛男顯然是在戰爭期間當過兵的，以前可能殺過人，搞不好能赤手空拳地把人幹掉。而謎男想要攻進去。

把妹達人是通則的例外。

「過來，」他對我說：「把手掌闔起來。當我說話的時候，假裝你無法把手分開。」

藉著魔幻的藝術，他假裝把我的手黏住，我假裝很驚訝。我們的騷動吸引了夜店裡大塊頭們的注意，他們要謎男也在他們壯碩的拳頭上試試這項特技。避重就輕地，謎男為他們表演了停止手錶的魔術。很快地，夜店經理免費送了他一杯飲料，而那桌塞爾維亞人（包括他的目標）停止交談，目瞪口呆地看著他。

「如果你能讓女孩子羨慕你，」謎男對學員們說：「你就能讓女孩子和你上床。」

這裡用了兩項原則。第一，他正在製造社會認同，贏得夜店員工的注意和讚許。第二，他正在「抵押」（pawn）——換句話說，他利用一個團體來打進另一個比較不容易接近的團體。

為了致命的一擊，謎男告訴夜店經理，他能讓啤酒瓶飄浮起來。他走到塞爾維亞人那一桌，借了個空瓶子，然後讓酒瓶在他們面前飄浮了幾秒鐘。現在他進入目標的團體了。他為那些男士表演了一些魔術，故意忽略那個女孩，經過五分鐘後，他大發慈悲開始和她說話，把她帶到旁邊的沙發座孤立她。他抵押了整間夜店只為了認識她。

　　因為那女孩英語不太好，謎男請馬可當翻譯。這個組合比平常要耗時，因為謎男必須說服她，他並沒有施展任何巫術或黑魔法。「妳今晚看到的一切都是假的，」謎男最後透過馬可告訴她，「我為了認識妳而創造了這一切。這是一個社交幻覺。」

　　他們終於交換了電話。謎男指示馬可告訴她：「我不能向妳保證任何事，除了逗妳開心之外。」然後我們召集學員離開夜店。在我們離開途中，一個來自那桌的AMOG（團體中的雄性領袖）擋住謎男的去路。他穿著黑色緊身T恤，壯碩的身材讓謎男蒼白的身形相較之下顯得很娘。

　　「你喜歡娜塔莉亞啊，魔術師？」他問。

　　「娜塔莉亞？我們會再見面。你有意見嗎？」

　　「她是我的女朋友，」AMOG說：「請你離她遠一點。」

　　「那要由她決定，」謎男回答，向AMOG走近一步。謎男沒有撤退，真是個白癡。

　　我看著那個AMOG的手，猜想先前不知道有多少個克羅埃西亞人的脖子被他扭斷過。

　　AMOG撩起腰帶，露出一枝黑色手槍的握把。「那麼，魔術師，你能弄彎這個嗎？」這可不是邀請，這是威脅。

　　馬可轉向我，一臉驚慌失措。「他會害死我們，」他說：「這家夜店

大部分的顧客都是退伍軍人和幫派，為了爭風吃醋殺人對他們而言是家常便飯。」

謎男把他的手揮向AMOG的額頭。「你看到我怎麼移動了那只啤酒瓶吧，我完全沒碰到它。它的重量是八百克。現在想像一下，我對你腦袋裡的一個小小的腦細胞可以做什麼？」他彈了他的手指，暗示著腦細胞爆開。

那個AMOG盯著謎男的眼睛，想看出他是否在吹牛。謎男保持著眼神接觸。一秒鐘過去，兩秒，三秒，四秒，五秒……我快急死了。八秒，九秒，十秒。AMOG把衣服拉下來蓋住那把槍。

在這裡謎男有個優勢，在貝爾格勒從來沒有人見過魔術師現場表演，他們只在電視上看過魔術。所以，當謎男突然推**翻**魔術只是攝影機搞鬼的想法，一個更古老的迷信取而代之：也許魔術是真的。

那個AMOG站在那裡不發一語，謎男毫髮無傷地走出去。

08

有些女孩是不同的。

那是馬可的想法。見識過謎男課程中的一切之後，他依然堅守著信仰。他堅持戈卡和其他女孩不同，她家世清白，受過良好教育，而且有道德感，不像那些夜店裡的拜金女。

這些話我已經聽太多人講過。當我告訴女人們關於這個社群的時候，也同樣聽過許多的聰明女人說：「那對我不管用。」然而不久之後，我總看到她們和某個男人交換電話號碼——或唾液。越是聰明的女人就越吃這一套。注意力不足的派對女王，通常不會待在原地聽完那些慣例；反而是感受敏銳、世故或教育程度高的女孩會去聽去想，然後很快掉進陷阱中。

因此謎男和我在除夕夜跑出來玩，和馬可跟他的真命天女戈卡一起。馬可穿著一套灰色西裝，晚上八點去接她，下車去為她開門，還送她一束玫瑰花。她看起來是個開朗、成功、有教養的女孩。她很矮，留著栗色長髮，有一雙溫柔的眼睛，微笑時有一邊嘴角彎得比較開。馬可說得沒錯，她看起來的確像是適合結婚的型。

餐廳是傳統的塞爾維亞料理，充滿了紅椒和紅肉。而且音樂完全是無政府狀態：四個銅管樂隊在各包廂裡遊蕩，進行曲交疊在一起，不協調的

雜音大聲鳴放。我整晚都在仔細觀察馬可和戈卡，好奇地看這整套約會是否有用。

他們尷尬地坐在一起。彼此間的互動只有當晚必須的俗套：菜單、服務、氣氛。「哈哈，服務生把我的牛排給你的時候，真的很好笑吧？」緊繃的氣氛快把我悶死了。

馬可絕對不是天生好手。在小學時期他從來就不太受歡迎，主要因為他是外國人，綽號叫做南瓜頭，而且還加入「共和黨青年社」（Young Republican Club）。到了畢業的時候，他可能比我還慘，至少我親過女孩子。

大學時代，他開始對異性關係採取行動。他買了一件皮夾克，捏造了貴族身世，把頭髮弄成像R&B歌手泰倫斯‧傳‧達比（Terence Trent D'Arby）的辮子頭，還買了生平第一輛賓士車。這些努力為他贏得一些注意，甚至交了一些女性朋友。但是直到大三那年他才終於能夠比較自在地脫女人的衣服，這得感謝達斯汀。那第一次小小勝利的滋味是如此甜蜜，馬可在大學多待了三年，沉浸在他得來不易的人氣裡。

馬可比較奇特的習慣之一，是他每晚都會洗一個小時的澡。沒有人能對他為什麼在裡面耗那麼久想出合理的解釋，因為什麼都不合理，比如說，打手槍並不需要那麼久。如果你有任何解釋，請寄到：

ManOfStyle@gmail.com。

看著馬可無助地坐在戈卡身邊一個小時之後，我受不了了。我抓起相機，開始對他們進行謎男的數位照片慣例。我要求他們微笑照一張，然後正經地照一張，最後是熱情的相片——例如接吻。馬可把脖子伸向她，像雞一樣輕輕啄了一下。

「不行！要真的親。」我堅持，結束了這個慣例。這兩個即將訂婚的人的嘴唇碰在一起時，是我見過最笨拙的初吻了。

晚餐之後，謎男和我風靡了那間餐廳，陪那些歐吉桑跳舞，表演魔術給服務生看，連那些已婚師奶都一視同仁地打情罵俏。當我們容光煥發地回到桌上，戈卡跟我四目交接，有一瞬間看起來閃閃發亮，彷彿在我的眼裡搜尋著什麼。我敢發誓那是個IOI。

那天晚上，我被棉被下爬過來的溫暖身體喚醒。那晚剛好輪到我和馬可共睡這張床，但這不是馬可，這是女人的身體。我感覺到一雙溫暖的手愛撫我剛剃過的頭。

「戈卡？！」

「噓，」她說，然後把我的上唇吸進她嘴裡。

我退開了一點。「馬可看到怎麼辦？」

「他在洗澡。」她說。

「妳跟他有沒有……？」

「沒有。」她不屑地說，令我感到驚訝。

戈卡和我那個晚上一拍即合；她對謎男也是。她先前就勾引過謎男，但謎男假裝沒注意到。但是當她在我的床上、我的鼻孔、我的嘴裡，很難不注意到她。當然，她是喝了幾杯，但是酒精從來不會讓任何人去做他不想做的事，只會讓他藉酒壯膽做出一直壓抑著的事。

照理來說，朋友妻不可騎。說很容易，但是當她的身體如此順從地壓在你身上，聞得到她頭髮裡潤絲精的香味（草莓的），她的慾望創造出的熱情暴風雨聚集在你們兩人周圍，試著拒絕看看呀。

我把手伸進她的頭髮裡，慢慢地沿著她的頭皮往上按摩。一陣愉悅的

顫抖經過她的身體。我們的嘴唇碰在一起，我們的舌頭碰在一起，我們的胸部碰在一起……我不能這麼做。

「我不能這麼做。」

「為什麼？」

「因為馬可。」

「馬可？」她問，彷彿她以前從沒聽過這個名字。「他是好人，但他只是朋友。」

「聽著，」我說：「妳該走了，馬可很快就會洗完澡出來了。」

五十分鐘後，馬可洗完澡出來。我聽到他和戈卡在走廊用塞爾維亞話大吵，門被大力甩上。

馬可疲倦地走進房間，癱在他那一半的床上。

「所以呢？」我問。他向來不是會顯露太多情緒的人。

「我想，我要參加謎男的下一期課程。」

09

　　我沒有辦法在該死的鴻溝搭起一座橋樑。她就在那兒，那個擁有 MBA 學位的寶・狄瑞克金髮妞，在咖啡館的沙發上坐在我旁邊。她的大腿輕輕擦著我的。她正在玩她的頭髮，而我卻嚇得半死。

　　了不起的型男，PUA接班人，磁性如此之強，能讓馬可在自己的真愛面前看起來像個拙男，卻仍然不敢吻她。

　　我有絕佳的開場遊戲，但是卻無法繼續下去。我應該在到貝爾格勒之前就先把這問題解決掉，但是已經來不及了。我快搞砸了，我害怕被拒絕，以及之後不爽的感覺。

　　而此時此刻，謎男和娜塔莉亞處得很好，她比他小了十三歲。他們毫無共同點，包括語言。但是他們坐在一起。謎男蹺著腿，往後靠在椅子上，讓她努力取悅他。她俯身向他靠過去，手放在他的膝上。

　　喝完咖啡後，我走路送我的約會對象回家。她的父母剛好不在家，我只需要說：「我可以借用浴室嗎？」就可以登堂入室，但我就是說不出口。無數成功的接近都曾幫助過我減少被拒絕的恐懼，讓我覺得對別人而言我是個有前途的把妹達人，但是我心裡知道，我只算個接近達人。要成為PUA，我還有更致命的心理障礙需要克服：我對性拒絕的恐懼。

在我的誘惑研究課程中，我讀過福樓拜的《包法利夫人》。我還記得那個貴族花花公子，余榭堡的羅多夫·布朗皆（Rodolphe Boulanger de la Huchette）花了多少力氣和堅持，只為了得到婚姻不幸福的包法利夫人一吻。但是當他第一次說服她屈服，一切就結束了。她被迷住了。

現代生活的悲劇之一是，儘管過去一個世紀有很長足的進步，女人整體而言在社會上並未擁有很多權力。但毫無疑問的，性的選擇是女人可以全權控制的領域之一。直到她們做出選擇，因而順從，男女的關係才會逆轉──然後男人通常會回到掌權的位置。從世界各地男人的挫敗看來，也許這就是女人對於答應會如此謹慎的原因。

為了在任何事情上勝出，總有必須克服的阻撓、障礙或挑戰。那正是健身者所謂的痛苦期。那些能夠激勵自己，願意面對痛苦、疲憊、屈辱、拒絕或更糟的事的人，就會成為冠軍，其他人則被留在原點。要成功引誘一個女人，激發她肯冒險答應，我需要多一點勇氣，而且走出我的象牙塔。我看著謎男贏得娜塔莉亞而學到這一課。

「我才剛剪了頭髮，」當他們離開咖啡館，謎男對她說。「脖子上有些頭髮刺刺的。我想洗個澡，過來幫我洗。」

意料之內，娜塔莉亞說這樣似乎不太好。「喔，好吧。」他對她說，「那我得走了，因為我得回去洗澡，拜拜。」

當他走開，她的臉垮下來，可能再也見不到他的想法閃過她心裡。這正是謎男所謂的「假性剝奪」（false takeaway）。他並不是真的要離開，只是讓她這麼以為。

謎男走了五步──邊走邊算──然後轉身說：「我已經在一間破公寓住了一星期了。我要到那間飯店開個房間洗澡。」他指著街尾的莫斯科瓦

飯店（Hotel Moskva）。「妳可以跟我一起去，或是等我回加拿大後，每兩星期收一次我的e-mail。」

娜塔莉亞猶豫片刻，然後跟上他。

那一刻我才發現我這輩子一直在犯的錯：為了得到女人，你必須願意冒著失去她的風險。

當我回到家的時候，馬可正在打包。

「我很震驚，」馬可說：「我試著把每件事都做對。戈卡是我對所有女人的最後希望。」

「那你想做什麼？搬到修道院去嗎？」

「不，我要開車去摩爾多瓦（Moldova）。」

「摩爾多瓦？」

「沒錯，所有東歐最美麗的女孩都來自摩爾多瓦。」

「在哪裡？」

「一個很小的國家，過去是蘇聯的一部分。那裡的所有東西都便宜得要命。光是身為美國人就足以讓你有打不完的炮了。」

我的哲學是，如果有人想去一個我從沒聽過的國家，而且那裡沒有鬧血腥革命，我就有興趣。人生苦短而世界太大了。

我們不認識半個曾經去過摩爾多瓦的人，也不知道它的首都基希訥烏（Chisinau）怎麼發音，所以我想不出更好的理由開車到那裡去。把地圖上的色塊填上真正的事實、感覺和經驗，我喜歡這個主意。而且和謎男一起旅行將會是額外的收穫。我們會到處冒險，就像我一直夢想的那樣。

10

人生中很少有像這樣充滿機會的時刻：有一輛車，滿滿一缸汽油，整個大陸的地圖在你面前攤開，還有世界最強的把妹達人坐在後座。你覺得可以去任何你想去的地方。畢竟，什麼是邊界，還不就是讓你知道已經到達探險中新的一關的檢查站？

好吧，大多數時候這一切可能是真的，但是假設你在地圖公司工作，正在繪製最新版的東歐地圖。而且我們假設，有個面積很小的國家叫做摩爾多瓦——也許是個脫離共產主義的國家——但是沒有其他政府在外交上承認這個國家，在其他方面也差不多如此。你會怎麼辦？你會讓你的地圖上有這個國家嗎？

一個魔術師、一個假貴族，還有我，正開著車橫越東歐，我們相當偶然地發現這個問題的答案。到目前為止，這是一趟不會有結果的車程。謎男蓋著毛毯癱在後座，無法念個咒語讓自己停止發燒。他對於每天經過美麗多雪的羅馬尼亞景觀渾然不覺，用帽子蓋住自己眼睛抱怨不已，甚至常常突然陷入警醒狀態，開始一段內心獨白，但每次講的都是同一個版本，只是換了地點。

「我的計畫是在北美巡迴，然後在脫衣夜店宣傳我的表演。」他說：

「我只需要為脫衣舞孃表演精采的魔術。你可以當我的助理，型男。想像一下：你和我巡迴脫衣夜店，然後隔天帶著所有女孩子去表演。」

在基希訥烏過了幾天平靜無事的日子之後——我們在那裡唯一看到的美女是在廣告看板上——這才想到：「何必待在這鳥地方？」敖得薩（Odessa）已經那麼近了。也許我們尋求的探險就在前方不遠處。

於是，我們在一個下雪的寒冷星期五離開基希訥烏，往北開到烏克蘭邊界。通往那座城市的道路都被雪覆蓋了，只能藉由向地面上的結冰輪胎痕跡辨識。街景看起來像是俄國愛情史詩小說的一幕，結了一層水晶般冰霜的樹枝和冰凍的酒莊，沿著起伏的地形不斷出現。車裡瀰漫著萬寶路香菸和麥當勞的油脂味，每一次熄火都變得越來越難重新發動。

不過那些還不是大問題，而是在地圖上看起來像四十五分鐘路程的敖得薩，結果花了我們將近十小時。

事情開始不尋常了，第一個徵兆是，當我們越過德涅斯特河（Dniester）上的一座橋，發現一個檢查站，路旁有些軍隊和警察的車輛，還有迷彩碉堡以及一輛巨大的坦克，砲管指著來車的方向。我們停在一行十輛車的隊伍之後，但有個軍官指示我們繞過隊伍，招手叫我們通過檢查站。為什麼？我們永遠不會知道。

謎男在後座把自己用毯子包得更緊。「我想要表演刀劍穿體的魔術。型男，你可以穿得像小丑一樣，然後從觀眾席那裡取笑我嗎？然後我會把你帶上台，推進一張椅子裡。當我把劍刺穿你的胃時，我會把你跟我的手臂串在一起，直接舉起來，離開椅子。我需要你跟我一起搭配。」

事情不太對勁的第二個徵兆，出現在我們停到一個加油站儲備零食的時候。當我們掏出摩爾多瓦幣，他們不接受那種貨幣。我們只好以美元支

付，他們找給我們據稱是盧布的錢幣，但我們注意到每一個硬幣背面都有個大大的蘇聯鐮刀斧頭圖案。更奇怪的是，那是2000年鑄造的——蘇聯解體的九年後。

謎男把帽子往下拉到他的嘴唇上方，動著嘴唇，以一種嘉年華會攬客商人的誇張語氣說：「各位女士先生，」馬可正在努力發動車子時，謎男從後座大喊：「他能飄浮在尼加拉瓜瀑布上空，他能從西雅圖太空塔一躍而下而且沒死……讓我們歡迎超級魔術師——謎男！」

我猜他的燒已經退了。

我們繼續開車，馬可和我開始在車窗外看見列寧雕像和共產主義海報。在一個告示板上畫了一塊小小的分裂土地，左邊有一面俄國國旗，右邊是一面紅綠色的旗子，下面有一句口號。馬可懂一點俄文，他說那是在要求重新組成蘇聯。這是哪裡啊？

「想像一下，超級英雄謎男。」謎男以一張破爛的面紙擦著鼻子，「可能還會推出週六早晨的卡通、漫畫書、玩具公仔還有電影。」

突然間，一個警察（或至少是穿警察制服的人）走到路中間，停在車子前，手上拿著一台雷達測速器。我們的時速是九十公里，他告訴我們——超過速限十公里。在二十分鐘和兩塊錢的賄賂之後，他放我們走。我們減速到七十五公里，但是幾分鐘後我們再度被攔下來。這位警察也說我們超速了。雖然沒有任何交通號誌，他宣稱速限在半公里之前就改變了。

十分鐘和兩塊錢之後，我們再次上路，為了保險起見，以五十五公里的龜速前行。不到一會兒，我們又被攔下然後說我們低於最低速限了。不管這是哪裡，肯定是地球上最腐敗的國家。

「我得想出一段九十分鐘的表演。一開始是一隻大烏鴉飛過觀眾席然

後降落在舞台上。然後——砰——牠會變成我。」

當我們終於到達邊界，兩個武裝軍人要我們出示證件。我們翻開摩爾多瓦簽證，那時我們才被告知我們已經不在摩爾多瓦了。他們秀出當地的護照——一份古老的蘇聯文件——然後以俄文吼著些什麼。馬可翻譯：他們要我們開回橋上的軍事檢查站，經過三個索賄的條子，取得適當的文件。

「我會作謎男的打扮，包括厚底靴和所有的東西。我不再穿西裝了。我會是很哥德很夜店的那種酷法。我會告訴觀眾，小時候的我和哥哥在閣樓裡怎麼玩，怎麼夢想成為魔術師。然後我會穿越時空變成一個小孩。」

當馬可告訴邊界衛兵，我們不可能回到橋那邊去，他掏出槍指著馬可，然後索討香菸。

「我們在哪裡？」馬可問。

衛兵驕傲地回答：「普利德涅斯特瓦（Pridnestrovskaia）。」

如果你從沒聽說過普利德涅斯特瓦（或英文的說法，外德涅斯特 Trans-Dniester），不用擔心，我們也沒聽過。外德涅斯特既不被外交承認，也沒有任何一本我們帶來的旅遊書或地圖有提到。但是當一個邊界衛兵持槍抵住你的腰，突然間，普利德涅斯特瓦顯得非常真實。

「我會做一個科學實驗，用網路把一個實驗室技師傳送出去。結局是搶劫銀行然後在籠子中消失。所以我需要一個小男孩、一隻大烏鴉、你、一個扮演實驗室技師的人，和一些人當銀行警衛。」

馬可給了衛兵整包萬寶路香菸然後開始和他爭吵，衛兵完全沒有放下他的槍。漫長的交涉過程之後，馬可大吼著什麼，然後猛然伸出他的手，彷彿要求被銬起來。結果，衛兵轉身然後消失在辦公室中。當馬可回到車

上，我問他說了什麼。

「我說：『聽著，把我抓起來好了。我不會回去的。』」

這真是越來越不妙了。

謎男突然把他的頭從座位中間探出來。「想像一下，有一張海報，上面只有我的手，指甲是黑色的，下面寫著謎男，看起來很棒吧？」

這是我第一次對他失去耐性。「老兄，現在他媽的不是講這些的時候，搞清楚狀況吧。」

「別命令我。」他生氣起來。

「我們快要被關進牢裡了，現在沒有人想聽你說那些屁話。難道除了你和該死的魔術秀之外，什麼都不重要嗎？」

「喂，如果你想打架，老子奉陪。」他怒吼著：「我現在就扁死你。你他媽的給我下車，看我怎麼修理你。」

謎男這傢伙比我高了30公分，而且邊界區很多武裝軍人，我不可能真的跟他打起來，但是我實在氣到想翻臉。謎男是這趟旅行的沉重負擔，也許馬可說對了：謎男不是我們這一掛的，他沒上過芝加哥拉丁學校。

我深深吸一口氣，直視前方，試著平息憤怒。這傢伙是個自戀狂、人來瘋——無論正面或負面角度來說——他沒人理的時候就會枯萎。孔雀理論不只是為了吸引女人，他就是想吸引別人的注意力。甚至連和我單挑都是為了引人注目，因為過去幾百哩的路程我一直不理他。

我從後照鏡一瞥，看見他在後座噘著嘴生氣，把帽子拉下蓋住眼睛，我開始對他感到抱歉。「我不是故意要對你發飆的。」我對他說。

「我不喜歡有人命令我。我爸老是對我大呼小叫，我討厭他。」

「我又不是你爸。」我說。

「感謝上帝。他毀了我和我媽的人生。」他把帽子拉起來，淚水在他眼眶裡打轉，始終沒掉下來。「我以前常常在半夜躺在床上，幻想用各種方法殺了我爸。當我真的覺得很憂鬱的時候，我會想像帶著鏟子潛入他的臥室，敲爛他的頭，然後自殺。」

他停下來，用戴了手套的手背抹過他的眼睛。「一想到我爸，就聯想到暴力。」他繼續說：「我記得很小的時候，看過他用拳頭打別人的臉。當我們必須殺掉寵物小狗的時候，他就在我面前拿出槍然後打爆牠的頭。」

邊界衛兵從辦公室出來，指示馬可下車。他們交涉了幾分鐘，馬可給了他幾張鈔票。我們等著看四十美元的賄賂──相當於外德涅斯特人一個月的薪水──是否有用。

謎男對我打開心防。他說，他父親是個酗酒的德國移民，在言語和肉體上虐待他。他的哥哥比他大十四歲，是個同志。母親為了彌補丈夫的虐待，太過溺愛他哥哥，結果害他哥哥喘不過氣來，她因此很自責。為了不重蹈覆轍，她在情感上和謎男很疏遠。當他二十一歲還是個處男的時候，他開始擔心自己也許是同志。於是，在一次憂鬱症發作中，他開始有系統地整理出後來的「謎男方法」，把人生奉獻於追求他從未自父母身上得到的愛。

結果又花了八十美元，分給另外兩位官員，我們才順利通過邊界。光收錢對他們而言是不夠的，每一次賄賂都得花上一個半小時交涉。也許他們只是想給謎男和我更多互相了解的時間。

終於到達敖得薩之後，我們詢問旅館櫃台人員關於外德涅斯特的事。她解釋那個國家是摩爾多瓦內戰的結果，主要是由前共產黨員、軍方菁英

和黑扁帽部隊（black berets）這些想重返蘇聯光榮時代的人發起的。那是個無法無天的地方——是東歐集團（Eastern Bloc）的蠻荒大西部，很少外國人敢去造訪。

當馬可告訴她我們在邊界的經歷時，她說：「你不應該叫他們把你抓起來。」

「為什麼？」他問。

「因為他們沒有監獄。」

「那他們會怎麼處置我們？」

她把手比出槍的形狀，指著馬可說：「砰！」

當我們繞了大約五百哩，避過外德涅斯特回到貝爾格勒，馬可的電話留言是滿的。娜塔莉亞留了十幾通訊息給謎男。謎男回電給她，電話卻被她媽攔截，她咒罵他拐了她女兒。

謎男和我飛回家之後，娜塔莉亞一直打給馬可，問謎男什麼時候才會回來看她。終於，馬可結束了她的苦難。「他是個巫師，」他告訴她：「他在妳身上下了咒，去找別人幫忙，別再打給我了。」

接下來幾個月馬可一直e-mail給我，跟我要謎男沙發吧的密碼，他已經嘗過禁果而且食髓知味，但我一直沒有讓他加入。當時，我以為是因為我想要把新身分和我的過去區隔。但事實是，儘管大量的合理化過程，對於我正在做的事，以及我讓它虛耗生命的程度，依然讓我覺得很丟臉。

11

MSN社群：謎男沙發吧

主題：癥結

作者：型男

我正在克服一個癥結，希望大家都能幫助我。

我和謎男剛從貝爾格勒回來，我在那裡認識一個美女，要不是因為我的癥結，她本來會是我的塞爾維亞女友，可是我對親吻收場有很大的困擾。

因為某些原因，進展到親吻對我而言是一大障礙。我感覺到機會之窗打開，接著立刻開始想到所有的「如果」──「如果她拒絕我」、「如果我毀了這段關係」、「為什麼她要提起前男友的事？」結果不是累積了太多焦慮，勉強上了（然後搞砸）；就是窗戶關了，我錯失良機，只能對自己生悶氣。

所以我的問題在哪？我已經這麼靠近PUA的地位了，卻被這小小的癥結阻礙了我。

──型男

MSN社群：謎男沙發吧

主題：Re：癥結

作者：夜光九（Nightlight 9）

如果她拒絕我怎麼辦？是啊，如果流星擊中你家怎麼辦！！！

你問如何分辨她準備好了沒。方法就是另一個三秒法則，百分之百管用！

當你們坐得很近，讓對話慢慢減少。當你們沉默的時候，看著她的眼睛。

如果她回看著你持續三秒，就表示她想接吻。你可能體驗到的那種不自

在，是全世界我最喜愛的東西——性的緊張。

——夜光九

MSN社群：謎男沙發吧

主題：Re：癥結

作者：暴衝（Maddash）

在一對一情況下，如果沒有至少得到親吻收場，我不會讓女人待在我家。

以下是我的慣例：

1. 要她過來載我，而且只讓她在我家停留幾分鐘。因為如果你請她進來，
   而什麼事都沒發生，這樣比較容易讓女人在晚上約會結束後又回到你
   家。

2. 在約會結束時，我會邀請她回我家，然後倒些酒。

3. 如果她注意到我的吉他（放在顯眼的位置），我會為她彈一首歌。

4. 我們會和我的小狗玩。

5. 我帶她上屋頂看看。

6. 我帶她到房間裡面，讓她坐在我的腿上，聽聽我電腦裡的MP3。當她玩著Winamp播放軟體的視覺效果時，我會親她的臉頰。

7. 她不是轉過來親我的嘴，就是繼續玩Winamp。如果她猶豫，我就讓她看更多電腦裡的東西，然後再次親她臉頰。她想要被支配、被擺布。幾乎所有女人都想要。

8. 你可以想像剩下的。

——暴衝

MSN社群：謎男沙發吧

主題：Re：癥結

作者：葛林伯

我最喜歡的收場慣例之一是按摩。當我們回到我家，我會告訴她，我因為打籃球肌肉酸痛，需要按摩一下背部。但是在按摩期間，我會一直說她的方式不對。最後，我會假裝很煩，然後堅持要教她怎麼做才對。當我按摩她的背，我會告訴她，她的腿太過緊繃，我曾經幫朋友做過很棒的腿部按摩。我會先隔著褲子幫她按摩，然後叫她脫掉，因為穿著褲子多礙事。如果你表現得很權威，她不會質疑你。

一開始我只按摩腿。但是慢慢地，我會一路往上按到她的臀部。當她開始興奮，我隔著她的內褲摩擦她，直到她濕透。這時候，我會解開我的褲子，戴上套子，然後上她，沒有親吻或前戲。

此招膽小鬼勿試。

——葛林伯

想知道我如何解決這個問題嗎？我會說：「我才不在乎她怎麼想。」因為我真的不在乎。當我還年輕的時候，這對我也是很大的問題。但是現在，無論有沒有得手，我仍然勇往直前。

只要把那女孩當作練習，就會有幫助。如果心裡仍然恐懼，就告訴自己：「瞬移！我現在是個野蠻人！我不再是型男。試試看她是不是真討厭我。如果是，去她的！我才不在乎。」

回頭看看你不當野蠻人時的那些女人，她們都不重要。為什麼？當一個野蠻人正在幹她，你會在乎她和六個月前認識的某個人擁有的愉快回憶嗎？有時候你得真的大膽進攻才行，說：「把舌頭伸出來。」然後吸它。如果她賞你一巴掌，很好！這故事會很精采。

暴衝說到如何使用精心挑選的道具，這是好方法，讓女孩的注意力專注在別的東西上，好讓她不會抵抗明顯的性舉動。我同意。當你撫弄她乳頭的時候，就說：「妳看那個玩偶秀。」如果她對玩乳頭感到猶豫，只要指著那些玩偶然後笑著說：「看那些玩偶。看，真的很好笑喔。」然後再次玩她乳頭。

——謎男

MSN社群：謎男沙發吧
主題：癥結解決
作者：型男

感謝各位大力相助。我終於想出了解決方法。一星期前我突然想到答案，之後幾乎每個晚上都現場測試成功。

想到解答的時候，我正和一個愛爾蘭女孩坐在Standard酒吧，她告訴我她很早就結婚了，最近剛離婚，現在渴望冒險。當我開始得到IOI，想到了你們的留言。我知道如果我衝向她，她會嚇到而且拒絕我。所以我決定朝著親吻的方向一步步前進，做些像謎男的玩偶秀之類的事，而且保持理性地談話。結果真的有用，一如以往，問題解決了。

以下是我的做法——「演化瞬移慣例」（the evolution phase-shift routine）：

1. 我俯身靠近她，說她聞起來很香。我問她噴的是什麼香水，然後討論動物在交配之前總是嗅聞彼此，還有人類被演化束縛，當有人嗅聞自己的時候，我們會覺得興奮。

2. 然後我討論獅子如何在交配的時候咬彼此的鬃毛，以及拉頭髮如何是另一種演化的觸發。我邊說，邊將手伸到她的頸後，從髮根抓了一把頭髮緊緊往下拉。

3. 她似乎沒有生氣，於是我更進一步。我告訴她身體最敏感的部位通常藏在避免外部接觸的地方——例如手肘內側。然後我拿起她的手臂，稍微彎一下，然後色情地咬了手肘內側的皺褶。她說她感到一陣酥麻。

4. 之後我說：「但是妳知道世界上最棒的事情是什麼嗎？咬……這……

裡。」我指著我脖子的側邊，說：「咬我的脖子。」彷彿我期待她這麼做。她一開始拒絕，於是我不發一語地別過身去，處罰她。我等了幾秒鐘，轉回去再說一次：「咬我這裡。」這次她照做了。這是貓繩理論的實踐。

5. 然而，她咬得很輕。於是我告訴她：「那不是咬，過來。」然後我把她的頭髮撥到一邊，好好地咬了她的脖子，叫她再試一次。這次她做得很好。

6. 我讚許地微笑，然後非常緩慢地說：「還不錯。」然後我們終於接吻。我們又喝了幾杯，然後我帶她到我家。簡單的參觀之後，我採取了暴衝的做法，給她看電腦上的一段影片，要她坐到我的腿上。我按摩並親吻她的後頸，直到她轉過來開始和我親熱。她問說是否可以在地板上躺一下，我躺在她旁邊然後——猜猜發生什麼事——她喝掛了，已經睡死了！

我只好脫掉她的鞋子，拿毛毯蓋住她，把枕頭放在她頭下面，然後爬進我自己溫暖的床上。

這是發生在我身上的笑話，但至少我現在懂了。要達成目標，只需要一個晚上，真的。

終於，我準備好要踏出下一步了。

——型男

障礙排除

Disarm the Obstacles

男人會逃離過去的自己只有一個原因：為了從某個女人的眼中看見不同的自己。

——克莉兒·布司·魯斯（CLARE BOOTHE LUCE，美國政治家和劇作家），《女人》（*The Women*）

01

要入門得選擇導師。

像羅斯‧傑佛瑞的「快速引誘學派」，利用潛意識的語言橋段來讓女孩子興奮。

或謎男的「謎男方法」，藉由社交力學來折磨夜店中最搶手的女人。

或大衛‧狄安傑羅的「約會倍增術」（Double Your Dating），他主張藉著一種幽默與自大的組合，稱之為「驕傲風趣法」（cocky funny），在女人身上取得優勢。

或槍巫（Gunwitch）的「槍巫方法」，學員們只需要釋放動物般的獸慾並增加肢體接觸，直到女人制止他們。他最聳動的名言是：「讓馬子說不。」

或者還有大衛‧X、大衛‧薛德（David Shade）、瑞克、馬克少校（Major Mark），以及雜耍人——這個領域新竄起的大師，他某天突然出現在網路上，號稱自己光是唸出購物清單就可以把到女人，比其他任何PUA都更強更快。還有那些搞小團體的老師，像史提夫‧P和拉斯普廷（Rasputin），只肯傳授技巧給他們認為夠格的人。

有很多導師可以選擇，每一個都有自己的方法和追隨者，也都堅信自

己的方法才是真理。於是這些大師們一直在相互攻擊——恐嚇威脅、點名謾罵、拆台、競爭。

而我的目標是來者不拒，照單全收。我從來不是真心信仰任何事的人，我比較喜歡綜合各家之長，找出最適合自己的。問題是汲飲知識的泉源時，必須付出代價，而代價就是信仰。每個導師都想知道他是最好的，他的學生是最忠誠的，真正的競爭其實不是跟女人上床。然而，每個學生都想要盡量吸收更多不同專家的本領。那是一種危機，尤其是對人性，而不是對社群：權力因忠誠而存在，效忠則確保了隸屬感。

雖然我很享受在貝爾格勒的教學，但我並不想帶學生。我需要更多老師，還有很多要學。我會體認到這一點，起因於多面帶我去參加一個派對。

我打扮得很時尚，穿著一件下襬很長的休閒外套，留著稀薄、修出形狀的山羊鬍。然而，每一次我見到多面，他的造型看起來都更加大膽前衛。他現在剪了頭髮，抓出十公分長的龐克髮型。

派對中，我注意到一對打扮非常炫的雙胞胎姊妹，像希臘雕像般的坐在沙發上。雖然精心梳理的頭髮和相稱的古董洋裝為她們帶來讚賞的目光，但她們一整晚都沒有和別人交談。

「她們是誰？」我問多面，他正在和一個似乎對他很有興趣的嬌小圓臉女人說話。

「那是瓷器雙胞胎（Porcelain TwinZ），」他說：「她們一起表演古典脫衣舞。她們也是有名的追星族，一起搭檔追求樂團成員。我曾經一邊幻想著她們一邊打手槍，結果射超多。」

「介紹我認識。」

「可是我又不認識她們。」

「沒關係，介紹我就對了。」

多面走到她們身邊說：「這是型男。」

我和她們握手。雖然她們樣子看起來要死不活的，手卻意外地溫暖。

「我們剛剛正在討論魔法咒語，」我對她們說：「妳們認為咒語真的有用嗎？」

我知道這是個完美的開場白，她們顯然相信咒語──大部分以跳脫衣舞或賣身來謀生的女孩都信這一套。然後我進入心靈感應猜數字慣例。

「多表演一點。」她們輕聲地說。

「我又不是玩具，」我回答：「妳們至少要讓我換個電池吧。」

這是謎男的台詞。她們果然笑了。

「怎麼樣？」我繼續說：「我已經讓妳們見識過一些很酷的東西了。妳們何不也教我些什麼？」

她們說沒有什麼可以教我的。「我要去跟其他朋友聊天，」我說：「給妳們五分鐘時間想喔。」

我漫步走開，然後和一個叫珊蒂的可愛小龐克聊起來。十分鐘後，雙胞胎過來了。

「我們知道要教你什麼了。」她們驕傲地說。

其實我沒打算再跟她們說話，我不認為她們能想出什麼鬼來。但是她們站在那裡教了我五分鐘的手語。IOI。

我們一起坐下來閒聊。這對雙胞胎很容易分辨，因為其中一個臉上有痘疤，另一個臉上有穿洞，穿環已經拿掉了。她們從波特蘭過來玩，隔天就要飛回去了。她們跟我談到她們的脫衣秀，她們會一起在舞台上跳舞然

後模擬女女性愛。

當我們聊天的時候，我發現她們只是個平凡、缺乏安全感的女孩，所以才會那麼安靜，而大部分男人都誤會了，他們認為美女如果悶不吭聲或不理他們就是犯賤。其實，她們可能只是害羞或缺乏安全感，就跟普通的女人一樣。瓷器雙胞胎的不同之處在於，她們試著用美麗的外表來彌補內在的平庸。她們只是想認識新朋友的可愛女孩，而現在她們找到了。我們交換電話號碼時，我覺得我抓到竅門了。但是我不知道該專攻哪一個，或者兩個一起來。我想不出該怎麼把她們分開，也不知道該如何同時引誘她們兩個。我卡住了。於是我告退去找珊蒂。

珊蒂跟我說話的時候緊緊挨著我，似乎對我有所企圖。於是我使出了演化瞬移慣例（evolution phase-shift routine），把她拉進廁所裡親熱。我並不喜歡她，只是對自己現在可以輕易地親到女人感到興奮。我開始濫用我新發現的能力了。

當我十分鐘後從廁所出來，雙胞胎已經離開了。我又搞砸了，因為我選擇了輕鬆的路走，而不是挑戰自我。

我一無所獲地回到聖塔莫尼卡的公寓。謎男正睡在我的沙發上，我告訴他今晚那對雙胞胎的失敗。但很幸運地，隔天我就收到雙胞胎的留言。她們的班機被取消了，現在正困在機場附近的假日飯店。我還有補救的機會。

「我該怎麼做？」我問謎男。

「殺過去啊。就跟她們說你馬上過去，不要給她們任何選擇機會。」

「到了那裡要怎麼開始？」

「就用我的招數。一進門就去洗澡，脫掉衣服，進浴缸，叫她們進去

刷你的背，就從那裡開始。」

「哇！這太猛了吧！」

「相信我。」他說。

於是那天晚上我回雙胞胎電話，告訴她們我要過去。

「我們只是穿睡衣隨便躺著看電視而已喔。」她們警告。

「好啊，我已經一個月沒洗澡刮鬍子了。」

「你說真的嗎？」

「騙妳的。」

目前為止，一切都依照計畫進行。

我開車到飯店，腦海裡不斷演練待會要進行的每一個步驟。當我走進房間，她們正躺在相鄰的兩張床上看《辛普森家庭》。

「我得洗個澡，」我告訴她們：「我家的熱水器壞了。」

這不叫說謊，這是調情。

浴缸放水的時候，我和她們隨便哈拉。然後我進入浴室，刻意讓門開著，脫了衣服坐進浴缸裡。

我光溜溜地坐在水中，試圖鼓起勇氣叫她們進來。蒼白、消瘦而且光溜溜地坐在那裡，讓我覺得好脆弱。我得聽從謎男的建議開始行動。

一分鐘過去，五分鐘，十分鐘。我聽到電視機傳來辛普森的聲音。那些女孩可能以為我淹死了。

我得出招，如果不做我會恨死我自己。我又多撐了五分鐘，終於提起勇氣結結巴巴說：「嘿，妳們可以幫我洗背嗎？」

其中一個女孩大喊著什麼。先是一陣沉默，然後一陣耳語。我驚慌失措地坐在浴缸裡，擔心她們根本不會進來。多蠢的台詞啊。我想到更丟臉

的事情是，如果她們真的進來，看見我光著身子坐在這裡，老二像蓮葉一樣漂浮在水上……我想到《尤里西斯》裡我最喜歡的一句話，性挫敗的利奧波德‧布魯姆想像他陽痿的男性器官在洗澡水中，並稱之為「軟弱的眾生之父」。我念頭一轉，如果我有本事在浴缸裡引用喬伊思的句子，為什麼在這些女孩子面前會覺得那麼愚蠢呢？

終於，雙胞胎之一走進來。我本來希望是兩個，但是乞討者無權挑剔。我背對著她，伸手到浴缸另一端遞肥皂給她。我尷尬死了，簡直無法直視她的眼睛。

我伸直脊椎，好讓自己不會看起來像隻恐龍。她以畫圓的方式把肥皂抹在我背上。那不色情，而像是在工作。我知道她一點也沒有興奮起來，只希望她沒有覺得很噁心。然後她把毛巾放到浴缸裡浸濕，接著把肥皂泡沫擦掉，洗完了。

現在怎麼辦？

我以為性愛應該在這之後自動發生，但她只是跪在那裡，什麼也沒做。謎男沒有告訴我洗完背之後該做什麼，他只說從那裡開始，沒有告訴我如何從刷背進展到打手槍，而我也毫無頭緒。最後一個幫我刷背的女人是我媽，而且那是在我還小到可以塞進洗臉槽的時候。

但現在正是時候，必須做點什麼才行。

「呃，謝謝。」我對她說。

她走出浴室。

幹，我搞砸了。

我把自己沖一沖，爬出浴缸用毛巾擦乾，繼續穿回我的髒衣服。我坐在幫我洗背的女孩床邊，開始跟她們聊天。我決定試著對她們採用演化瞬

移橋段。我叫另一個姊妹過來跟我們坐在同一張床上。

「嗯，妳們倆聞起來都好香。」我開始說，同時拉著她們的頭髮分別咬了她們的脖子。但還是什麼也沒發生。她們都很被動。

在聊到她們的舞台表演時，我讓她們各自按摩我一隻手。我真不想敗興而歸。

「你知道好笑的是什麼嗎？」其中一個說：「我們所有的肉慾都釋放在舞台上了，現實生活中我們從來不曾彼此觸摸或擁抱，比大部分的姊妹都要疏遠。」

我離開她們的飯店房間，徹底失敗。回家的途中，我經過多面的家，他和父母住在一起。

「我不懂，」我對他說：「我以為你說她們會一起和男人上床。」

「是啊，但我是胡扯的，我以為你懂。」

接下來那個星期，多面和他在派對上認識的圓臉女人有個約會。寬臉的女人似乎都覺得他很有吸引力。

我們在地板上躺了兩小時，談論著把妹遊戲和我們的進步。自青春期以後，每當我有機會許願（對著掉落的睫毛、出現11：11的電子鐘、和數目一直增加的生日蠟燭），在世界和平和個人幸福等普通願望之外，我會祈求能夠吸引任何我想上的女人。我曾幻想不可思議的魅力像閃電一樣進入我的身體，突然讓我變得令人無法抗拒。但現實是，它像緩緩飄落的毛毛雨，而我拎著桶子在下面跑來跑去，奮力地接住每一滴。

在生命中，人們傾向於等待好事從天而降，而他們都在等待中錯過了。通常你希望得到的東西不會正好落在你手上，而是掉在附近某個地方，你必須認得出來，站起來，付出對等的時間精力才能得到。這並不是

因為世界太殘酷，而是因為它太聰明，它有自己的貓繩理論，知道我們不會珍惜不勞而獲的東西。

我得提起我的桶子去幹活。

所以我接受謎男的建議，去做了雷射近視手術，澈底擺脫書呆子眼鏡；花錢做了牙齒雷射美白；加入健身俱樂部；開始衝浪，那不但是心肺運動也是晒黑的方法。

然而，我加入社群並不只是為了在外型上大改造，還需要完成心理改造，而那要困難得多。在貝爾格勒之前，我已經學會一套具有領袖魅力的男人會使用的詞彙、技巧和肢體語言。現在我需要培養自信、自我價值和內在遊戲來作為後盾，否則我只是個半調子，而且很容易在女人面前露餡。

距離下一期和謎男在邁阿密的授課前，我還有兩個月的時間，我想要讓那裡的學員大吃一驚。我的目標是要勝過謎男在貝爾格勒「太陽神」的巡視。所以我給自己一個任務：在接下來幾個月時間去拜會每一個頂尖的PUA。我打算讓自己成為誘惑機器，吸收所有最棒的PUA的訣竅。現在我身為謎男的新僚機，在社群裡算是有點地位了，和他們會面應該不會太難。

02

　　我第一個想學習的對象是雜耍人，他的貼文很吸引我。他建議AFC克服自己害羞的方式，是試著說服遊民給他們兩毛五硬幣，或是從電話簿裡隨機挑一個人，打去請他們推薦電影。他告訴其他人要挑戰自我，故意讓把妹更困難一點，例如說自己的工作是收垃圾的，而且開台爛老爺車。他是個有創見的人。他剛宣布成立他的第一個工作室，完全免費。

　　雜耍人在社群中快速竄起的原因之一，除了價格的優勢之外，就是他的文章。他的貼文妙筆生花，不像高中男生總是處在與自己的睪丸激素的衝突中，貼出那種毫無組織能力的廢話。所以當我打電話給雜耍人，討論要在書裡引用他的一則現場報告，他要求是否可以讓他重寫新的，那是他在舊金山第一期授課時跟我巡視的故事。

現場報告：引誘型男
作者：雜耍人

　　我掛掉手機。「型男說話速度真的很快。」我對室友的貓說，牠懂的，而且關於我帶女孩子回家這件事，牠是長期的共犯。（「想去我家看貓咪後

空翻嗎？」這個提議幾乎不曾失敗過。）

那是我對現實生活中的型男的第一印象。兩星期後，我坐在舊金山漁人碼頭的一間餐廳等待型男到來，心裡祈禱著：「拜託，誘惑女神、把妹達人的守護神，以及全世界想要有搞頭的傢伙，請不要讓型男是個怪胎。」

講話太快通常是缺乏自信的徵兆。尤其是覺得別人對自己沒興趣的人，因為他們害怕失去聽眾的注意力；另一種人則是太過追求完美，他們無法長話短說，什麼細節都想講，所以說話會不斷加速，這種人通常會變成怪胎或是作家。我希望是後者。在把妹界，我需要朋友和旗鼓相當的對手，而不是另一個學生。

我起初是在網路上聽說過型男──在一個專攻把妹技巧的網站上。我們欣賞彼此的文章，他的文筆很好，而且雄辯滔滔，似乎是個樂於分享的正派傢伙。至於他怎麼看待我的文章，我就不太確定了。

型男快步跑進餐廳。他穿的是矮子樂嗎？他輕鬆地跟我四目相接，露出完美的微笑，緊張的程度剛好讓他看起來令人喜愛──我相信這是他深思熟慮後做出來的效果。以他相對矮小的身材、嬰兒般的光頭和溫和的語調，沒有人會懷疑他是個把妹達人。我精神來了，這傢伙可能不錯。

我立刻就喜歡上型男，他顯然很擅長讓別人喜歡他。他讓我覺得自己很重要，他有辦法把我表達得比較笨拙複雜的概念，精簡成更漂亮的說法──同時把這口才歸功到我身上。對於一個新崛起的導師，他是個完美的共犯。

然而我不確定他的弱點是什麼。當我們想了解一個人，都會像八卦小報編輯，同時尋找對方的優點與弱點，在腦袋裡做筆記，以供日後使用。那些沒有明顯缺點的人，反而讓我們覺得不安。溫和並非型男真正的缺點，關

於他的缺點，我唯一的猜測是，他對自己能讓別人打開心房侃侃而談的能力太過自滿。其實這也稱不上是什麼缺點，但這是我唯一想得到的。

他是個很酷的傢伙，卻沒來由地缺乏自信，總覺得自己少了什麼東西。這東西明明他自己有，卻一直往外頭找。

午餐後，我們做了所有把妹達人在舊金山會幹的事——前往現代藝術美術館。

我們走下樓梯後各自散開——像是把妹的突擊隊員。我轉進新媒材區的一個幽暗角落，注意到一個嬌小可愛的二十歲女生。我愛嬌小的女人，她們與生俱來的某些特質讓我很興奮。我在一個將影像投射到地板的作品那裡靠近她。影像差不多每分鐘變換一次——白色花瓣嬌弱地飄離乾枯的樹枝。

身高可能會構成威脅。我像《綠野仙蹤》裡的稻草人——又高又瘦，針刺般的稻草從我的袖子裡穿出來。我坐在那裡的長椅上，她看起來很放鬆，我們眼神有了接觸——她的眼睛是杏仁綠色，我的則因為時差而充血。最好的引誘，通常發生在女人勾引你的時候。要當一個好的誘惑者，你必須主動引導，也必須被動跟隨。那一刻，我發現我想要她牽起我的手，帶我到她森林中的祕密基地；我想要她表演愚蠢的魔術戲法給我看；我想要她唸出她寫在咖啡店餐巾紙上的頑皮的詩給我聽……

喀噠喀噠……喀噠喀噠……喀噠喀噠……

型男的鞋子正沿著切開這長型空間的分隔牆移動。我不希望他加入我們。並不是說我不欣賞型男（他光是那句謙虛的「你好，我就是那個叫型男的傢伙」就贏得我的好感了）。而是現在，那個女孩和我之間的感覺，就像那永無止境的白色花瓣，是如此地……醉人。我是一匹狼，這隻落單的小

母鹿是我的。如果型男來摻一腳，我可能會咬他。

對女人說的第一句話根本不重要。有些傢伙說他們不知道要說啥，或是他們需要一句犀利的台詞來開場。他們真是想太多了。你沒有那麼重要，我也沒有那麼重要。我們從來沒想出過什麼了不起的想法，需要這樣小心翼翼地包裝。放棄你對完美的執著吧，只要你敢開口，接下來就算咕噥或放屁都沒關係了。

「妳好嗎？」我問。

那是我慣用的開場白之一，就是你在商店櫃台常聽到的那句話。95％的人會簡短回應，含糊地回答：「還好」或「不錯」。3％的人會熱情地回答：「很好啊」或「非常好」，你得跟這些人保持距離──他們是瘋子。還有2％的人會誠實地回答：「糟透了！我老公剛為了他瑜伽教室的櫃台小姐甩了我，還真他媽的充滿禪意。」那些人是你會熱愛的。

她說：「還好。」以如此嬌小的身材而言，她的聲音很沙啞，一定是昨天在寇特妮‧洛芙（Courtney Love）的演唱會上太high。我不太喜歡吵鬧的搖滾場景，我喜歡輕音樂。但我原諒她。我不挑女人的，那只會限制我的冒險。我只挑剔能夠得到多好的待遇。

我期待地看著她，她收到暗示。「你好嗎？」她問。

我沉思片刻：「大約8分。」

我總是8分，有時候是8.5分。

有兩個方法可以讓對話繼續下去。你可以問：「妳從哪裡來的？」、「妳的舌頭可以捲出多少種花樣？」、「妳相信輪迴嗎？」

或者你也可以平鋪直敘：「我住在密西根州的安那堡（Ann Arbor），那是好幾百家冰淇淋公司的總部」、「我有個女朋友可以把她的舌頭捲成一隻

貴賓狗」、「我室友的貓是尼克森轉世的喔。」

我二十出頭歲的時期，總愛問一堆問題來了解女孩子──開放式的問題、聰明的問題、奇怪的問題、真心誠意的問題。我以為她們會感激我的興趣。然而，我只得到她們的名字、排行、編號，有時候是中指。把妹不是在審問對方。把妹的藝術在於搭設一個讓雙方都願意坦露自己的舞台。

以直敘的方式說話是老朋友交談的方式。直敘是親密、自信和施予的模式，邀請其他人來分享，而且製造出完美的抽象感。相信我──你不必花好幾個晚上躺在草地上，盯著夜晚的星空想破頭。因為我都幫你想好了。

「這影像讓我覺得很平靜，」我說：「如果他們在這裡放些真正的葉子讓我們玩，那才叫藝術。」

她微笑：「我小時候常常被我哥丟進樹葉堆裡。」

我輕笑。想像著嬌小的她被愉快地丟進一樹葉堆裡實在很有趣。

「妳知道嗎？」我說：「我有個朋友，聲稱他能根據一個人的兄弟姊妹的年紀和性別，算出這個人的個性。」

「像是有哥哥會讓我很男孩子氣？」她調整了一下她的哈雷皮帶扣，「那很扯耶。」

如果你沒辦法順著她的話走，你就無法引導。「超扯的沒錯，」我附和：「那傢伙很瘋。不過，他算我真的很神準。」

「真的嗎？」

「是啊，他算出我有一個姊姊。諸如此類的。」

「他還算出什麼？」

「他說我欲求不滿。」

「你是嗎？」

「是啊,當然。我每個女朋友都得寫愛的留言給我,還要幫我刷背。我很難搞的。」

她悅耳地笑起來。

喀噠喀噠⋯⋯喀噠喀噠⋯⋯喀噠喀噠⋯⋯

專注對現代人來說已經落伍了,我們隨時都想感受周遭的一切,總是一心多用,散步時戴耳機聽音樂,嘴巴吃著熱狗,眼睛還忙著觀察周圍的人,我們不斷尋求刺激。但我是個老派的人,跟我在一起的時候如果沒有準備好要專注在我身上——比如說對話、觸摸,或短暫的心靈相通——那麼就請消失在我面前,回到那吵雜的生活去。

「聽著,我不能再跟妳聊了。」

「為什麼?」

「我聊得很開心,但妳得專心跟我聊天,不然就專心看展覽。況且,妳站在那裡我的脖子快要抽筋了。」

她微笑,然後跟我一起坐在長椅上。

喀噠喀噠⋯⋯喀噠喀噠⋯⋯喀噠喀噠⋯⋯

「我是雜耍人。」

「我是安娜塔西亞。」

「嗨,安娜塔西亞。」

她的小手摸起來很粗糙,指甲修得很短,像是勞動階級的手,我需要仔細檢查一下。我拉近她,她沒有抗拒。

喀噠喀噠⋯⋯喀噠喀噠⋯⋯喀噠喀噠⋯⋯

型男走近我們。他的香水味微微飄散著,義大利名牌西裝發出沙沙聲。他在炫耀嗎?感覺很像。怎麼搞的?他沒看見我正在享受和這女孩的親密片

刻嗎？他是太專注於某種引誘的遊戲，所以看不見我們已經超越那程度了嗎？我和這個女孩的好戲被型男打斷了。我內心深處發出一陣怒吼。

「我認識你嗎？」我問他。

「有誰真的認識誰嗎？」型男反問我。

他真讓我哭笑不得。我痛恨他攪局的時機，但又欣賞他說話的方式。我決定不要咬他的臉──至少今天不要。

我看得出型男渴望在實戰中展示自己。所以我介紹他們兩個認識，然後詭異的事發生了。型男翻了個白眼，然後變成另一個人。至於他變成誰，我猜應該是魔術大師胡迪尼──講話很快的胡迪尼。他表演了魔術，讓她用拳頭打他的肚子。型男說自己都睡在釘床上，逗得她樂歪了。憑空變出了她的電話號碼，對胡迪尼而言夠滿足了。於是我們把她留在原地。

當把妹達人和自尊有關，那是個挑戰。我有些演員朋友可以像武士一樣在舞台上爆發，殺掉五百個人，卻不敢在酒吧裡跟女孩搭訕。我不怪他們。大部分觀眾都很興奮，他們想要刺激。但是坐在吧台邊的女孩子就困難得多，也比較可怕，她們是穿著黑色小洋裝的大猩猩，可以一手把你打掛。但是她們內心其實也很熱情如火，我們全都很熱情如火，想要刺激。

舊金山是我的第一個團體課程，共有六個人報名。我們約在靠近聯合街的一間餐廳碰面。型男快速地幫我確認了他們的資歷。他們都是社群裡的成員。

我們把晚餐時間花在編造對話的開場，例如假裝某人是電影明星的開場白。從洗手間回來的途中，我繞到附近一桌很好看的中年情侶那裡。

「希望我沒有打擾你們，」我對那女士說：「但是我必須告訴妳，我超愛妳在那部有個男孩和燈塔的片子裡的演出，讓我整整哭了三天。」

他們友善地點頭微笑。「你……謝謝……非常。」那女人用破爛的英文回答：「好極了。」

「妳從哪裡來的？」我問。

「捷克。」

我給了她一個擁抱然後和那男人握手。「歡迎來到美國。」

把妹達人是世上僅剩的真正外交官。

我並非天生就是個把妹達人。我原本是個著迷於拆東拆西的小男生，總是隨身攜帶螺絲起子。我有燃燒的慾望，想要親手了解東西如何運作。玩具、腳踏車、咖啡機──只要螺絲起子在手，什麼東西都可以分解。

我爸去割草，但是割草機被我拆了，我姊打開電視……電視沒有反應，因為真空管在我的床底下。我比較擅長把東西拆開，而不是把它們裝回去。我的家人被迫活在石器時代。

後來我的研究轉向了解人們和我自己。我變成一個表演者──雜耍人、街頭藝人、喜劇演員。那是最低等的娛樂表演，但卻是學習人類互動的好地方。副作用是，我變得對女人很拿手。在我二十三歲生日前，我只睡過一個女人；到了二十八歲，我睡過的女人不計其數。

我的方法既微妙又有效率，我的遊戲優雅而緊湊。

然後我發現了把妹社群。雖然我的興趣比單純把妹要寬廣很多，但他們對了解人類互動的奉獻，讓我覺得很有歸屬感。

後來認識了型男，感受到一種全新層次的親近。型男願意傾聽，不像大部分網友，因為他們害怕可能聽到的事。型男沒有成見，他對於任何人想要成為什麼樣子都能接受。他碰到的不是溫柔服順的小女人，而是一起開心的壞女孩；他看見的不是重重阻礙的道路，而是新的冒險機會。我們是把

妹世界的絕配。

課程在凌晨三點結束，型男和我決定和他到這裡來玩的家人共睡一間旅館房間。

我們輕聲說話怕吵醒他們。我嘲弄型男的流行品味，他取笑我中西部鄉下人的感性。我們分享彼此和社群的經驗，並統計戰利品——型男得到一些吻，我得到一些電話號碼。

這心情令人頭昏眼花，感覺像是漫步在雲端。

「真是驚人啊，老兄。」型男說：「我等不及要看看後續發展。」

他是如此地充滿著純真的樂觀，對於把妹的力量，對於自我改造的收穫，相信著我們以及社群，能解決他這輩子最大的困擾。我想要告訴他，他尋求的答案在別的地方。但我一直沒有機會說。我們玩得太開心了。

03

　　我從舊金山回來,在那裡唯一和我過夜的人是雜耍人,回家之後,我接到羅斯‧傑佛瑞的電話。

　　「我這個週末要開一堂課,」他說:「如果你想的話,可以免費參加。星期六和星期日在港灘萬豪飯店(Marina Beach Marriott Hotel)。」

　　「好啊,」我告訴他:「我想去。」

　　「只有一個條件,你還欠我一場派對,有辣妹的好萊塢派對。你答應我的。」

　　「知道了。」

　　「還有,掛電話之前,你可以祝我生日快樂。」

　　「今天是你的生日嗎?」

　　「沒錯,你的把妹導師四十四歲了,而我今年把到最年輕的妹是二十一歲。」

　　當時,我並不知道他之所以邀我到他的研討會,並不是把我當成學員,而是把我當成他的戰利品。

　　星期六下午,我到飯店找到上課的會議室,那種照明充足而且布置成芥末色的場地,看起來像是設計給蟑螂而不是人類用的場所。白色長桌後

方坐著一排一排的男人，有些是頭髮油膩的學生，有些是頭髮油膩的成年人，還有些是頭髮油膩的達官顯要——有五百大企業裡的高階主管，甚至有司法部的官員。前方則是皮膚凹凸不平、骨瘦如柴的把妹導師，用麥克風在說話。

他正在告訴學員如何在對話中使用引述句的催眠技巧。引述別人的想法，會顯得更生動，他一邊踱步一邊解釋。「無意識的聽者會依內容和結構來思考。如果你用『我的朋友告訴我』來開始一個橋段，她內心的批判部分就會停擺。聽得懂嗎？」

他環顧房間尋求回應。那時他才注意到我坐在後排，在葛林伯和劈腿之間。他停止說話。我感覺到他投射在我身上的灼熱目光。「弟兄們，這位是型男。」我尷尬地微笑。「他見識過謎男教他的東西之後，現在決定要拜我為師。對吧，型男？」

每一顆油膩的頭都轉過來看著我。謎男的貝爾格勒課程心得在網路上引起熱烈討論，我當時在現場的技巧也大受好評。大家都充滿好奇想要認識謎男的新僚機——或者，以羅斯的情況是，把我納為旗下。

我盯著那個像蜘蛛一樣盤繞在他臉頰上的耳機麥克風。「差不多啦。」我說。

那對他而言並不夠。「你的導師是誰？」他問。

我不知道該說什麼。轉移壓力的最好方法就是幽默以對，我試著想出一個笑話來回應，但是半個也擠不出來。

「我待會再告訴你。」我回答。

我看得出他對我的反應很不高興。畢竟，這不僅是他的研討會，還是個宗教儀式。

午餐休息的時候，羅斯把我拉到一旁。「跟我一起去吃義大利菜吧？」他問。

「我不知道你依然是謎男的支持者，」吃午餐的時候他說：「我以為你已經投靠正義的一方了。」

「我不認為你們兩個的方法無法相容。我告訴謎男你對女服務生做的事，他聽得津津有味，看得出他也覺得快速引誘真的很有效。」

羅斯臉色發紫。「夠了！」他說。那是個催眠用語，一個「橋段中斷式」（pattern interrupt）。「不要跟他分享任何事。我不希望那傢伙盜用我的發明，靠它賺大錢。這樣很討厭。」他把叉子戳進雞肉。「我知道有些事不對勁，我不希望你跟謎男走得太近。如果你想私下跟我學習，就不准告訴他任何細節。」

「聽著，」我試著安撫他的怒氣：「我沒有告訴他任何細節，我只是讓他知道你名不虛傳。」

「那就好。只要告訴他，你看見我光是問一些問題、做一些手勢，就可以把到正妹，讓他慾火中燒。其他的，就讓那個自大的笨蛋自己去想破頭吧！」

我看著他說話時張著鼻孔，額頭青筋暴露，很顯然是個曾受過創傷的人，但不是像謎男父親的那種家暴，羅斯的父母是一對聰明又幽默的猶太夫妻，他們在我到達會場的幾分鐘之後也來了，還跟他說些風涼話。更精確的說法是，羅斯曾經在社交上被擊垮，再加上他父母不斷取笑他，對他期望過高，可能對他的心靈造成很大的創傷。他的兄弟也一樣被澈底擊敗，早已皈依了上帝。至於羅斯，他創立了自己的宗教。

「你正被領導進入核心的原力聖堂，我年輕的門徒，」他用手背摩擦

下巴的灰色短鬚，警告著：「而背叛的代價將遠超過你這凡人心靈所能承受的範圍。保持沉默，遵守承諾，我就會繼續為你敞開大門。」

　　羅斯的嚴肅與憤怒雖然誇張，但可以理解。事實上把妹社群幾乎是羅斯一手建立起來的。當然，向來都有一群人在提供建議，像艾力克·韋伯（Eric Weber）的書《如何把妹》（How to Pick Up Girls）開創了把妹風潮，並在茉莉·林瓦德（Molly Ringwald）和小勞勃道尼（Robert Downey Jr.）主演的電影《泡妞專家》（The Pick-Up Artist）中達到顛峰。但是在羅斯之前從來沒有像這樣的社群，原因是時機巧合，當快速引誘學派蓬勃發展的時候，網路也正在普及。

　　根據大家的說法，羅斯二十幾歲的時候是個憤怒青年，他的理想是當個脫口秀諧星和編劇。他的劇本《他們還是叫我布魯斯》（They Still Call Me Bruce）曾經上演過，但是失敗了。於是他沉寂在律師助理工作中，孤單而且沒有馬子。

　　他宣稱，當他在書店的心靈成長區，下意識地抓了一本書，一切都改變了。那本是NLP的經典作品《青蛙變王子》（Frogs Into Princes），作者是約翰·葛瑞德（John Grinder）和理查·班德勒（Richard Bandler）。羅斯大量閱讀了關於這個領域能夠找到的每一本書。

　　他的偶像是綠燈俠。綠燈俠有一枚神奇戒指，能夠讓他的意志與想像美夢成真。他使用NLP成功引誘了一個到他辦公室應徵的女人，結束了漫長的處男時期之後，羅斯相信他找到那枚戒指了。他終於擁有那困惑了他一輩子的力量與控制力。

　　他專職的把妹事業開始於一本七十頁的自費出版書——《如何把你想要的女人搞上床：受夠了當好好先生的下流約會指南》（How to Get the

Women You Desire Into Bed：*A Down and Dirty Guide to Dating and Seduction for the Man Who's Fed Up With Being Mr. Nice Guy*）。他透過《花花公子》和《畫廊》（*Gallery*）雜誌後面的分類小廣告來賣書。當他將把妹工作坊加入事業版圖時，同時在網路上做行銷。他的學員狄培恩（Louis DePayne），一個傳奇的電腦駭客，馬上架設了alt.seduction這個新聞群組。在討論區外頭，一個PUA的跨國陰謀集團逐漸成形。

「剛開始，我被殘酷地嘲笑。」羅斯說：「人們拿書中出現每個名稱來挪揄我，指控我的所作所為。我真的氣了好一陣子。但這些爭議漸漸地從『這是真的嗎？』變成『應該這麼做嗎？』」

這就是為什麼每個導師都至少虧欠羅斯一個效忠的原因，他幫他們打好了地基。這也是為什麼每當有新的老師出現，羅斯就試圖打壓他們的原因；他甚至威脅一些年輕競爭者，要把他們的把妹貼文拿給他父母或學校看。

在他心裡，有一個比謎男更糟的叛徒：大衛・狄安傑羅（David DeAngelo）。本來，狄安傑羅自稱為眠催（Sisonpyh）——將催眠（hypnosis）倒過來拼——而且在快速引誘階級組織中奮鬥。後來師徒決裂，據說因為羅斯催眠了狄安傑羅的女友跟他廝混。

根據羅斯的說法，是狄安傑羅帶那個女孩來讓他引誘的。他說，學員帶女人來進貢是常有的事；但狄安傑羅卻說，羅斯完全沒有得到允許就碰那女孩。無論真相如何，結果是兩人形同陌路，狄安傑羅自立門戶，創立「約會倍增術」，他不以NLP或任何形式的催眠為基礎，而是以演化心理學和狄安傑羅自創的「驕傲風趣法」。

「你知道嗎，大衛・狄安屎洞（David DeAnushole，DeAngelo的蔑稱）

那個混蛋，要在洛杉磯辦他的第一場研討會。」羅斯說：「那傢伙長得真他媽好看，就像夜店裡會出現的帥哥。我只是很驚訝大家怎麼會認為他真的有本事。」

我在心裡默記著要去報名那個研討會。

「他跟槍婊（Gun Bitch / Gunwitch蔑稱）、慘男（Misery / Mystery蔑稱）對女人有一種特定觀點。」羅斯越說越氣。「這些傢伙專注在糟女人身上最糟的傾向，然後把它像受精媒介一樣散播到所有女人身上。」

羅斯讓我想起一個藍調老歌手，他被騙過太多次以至於無法相信任何人，但是詞曲創作者至少還有唱片公司當靠山。取悅女人的技巧是不會有版權的，而她對伴侶的選擇，也不可能主張什麼著作權。很遺憾的是，他的偏執是合理的——尤其說到謎男，他的頭號勁敵。

服務生把我們的義大利麵收走了。「我會這麼在乎這件事，是因為我關心這些孩子們，」羅斯說：「我有百分之二十的學員被虐待過，他們遭受嚴重打擊。不只是跟女人，而是跟所有的人，不分男女。社會上發生這麼多問題，是因為整個環境讓我們沒有勇氣自在地宣洩慾望。」

他轉頭四處張望，注意到幾張桌子之外有三個正在吃甜點的上班族女性。

「那個藍莓派味道怎麼樣？」羅斯對著她們大聲說。

「喔，很好吃。」其中一個女人回答。

「妳知道嗎，」羅斯對她們說：「人對甜點有一套信號系統，」他開始行動了。「信號說：這是無糖的、會在我嘴裡融化，便啟動了妳的生理反應，讓妳對接下來的動作做好準備。它會跟隨著一股能量在妳身體裡流動。」

他這下得到女士們的注意了。「真的嗎？」她們問。

「我在教能量流動的課程。」羅斯告訴她們。那些女人紛紛發出讚嘆。對南加州大部分女人而言，能量這個字等同於巧克力的香味。

「我們剛剛正在談論男人是否真的了解女人，現在我認為我們已經搞清楚了。」

一晃眼，他已經坐在她們那一桌了。當他說話的時候，女士們完全忘了桌上的甜點，全神貫注地望著他。我有時候無法分辨，是他的橋段真的如他所說，能在複雜的潛意識中產生作用；或只是因為大部分的對話都太無聊，所以光是說些新奇有趣的話題，就能引起注意。

「喔，天啊。」當他說完女人在男人身上尋求的特質這個橋段，其中一個女人說：「我以前從來沒聽過這種說法。你在哪裡教課？我想多學一點。」

羅斯收下她的電話號碼然後回到我們這桌。他對我微笑著說：「現在你知道誰才是真正的高手了吧？」

他又用拇指搓了搓下巴。

04

在萬惡眼中，我是顆被利用的棋子。

「羅斯在耍陰謀！」當我打電話到他駐紮的阿拉巴馬州蒙哥馬利給他時，他這麼說。他正和一個女孩同居，她喜歡戴上項圈皮帶被牽著在外面走。不幸的是，軍方對這種性癖好非常感冒，所以萬惡只好大老遠開車到亞特蘭大去偷偷地遛她。

「你在羅斯的計畫裡有個特別的角色，」他警告：「你是他用來攻擊謎男的行銷工具。因為你是謎男的得意門生，也是唯一常常和他一起巡視的人。所以每當羅斯問『你在對你的導師說謊嗎？』這種問題要你回答，就肯定了他是你的導師的預設。他做的每一件小事都在證明你已經背棄你的舊宗教，轉而成為他的新門徒。那就是他的目的，小心點。」

學習NLP、操縱和自我改造，當中有一個陷阱。每個動作——無論是你的或其他人的——都是有意圖的。每個字都有隱含的意義，每個隱含的意義都有重量，而每個重量在自利的刻度上有其特定的位置。然而，正當羅斯和我培養友誼以摧毀謎男的同時，他也得到了一個好處，就是跟年輕學員混熟，好讓他們帶他去派對。

接下來那個星期，我第一次邀請羅斯參加派對。我巡視認識的一個女

演員茉妮卡，邀我去她在Belly酒吧辦的生日派對，那是一間在聖塔莫妮卡大道上的西班牙小酒吧。我以為那會是個美女如林，可以讓羅斯大展身手的好機會。但我錯了。

我和羅斯約在他父母家，洛杉磯西區一間中產階級的紅磚屋。他父親是個退休的脊椎指壓治療師、學校校長，以及自費出版的小說家，他坐在沙發上，他母親坐在一旁，顯然她才是一家之主。牆壁上掛著羅斯的父親在歐洲二次大戰期間獲得的紫心勛章和銅星勛章。

「型男非常成功，」羅斯告訴他們：「他用我的方法把到很多妹。」都四十幾歲的把妹達人了，還在尋求父母的認同。

我和他母親聊了聊她兒子從事的工作。「有些人以為他談的是性和女人，那太可怕了。」他媽媽說：「他才不是沒知識的粗人，他是個非常聰明的孩子。」她起身慢慢走到一牆書架。「我有一本他九歲時寫的詩集。想看看嗎？其中有一首說他是個國王而且坐在王座上。」

「不，你不會想看的。」羅斯打斷：「天啊，老媽妳別糗我了。我們快走吧。」

那個派對是場災難。羅斯在上流人士面前醜態百出。當晚他花了大部分時間假裝成我的愛人同志，而且四肢著地跪在卡門‧伊萊克特拉（Carmen Electra）身後，裝成一條狗嗅她的屁股，還自以為在調情。當我跟另外一個女孩說話的時候，他插進來吹噓他剛把到幾個妹。而且才晚上十點，他就說他累了，吵著要我開車載他回家。

「下次我們應該待晚一點。」我說。

「不，下次我們得在正確的時間到達。」他責備我：「我可以熬夜，前提是要在十二小時之前通知我，讓我先好好準備，而且睡個午覺。」

「你沒那麼老吧。」

我告誡自己絕對不要再帶羅斯到任何正點的派對，太丟臉了。自從開始花時間和PUA們在一起，我就降低了對同儕的標準。我所有的老朋友都已經半途消失了，換成一群我過去從不往來的怪胎。我加入遊戲是為了讓生活中出現更多女人，而不是男人啊！雖然這個社群討論的全是女人的事，但社群中完全沒有女人。我希望這只是必經過程，就像大掃除的時候一開始總是會先讓房子更亂。

開車送羅斯回家的路上，他向我猛烈批評他的對手們。當然，他們對羅斯也沒有比較仁慈，他們最近才幫他取了個綽號「我的1999」（Mine'99），因為每當羅斯把別人的戰略據為己有，他喜歡堅持那是他在1999年洛杉磯研討會中發明的。

「那個不忠的叛徒大衛·狄安屎洞，」我放他下車的時候，他還在憤慨不已：「他明天有一場研討會，而且我剛發現我的一些學員要去幫他站台。他們甚至連通知我一聲的禮貌都不懂。」

我不敢告訴羅斯其實我也會去。

05

吸引不是一種選擇。

那是大衛・狄安傑羅投射在牆壁上的字。研討會大爆滿,房間裡超過一百五十個人。其中許多人是我在其他座談會中見過的,包括多面。

這是一個再熟悉不過的景象:台上一個頭戴耳機麥克風的人,指導著一群宅男如何拯救自己,脫離每晚打手槍的日子。唯一的不同之處,正如羅斯所說,狄安傑羅是個好看的傢伙。他讓我想起勞勃狄尼洛,如果勞勃狄尼洛也是個媽媽的乖孩子,一輩子沒有打過架的話。

狄安傑羅能在其他導師之中脫穎而出,是因為他不突出。他並沒有領袖魅力或特別幽默風趣,也沒有一心想成為教派領袖的那種瘋狂眼神,或是靈魂中有什麼缺陷讓他試圖用女人來彌補。他甚至沒有宣稱自己擅長這個遊戲。他非常平凡,卻也很危險,因為他計畫周詳。

他顯然已經花了好幾個月的時間籌備這場研討會。不但完全做好腳本,而且整理得很清楚,適合大眾消費。其中有一些把妹指南是可以展示給主流社會看的,不會讓它的粗魯、對女人的態度,或技巧的不正當性嚇壞任何人──除了他推薦閱讀魯・柏克(Lew Burke)寫的《馴狗術》(*Dog Training*),一本學習控制女人的訣竅書。

狄安傑羅是個聰明人，這對羅斯是個威脅。他的研討會裡有許多講師，都曾是羅斯的學員：其中有瑞克（Rick H.）、視界，還有獵戶座（Orion）這個超級怪胎，他以第一個公開販售自己在街上搭訕女孩的實況錄影帶而聞名。《神奇接觸》（*Magical Connections*）這一系列影片，被公認是擁有催眠技術的怪胎也能搞定女人的鐵證。

　　「引誘，」狄安傑羅看著他的筆記上唸出：「在字典中被定義為『誘騙去做錯誤之事，尤指藉由誘導女人克服猶豫，使其同意非法性行為的犯罪行為。』」

　　「換句話說，」他繼續：「引誘暗示著欺騙、不誠實、隱藏動機，而那都不是我要教的東西。我要教的是吸引。吸引是自我提升及改進，直到女人像磁鐵般被你吸住而且想留在你身邊。」

　　狄安傑羅一次也沒有提到他的競爭者和對手的名字。他太聰明了，他讓這整個地下世界見光的方法是完全否認它的存在。他已經不在網路上貼文章，相反的，當他在網路上遭到批評時，他讓員工替他回應。他不是像謎男和羅斯那種天才或改革者，而是個偉大的行銷者。

　　「如何讓一個人想要某個東西？」他讓學員相互練習詹姆士·狄恩那種由下往上看的表情之後，問道：「你賦予它價值，表現得讓其他人都喜歡它，讓它變得稀有珍貴，而且你讓她們努力去爭取它。我要你們在午餐時間想想有什麼方法。」

　　我和狄安傑羅以及一些學員坐在一起吃漢堡，聽到了更多關於他的事蹟。

　　他原是一個在奧勒岡州尤金（Eugene）辛苦掙扎的不動產仲介商，後來搬到聖地牙哥重新開始。他非常孤單，渴望跨越夜店中兩個陌生人之間

那道看不見的藩籬。於是他開始在網路上尋找訣竅，努力結交對女人很有一套的朋友。其中一個就是羅斯的門徒之一銳克（Riker），他帶他利用美國線上（AOL，America Online）認識女人。狄安傑羅學會了利用即時訊息來練習調情，免除在公眾場合丟臉的疑慮。

「那就是『氣』。」學員們一邊笨拙地嚼著，一邊偷聽。他說：「我學習新觀念，實際執行，注意女人在AOL上會如何回應。那時我才了解，開女人玩笑、嘲弄她們，並沒有達到預期的效果，所以我改變策略，變得又驕傲又風趣。我偷她們的台詞、逗她們、說是她們想勾引我，而且絕不放過她們。」

狄安傑羅對他的新發現很興奮，寄了一封長達十五頁的文章到克里夫電子報（Cliff's List），那是最紅的把妹電子報之一。當時剛成立的引誘社群對它照單全收：一個新導師來臨了。而創報者克里夫，是位加拿大中年商人，白天主持討論版，晚上延攬新的把妹大師加入社群，他還說服狄安傑羅花三週時間把他的宣言改寫成電子書《約會倍增術》。

當我們談話的時候，瑞克也來加入我們。他是狄安傑羅努力結交的朋友之一，現在是他在好萊塢山莊的室友。瑞克大概是我聽過最猛的把妹達人了──專攻雙性戀女人。他鮮豔奪目的穿衣風格，就像混賭城的小白臉，也是謎男孔雀理論的啟發者之一。

瑞克很矮，有點粗壯，穿著大翻領襯衫和紅色外套，後頭跟著六個渴望吸光他智慧的把妹專家。我認得其中兩個：多面，他的眼睛腫到幾乎瞇起來；還有葛林伯，他開始對自己慣用的快速引誘法產生懷疑，在夜店催眠女人，並沒有讓他把到任何妹。所以和瑞克往來之後，葛林伯已經轉入「驕傲風趣」學派。他的新招數是，每當有女人走過，他就伸出手肘撞

她，然後大聲叫著「唉唷喂啊」，彷彿是她害的。當她停下來的時候，他就誣賴她抓他屁股。他發現，在酒吧裡搞笑比裝神祕更有用。

瑞克找了個空位坐下，自在地伸伸懶腰。當學員擠滿周圍，他開始主持問答。他對女人有兩個法則，他說。

第一，做好事從來不會有好報。（諷刺的是，這句話是女人發明的——克莉兒・布司・魯斯〔Clare Boothe Luce〕，美國政治家與劇作家）。

第二，永遠要有更好的答案。

瑞克第二法則的必然結果之一，就是從不正面回答女人的問題。所以，如果女人問起你的職業，讓她自己猜，跟她說你是打火機修理員、白人奴隸貿易商，或專業跳房子玩家。後來，我第一次嘗試這招，結果並不太好。某天晚上在飯店大廳的五人組中，有個女人問我做什麼工作。我對她說了那晚寫在小抄上的答案：白人奴隸貿易商。話一出口，我就知道我大概連電話收場都別想了。那個組合裡每一個都是黑人。

在瑞克說話的時候，我注意到一件事，喜歡自己聲音的人多半對女人比較厲害，克里夫電子報的克里夫稱之為「大嘴巴理論」（big mouth theory）。

「為什麼這些狗屁聊起來這麼好玩？」瑞克問狄安傑羅。

「因為我們是男人啊。」狄安傑羅說，彷彿這是全世界最理所當然的一件事。

「喔，是啊，」瑞克說：「這是我們的天性。」

當那些導師離開的時候，我和多面坐在一起。他正啜著一小罐蘋果汁。現在他的頸後有個啞鈴形狀的穿環，要不是因為眼睛腫脹，他會是全場最屌的傢伙。

「你怎麼搞的？」我問。

「我和圓臉女孩出去，這是我第二次做愛。」他說：「雖然我們幹了三次，但是我都射不出來。要不是保險套太爛，就是我太焦慮需要冷靜──不然就是被謎男說中了，我是同性戀。」

「那跟你眼睛腫有什麼關係？她揍你嗎？」

「沒有啦，是她的羽毛枕頭或什麼鬼的，讓我的眼睛過敏。」

多面說，他約她喝咖啡。然後他玩了一個叫做立方體（the cube）的心理測驗，和其他價值展示。即使有些笑話很冷，她還是被逗得花枝亂顫，多面知道她喜歡他。於是他們租了《針鋒相對》（Insomnia）回到她家，然後依偎在沙發上。

「我犯了一個相當合理的愚蠢錯誤，」他就事論事地說：「你知道，內褲沾了射精前分泌物，結果硬得像石頭的狀態。」

「我知道，繼續說。」

「她一定有感覺到，因為她的一條腿壓在我硬得像石頭的老二上。我脫掉襯衫，然後她開始吻我，撫摸我的胸部。」他停下來從吸管吸一口蘋果汁。「然後我脫掉她的襯衫，隔著胸罩撫摸她的奶子。但是當我們進臥室的時候，我的問題來了。」

「勃起問題？」

「不是，她還穿著胸罩。」

「這算什麼問題？脫掉就好啦。」

「我不知道要怎麼脫，只好讓它留著。」

「怎麼解開胸罩也是你該學習的經驗啊。」

「所以我有個計畫，想聽嗎？」

「嗯，當然。」

「我打算拿一件我媽的胸罩綁在柱子或什麼東西上頭，蒙著眼睛練習解開它。」

我給了他一個怪表情，分辨不出他是不是在搞笑。

「我是說真的！」他說：「那是合理的學習方法，而且你也知道會有用。」

「這一次上床感覺如何？」

「跟上次一樣。媽的！我幹了大概半小時之久，但就是射不出來。我痛恨這種屁事！老實說，我真的想射啊。」

「你可能想太多了，搞不好你只是沒那麼喜歡那女孩，在情感上。」

「或許我只喜歡自慰的時候緊緊握住老二的感覺。」他揉了揉眼睛說：「我還體驗了第一次的口交。她的頭湊近我的老二，我看不出她是不是想要吸，但是蛋蛋被舔的時候感覺很爽。」

葛林伯走過來，在我肩膀拍了一下。「研討會開始了。」他告訴我：「史提夫・P和拉斯普廷正要演講，你一定不想錯過他們。」

我站起來，留下多面和他的蘋果汁。

「你知道我還做了什麼嗎？」我正要離開，他在我身後大叫：「我用手指弄她！」

我轉身看著他。他真搞笑，他假裝如此困惑與無助，說不定比我們所有人都要聰明。

「陰道裡面的感覺跟我想像得完全不一樣。」他興奮地大叫，「感覺很有組織。」

我想太多了。

06

　　雖然大衛‧狄安傑羅在座談會裡教到驕傲風趣法，但這個領域的重量級人物，無疑是一個名叫詹（Zan）的四十歲加拿大作家。像謎男這類PUA們主張要避開雷達低調潛行，詹則大方誇示他是萬人迷這個事實。他自認為是卡薩諾瓦和蘇洛這種傳統派的誘惑者，而且喜歡在扮裝派對中扮成他們。在把妹版上這四年來，他不曾要求過建議，他只給建議。

MSN社群：謎男沙發吧
主題：驕傲風趣法之女服務生技巧
作者：詹

我最自豪的，就是我在女人身邊時毫無畏懼。方法非常簡單，女孩子對我說的話或做的每一件事，對我來說都是IOI。就是這樣。她想要我，她是誰並不重要。當你相信這一點，她們也會開始相信。
我是熱愛女人的奴隸，她們可以感覺得到。女人的弱點是言語和文字，幸好那是我的強項之一。如果她們試圖抵擋我的進攻，我會假裝她們是火星人，她們說什麼對我都沒有意義。

我從不為當一個情場聖手而自我辯護或道歉。為什麼？因為這個頭銜對女人有吸引力。這是真的，我就是男人擔心老婆會出牆的第三者。在這樣的前提之下，我今天想要分享我獨創的驕傲風趣法之女服務生技巧：

通常當一群男人看到一個新來的正點女服務生，他們會在她經過時猛盯著她屁股，然後在她背後討論她。但是當她來到他們那桌的時候，眾人會立刻變得彬彬有禮，一副對她不感興趣的樣子。

跟他們相反，我會立刻開始使用驕傲風趣法。接下來我會詳細地描述我的做法，畢竟有些人並不真的了解這方法的角色扮演。

當我看見她朝我們走過來，就假裝和同桌的兄弟們聊得很起勁，讓身體背對著她。

她過來幫我們點菜的時候，我會先忽略她幾秒鐘再轉向她，假裝現在才注意到她。然後立刻表現得對她驚為天人，隨即瞥一眼她的身材，而且要久到讓她可以注意到。再將身體完全轉向她，露出燦爛的微笑和眨眼，遊戲就開始了。

她：你要點什麼？

詹：（不理那個問題）哈囉，我以前沒見過妳，妳叫什麼名字？

她：我叫史黛芬妮，你呢？

詹：我是詹，我要點一杯琴湯尼。（燦爛的微笑）

目前為止我已經稍微打破僵局了，藉著交換名字，她給了我一個隱含的權利可以和她混熟一點。於是下次她過來的時候，我再度微笑和眨眼。

詹：又是妳啊？哇，妳真的很喜歡在我們身邊晃來晃去哦？

她：（笑）（說些什麼）

詹：（隨便說些什麼）

她：（也隨便說些什麼）

詹：（當她正要離開）我打賭妳一定很快又會回來，我可以從妳的眼神看出來。

她：（微笑）對對，我無法抗拒。

現在我已經建立了一個驕傲風趣的主題──她喜歡跟我們攪和，所以一直回到我們這桌。她當然得回到我們這桌，因為她是服務生啊。可是當她這麼做的時候，我會對她微笑，然後在她面前對著另一個傢伙做出「我就知道」的表情，彷彿在說「看吧，我是對的。」從頭到尾，我都讓互動發生得像是我已經跟她很熟了，建立一種通常要見面好幾次才能培養出的熱絡。

過了一會兒之後，我會再這麼說：

她：要我再幫你拿一杯嗎？

詹：（微笑，眨眼）妳知道嗎？妳還滿可愛的，我想我會打電話給妳。

她：是哦？你又沒有我的電話。

詹：嗯，妳說得對！好吧，快告訴我，我抄下來。

她：（微笑）這不太好吧，我有男朋友了。

詹：（假裝在寫）哇，慢一點啦！我沒聽清楚妳的電話，妳再說一次。我看看……555……

她：（笑著並且轉動她的眼睛）

這段交涉的荒謬之處在於，她不可能在我一堆朋友面前把電話號碼給我，沒有女孩會這麼做。但是要電話還不是目標。

現在她和我有了聯繫，以聊天的形式。而且我已經夠令她難忘了，隔天晚上我們再去，她會認出我。以這個方式，我可以走上前去，把我的手臂圍住她，然後繼續「對我來說，妳會是個很好的女朋友！」的談話。

既然我說出的每一句話都是半開玩笑，所以她不會知道我到底是真的在把她，或只是在開玩笑。所以當我再去的時候：

她：（笑）喔不！不會又是你吧！

詹：史黛芬妮，我的甜心！嘿，聽著，很抱歉我昨晚沒有回妳電話。妳知道的，我很忙。

她：（附和著玩）是啊，我真的很生氣呢。

這讓整桌的人笑起來，包括她。然後當晚一切再度開始。

稍後：

詹：妳知道嗎，史黛芬妮，妳真是個糟糕的女友，我都不記得我們上一次上床是什麼時候的事了。夠了，我們吹了。

詹：（指著另外一個女服務生）她會是我的新女朋友。

她：（大笑）

詹：（拿出手機假裝按鍵）妳現在從炮友一號降級到炮友十號。

她：（笑）不要啦，拜託，我願意做任何事來補償你。

更稍後：

詹：（揮手示意她過來，然後指指我的膝蓋）史黛芬妮，過來這邊坐下，我要講個床邊故事給妳聽。（微笑，眨眼）

這句話我已經用了好多年了，真是句金言。

你們某些傢伙或許會想：「然後呢？你如何把玩笑轉成比較正經、浪漫和性感的對話？」

這其實很簡單。在某個時間點，我會安靜地單獨跟她講話，記得要開始用眼神放電。

詹：（不再驕傲風趣）史黛芬妮，妳想要我打電話給妳嗎？

她：你知道我有男朋友。

詹：我不是問這個。妳想要我打電話給妳嗎？

她：很吸引人，但是不行。

詹：和我一起私奔吧。在戀愛的聖母峰上，我會帶妳超越巔峰。諸如此類。

你讀到的每件事都實際發生在上星期四和星期五晚上，在我和一個叫史黛芬妮的女服務生身上。有好長一段時間她是那店裡最搶手的女孩。雖然她還沒告訴我決定，但是她很清楚我的意圖。她把我的朋友當好人，但我不是。她知道和我之間的任何互動，一開始就會是乾柴烈火，而她可以選擇接受或拒絕。

事實上，她很可能拒絕我的提議。但是沒關係，她不會馬上就忘了我。而且，可想而知其他女服務生會知道我對她說過的話。那很好，反正我已經把這套伎倆用在所有女服務生身上了。而且我還會繼續這麼做——就在史黛芬妮面前。

這招的純益效應是社會認同。當你一進門，就主宰了那個地方。你招手要女服務生們過來，指著你的臉頰，說：「嘿，妹子，我的糖在哪裡？」沒有人會覺得受威脅，因為你以完全同樣的方式對待她們。光是這一家餐廳，就有四個女服務生跟我回家過了，三個比較不優的想要跟我回家，還有幾個尚在進展中（包括史黛芬妮）。而且你也猜得到，她們全都認識彼此。但是，再說一次，那樣非常好。

——詹

07

　　座談會的高潮是兩位讓我更加欣賞的內在遊戲高手出現：史提夫・P
和拉斯普廷。從我加入把妹社群以來，就常聽到大家偷偷談論這兩個傢伙
——他們是真正的大師，是女人的領導者，而非男人。

　　他們上台時做的第一件事就是催眠會場裡的每個人。他們兩個同時說
話，說著不同的故事——一個占領心靈的意識層面，另一個穿透潛意識。
當我們被叫醒的時候，不知道腦袋裡已經被他們裝了什麼，只知道他們是
我們所見過最有自信的兩個演講者。狄安傑羅所缺乏的熱情與領袖魅力，
全在他們身上。

　　史提夫・P穿著一件皮背心，戴一頂印地安那・瓊斯的帽子，像嬉皮
騎士加美洲原住民巫醫。拉斯普廷是脫衣夜店的保鑣，留著鬢角，看來像
是打了類固醇的金剛狼。這兩人是在書店認識的，他們同時伸手去拿一本
NLP的書。現在一起搭檔活動，名列全世界最具威力的催眠師之林。他們
對引誘女人的建議只有：「要成為知道如何擁有良好感覺的專家。」

　　朝著這個目標，史提夫・P想出了一個方法讓女人付錢和他上床。從
幾百到一千塊錢，他訓練女人靠單一的聲音指令達到高潮；指導她們五個
不同階段的吹簫；還有，最神奇的是，他號稱能用催眠術讓咪咪變大，讓

女人升級兩個罩杯。

拉斯普廷的專長是他稱為「催眠性工程」（hypnotic sexual engineering）的理論。他解釋，性愛必須視為給予女人的一種特權，而不是在對你施捨。「如果一個女人想幫我口交，」他詳細說明：「我會告訴她：『妳只能吸三口，而且只能做到妳獲得快感為止。』」他的胸肌鼓得像是金龜車的車頂。「然後我會告訴她：『是不是覺得很棒？下次妳可以吸五口。』」

「萬一這些台詞被識破怎麼辦？」前排一個看起來像迷你版超人的商人問。

「世上沒有恐懼這回事，」拉斯普廷回答。「情緒只是被想法困在體內的能量與動機。」

迷你版超人傻傻地望著他。

「你們知道要怎麼克服嗎？」拉斯普廷看著他的聽眾，像個即將把折疊椅劈成兩半的摔角選手。「只要你一個月不洗澡不刮鬍子，直到聞起來像餿水桶。然後穿著女裝，戴著前面綁上假陽具的安全帽，到處走來走去兩星期，從此再也不怕被公然羞辱了，那就是我的做法。」

「你必須活在自己的現實中。」史提夫插嘴：「曾經有個女孩說我又矮又胖。我說：『妳這麼想的話，就沒有機會拍拍我的彌勒佛肚或是騎在玉莖上了。』」

稍後，狄安傑羅向那兩人介紹我。我的身高只到拉斯普廷的胸口。

「我很樂意多學一些你們的做法。」我說。

「你很緊張喔。」拉斯普廷說。

「呃，你們兩位令人有點壓迫感。」

「讓我來解除這些焦慮。」史提夫提議。

「告訴我你的電話號碼，倒著說。」

我開始說：「5…4…9……」當我說的時候，史提夫彈了他的手指。

「好，深呼吸然後用力吐氣。」他命令。

當我做的時候，史提夫的手指從我的肚臍向上移動，並發出「噓」的聲音。「消失！」他命令，「現在看著那個感覺被吹散，就像被風吹散的煙霧。注意它如何消失。它不見了。內觀你的身體，試著找出它在哪裡，感受哪裡會有不同的震動。好，張開眼睛。試著去找回任何一點點。看吧，你找不到了吧！」

我無法分辨是否真的有用，但我感到暈眩。他確實帶著我的身心靈做了某種一分鐘的旅行。

他後退一步然後仔細盯著我的臉，好像在讀日記。「有個叫做鳳凰的傢伙提議付我兩千塊，要在我身邊見習三天。」史提夫·P說：「我拒絕了，因為他想把女人變成他的奴隸。而你看起來像是會關心女人，不只是想要把肉棒塞進某個穴裡。你很願意探索。」

突然間，我們聽到後面傳來一陣騷動。原來有一對姊妹和她們的母親，好死不死竟然經過充滿把妹達人的飯店走廊，一群禿鷹正降落在腐屍上。獵戶座正在幫其中一個女孩看手相，瑞克向那個母親說他是獵戶座的經紀人；葛林伯在對另一個女孩下手；一大群想成為PUA的學員們圍在一旁看大師們如何行動。

「聽著，」史提夫·P匆促地說：「這是我的名片。如果你想學點內行人的東西，打給我。」

「我很樂意。」

「但這是機密，」他警告：「如果我們讓你加入，你不能跟任何人透露這些技巧。萬一落在壞人手中，真的會害慘女人。」

「知道了。」我說。

他把一張白紙扭成玫瑰花的形狀，然後奔向腐屍的方向。

他接近葛林伯正在巡視的女孩，要她聞那朵花，不到三十秒她就昏倒在史提夫的懷裡。這就是內行人的東西，而我即將學到。

08

我最怪異的學習經驗就這麼開始了。

每到週末，我會開兩小時的車南下聖地牙哥，待在史提夫·P髒亂的小公寓，他在那裡以對待學員同樣的方式——慈悲的猥褻言行——撫養兩個兒子。他十三歲的兒子已經是個比我強的催眠師了。

到了下午，史提夫和我開車去見拉斯普廷。他們叫我坐在椅子上，問我想要學什麼。我有一份清單：要相信我對女人很有吸引力，要活在自己的世界中，停止擔心別人對我怎麼想，言行要有權力、自信、神祕感、深度，克服被拒絕的恐懼，當然，還要擁有價值感，拉斯普廷將之定義為相信自己配得上全世界最好的東西的信念。

記住慣例很容易，但是要克服根深蒂固的壞習慣和思考模式，然後熟悉內在遊戲並不容易。然而，他們有辦法及時改造我，以趕上謎男在邁阿密的下一期課程。

「我們會把你改造成不爽讓馬子吸老二的人，」史提夫解釋：「讓她覺得喝到大師的瓊漿玉液是一種特權。」

每一堂課他們都會催眠我，拉斯普廷對我的一邊耳朵說著複雜的隱喻故事，史提夫·P在我的另一邊耳朵對我的潛意識發出命令。他們在我心

裡留下開放式迴路（或是未完成的隱喻和故事），然後下個星期再封閉。他們會播放為了引出特定心理反應而設計的音樂，讓我陷入深沉的恍惚狀態，幾個小時感覺像一眨眼。

之後，我會回史提夫家，閱讀他的NLP書籍，他則充滿愛意地對著他的孩子吼叫。

我有個理論，大部分的天生好手，像達斯汀，在很年輕的時候就開苞了，於是他們在青春期歲月中，從來不會對女人有急迫、好奇和受威脅的感覺，這是必然的影響。相反地，必須靠有計畫學習把妹的人——像我自己和社群中的大多數學員——通常過著整個中學時代都沒有女友甚至沒有約會的日子。因此，我們被迫有好幾年的時間對女人感到威脅與疏離。她們獨有的鑰匙，可以釋放令我們年少歲月枯萎的烙印：我們的童貞。

史提夫正符合我的天生好手理論。他的性啟蒙是在一年級的時候，有個比較年長的女孩想要幫他口交，他的回應是丟她石頭。但他最後還是被說服了，而且那次經驗開啟了他對口交的終身迷戀。他說他十七歲的時候，某個親戚雇用他在一所天主教女校的廚房工作。他為其中一個女孩口交之後，消息傳了出去，很快就變成校園裡想嘿咻的女孩會找的對象。然而，除了帶給那些女孩快樂之外，他也帶給她們罪惡感。關於廚房男孩的懺悔層出不窮之後，史提夫被開除了。

後來他和一個機車幫派混了一段時間，因為意外開槍射中一個同黨的卵蛋，很快就離開了幫派。他把人生投入到一種自封為性慾與心靈的混合體之中。在粗魯的言語之下，他其實是個好人。不像我見過的許多其他導師，我信賴他。

每天晚上史提夫的小孩睡覺之後，他會教我內行人的魔法，那是他從

巫醫那裡學來的，他發誓絕不能說出他們的名字。我待在那裡的第一個週末，他教我「靈魂注視法」（soul-gazing），就是用你自己的右眼深深望進一個女人的右眼，然後一起呼吸。

「一旦你和她做了這件事，她就會和你產生非常強烈的聯繫。」他警告。他的告誡通常比真正教學的過程還要長。「當你做了這個，你就變成anamchara，在蓋爾語（Gaelic）中是表示靈魂之友。」

接下來那個週末，我學到「3P管理」（menage-a-trois management），以及如何訓練女人為另一個女人口交，性交期間在她嘴裡放一顆乾油桃，要她挑逗地咀嚼。再下一個週末，他教我如何用手把氣運進女人的丹田。再下一個週末，他教我容納並循環高潮能量，好讓女人能夠保留高潮，並一次次地疊上去——直到如史提夫‧P所說，讓她「像狗拉屎那樣地顫抖」。最後，他分享了他自認為最偉大的技巧：藉著言語和觸摸，引導任何女人進入猛烈的性高潮，「像尼加拉瓜瀑布般噴水」。

這是遊戲的全新階段，他給了我超能力。

在學習的旋風之中，我沒有打電話給朋友，幾乎沒有跟家人聯絡，也拒絕所有上門的寫作工作。我正活在另一個世界裡。

「我告訴拉斯普廷，」有天晚上史提夫說：「比起外面其他擅長把妹的男人，我比較希望你成為我們旗下的訓練師之一。」

那是個我必須拒絕的提議。把妹世界是一座開著許多扇門的宮殿，進入一扇門，無論其中的寶物多麼誘人，就表示必須關上其餘的門。

09

我在一個週日晚上從聖地牙哥回到家，聽到克里夫的電話留言。他在城裡，想要帶我去見他新發現的PUA——一個當過飛車黨、自稱為大衛X的建築工人。

他四十幾歲，人很親切但也很拘謹。雖然很帥，卻很古板，活像是從1950年代的家庭情境喜劇中走出來的角色。他家裡有個壁櫥，號稱裡頭有一千多本關於把妹的書。有1970年代開始發行的短命雜誌《把妹時代》（*Pick-Up Times*）、有一本原版的艾力克·韋伯經典作品《如何把妹》，還有厭惡女人者的晦澀難解之作，標題像是《把妹始於女人說不》（*Seduction Begins When the Woman Says No*）。

大衛X是克里夫近年來發掘並在電子報上推銷的幾個PUA之一，每個PUA都有專長，而大衛X的專長是「後宮管理」（harem management）——同時腳踏多條船而不對她們說謊。

當我們走進餐廳時，我對等待著我的人大感驚訝。大衛X大概是我見過最醜的PUA了，他讓羅斯·傑佛瑞相形之下像個模特兒。他是個大塊頭、禿頭、長得像蟾蜍、臉上坑坑疤疤，聲音沙啞得像抽了十萬包香菸。

那頓飯吃下來沒聽到什麼新奇的，除了法則有所不同。他的法則是：

1.誰管她怎麼想？

2.你才是這段關係中最重要的人。

他的哲學是絕不對女性說謊，他很自豪能夠讓女人被自己說的話困住而跟他上床。舉例來說，在酒吧裡認識一個女孩，他會讓她自稱積極主動而且百無禁忌；如果她不願和他一起離開酒吧，他會說：「我還以為妳是積極主動的人呢，妳不是百無禁忌嗎？」

他像一片融化的乳酪攤在椅子上，然後告訴我們：「我說過唯一的謊話是『我不會射在妳嘴裡』和『我只會在妳屁股上摩擦』。」那可不是什麼好看的畫面。

他的哲學和我從謎男那裡學到的完全相反。光一頓飯的時間我就看出這一點——他是克里夫大嘴巴理論的證據，一個天生的雄性領袖。

「最棒的是，」他自誇：「有像我這樣的人，也有像謎男那樣的人。當你還在酒吧裡變魔術時，我早就搞定了。」

那真是有趣的一頓飯，我學到很多遊戲的小片段，可以持續使用好幾十次。但是到了隔天早午餐結束的時候，我發現了一件事：我不需要再見更多導師了。

我已經擁有成為全世界最偉大的把妹達人所需的資訊了。

我學到幾百個開場白、慣例、驕傲風趣法的說詞、展示價值的方法和威力強大的性技巧，還被催眠了好幾回。除非為了樂趣，我不需要再學別的東西，只要持續在現場演練——接近、校準、微調、克服癥結。我已經為邁阿密、還有接下來的所有課程準備好了。

克里夫開車載我回家的時候，我暗自許下一個承諾：如果我再遇上哪個導師，我將不再是學員的身分，而是一個可以平起平坐的人。

孤立目標

Isolate the Target

因為她的健康活力威脅到你而摧毀她，這樣並不公平。

——珍妮・霍澤（JENNY HOLZER，美國裝置藝術家），〈長椅〉
（Benches）

01

　　當謎男和我環遊世界到處授課，認識遊戲裡的所有玩家，把妹社群不再只是一個冰冷的網路虛擬世界，它變成有血有肉的家族。暴衝不再只是一個網路化名，而是個幽默風趣的芝加哥企業家；裸人（Stripped）是個外表像男模、個性卻拘謹的出版社編輯，來自阿姆斯特丹；夜光九是可愛的宅男，目前在微軟上班。

　　那些躲在電腦螢幕後的怪咖們終於現出原形，超級巨星們也得到眾人擁戴。謎男和我就是超級巨星，因為我們到處巡迴演出：邁阿密、洛杉磯、紐約、多倫多、蒙特婁、舊金山和芝加哥。每期的課程都讓我們精益求精、更上一層樓。我之前見過的其他導師，都依賴會議室裡的安全感，他們從未被迫現場證明他們的理論，照樣一個城市接著一個城市，一晚接一晚，一個女人接著一個女人。

　　我們每離開一個城市，就會自動多出一個祕密基地，那些急著練習新技巧的學員們都會聚在那兒。藉著口耳相傳，基地很快就成等比級數擴張，他們都崇拜謎男和型男，我們過著他們嚮往的生活，至少他們是這麼想的。

　　每期的課程都在網路上引起熱烈討論，稱讚我新學到的遊戲。我貼

的每篇現場報告，都會收到難以計數的電子郵件，學員們爭著想當我的僚機。我電話本裡的巡佐總數，其實已經超過女孩子的數目了。

當我的電話響起，大半都是找型男的男人。而且他們常了省略自我介紹，劈頭就問：「你打電話給女孩子的時候，會設成隱藏號碼嗎？」或「我在一個三人組裡，結果障礙者喜歡我，主動給我她的電話，那我對目標還有機會嗎？」

遊戲耗蝕掉我的舊生活，但很值得，為了變成那個我一直羨慕的傢伙，這是過程的一部分──那個在夜店角落和他剛認識的馬子親熱的傢伙。達斯汀。

在發現社群之前，我唯一一次和在夜店認識的女孩子親熱，是剛到洛杉磯的時候。但進行到一半她卻說：「大家一定都以為你是製作人什麼的。」言下之意是，不然像她那麼搶手怎麼會看上我這種蠢蛋。這讓我消沉了好幾個月。回想起來，是我自己太沒有安全感了，無法處理她獨特的否定。

但是現在，當我走入夜店，我會感到洶湧而上的力量，想著半小時之內是哪個女人會把舌頭伸進我嘴裡。雖然讀過那麼多本自我改造的書，我還是無法跳脫膚淺的尋求肯定，也沒有人能做到，那正是我們參加遊戲的原因。性的重點不是得到高潮，而是能被接納。

這時，謎男在我們旅行期間也經歷了自己的蛻變。他發展出孔雀理論的激進版，光靠一個配件來吸引異性的目光已經不夠了，現在，他所有的配飾都超級醒目，簡直把自己變成一個餘興節目。他穿著15公分高的厚底鞋、戴著鮮紅色的虎紋牛仔帽，加起來讓他變成200公分高。再加上黑色的緊身合成皮褲、科技感的眼鏡、刺蝟塑膠背包、網狀的透明襯衫、黑眼

線、白眼影、手上戴了七只手錶。當他招搖過市，大家都不得不多看他兩眼。

他根本不需要開場白，因為女人會自動對他開口。女孩子會跟著他好幾條街，有些會抓他屁股一把；有個師奶甚至還咬他的胯下。如果他興致一來，只要變幾個魔術，正好可以合理化他的怪異風格。

他的新造型也可以當作對女人的過濾網，擋掉他沒興趣的，吸引他喜歡的。「我打扮成這樣，是為了夜店裡那些又騷又辣、又不好得手的女孩，」有一天晚上我罵他看起來像小丑，他如此解釋：「她們想當追星族，我只好扮成大明星囉。」

謎男一直慫恿我穿得像他一樣怪異。於是某天下午我屈服了，在蒙特婁的內衣店裡買了一件紫色皮草背心，但我並不喜歡用那種方式受人矚目。而且，不用作怪我也已經表現得夠好了。

我在邁阿密課程一戰成名。三十分鐘內，我把過去六週學到的催眠、訓練和尋訪眾導師的心得付諸實行。那是在社群大事記上名留青史的一夜。我的引誘不像摔角比賽，而是芭蕾表演——一場完美的示範演出。就在那天晚上，我從AFC畢業，正式成為PUA。

02

那是個很完美的巡視。

當她們走進邁阿密Crobar的VIP室，大家都注意到她們了。兩個都有一頭白金色頭髮、古銅色的假奶和風格一致的打扮。她們是PUA們會評定為完美10分的美女，而那身打扮，足以把男人變成野獸。這裡是睪丸激素分泌得特別旺盛的邁阿密南灘，她們整個晚上不斷被吹口哨和呼喊，似乎很享受這些奉承，就像擊退那些覬覦她們的男人那樣享受。

我知道該怎麼辦——就是做其他人不做的事。把妹達人一定是通則的例外，我必須克制自己完全不去注意她們。

和我在現場的是謎男和兩個學員——暴走（Outbreak）與愛的鬥牛士（Matador of Love）。其餘的學員都在樓下的舞池四周巡視著。

暴走第一個進攻，他稱讚白金雙姝的穿著，而下場是像蒼蠅般的被揮開。後來，愛的鬥牛士過去使出了摩瑞·波維奇開場白，同樣無功而返。

輪到我出手了。只要我顯露出一絲懦弱或懷疑，她們就會把我生吞活剝。

「那個高的不是10分，」謎男靠過來在我耳邊說，「她是11分。你必須使用強烈的否定。」

女孩們漫步到吧台，跟一個穿著黑色短裙的變裝癖者聊天。我走過去，看都不看她們一眼，直接跟那位變裝男攀談。我問他是不是在這間店工作，他說不是。我跟他說什麼並不重要，我只是在設法卡位，為了那兩個正妹而利用他。

　　現在我已經進入射程，該是否定的時候了。「她抄襲妳的風格哩，」我對那個比較矮的10分說：「妳看她。」我指著另一個穿白色衣褲的白金女郎。

　　「只有髮型一樣。」她不經意地回答。

　　「哪有，妳看她穿的，」我堅持：「根本一模一樣嘛。」

　　她們仔細互相觀察著，現在正是收關成敗的時刻。如果我沒想出什麼精采戲碼繼續進行下去，她們就會對我失去興趣，把我貼上怪胎的標籤。所以我繼續否定。「妳們知道嗎？」我對她們說：「妳們看起很像奇怪的小雪花。」

　　那是一個詭異、含糊的說法，但我抓到她們的注意了，我可以感覺得到，心也跳得更快了。我用最適合我的開場白繼續：「請問一下，妳的頭髮是真的嗎？」

　　10分看起來很驚訝，恢復鎮靜說：「是真的！不信你摸摸看。」

　　我輕輕拉它。「嘿，頭皮動了，是假的吧？」

　　「拉用力一點。」

　　於是我拉得很用力，用力到她的脖子都往後仰了。「好吧，」我說：「我相信妳。那妳朋友的呢？」

　　11分臉紅了。她靠過來，目光嚴厲地瞪著我說：「你很沒禮貌耶，如果我真的是禿頭怎麼辦？太不尊重人了吧，如果有人這樣說你，你作何感

想？」

把妹是個高風險的遊戲，想贏就得賭大的。目前為止我所做的只是吸引她們的注意，並且激起情緒反應。當然，是負面的那種，但是現在我們之間有了關聯。如果我能轉移她的憤怒，我就成功了。

幸運的是，我為了教學示範，剛好戴了一頂披頭四風格的黑色假髮和一個假唇環——讓學員們知道外表真的不重要，一切全看手段。

我靠到吧台俯視著11分。「好吧，」我告訴她：「其實我真的戴著假髮，我是禿頭。」

她瞠目結舌地看著我，不知道該如何回答。現在是收線把她釣上來的時候了。「而且我告訴妳另一件事，無論我光著頭或戴這頂假髮出門，都不會改變別人對待我的方式。關鍵在於妳的態度，不是嗎？」

我在把妹時說的每句話都有刻意隱藏的動機，我要向她證明自己不像酒吧裡的其他男人，我沒有也不會被她的美貌煞到。美貌對我而言只是一個「廢物測試」（shit test）：擋掉那些沒膽行動的窩囊廢。

「我住在洛杉磯，」我繼續：「全國最正的馬子都聚在那裡找機會。妳可以到那裡的夜店看看，每個人都長得很好看，相較之下，這個VIP室看起來像阿公店。」這是我從羅斯‧傑佛瑞那裡學來的話，一字不差，而且很有效。

我讓她環顧四周，然後繼續：「而且妳知道我學到什麼嗎？美貌太膚淺了，那只是妳與生俱來或砸錢買來的。難得的其實是妳如何展現自己，培養良好的態度和美好的個性。」

我打進去了，現在嚇傻的是她們。正如羅斯曾經對我做的那樣，我已經打進她們的世界，並展示了權威。為了趁勝追擊，我又多丟了一個否

定，但是稍微用稱讚軟化它，彷彿她們贏得我的好感：「而且妳知道嗎？妳的微笑很美。我看得出在外表底下，妳或許是個好人。」

10分側身到我這邊，說：「我們是姊妹。」

一個道行較低的把妹達人，這時可能會認為任務已經達成。其實不然，這只是另一個廢物測試而已。我極緩慢地看著她們兩個，然後冒險一試。「才怪，」我微笑說：「可能有很多人會相信妳，但我的直覺告訴我，妳們兩個根本不像，差太多了。」

10分露出罪惡感的微笑。「我們從來沒有告訴過任何人，」她說：「你說對了，我們只是朋友。」

現在我已經突破她的攻防，讓她脫離對男人預設好的回應，也證明了我並非等閒之輩。我再度冒險：「妳們應該認識得不算太久。通常親密的朋友都有相同的舉止風格，但妳們並沒有。」

「我們才認識一年而已。」10分承認。

現在是放下我的手段隨便閒聊的時候了。我決定不再問問題，如雜耍人曾經教過我的，改採開放性的陳述，引導她們問我問題。

10分說她們來自聖地牙哥，於是我們稍微聊了一下西岸和邁阿密。進行談話的時候，我故意背對著11分，彷彿對她比較不感興趣。這是經典的謎男方法：讓她去揣測為什麼我不給她那種她習以為常的注目呢。在遊戲中沒有什麼是偶然的。

我認為女人對我的興趣就像火焰一樣，當它快要熄滅，就是該轉過身去添柴生火的時候。於是，正當她差不多要走開去找別人聊天時，我轉過身去說了一句很讚的台詞：「妳知道嗎？我可以看出妳在中學時的樣子，我敢打賭當時妳並不太善於社交或受歡迎。」

當然，這是很普通的老哏，但是她吃驚地望著我，懷疑我怎麼會知道這些。為了確保占上風，我祭出最後一個冷讀慣例。「一定有很多人覺得妳難搞，但妳並不是，其實妳在很多方面都很害羞。」

她開始露出那種小狗看著餐碗的無辜表情。PUA們說，那種小狗討食臉（Doggy Dinner Bowl Look）是任何一種接近法的目標。她的眼神呆滯，瞳孔放大，恍神地盯著我的嘴唇移動，深深被我吸引。我也注意到，11分對我越感興趣，10分就給我越多進挪。

「你好有趣，」10分熱情起來，把她的胸部壓在我身上。我的餘光瞥見一旁的謎男、暴走和愛的鬥牛士正為我鼓掌。「我們去洛杉磯一定要約你出來玩。」

她靠過來給我一個緊緊的擁抱。「嘿！這要收三十塊錢，」我告訴她，一面掙脫開。「我可不是免費的哦。」

你越把她們推開，她們越是想倒貼你。「我喜歡他。」她告訴她的朋友。然後她問下次如果到洛杉磯可不可以住在我家。

「當然，」我說。話一出口，我才發現答應得太快了，我應該慢慢吊她們胃口才是。把妹過程中實在有太多要記住以及操控的，很難讓每個細節都表現完美。但是沒關係，我們交換了電話號碼。

你可能已經注意到，我談到這些女孩的時候都沒有提到她們的名字。那是因為我從不在把妹中自我介紹。正如謎男在第一次課程中教過我的，要等女人自我介紹或問我的名字，才能判斷她對我感興趣。於是，當我們交換電話的時候，我取得第一個真正的IOI，而且知道10分叫做芮貝卡，11分是海瑟。現在該分開她們兩個，看看我能否得到足夠的IOI，以親吻海瑟做收場。

一個她們認識的傢伙突然出現，買了三杯酒——給海瑟、芮貝卡和他自己。我伸出空著的手，張望了一下，佯裝受傷。「別在意，」海瑟指指那位男性朋友說：「他只是不太有禮貌。」我慢慢發現，在海瑟辛苦打造的外表之下，其實是個體貼的女孩，她上鉤了。

　　當她叫酒保過來幫我點一杯時，芮貝卡給了她一個鄙夷的表情。「記得我們的原則嗎？」芮貝卡抱怨。

　　我知道她們的原則是什麼：美女得讓男人買酒。但是大衛X早就教過我：女人不會尊敬請她們喝酒的男人。真正的把妹達人，絕對不要請吃晚餐、請喝酒或送禮物給還沒上過的女孩。而約會只是個工具。

　　「我們說好這趟旅行不能自己買酒的。」芮貝卡抱怨。

　　「但妳不是買酒給自己啊，」我告訴她們：「是買酒請我，而且我和其他人不一樣。」

　　我並非真的如此傲慢，只是為了達陣，就得遵守遊戲規則。

　　突然間，謎男朝我走過來，在我耳朵邊小聲說：「孤立她！」

　　「我想給妳看個東西，」我對海瑟說，一邊牽起她的手。我帶她走到附近一個包廂，讓她坐下，然後表演心電感應測試。我看見謎男在我身後以慢動作用拳頭捶著他張開的手掌。那是個密碼：瞬移的信號，慢下來準備做出致命的一擊。

　　在充斥著浩室音樂和嘈雜聲中，我告訴她有關靈魂注視，然後彼此對望，一起分享這片刻。我努力地想像她是過去那個矮胖的中學生，假如我一直想著現在的她真美，就會太過緊張而不敢親她，而我正打算這麼做。

　　我慢慢把頭湊向她。

　　「不能親嘴。」她靜靜地說。

我伸出食指放在她嘴唇上，說：「噓。」然後我親了她──在嘴上。

那原本會是我生命中最美好的一個吻。但我迷失於誘惑之中，忘了自己還戴著假唇環。因為擔心它掉下來（或更糟，黏到她嘴上），我後退，再次望著她，然後輕輕咬著她的下唇。

她伸出舌頭。「嘿，別這麼急。」我對她說，彷彿是她在勾引我一樣。大衛・狄安傑羅曾經在他的研討會中說，提升肉體吸引力的關鍵，就是欲擒故縱。

我們小心翼翼地親熱，然後我把她還給吧台邊的芮貝卡。我還得在回到課程中扮演僚機的角色，所以我對她們說，很高興認識她們，我應該要回我朋友那裡去了。我們約好一起共度週末，我心裡哼著歌快樂地離開。

愛的鬥牛士馬上衝過來抓我的手狂吻。「在印度，我們會膜拜像你這樣的人。」他興奮地揮動著手臂說：「你讓我的人生有了新的意義。就像親眼目睹約翰・艾維（John Elway，譯註：傳奇的美式足球四分衛）的那記兩分鐘傳球，你明知道他很厲害，但是在那一刻他真的證明了。你得到超級盃冠軍戒指了。」

那晚我炙手可熱，甚至連沒看見我和那對白金姊妹在一起的女人都來跟我搭訕。她們嗅得出來。

當我稍後又碰上海瑟的時候，我問她：「妳不是個小偷吧？」

「不是。」她說。

我取下我的項鍊，非常緩慢地替她戴上。「這項鍊，」我在她耳邊輕聲說，輕輕吻著她。「是用來記住今晚的，下次我們見面，我會把它要回來，它對我有特殊意義。」

當我走開的時候，我知道我給了她一個難忘的夜晚。

無論我是否上了她，都無關緊要，因為這是個非常需要技巧的遊戲。我的努力為的就是這個。我只是不知道，原來我可以這麼順利地達成任務。

03

　　在另外兩個月的授課之後，我飛回洛杉磯稍作休息。但是當我單獨在家時，越來越覺得靜不下來。夜店和酒吧裡充滿了等著我開發的組合，每一個都是全新的冒險。巡視的衝動，像發燒一樣滾燙著我的身體。

　　還好，我接到葛林伯的電話。他正在威士忌酒吧，而且在跟海蒂・佛萊絲（Heidi Fleiss）聊天，她以前是個好萊塢大淫媒，因為拉皮條和逃漏稅，最近剛從苦窯裡放出來。她想要和我見面。

　　我穿上剛買的訂做西裝，把道具袋甩過肩膀，並在手腕沾上不同的古龍水。我有預感，這不是一通普通的電話。

　　當我到達時，葛林伯和海蒂站在吧台邊。穿著一件我看他穿過N次的印花襯衫，銀色因為洗太多次而褪成灰色。他開了三顆鈕扣，無毛的胸膛比過去更加突出。就像職棒球員一樣，他似乎相信那是他的幸運衫。

　　「這就是型男，」葛林伯告訴她，露出一個可疑的微笑，令我感到有些不安。「我跟妳說過的那個傢伙。」

　　海蒂很有魅力也很剽悍，就像那種必須在洛杉磯自立更生的女人那樣。我懷疑他是不是要撮合我們，但我對坐過牢的女人可不感興趣。

　　她伸手堅定地握了我的手。「那麼，」她說：「露兩手來看看吧。」

「妳在說什麼啊？」我問。

「葛林伯跟我說你是個把妹達人，還有一些你教過的東西。我想看看你有多行。」

我對葛林伯擺出臭臉，他出賣我。「你怎麼不自己對她示範？」我問葛林伯。

「我已經把到一個了，」他閃現一個殘酷的微笑說，然後對一個穿著10公分高跟鞋的嬌小西班牙裔女人點點頭。「而且，她可以在《淘汰約會》（*Elimidate*）上看到我的表現。」我想起葛林伯幾個月前說他打算參加電視配對節目《淘汰約會》的試鏡，測試自己的把妹技術。我不知道他已經去了——而且還真的被選上。

「什麼時候播？」我問。

「明天晚上。」

「誰贏了？」

「我不能透露，你自己看。」

我在他臉上搜尋線索，但是他什麼也沒露餡。

「好了，」海蒂催促著：「開始行動吧，我敢打賭我能夠把到任何你把得到的人。」

看來今晚我得在自己的《淘汰約會》中比賽。即便幾個月下來的旅行和釣人遊戲已經讓我筋疲力竭，但我不會放棄這次挑戰。

海蒂繞來繞去，然後接近三個坐在中庭抽菸的女孩。比賽開始了。我則以古龍水開場白切入附近的一個三人組——兩男一女，她看起來像個尋找鏡頭的女主播。之後，我問了一個實際的問題：「你們怎麼認識的？」不幸的是，她已經和組合裡其中一個男的結婚了。

正當我打算告退，海蒂走進來。

「喔，」她問我的前任目標：「妳怎麼認識型男的？」

「我們才剛認識他。」她說。

「你們看起來好像很熟了。」海蒂帶著諂媚的微笑說。然後她轉向我，在我耳邊說：「他們很無聊，換個地方繼續吧。」

我們離開的時候，我問她她的三人組進行得如何。

「她們全都才二十歲，」她說：「不到半小時就得把她們趕回家去了。」很明顯地，把妹對海蒂而言就是招募旗下的伴遊女郎。

幾分鐘後，她已經打入另一個團體，她對接近毫無畏懼，確實值得誇獎。我決定使出新學到的招式來挫挫她的銳氣。

她正蹲跪在兩個女人前面的地板上，她們的臉頰輕輕撒上金色亮粉，正在談論當地的餐廳。我走過去，帶著我剛編出來的開場白：我有個朋友，他的新女友不准他跟大學時代的前女友說話。

「她這樣公平嗎？」我問：「還是她占有慾太強了？」

我的重點是要讓亮粉女孩們互相討論，但是海蒂卻脫口說出：「你朋友應該兩個女孩都想上吧。我是說，我總是第一天晚上就上了。」

這台詞肯定是她的慣例的一部分，我已經聽她說第二次了。我也注意到她為了不嚇跑那些女孩，總是在接近之後蹲跪在地上。我很高興葛林伯打電話來說：海蒂・佛萊絲是我們自己人。

最近幾星期以來，我已經歸納出自己的慣例。架構很簡單：首先是開啟，然後展示高度價值（Demonstration of Higher Value）。接下來，建立關係與情感聯繫，以及最後，製造肢體接觸。

現在我已經打入那組人，該展示價值然後把海蒂幹掉了。我端出在邁

阿密認識那對假姊妹之後發明的招式——好朋友測驗。

「妳們認識多久了？」我開始。

「大約六年了吧。」其中一個女孩說。

「我完全看得出來。」

「怎麼看？」

「解釋不如示範，我直接幫妳們兩個做好朋友測驗。」

那些女孩向我靠過來，對玩測驗的提議相當興奮。社群裡的人對這種現象有個說法：我正在給她們「馬子快克」（chick crack）。他們說，大部分女人對於測驗、心理遊戲、算命和冷讀慣例的反應，就像毒蟲看到免費的毒品一樣。

「好，」我說，彷彿正要問一個嚴肅的問題。女孩們湊了過來。「妳們是否使用相同的洗髮精？」

她們看著彼此以決定答案，然後轉過來要開口回答。

「答案不重要！」我打斷她們：「妳們已經通過了。」

「但是我們不是用同牌子的洗髮精……」其中一個女孩說。

「在回答之前，妳們彼此對看。懂了吧。如果妳們不熟，應該會繼續看著我。但是當兩個人之間有默契的時候，他們會在回答之前先看著彼此，像在用心電感應溝通。甚至不需要交談。」

那兩個女孩再度互看。

「看吧！」我大叫：「妳們又對看了！」

她們爆出笑聲，型男大大得分。

女孩們開始告訴我，她們如何在搬到洛杉磯那天的飛機上認識，從此形影不離，我看著海蒂無奈地跪在那裡，似乎已經完全被遺忘了。

但海蒂不是個輕言放棄的人。「所以，」她大聲宣布：「妳們兩個誰會跟他上床？」

　　我操！

　　光靠一句話，她就羞辱了我。她們當然沒有人想跟我上床——現在還沒。我的程序都還沒做到一半，就算已經做到了，這種說法還是能立刻把我幹掉。「嘿，我可沒那麼隨便唷，」我回答，似乎回神得有點太遲。「前提是信賴、自在和感情。」

　　海蒂和我一起走開。她拍拍我的肩膀，然後微笑。「如果我現在立刻離開這裡，」她說：「她們會像鴨子一樣跟著我走。」

　　幾秒鐘之後，她已經在另一個兩人組中。我馬上在她之後混進去，競爭再度開始。她坐在一個自稱是脫口秀喜劇演員的禿頭男人身旁，旁邊還有個打扮非常誇張的女人，藍色長髮，小鬼頭似的聲音和非常機靈的幽默感，她叫希拉蕊。她說她隔天晚上會在一家叫做Echo的夜店表演脫衣舞。她非常有趣，我幾乎不需要在她身上使手段。我們只是聊天，而且我在她的男伴面前拿到她的電話號碼。後來，海蒂邀請他們參加一個派對，給了希拉蕊她的電話。她就是不打算讓我勝利地走開。

　　「我可以在一天之內就讓她上班。」她說。她很愛在事後撂狠話。

　　有些人是天生當搖滾歌手的，有些人是天生當老師的。「我是天生當淫媒的料，」海蒂說：「我永遠會是個淫媒。」

　　她每離開一組人，都相信自己能把那些女孩變成妓女或納為旗下，即使她以前的好日子已經過去了。當晚我們要離開酒吧的時候，我們已經爭奪過在場的每一個女孩。而且我學到了，皮條客和玩家之間只有一線之隔。

之後葛林伯和他的女伴笑著走到我身邊。「這真是我見過最猛的事，」他說：「我真不敢相信你變了這麼多，簡直脫胎換骨。」他給了我額頭一記濕黏的吻，然後否定我。「你的地盤守得還不錯嘛，尤其考慮到她的優勢，因為每個人都認識她。」

　　「好吧，」我回答：「我們看看明天你在《淘汰約會》上表現如何。」

04

　　這是把妹社群的大日子。今晚在《淘汰約會》中，葛林伯將會與其他三個入選的單身漢爭奪一位叫愛麗森的內衣模特兒。事關整個社群的名譽，如果葛林伯贏了，就證明這個社群真的擁有社會優勢，勝過那些我們一輩子都比不過的運動選手和種馬；如果輸了，那麼我們就只是一群自我陶醉的電腦怪咖。世界各地PUA們的命運都掌握在葛林伯手中。

　　我和劈腿一起坐在葛林伯家的沙發上收看那個節目。當節目中的其他男人都對愛麗森大獻殷勤的時候，只見葛林伯往後靠在椅背上，彷彿不屑加入。當其他人都吹噓自己有多成功的時候，葛林伯接受新導師的建議，說自己是打火機維修員。他通過第一次淘汰。

　　在第二回合中，一位女服務生送了一瓶香檳上桌給愛麗森，那是葛林伯的慷慨。她很驚訝，因為葛林伯一直不像其他人那樣努力巴結。他通過第二次淘汰。

　　最後一回合是在舞池裡，我知道這會是個決勝點，因為葛林伯和我曾經一起學過騷莎舞。當他帶她進入舞池，撫著她的背令她無法呼吸，我可以從她眼中看得出來。葛林伯已經贏了。

　　「恭喜你，」我告訴他：「你捍衛了全世界PUA的名稱。」

「是啊，」他帶著驕傲的微笑說；「不是所有的女模特兒都是笨蛋。」

我們那天晚上出去看希拉蕊表演。自從我六年級迷上網球選手潔西卡·尼克森（Jessica Nixon）之後，「真命天女症」（one-itis）一直是我生命中經常出現的狀況。但是在過去八個月，我甚至連一點點真命天女症的悸動都沒有。事實上，我認識的每個女人似乎都是可拋棄、可替換的。我正體驗到誘惑者的弔詭：我變得越厲害，對女人的愛就越少。成功不再是由上床或交到女朋友來定義，而是看我表現得有多漂亮。酒吧和夜店變成只是電玩遊戲中的不同關卡而已，如謎男曾經在第一次課程中教過我的。

我知道希拉蕊會是個大挑戰。不只因為她很犀利又憤世嫉俗，也因為她曾經看過我和海蒂一起整晚滿場勾搭女人。

葛林伯和我坐在夜店的後方，看著希拉蕊跳脫衣舞。她打扮得像個黑幫，拿著水槍，穿著合身的細條紋西裝外套，底下是吊襪帶和性感內褲。她擁有適合這種表演的火辣身材。當她看見我在房間後面時，她故作姿態地走來走去，突然坐在我腿上，拿水槍在我臉上噴水。我想要她。

稍後，我和希拉蕊、她的姊妹和兩個友人一起到一家叫做El Carmen的墨西哥酒吧喝一杯。我們聊天的時候，我握了希拉蕊的手，她緊握回來。IOI。葛林伯說得對：我已經進化成一個全新的我了。

她向我靠近一步。我的心開始小鹿亂撞，總是如此，在最令我焦慮的兩個把妹階段：接近和親吻。

正當我打算告訴她關於動物、演化和拉鬃毛的獅子時，災難降臨了。安迪·狄克（Andy Dick）帶著一群朋友走進酒吧，其中一個認識希拉蕊，於是他們加入我們這桌──突然間我的遊戲停擺，我們的聯繫消失了。希

拉蕊的視線範圍之內出現了一個更鮮明、更閃亮的物體。我們重新安排座位，結果安迪·狄克不知何故卡在我們中間，隔開了希拉蕊和我。

他立刻就對她大獻殷勤。這正是在洛杉磯會發生的事：名人泡走你的約會對象。在我還是菜鳥時期，曾有一天晚上在酒吧，無助地站在一旁看著羅勃特·布萊克（Robert Blake）把他的電話號碼塞給我的女伴。但我現在是個PUA，PUA不會靜靜地杵在一旁看著名人把走他的馬子。

為什麼我老是要為了女孩和小報明星對抗呢？

我站起來走到外面，我需要想一想。之前那個晚上我已經和海蒂激烈較勁過了，所以我應該能夠打敗安迪·狄克。雖然那不太容易，因為他嗓門很大，滿惹人厭的。從他到場的那一刻起，他之所以能當明星的原因顯而易見：他熱愛引人注意。

我的唯一機會，就是變得比他更有趣。

葛林伯在外面和一頭棕色捲髮的女人說話，才把手伸進褲袋裡掏出紙筆，他就得到電話號碼收場了。

突然間，那女孩離開了葛林伯。「型男？」她不敢置信地望著我。

我看著她，她看起來好眼熟。「我是潔姬呀。」她說。

我的下巴差點掉下來，她就是那個讓我從旅館房間倉皇逃出的臭腳喜劇演員。我的第一個半成功故事。要不是奇蹟的巧合，就是我們已經沒有新鮮的女人可以巡視了。

我和她聊了一下她的喜劇課程，便自行告退。我不能再浪費時間了，每過一分鐘，安迪的手就往希拉蕊腿上移動一吋。而我有一個可以反擊他的妙計。

我走回那一桌，坐下，然後對希拉蕊和她姊妹們做好朋友測驗，她

們全把焦點轉移到我身上。向她們分析過肢體語言之後，我提議玩說謊遊戲。在這個遊戲中，一個女人要想出四個關於她的房子或車子的陳述和一個謊言，但是她不必說出來，只要在心裡想著，一次一個。藉著觀察她眼球移動的變化，通常可以分辨出哪一個是謊言，因為當人們說謊或實話的時候，眼球會望著不同的方向。整個遊戲過程我毫不留情地取笑希拉蕊，直到她的肢體語言對安迪·狄克關閉，轉而向我開放。

安迪問我是做什麼工作的（這是個IOI，但我當時並沒有發現），我告訴他我是個作家。他說他正在考慮寫一本自己的書，很快地他就完全忘了希拉蕊，開始對我密集發問，看我是不是能夠幫他。他成了我的粉絲。正如謎男所說，搞定男人你就搞定女人。

「我最大的恐懼就是被認為無趣。」他說那是他的弱點。我已經打敗他了，我變得比他更有趣──而且對他有價值。這個策略是成功的，甚至比先一晚跟海蒂的比賽還要成功。我只是沒有發現它成功到什麼地步。

安迪溜到我身邊，在我耳邊說：「你是哪一種？異性戀、雙性戀還是同性戀？」

「呃，異性戀。」

「我是雙性戀，」他說，對著我的耳朵呼氣，「真可惜。我們可以玩得很愉快的。」

在安迪和他朋友離開之後，我回頭討好希拉蕊，她立刻給了我一個小狗討食的表情。我在桌子下牽著她的手，感覺到溫度從她的手掌、她的腿、她的呼吸中散發出來。她今晚會是我的，我已經得到她了。

05

　　當我早晨從希拉蕊那裡回家的時候，達斯汀正在我的公寓裡等我。天生好手之王回來了。

　　但是他在我的公寓裡幹嘛？

　　「嗨，」他以溫柔、娘娘腔的聲音說。他穿著一件斜紋軟呢休閒外套，上面有褐色大鈕扣，一件直筒黑色寬褲，和一頂黑色無邊便帽。

　　在我加入社群之前，我已經一年多沒有和達斯汀說話了。最後聽到的消息是，他在俄國經營一間夜店，還曾經寄給我他女朋友們的照片：每天一個，而且他真的稱她們為星期一、星期二、星期三，以此類推。

　　「你怎麼進來的？」

　　「你的房東太太讓我進來的，她真是個好人。你知道嗎，她兒子也是個作家。」

　　達斯汀總是有辦法讓人覺得跟他在一起很自在。

　　「真高興看見你。」他邊說邊給了我一個擁抱。等他放開的時候，他的眼睛是濕的，似乎真的很高興再次見到我。

　　彼此彼此。在我學習把妹藝術時，我每天都想起達斯汀。羅斯・傑佛瑞得靠口頭催眠橋段來說服女人和他一起探索她的幻想；達斯汀卻能夠不

吐半個字就達成相同的結果。他對女人而言是一塊空白的畫布，讓女人投射內心壓抑的慾望——即使她在認識他之前並未意識到那些慾望是什麼。我以前完全不懂他是怎麼辦到的；但是現在，藉著我的新知識，我可以看著他做，問他問題，最後模仿他的步驟。我可以把一個全新的思想學派引進到把妹社群之中。

「我有跟你說過這一年來我都在幹嘛嗎？」我說：「我和世界上最強的把妹達人們來往，整個生活都改變了，我現在開竅了。」

「我知道，」他說：「馬可告訴我了。」

他用濕潤的褐色大眼睛望著我，那雙眼睛曾經望進數不盡的美女的靈魂之內。「我已經……」他頓了一下：「我已經不幹那些事了。」

我看著他——起初充滿懷疑，然後我注意到他頭上的帽子是一頂猶太小圓帽（yarmulke）。

「我現在住在耶路撒冷，」他接著說：「在一所猶太神學院。」

「你在開玩笑吧。」

「不是，我已經八個月沒有做愛了，那是不被允許的。」

我不敢相信我聽到的，天生好手之王變成獨身主義者！這怎麼可能？監獄不就是為了這個發明的嗎？提供男人食物、衣服、電視、蔽身之處和新鮮空氣，但是剝奪真正重要的兩樣東西——自由和女人。

「至少可以打手槍吧？」

「不行。」

「真的嗎？」

他頓了一下。「呃，有時候我睡到一半會做春夢。」

「看吧，上帝在提醒你，它得要出來才行。」

他笑了，輕拍著我的背。他的手勢緩慢而且笑聲謙遜，彷彿他在性靈上迴避了低級笑話。「我現在改了一個希伯來名，」他說：「那是神學院裡最高階的拉比幫我命名的，叫做亞維夏（Avisha）。」

我目瞪口呆，達斯汀怎麼可能突然從一個夜店玩家變成猶太教徒，尤其是在我最需要他的時候！

「你為什麼放棄女人？」我問。

「當你可以得到任何你想要的女孩，每個男人——即使很有錢或很有名——都會對你刮目相看，因為你擁有他缺少的東西。」他說：「但是過一陣子之後，我卻再也不想和她們上床了。我只想要說話，於是我們整個晚上都在說話，聊到非常深的程度，然後到了早晨我會走路送她們去搭地鐵。那就是我開始拋棄這些的時候。我發現我所有的肯定都是來自女人，對我而言女人變得像上帝一樣，但那是假的上帝。所以我要尋找真正的上帝。」

他說，他坐在莫斯科的公寓裡，搜尋著網路尋求指引，碰巧看見猶太律法書（Torah），便開始閱讀。在一趟充滿啟發的耶路撒冷之旅後，他回到俄國，去了一個賭城派對，相較於他在以色列遇見的人們，俄國的黑手黨、墮落商人和見錢眼開的嘍囉們讓他覺得噁心。於是他打包行李，離開他輪值一星期的女友們，在逾越節前夕搬到耶路撒冷。

「我順道過來，」他說：「是想為我過去的某些行為請求你的原諒。」

我完全不懂他在說什麼，他一直都是個很棒的朋友。

「我把腐敗的生活形態和行為理想化，」他解釋：「我憎惡親切、仁慈、人性尊嚴和親密，反而利用、貶低並剝削女人。我只想到自己的快

樂，忽視自己和其他人內心中美好的本能，還企圖讓我認識的每個人跟我一起沉淪。」

當他說的時候，我忍不住想，他正在道歉的這些事情，正是我當初和他交朋友的真正原因。

「我把你拖進把妹這整件事情中，彷彿在鼓吹這是世上的至高理想。」他繼續說：「我玷汙了你良善的靈魂，深感抱歉。」

理智上這一切都很合理，但我從不相信極端，無論是毒品上癮、宗教狂熱或無碳水化合物的食物。達斯汀，或亞維夏，有點不太對勁。他有一個正在試著填滿的洞──起初是靠女人，現在是靠宗教。我聽著他說，但我有不同的看法。

「我接受你的道歉，」我對他說：「但是你真的沒有什麼好跟我道歉的。」

他輕柔地看著我，什麼也沒說。我可以看出他為何如此有魅力：他那雙眼睛，像高山湖泊的表面一樣閃亮，那專注的強烈力量，讓你相信對他而言，此刻除了你正在說的話之外，其他事都不重要。

「你想想看，」我繼續說：「如果一個人想要改善他認識女人的缺點，他自己勢必得先做點改變。而女人在男人身上尋找的特質，碰巧都是好的優點。我的意思是，我變得更有自信，也開始健身，更注重飲食，和自己的情緒溝通，學習更多心靈上的東西。我已經變成一個更有趣、更積極的人了。」

他看著我，耐心地聽著。

「而且現在我不只對女人比較吃香，和別人的互動也更加融洽，從和我房東的相處，到處理信用卡超收。」

他依然看著我。

「所以我要說的是，沒錯，我正在學習如何把妹，但是在過程中，我也成為一個更好的人了。」

「好吧。」他說。

嗯？什麼？

「我會永遠當你真正的朋友，這也是為了彌補我的錯。」

他沒有被說服。媽的，我要去睡一下了。

「你介意我多待幾天嗎？」他問。

「沒問題，但是我星期三要去澳洲。」

「你有鬧鐘可以借我嗎？我得做日出禱告。」

我找出一個旅行小鬧鐘給他，他伸手到袋子裡抽出一本書。「拿去，」他說：「我帶了這個給你。」

那是一本十八世紀的精裝書，叫做《正義之道》（*The Path of the Just*），書名頁上有他題的一段字，引述了猶太法典的註釋：

毀滅一個生命，和毀滅全世界同等罪惡；拯救一個生命，和拯救全世界同等榮耀。

他正在試圖拯救我。為什麼？我正玩得開心呢。

06

謎男和我踏上另外一次公路旅行。太陽非常炙熱，地圖非常精確，而且全新的出租汽車車頂上有繩子捆住的衝浪板。我們在澳洲三座城市的五期課程名額全部售罄。生命真美好，至少對我而言。

然而，謎男情緒有點低落。我心裡暗忖再也不要跟他一起旅行了。他離開多倫多之前，女友派翠莎對他下了最後通牒：結婚生子，否則再見！

「我因為這些屁話五天沒有做愛了，」當我們開上昆士蘭的海岸，謎男說：「但是我毫不留情地對著女同志A片打手槍，我果然有點沮喪。」

交往了四年之後，他們的目標分歧了。謎男想要以魔術師身分巡迴世界，交兩個相愛的雙性戀女友；派翠莎則想在多倫多和一個男人定下來，而且沒有其他女人。去他的上流社會和另類生活形態。

「我真不懂女人，」他抱怨：「我是說，我完全知道怎麼做可以吸引她們，但我還是不了解她們。」

我們會來澳洲是因為毛衣，謎男第一次課程中那個年紀較大的澳洲學員，他邀請我們到布里斯本待在他家一個星期。在四個月的巡視之後，他終於邂逅他想娶的女人了。

「我像個忐忑不安的青少年一樣，」當我們停進他的車道，毛衣大聲

宣布。他看起來一點也不像我當初在飯店見到的那個缺乏安全感的中年男人。他晒黑了，而且神采奕奕，最了不起的是，現在他臉上總掛著令人無法抗拒的微笑。

赫蓮娜・魯賓斯坦（Helena Rubinstein，美國化妝品牌「HR」創辦人）曾說過：「世上沒有醜女人，只有懶女人。」社會對男人的審美標準一向比女人寬鬆，但這句話套在男人身上也完全適用。只要給一個像毛衣這樣的男人——黝黑的皮膚、良好的體態、潔白的牙齒、健身計畫和合身的衣服，他就能通往型男之路。

「我剛跟我女朋友在雪梨待了一個星期，」毛衣說，領我們走進他家。「我們大約一天通七次電話。在我離開之前，我問她願不願意嫁給我。很肉麻，是不是？除此之外，我這星期靠不動產座談會進帳五十萬元。生命真是充滿驚奇。感謝社群，我擁有了健康、樂趣、金錢、愛情，還有身邊很多很棒的人。」

毛衣住的地方是個陽光充足、空氣清新的單身漢公寓，俯瞰布里斯本河和市立植物園。他有大游泳池和按摩浴缸，樓上有三間臥室；一樓有四個員工——都是二十出頭、積極進取、容光煥發的澳洲男孩，在一張馬蹄形大書桌邊坐著，每個人都對著自己的電腦工作。毛衣不只訓練他們賣他的產品——不動產投資的書籍和課程——而且還引介他們上把妹版。他們白天幫毛衣賺錢，晚上陪著毛衣一起出門巡視。

「我很樂於幫助這些年輕人把到美眉，但是我已經退出江湖了。」當我們問他對於和一個女人定下來的決定有何感想，毛衣這麼說。「我這叫急流勇退。我已經了解到，沒有認真投入，對任何事情都不會有深度，無論是人際關係、事業或嗜好。」

就某些方面來說，我很嫉妒。我還沒有認識任何女人可以讓我說出這種話。

謎男的課程改變了我們每個人的生活。毛衣事業騰達而且戀愛了；多面最近搬出他父母的房子，終於在性交中得到高潮；而我正在環遊世界，傳授男人那些我一年前還不會的技巧。

謎男受到的打擊比我更大——對於毛衣的訂婚，而非他的家庭辦公室。當他沒仔細盤問毛衣和他的員工如何運作他們的事業時，他就默默地看著他們工作。

「我想要這一切，」他不斷告訴毛衣：「你擁有良好的社會環境，而它創造出一個良好的工作環境。我在多倫多都快要爛掉了。」

當我們開車去機場，晒黑的皮膚因為興奮而泛紅，謎男和我計畫著下一個冒險。

「我下個月在多倫多要開一場一對一的教學，」謎男說：「有個傢伙要付我一千五百美元。」

「他哪來的錢？」謎男大多數的客戶都是大學生，根本湊不出學費。他已經把價錢提高到六百美元，而天數從四天減為三天。

「他老爸有錢，」謎男說：「他從貝爾格勒的異國選項那邊聽到我的事。他是威斯康辛大學的學生，才剛開始在網路上貼文，署名老爹（Papa）。」

和謎男的大部分對話都和計畫有關：籌備課程、表演九十分鐘魔術秀、建立色情網站、和扮成小丑的女孩們做愛。他最新的計畫是PUA刺青。

「每個謎男沙發吧的會員都要去刺那個圖騰，」當我們在機場分頭走

的時候，他說：「右手腕刺上一個心，就在動脈上面，方便我們在現場識別。而且拿來變魔術也很好；我可以教你如何停止脈搏十秒鐘。」

有幾個PUA真的跑去刺了──包括視界，這有點令人驚訝，因為他已經搬到洛杉磯，努力要當個演員。他e-mail照片給我們看，但是有個問題：他刺錯地方了，而且上下顛倒。那顆心應該要在血管正上方，才能夠感覺到脈搏。但是他刺在手腕中央，高了一吋，而且面向內側。

無論如何，那是肯定的一票，一種契約，象徵這個PUA社團是至死不渝的。

07

這天終於到了。這會是我的把妹事業中最值得紀念的一趟旅行。首先，我要去多倫多跟謎男一起進行老爹的一對一教學。然後去刺我們的PUA心形圖騰，再搭巴士到紐約進行謎男的第一個課堂研討會，最後飛到布加勒斯特（Bucharest，羅馬尼亞首都）好讓謎男能夠實現他所謂的「幸福計畫」（Project Bliss）。他想要回東歐，找兩個想在海外尋找更好生活的年輕雙性戀馬子，然後引誘她們。他打算幫她們弄到學生簽證，帶她們回加拿大，然後訓練她們成為脫衣舞孃、女朋友以及，最後，魔術師助手。

刺青和白人奴隸：那就是自我改造給我的結果。

離開家的時候，我檢查了我的信箱。除了平常的過期帳單和汽車保險費調漲通知，還有一張明信片，是耶路撒冷的哭牆。「你的希伯來文名字是Tuvia，」是達斯汀的筆跡：「這名字源自Tov這個字，善的意思。它的相反詞是Ra，惡的意思。在希伯來文中，Tov也表示長久永恆，Ra表示短暫無常。所以你的本質連結到探索的慾望，而且連結到長久存在的善，只是有時候你會被一路上的惡牽絆。」

在飛機上，我重讀那張明信片。達斯汀在向我傳達一個來自上帝的

訊息，而且也許他說得有道理。但是從另一方面看來，我也有個從青春期以來的願望，想要有能力引誘任何我想要的女人。現在我正在實現我的願望，這是善，這是Tov。

謎男最近在多倫多找到了自己的住處，和一個叫做No. 9的PUA合租，他是個華裔軟體工程師，多虧謎男不斷的耳提面命，他已經變成一個看起來比較酷的傢伙。他們住在多倫多大學附近的一間網咖樓上，狹窄的兩房公寓。

No. 9出城去了，我把行李放在他房裡，然後到廚房去找謎男。派翠莎已經和他分手了，這次是來真的。而謎男花了太多時間窩在房間裡玩線上遊戲，還有下載女同志A片。離開這間房子，準備即將開始的授課，對他會是很好的治療。

會報名上課的人有三種類型。第一種是像貝爾格勒的異國選項那樣的人，正常而且社會適應良好，但是想要在認識女孩方面擁有更好的彈性和選擇。

第二種人拘謹保守，而且固執於他們自己的方式，像是克里夫，他甚至無法像其他人那樣擁有一個化名。他們通常會大量吸收新知，但是連最小程度的行為改變都很難做到。第三種是像老爹這樣的人──一個專攻搭訕的機器，他們沒有社交恐懼症，卻缺乏社交技巧。只要手邊有流程可以遵從，這種人往往最容易改造。但是一旦用盡材料，他們就手足無措了。

這將會是老爹的挑戰。他是個語氣溫和可親的法學院先修生，穿著格子襯衫和大一號的牛仔褲。這些人總是穿著格子襯衫和大一號的牛仔褲出現，後來會改穿誇張閃亮的襯衫、黑色的緊身合成皮褲，配戴銀戒指和推到頭上的太陽眼鏡。那是玩家的制服，想要傳達性感，但顯然與廉價同

義。

　　謎男、我跟老爹坐在咖啡廳裡，問他那些老問題：你的得分多少？你希望你的得分變成多少？你的癥結是什麼？

　　「我以前是兄弟會裡的公關負責人，」他開始說：「我家境不錯，父親是知名大學的校長。」

　　「容我打岔一下，」我說：「你的身家報告並不能博得讚賞，只會顯示出你的層次低下。有錢人不必告訴別人他多有錢。」

　　老爹愚蠢地點頭。他的頭頂似乎罩著一團看不見的濃霧，讓他的反應比大多數人慢半拍，給人一種心不在焉的印象。

　　「我可以錄下你們說的每句話嗎？」老爹問，努力把一台小型數位錄音機從口袋裡拉出來。

　　我們這輩子養成了相當多的壞習慣──從性格的缺點到打扮的錯誤。除了其他次要的扭曲偏差之外，是父母和朋友的角色強化了我們的想法，讓我們覺得現在這樣就OK了。但是只當你自己還不夠，還要成為最好的自己。如果你還不知道什麼是最好的自己，那事情就比較艱辛了。

　　所以那些課程才會讓人生有巨大的轉變：我們不怕傷到人，直接告訴每個學員他給人的第一印象，糾正他的每一個姿勢、每一句話、每一件衣服，因為我們知道他還沒有完全發揮他的潛能。這還沒有人能做到。我們被困在舊的想法和行為模式裡，如果才十二個月大或十二歲時那可能行得通，但現在只會讓我們越混越回去。而且毫無疑問地，我們身邊的人或許可以糾正我們的小缺點，卻忽略了大問題，因為怕傷到我們的心。

　　但我們到底是誰？只是一堆好基因和壞基因，加上一些好習慣和壞習慣。既然沒有酷或自信的基因，那麼不酷和沒有自信就只是壞習慣，只要

有足夠的指導和意志力就可以改變。

而那就是老爹的本錢：意志力。他是個獨子，習慣不擇手段得到他想要的東西。我向他示範一些我最好的慣例——嫉妒女友開場白、好朋友測驗、立方體，還有我新編出來的橋段，關於C形微笑和U形微笑所代表的人格特質。老爹錄下每一個字。他會抄下來、背下來，然後用我說的每一個字去勾引芭莉絲·希爾頓（Paris Hilton）。

我當時就該看出那些徵兆，了解到這是怎麼回事。這不是教學，而是複製。謎男和我正在巡迴世界製造迷你版的自己，而我們很快就會為此付出代價。

我們的第一站是皇后街上的一間夜店。看著老爹在幾個組合中慘敗之後，我開始互動示範。不知道什麼原因，我非常搶手，那不過是個普通夜晚而已，但每個女人的目光都在我身上，有個和未婚夫在一起的紅髮女孩，甚至偷偷把她的電話塞到我口袋裡。我想這一定是所謂的誘惑者氛圍：我正散發出某種特別的氣質，而這也是個適合做這些事的完美夜晚——在一個學員面前。

我注意到老爹正在和一個可愛的女孩說話，她有褐色短髮和一張和她速配的圓臉。但她的注意力根本不在老爹身上，她的眼睛一直朝我的方向閃爍。這就是專家所謂的「pAImAI」，他們最爛的一個簡稱，基本上翻譯成「不說出口的接近邀請」。（精確地說，是接近之前的邀請，要男人接近的邀請〔pre-approach invitation, male approach invitation〕。）

當老爹走開的時候，我對她說了些什麼。之後，我不記得我到底說了些什麼——那是個很好的徵兆，表示我正在內化這個遊戲，我可以脫離制式的戲碼，靠自己的力量獨撐大局。兩分鐘之後，我注意到她給了我那種

小狗討食表情。於是我突然蹦出那個問題：「妳願意親我嗎？」

「嗯，我之前並沒有想到這個。」她說，保持跟我目光接觸。

我把那當作是答應，向前親她。她熱情地回應，把舌頭伸進我嘴裡，雙手抓著我的膝蓋。我在背景中看見一陣閃光，老爹正在拍照。

當我離開透口氣，她微笑說：「我沒有買你任何一張專輯，但是我朋友很喜歡你的音樂。」

我回答：「唔，好。」

她以為我是誰呀？

然後她微笑著像狗一樣舔我的臉，也許大衛·狄安傑羅那一套訓練狗的建議是對的。

她充滿期待地看著我，好像我應該聊聊我的音樂。我並不想拆穿她並毀了她的幻想，於是我禮貌地告退了。她給了我電話號碼，要我回到飯店的時候打給她。

在離開的途中，夜店老闆娘把我拉到一旁說：「非常感謝你的光臨。這是我的名片，有任何我們能夠為你效勞的地方，請別客氣。」

「大家以為我是誰？」我問。

「你不是魔比（Moby）嗎？」

所以並非是我當晚表現得特別出色，而是因為我的光頭，讓老闆娘以為我是魔比，而且她告訴了現場一半的人。我花在引誘上的所有努力，被名氣輕易地比下去了。為了真正提升到更高的層級，我得找出方法，在不靠名氣的加持下，和名人操控同樣的魅力開關。

我猜道行較低的男人會將錯就錯，但是我沒有打電話給那個女孩。我進入遊戲不是為了欺騙女人，而是要讓她們喜歡我這個人——至少是現在

的我。

在接下來去的那些夜店，我們看著老爹實地演練我們傳授他的每項技巧，有任何操作錯誤立刻糾正。隨著成功機率的增加，他也漸漸茁壯。他告訴我，他沒去上暑期學校，寧可把那三個月的時間花在練習快速引誘的技巧上。他甚至為了拿到催眠師執照，正在該領域最受推崇的大師之一卡爾・班楊（Cal Banyan）門下學藝。但是直到本課程之前，他從未見過真正的PUA在現場示範。他受到極大的震撼，立刻就報名了另一期課程。

我們和老爹在一起的最後一天，去了一間叫做Guvernment的夜店。我把他推入組合中，看著他像個機器人一樣重複著謎男和我教過的開場白、慣例和否定。女人現在會回應他了，這實在很叫人吃驚，幾句簡單的台詞竟然可以那麼管用——但也有點令人沮喪。脫口秀喜劇演員做的第一件事，就是設計出能夠吸引所有觀眾的五分鐘慣例。連著幾百場的觀眾都在同一個笑點爆笑之後，他們開始不把觀眾看在眼裡，因為他們太容易操縱了。同樣的，成功的把妹達人也要承擔相同的副作用。

老爹提早離開，他想在飛回家前補個眠，謎男和我繼續留在夜店裡巡視。葛林伯最近提供了我一個新點子，把收集到的電話號碼紙條放在桌子的玻璃墊下當成裝飾。當我和謎男分享這個想法的時候，他突然打斷我。

「啟動『鄰近警報系統』（Proximity Alert System）！」謎男說。

當女人靠近男人站著，附近並沒有人跟她交談，她們卻故意背對著他時，就啟動了謎男所謂的鄰近警報系統。這表示她們對他有興趣，想被搭訕。

謎男繞過去跟她們聊天，其中一個是穿著無肩帶洋裝的金髮美女，另一個是戴頭巾的褐髮女郎。謎男自我介紹說自己是個很強的魔術師。我們

已經聯手搭檔好幾個月了，所以我完全知道現在該怎麼做：拿一些有用的笑話和我小時候學過的假魔術來唬她們。在把妹現場，你會發現，所有十歲時覺得好笑的東西，又變得好笑了起來。

謎男帶了一台錄影機來，他要錄下那些互動過程。女孩們似乎並不介意。當他孤立褐髮女郎的時候，我正在和金髮女郎說話。她的名字叫凱洛琳，她的朋友是卡莉。凱洛琳和家人住在市郊，她的願望是當個護士，雖然她的胸部只有蛋塔大小，個性內向害羞，還是應徵到了Hooters餐廳的工作。

從一公尺遠的距離看來，凱洛琳的臉蛋很完美；但從半公尺遠之處，就會看到上面有些惱人的小雀斑，有一顆牙是歪的，鎖骨上的皮膚有一塊紅斑，好像才剛抓過癢。她聞起來像棉花，在24小時內曾經修過指甲，體重不會超過45公斤，最喜歡的顏色可能是粉紅。

我一邊觀察，一邊動著嘴巴，背誦之前已經對幾百個女孩說過的那些慣例。凱洛琳的不同之處在於，那些慣例對她似乎沒用。我就是無法到達所謂的「上鉤點」（hook point），表示你正接近的女人喜歡你的陪伴，而且不想要你離開。雖然我距離凱洛琳只有半公尺，但我們之間好像有一公里寬的鴻溝。

看過《搶錢大作戰》（*Boiler Room*）這部關於冷血股票經紀人利用電話促銷開發新客戶的電影之後，謎男判斷跟女生要電話簡直是浪費時間。所以我們的新策略不再是打電話約女孩子，而是立刻就帶她到附近的酒吧或餐廳來個即時約會（instant date）。轉移陣地很快就變成把妹遊戲中重要的一部分，它有一種時間錯亂的感覺：明明才剛剛認識，但一群人一起去了續了三攤後，會覺得彼此彷彿已經認識了一輩子了。

「我們一起去找點東西來吃吧？」謎男提議。

我們和即時約會對象手挽著手，走到附近的一間餐廳。用餐過程中，每一件事突然間都對了。卡莉自在地展現活潑辛辣的機智反應，凱洛琳也開始散發出同理心與溫暖。我們不需要任何慣例或策略了，只是輕鬆地自嘲和彼此開玩笑。雜耍人是對的：笑聲是最好的誘惑。

之後，卡莉邀請我們到她在附近街角的公寓。她才剛搬進去，房裡空蕩蕩的沒有家具，於是謎男和我坐在地板上。我們沒有要離開的意思，而那些女孩也沒有提醒我們去叫計程車，我們認為這是個IOI。

卡莉很快就和謎男離開房間，並給了凱洛琳一個心照不宣的眼色。當我們擁抱著彼此時，剛剛在酒吧裡分隔我們的鴻溝消失了。凱洛琳的觸感柔軟又溫馴，她的身體又脆弱又仁慈。現在我了解為什麼剛認識她時，要和她建立關係會如此困難了，因為她用感覺溝通，而不是言語。我想她會是個很棒的護士。

凱洛琳把毛毯鋪在硬邦邦的木頭地板上。我為她口交。如史提夫‧P曾經教過我的，我累積她的高潮，直到她的身體似乎就要融進地板裡。接著當我伸手去拿保險套的時候，我聽見了在我人生中等同於「我們還是當朋友吧」的藉口──「可是我才剛認識你。」

不過她語氣甜美多了。沒有必要急著和凱洛琳做愛，我知道我會再見到她。

她躺在我的肩膀上，我們享受那性愛後的餘韻。她十九歲，她說，而且幾乎兩年沒有性生活了。因為她在市郊的老家裡有個一歲的孩子，名叫卡特，她想當個盡責的小媽媽。這是她第一次放下他在週末出來玩。

我們隔天下午醒來，因為前一夜的熱情而覺得尷尬，凱洛琳提議到隔

壁餐廳吃早餐。

在那一夜之前的晚餐，凱洛琳的藍眼睛呆板而疏遠；但那頓早餐，她眼神充滿光芒地看著我，即使我說的笑話不太好笑，她還是很捧場。她心裡某種東西已經打開了。那是我第一次體會到，我和女人產生真正的情感聯繫。

我並沒有特別偏愛某種類型的女孩子，不像有些傢伙是戀亞洲癖或熱愛胖妞。但是在全世界所有女人中，想不到我竟然會碰上一個在Hooters餐廳工作的十九歲單親媽媽。然而人心最奇妙的，就是它無法控制，超越理智。

那些女孩載我們回家之後，謎男和我仔細檢討前一晚的事件，分析我們哪裡做對或做錯了。凱洛琳和我原以為謎男跟卡莉進行得很順利，其實謎男甚至連吻都沒有吻到。她有男朋友了。

卡莉雖然擋住謎男的攻勢，但顯然已經被他吸引了。所以我們根據我的魔比經驗，擬出一個「冷凍」計畫（freeze-out）。謎男想，如果女人的性是認可的手段，為什麼不從她手中奪走這種認可呢？他打算對她冷處理，直到她覺得很彆扭而想要討好他，好讓氣氛恢復正常。

我們把卡莉和凱洛琳的影片上傳到謎男的電腦裡，合力把六小時的片子剪輯成一段六分鐘的影片。當我們完成的時候，我打電話給凱洛琳，她那天晚上要過來接我們。

雜耍人正在鎮上進行他自己的授課。他認識了一位很正的爵士小提琴家，叫做英格麗。於是大家約了一起去吃晚餐。

「我正打算離開把妹事業，」雜耍人說：「我想把時間留給戀愛。」英格麗讚許地緊握他的手。「可能有些人會說我是怕老婆，但這是我的選

擇。這些課程對英格麗而言壓力太大了。」

再見到雜耍人真好。他是極少數不急色、不會嚇到我現實生活中的朋友、幽默而且正常的把妹達人之一。因為上述理由，我並不認為他算是把妹達人，他只是個風趣、善於表達的人。相較於謎男，他顯得特別有智慧，謎男把場面搞冷了，讓這頓飯有點尷尬。如果謎男的計畫有用，那就說得過去；如果沒用，那他就只是個混蛋。

稍後，謎男果斷地說：「待會回我住的地方，給妳們看看我昨晚剪的片子。」勝利永遠屬於最務實與最有行動力的人。

看影片的時候，凱洛琳一直微笑。之後我帶她到No. 9的房間，我們躺在床上，慢慢為彼此脫去衣服。她的身體因為興奮而顫抖著，彷彿快散掉了。當她高潮的時候，沒有發出半點聲音。

完事後，我們躺在一起，凱洛琳突然翻身坐在床邊，默默地對牆發呆。我知道她在想什麼。

我問她怎麼了，她突然迸出眼淚來。「我太快屈服了，」她啜泣著：「這下我再也不會再見到你了。」

這些話聽起來真窩心，因為是那麼誠實。我摟著她，把她的頭放在我肩上，告訴她：「我談過的每一場戀愛，都有個熱情的開始。」那是我向謎男學來的台詞，但是我真心相信。其次我說：「也許妳不該這麼做，但妳是真的有這渴望跟需求。」那是我向羅斯‧傑佛瑞學來的台詞，但是我真心相信。第三，我告訴她：「我比妳之前交往過的人都成熟，請不要以過去的經驗來判斷我。」那是我向大衛X學來的台詞，但我真的相信。最後我說：「如果我不能再見到妳，我會很難過。」那可不是台詞。

當我們從房間裡出來，發現卡莉和謎男兩人裹在毛毯裡。根據散落一

地的衣物來判斷，謎男的冷凍戰術成功了。

　　凱洛琳和我在他們旁邊的沙發上調情，我們一起用謎男的電腦看了一集《奧斯本家族》（*The Osbournes*），各自沉浸於自己性愛後的餘溫之中。這一刻真美好，但是不會長久。

08

　　沒有什麼比一起成功把到女孩子更有凝聚力的了，那是偉大友誼的基礎。當那些女孩離開，你們終於可以給彼此一個從邂逅時就一直忍住的擊掌。那是世界上的最爽的擊掌，不單只是一個聲響，而是兄弟患難之情的喝采。

　　「你知道最慘的是什麼嗎？」謎男說：「我本來感覺很糟，然後某個女孩和我睡過而且喜歡我，砰，我又覺得在世界之頂了。」

　　「所以咧？」謎男問。

　　「所以？」

　　「你準備好要投入這種生活形態了嗎？」

　　「我以為我已經投入了。」

　　「不，是一輩子。現在它是你的血液裡的本能。你和我，我們必須互相較勁。在所有我見過的傢伙當中，你是我唯一的強敵。除了你之外，其他人沒有任何機會可以登峰造極。」

　　青少年時期，我會清醒地躺在床上對上帝祈禱：「請不要讓我在還沒嘿咻過就死掉，我只是想知道那是什麼感覺。」但是現在我有不同的夢想，我懇求上帝讓我在有生之年能當個父親。我一直為體驗而活，旅行、

學習新技巧、認識新朋友；但是生一個孩子是終極的體驗，那是人生的目標。雖然我的行為不羈，我並沒有忘了這一點。

然而，在這同時，為了體驗而活也表示渴望和不同女人約會的新鮮和冒險。我無法想像選擇一個人共度一生，不是因為害怕承諾，而是我害怕和心愛的人爭吵輪到誰洗碗，或對她失去性慾，或是在她心裡的地位比不上我們的小孩，或是自私地因為失去自由而彼此憎恨。

把妹這件事從來就和播種無關，我的種總是會播出去的，但那未必是我的偏好。如果我娶了我初戀女友還跟她有小孩，現在應該已經八歲和十歲了。我一定會是個很屌的父親，各方面都不會跟他們有代溝。但是現在，一切都太晚了，等到我的小孩十歲的時候，我都已經四十幾了。他們會嘲笑我的音樂品味，而且在比腕力的時候打敗我。

我真的在搞砸結婚的機會了，快要為自己貼上終身玩家的標籤了。一個小時之後，謎男和我來到金斯頓路上的一家刺青店外面。我想，我不應該笨到來刺青的。但是在擊掌的那一刻，在兄弟情誼中，人很容易昏頭。

我轉動門把然後一推，門打不開。雖然是星期一下午三點鐘，但店是關著的。

「該死！」謎男說：「我們去找別家。」

我不是迷信的人，但是當我對某個想法猶豫的時候，只要一點點力量就可以把我推往某一邊。

「我辦不到。」我說。

「怎麼回事？」

「我不敢承諾，就算是要我刺上『絕不承諾』的刺青都不可能。」

我的神經質就這麼一次拯救了我。

隔天晚上，凱洛琳開車到謎男家，我們一起出去吃壽司。

「卡莉呢？」謎男問。

凱洛琳尷尬地看著她的茶。「她，呃，她不能來。不過她要我問候你。」

我發現謎男的肢體語言改變了。他突然癱在椅子上，然後進一步追問：「她有說為什麼嗎？是怎麼了？」

「嗯，」凱洛琳說：「她……好吧，她和她男朋友在一起。」謎男的臉色發白。「所以她不過來？」

「卡莉說你和她真的很不適合。」

謎男安靜下來。接下來的十分鐘他不發一語。每當我們問他問題想讓他回神，他都只回答一個字。並不是因為他愛卡莉，他只是痛恨被拒絕。他正體驗到勾搭上一個有男友的女人的壞處：女人往往會回到男友身邊。看著凱洛琳和我正濃情蜜意，只會讓他更受刺激。

「我是世界上最偉大的把妹達人，」他對著我的方向呻吟：「為什麼我會沒有女朋友？」

「呃，也許正因為你是世界上最偉大的把妹達人。」

漫長的沉默之後，謎男要求凱洛琳載他到他前女友派翠莎工作的脫衣夜店。她在停車場放他下車，然後載我到她郊區的老家過夜。那是我第一次見到她的家人。

她母親在門口迎接我們，懷裡抱著一個正在哭的嬰兒——那是我小女友的孩子。

「你想抱抱他嗎？」凱洛琳問。我本來以為我的反應會是被突來的現實嚇呆，然後想著如何臨陣脫逃。

但我沒有。我想要抱他，那還滿酷的。這正是我進入遊戲的目的，經歷這些冒險，能夠把嬰兒抱在懷裡然後猜想：「孩子的媽對我有什麼期待？」

09

　　當我和凱洛琳在一起，扮演著爸爸的角色時，謎男每況愈下。讓他在夜店下車是錯誤的一步，見到派翠莎令他澈底崩潰。她不但不想復合，而且已經開始和別人約會了。

　　「她一天健身三小時，」謎男在電話上說：「瘦了六公斤，現在她的屁股有10分，老兄。這就是女人火大起來會做的事。幹！」

　　「別去想她看起來有多棒了，」我勸他：「多去想想她的缺點，那會好過一點。」

　　「我理智上知道，但是情緒上我糟透了，像是被拖行過火炭一樣。當我再見到她的時候，那火辣的身材，古銅色的線條，這一切都把我擊垮了。她是那個地方最辣的脫衣舞女郎，而我卻無法擁有她。連卡莉也回到她男友身邊去了。我以為可以在新地盤好好生活下去，卻在這裡被打敗。為什麼？」

　　「老兄，你是個把妹達人，天涯何處無芳草，你一個晚上之內就能搞定女人啊！」

　　「我不是把妹達人，我是個情人，我愛女人。我發誓，我甚至不想要3P了。我很樂意和派翠莎定下來，現在我無時無刻不想念她。」

謎男根本不會想到或談到派翠莎，直到她拒絕他。現在他被迷住了，被自己的把妹理論反將了一軍。派翠莎正在進行剝奪，但是她並不是在耍手段──是來真的。

身為一個習慣哄騙別人的魔術家，謎男對任何性靈或超自然的東西沒有耐性。他的宗教是達爾文學說，對他而言，愛只是一種演化的衝動，讓人類能夠實現兩個主要目的：生存與繁衍。他稱之為「配偶連結」（pairbonding）的本能。

「真奇怪，配偶連結竟然這麼強烈。」他說：「我現在覺得好孤獨。」

「這樣吧。我們明天去接你，你可以和我們一起待在郊區玩。你會開心一點的。」

凱洛琳和我把卡特放進嬰兒車裡，推著他在公園附近散步。當我坐在長椅上的時候，覺得我和謎男這對把妹達人還真是可悲。全世界的男人都以為我們泡在溫水池裡，身邊圍繞著比基尼女郎；然而現實完全相反，謎男孤伶伶待在單身公寓裡，也許正在哭或是看著女同志A片，而我正在郊區推著嬰兒車散步。

早上凱洛琳和我去接謎男。自從我上次見到他，他就沒有刮過鬍子，鬆垮的灰色T恤蓋在他褪色的牛仔褲上。

「最好確定妳家人不會叫我表演魔術給他們看。」他對凱洛琳說。

然而那個晚上，當凱洛琳的母親問謎男做什麼工作，他就展開了令人嘆為觀止的表演。他介紹每一項魔術──讀心術、瓶子飄浮、自我飄浮、手的把戲──連續十分鐘的精采表演，讓我看過的每一個魔術師都相形失色。他迷住了房裡的每個人：凱洛琳的媽媽大吃一驚，她的妹妹被吸引，

她弟弟也想學習如何讓粉筆飄浮，好嚇嚇他的老師。在那一刻，我才發現謎男真的有兩下子，可以達成他成為超級巨星、超級大膽魔術師的夢想。

當晚，凱洛琳的家人上床睡覺後，謎男問她有沒有安眠藥。

「我們只有泰利諾三號（Tylenol #3），那是可待因（codeine）。」凱洛琳告訴他。

「應該有用，」謎男說：「整瓶都給我，我的抗藥性很高。」

凱洛琳只給了他四顆，但是不足以讓他昏睡。所以當凱洛琳和我熟睡的時候，謎男正處在可待因藥發的興奮中，整晚熬夜在謎男沙發吧上面寫文章。

10

我現在正待在凱洛琳家，因為我對派翠莎很不爽。凱洛琳是型男在多倫多的女朋友，型男一定很辛苦，她是很正沒錯，但有個拖油瓶。型男和凱洛琳看起來很速配，但是我也清楚一個人的限度。真該死。

解決之道：要公平。愛她吧，老兄。真實面對你的感受，不要傷害她；但你也知道，你相信一夫多妻制，而且還想要更多。在世界各地都有女朋友是有益身心的想法。

凱洛琳的家人都很可愛。我表演了魔術給她弟弟、媽媽和十八歲的漂亮妹妹看，很好玩，我為媽媽做了符文占卜。凱洛琳就像我的家人，我很關心她和她的兒子。而且有型男在身邊真好！

我睡不著，所以我吃了可待因，但是沒有感覺到睡意，只感覺到愛。別誤會，我完全知道是因為我吃了藥，但是，嘿，無論如何這感覺真好。我愛

這個沙發吧。你們這些傢伙超級棒的，希望改天我們可以一起辦個超大的派對。

當可待因的藥效開始退的時候，這所有的感覺也會跟著消退，唉。

我希望未來大家可以變成更親近的朋友——你想我們能做得到嗎？葛林伯和劈腿，你們的遊戲和我的非常不同，改天我想跟你們一起去巡視，實地了解你們是怎麼做的。

老爹，你的手段真他媽的創新。跟你一起上課很棒，而且我對你隨時歡迎啦。我不介意你天天打電話給我喔。

我想本版不只是關於把妹，更是某個更宏觀的東西：人生目標！女人是其中極大的一部分，而且我們會一起努力互相支援。不過，我想把我們的話題擴展到金錢、社會地位和其他的抱負上。

我認為人生最大的困難之一，就是無法誠實分享你的問題。所以，在這裡勇敢丟出你的問題吧，這裡有一百多個聰明、值得信賴的男人會幫你。

也告訴我們你的目標。如果你沒有，現在就是定出目標的時候。我想看著彼此共同解決彼此的困難，旅行、女人、金錢、社會地位，管他是什麼。讓我們一路相挺，像個公司一樣一起努力開創。

老爹，不是每個人都有個有錢的老子，但若要成為頂尖，就不能安於現狀。我希望看見你專注在財富上，和你專注在人際關係的征服上一樣多。你有成為億萬富豪的潛力，但你必須靠自己的力量。想像一下，支配你的性慾，把它用來開創成功的事業。

以下是我需要的：我要完成網路上的宣傳資料，關於我的一小時魔術特別節目，但這需要龐大的資金。我不是在唬爛或是想紅想瘋了，認識我的人都知道我一定會成功的。我的特別節目一旦播出，就可以在拉斯維加斯上

檔。我已經設計好整套表演了。

有沒有人有興趣幫忙？想想之後的慶功派對！讓我們創造出某個東西來吧。我一定要表演，要引人注意，不然就覺得不對勁。

我不是吃乾抹淨的人，只要跟我一起做，你就會得到回報。只要先告訴我你的目標是什麼，我們就可以一起進行！各位弟兄們，讓我們開始辦正事吧。

——謎男

P.S. 我已經讀過拿破崙·希爾（Napoleon Hill）的《思考致富聖經》（*Think and Grow Rich*），我得到一個想法，如果你常打手槍，這癮頭以規律的形式天天出現，箝制你釋放出慾望。它也不允許你支配你的性慾，而那股力量可以用來激勵自己，建立財富的計畫。

如果你不能常常和人上床（這偶爾會發生在我們每個人身上），也不要一直憋著。跟你自己定下一個約定，一個星期只能打一次手槍。如果你今天打過了，下禮拜才能再打一次。如果你一直都沒有馬子，至少可以期待一週一次的自慰，用最好的A片和潤滑液，讓它成為最棒的一次自慰。有了期待，你不會浪費生命每天打手槍，而且困在沒有馬子的痛苦中。

支配你的性慾，創造某個東西。

11

在可待因興奮的貼文之後的那天早晨，謎男裹著毛毯攤在凱洛琳的車子後座，帽子拉下來蓋住眼睛。除了要求我們在他家人的公寓放他下車，他沒說半句話，這有點反常，令我想起上次的東歐公路之旅。不過這次謎男沒有生病——至少在生理上。

我們停好車，然後搭電梯到二十樓，他姊姊的住處。那是個凌亂的兩房小屋，擠滿了人。謎男的母親是個豐滿性感的德國女人，坐在一張破舊的沙發上。他姊姊瑪汀娜、兩個外甥女和姊夫蓋瑞，擠在旁邊的沙發上。謎男的父親因為長期酗酒而罹患肝病，被關在二十四樓的公寓裡。

「嘿，你怎麼沒有帶女孩子來？」謎男十三歲的外甥女夏琳問他，她知道所有關於他女友們的事。他常用外甥女作為慣例，對女人展現脆弱、父性的一面。他真的很愛他的外甥女，見到她們似乎讓他稍微恢復了一點活力。

謎男的姊夫蓋瑞為我們演奏一些他創作的流行歌，其中最好的一首叫做〈卡薩諾瓦之子〉，謎男以震耳欲聾的音量跟著唱。他似乎正是那歌名中的主角。

之後凱洛琳和我告退。小女孩們一路追著我們到電梯間，邊笑邊叫，

謎男跟在後頭。突然間，一扇門打開了，一個穿著牧師立領裝的男人冷酷、高傲地瞪了那些女孩一眼。

「不要在走廊上吵鬧。」他說。

謎男的臉漲紅了。「你想怎樣？」他問：「只是小孩在玩嘛。」

「那麼，」牧師說：「她們應該在不會打擾鄰居的地方玩。」

「你給我聽好，」謎男突然抓狂：「我要去拿把刀，你最好在這裡等我！」

謎男大步走回屋子，留下我們面面相覷。我又見識到他的失控，讓我回想起在邊界通關時，我命令他之後，觸發了他的父親家暴陰影，他抓狂了。

牧師用力甩上門，凱洛琳和我在混亂中溜走。

12

　　我並不太想跟凱洛琳回家，我一輩子都住在城裡，痛恨郊區。我最大的恐懼和安迪‧狄克一樣，就是怕無聊或是被認為無趣，週末夜可不是用來窩在家裡看百視達的。但是凱洛琳不能待在多倫多過夜，她不想丟下孩子不管，不想當個不盡責的媽媽。

　　隔天凱洛琳在陪卡特玩的時候，我上網收信。幾天前謎男和我貼了一篇關於卡莉和凱洛琳的現場報告，我的信箱塞滿了來自北卡羅萊那州、波蘭、巴西、克羅埃西亞、紐西蘭等地的男孩們的留言。他們都向我求助，正如我曾經向謎男求助一樣。

　　還有兩封是謎男寫的。在第一封信裡，他寫到因為走廊事件和他姊姊打起來：「她動手捶了我好幾拳，我必須架住她的喉嚨，把她甩到地上才能制止她。然後我就離開了。我並不生氣，只想阻止她攻擊我。很怪吧？」

　　第二封寫得很簡單：「我要崩潰了。又餓又頭痛，我已經靠著從網路抓下來的A片撐一天了。我得弄點安眠藥，如果我又一整晚沒睡，一定會瘋掉。我不能坐以待斃啊，媽的一切快結束吧，活著再也沒有樂趣了。」

　　他快要瘋了。而我，被困在鳥不生蛋的郊區，看著《布蘭妮要怎樣》

（*Crossroads*）的小甜甜布蘭妮和其他三個少女一起旅行，而其中一個原本應該是我的馬子。

隔天早上，我請凱洛琳開車載我到謎男那裡。

「妳可以陪我一起留下來嗎？」我問。

「我真的該回去照顧卡特，」她說：「我不希望我媽說我不負責任。」

「妳媽媽希望妳多跟朋友出去玩，是妳自己把壓力攬在身上的。」

她答應陪我一個小時。

我們走上樓梯到謎男的公寓。他正坐在床上，用電腦看史帝芬・史匹柏的《AI人工智慧》。他竟然還穿著上次那件T恤和牛仔褲，手臂上有他姊姊的抓痕。

他轉過身來，死氣沉沉地說：「我一直在想，這部電影裡的機器人都設定了特殊功能目的，為了完成目標可以奮不顧身。那個小孩機器人追求媽咪的保護；男妓機器人追求女人，當他從監牢裡出來的時候，又開始和真的女人勾搭，因為那是他的目標。」

「喔，」我靠著電腦桌。這房間跟大型衣櫃差不多大小，牆壁上空蕩蕩的。「你的重點是？」

「重點是，」他有氣無力地說：「我的目標是什麼？你的又是什麼？我是個小孩機器人、男妓機器人和娛樂機器人。」

在他床前的地板上有一盤吃了一半、沒煮過的義大利麵條，麵條碎屑撒得整個房間都是。旁邊是一台被砸到地上的黑色無線電話殘骸，電池無助地懸在翻開的背面。

「發生了什麼事？」我問。

「我對我姊和我媽發飆了，她們囉唆死了。」

當謎男──或任何PUA──在低潮的時候，只有一個解藥：出門去巡視並且認識新的目標。

「那我們今晚穿得炫一點，去脫衣夜店玩吧。」我提議。脫衣夜店是謎男的罩門，他有一大串脫衣夜店規則，讓他每次至少都可以拿到電話號碼，這些規則包括：和DJ交朋友；絕不為跳舞或喝酒付錢；絕不追求、稱讚或碰脫衣舞孃；確實執行策略；每當脫衣舞孃開始背誦她講過N次的故事，就換個話題。

「我不想出門，」他說：「那沒有意義。」

他關掉電腦螢幕上的電影，開始寫一封進行到一半的電子郵件。

「你在幹嘛？」我問。

「寫信給紐約的學員們，通知他們研討會取消了。」他說得毫不在乎。

「你幹嘛啊？」我很生氣。我的人生停擺了一個月，就是為了跟他一起去紐約和布加勒斯特，連機票都買好了，而現在他卻因為史匹柏電影和可待因的影響而想放棄。

「人數不足，抱歉了。」

「拜託，」我說：「你已經賺了一千八百塊了。而且我確定一定有人會在最後一分鐘才報名，那是紐約啊，老天，沒有人會預先承諾任何事的。」

「活著，」他嘆氣：「代價太大了……」

這一切實在太八點檔了。這傢伙是老是要大家替他擔心。去他的！

「你真他媽的自私！」我怒氣沖天：「那我們去布加勒斯特的機票怎

麼辦？」

「你如果想去就自己去吧，我要取消所有的表演、所有的委託、所有的研討會、所有的授課、所有的旅行。我要停止每一件事。我不想像羅斯‧傑佛瑞那樣動作頻頻而出名。」

我往後踹了他的書桌一腳。我很有耐性，但累積到臨界點的時候我會爆炸。我父親或許沒教過我多少關於女人的事，但謎男的確教過我不少。

一個橘色藥瓶掉到地上，藥丸四處散落。我撿起來看，標籤上寫著「利福全」（Rivotril）。

「這是什麼？」

「那是我姊的抗憂鬱藥。對憂鬱根本沒用，倒是能讓我睡覺。」謎男以冰冷、臨床實證的語氣說著。

我認為把藥留在這裡對他沒有好處，所以我只留了三顆在瓶子裡，其他都塞進我的口袋。我不希望他用藥過量。

謎男登錄了「派對撲克」（Party Poker）線上賭博網站，然後開始機械性地玩著。我認識的謎男應該是很有邏輯，不會賭博的人啊。

「你又在做什麼？」我說，但是沒有等他回答。「算了。」

我用力關上門，然後到客廳找凱洛琳。

「我們回妳家去吧。」我告訴她。

她無力、同情地微笑著，不知道該說什麼。在那一刻，我恨她。她看起來實在很沒用。

13

　　我回到凱洛琳在郊區的家——回到她母親和她弟弟和她妹妹和她兒子和她的小甜甜電影。

　　我看得出來，我已經變成她的負擔了，令她無法專心照顧兒子，她也看得出我對她的厭煩。我介意的不是她老擔心著兒子，而是她完全缺乏活力。我已經受不了繼續無所事事地關在她家了，太浪費時間了。

　　把妹的主要行規之一是，女孩能夠立刻愛上你，也能立刻不甩你。這種事每天晚上都在發生。她們可以上一秒還跟你打得火熱，下一秒就為了另一個凱子，對你視而不見。那就是遊戲，那就是夜店生態，我很了。

　　在舊金山的授課期間，我曾經在一個名叫安的律師家裡過夜。她的床頭櫃上有一本薄薄的書，是喬伊‧克瑞墨（Joel Kramer）寫的，我因為睡不著，拿起來翻了一下。關於凱洛琳和我感覺到的情緒，作者提出很好的解釋：我們都以為愛應該會永遠持續下去，其實不然。愛是流動的能量，隨它高興自由來去，有時候它會停留一輩子，有時候只會停留一秒、一天、一個月或一年。所以不要因為愛令你脆弱，而害怕它的到來；當它離開的時候也不必驚訝，你應該為自己曾經體驗過它而感到高興。

　　我東拼西湊地把那段話改寫過了。當我又花了一晚和凱洛琳相處，那

段文字不斷在我腦海中迴盪，本來想把它背下來當做台詞的，想不到竟適用於我現在的處境。愛應該是一種女人才會去追求的東西，而不是男人。

隔天我把時間花在處理機票和旅行計畫上。我保留了到東歐的機票，決定去見一群在克羅埃西亞闖盪的PUA。自從加入社群的那一天起，我就一直和他們其中一個叫壞小子（Badboy）的人通信。

我成為作家的原因之一是，成敗完全操之在己，不像組一個樂團、導一部電影或在劇場中演一個角色。我從不相信合作，因為這個世上有太多虎頭蛇尾的人，他們不會完成他們起頭的事，不會實現他們的夢想，不敢面對失敗而自我否定。我曾經把謎男奉為偶像，想要成為他，但是就像其他大多數人一樣：他最大的敵人就是他自己。

那天當我瀏覽把妹版的時候，有一封來自謎男的新訊息，標題是：謎男最後一篇貼文。

我不會再來這裡貼文了。我只是想說，感謝所有美好的回憶，祝大家好運。

你們的朋友，謎男

我上了謎男的網站，它已經被移除了。這麼多年的努力可以這麼快就消失，真令人印象深刻。

一個小時之後，我的手機響了。是老爹。

「我被嚇到了。」他說。

「我也是，」我告訴他：「我不知道這只是為了引人注目還是玩真的。」

「我和謎男有同樣的感覺，」老爹的聲音遙遠而無力：「我的人生正在崩壞，只剩下遊戲。從開學到現在，我還沒有打開過一本書，但我得進得去法學院才行。」

老爹不是例外，社群中有些什麼東西主宰了大家了生活，尤其是現在。在謎男開始成立工作室之前，大家只是對謎男的網站上癮；但是現在，每個人都全國到處飛來飛去約見面，然後一起巡視。那不只是一種生活形態，而是種病態。

投入其中的時間越多，得到的成果越好，而成果越豐碩，就會越上癮。從來不去夜店的那些傢伙，現在可以走進去當個萬人迷，帶著滿口袋的電話號碼而且摟著女孩子離開。然後為了錦上添花，他們可以寫一份現場報告對其他網友吹噓。為了精通這個遊戲，有人辭掉工作或休學。征服女人和誘惑的力量就是這麼強大。

「吸引女人的特質之一就是生活形態和成功，」我告訴老爹：「想像一下，如果你是個能幹的演藝圈律師，手上有一堆名人客戶，玩起遊戲會有多容易。同理可證，進入一所好的法學院，你就能改進你的遊戲。」

「是啊，」他說：「我要釐清優先順序。我愛遊戲，但現在那對我而言太像毒品了。」

謎男的憂鬱不僅影響到自己的生活，連崇拜他、模仿他的那些孩子們的生活也一起拖下水。有些人，像老爹，依然在模仿他，即使在他低潮的時候。

「每個太過專注於遊戲中的人都會憂鬱，」老爹說：「羅斯・傑佛瑞、謎男和我都是。我想要謎男的遊戲，但不想犧牲掉我的生活。」

問題是，老爹的頓悟來得太晚了。他已經報名了大衛X和大衛・狄安

傑羅的研討會。這表示要蹺好幾天的課。

「昨天我爸打電話給我，」老爹接著說：「他真的很擔心我。我這半年來都在玩，忽略了我的學業、經濟和家人。」

「你必須學會平衡啊，老弟，把妹應該只是個光榮的嗜好。」

這是個明智的忠告——我自己也應該遵守的忠告。

我掛掉電話之後，打給謎男。他想把他的摩托車送我，把電腦給派翠莎，還想要把他設計來做九十分鐘節目的魔術都送給一個當地的魔術師。

「你不能把辛苦設計出來的魔術送人啊！」我反對：「你以後可能會需要它。」

「那都是幻覺。我擅長的只有唬人，但我從來就不想當個騙子，所以我要停手。」

即使我不是高中心理輔導員也看得出那些警訊。如果我不嚴肅看待，以後可能會後悔。我不能轉身離開，任由我的導師走上懸崖——即使那是他自己製造出來的懸崖。我以前有個朋友，她前男友老是威脅著要自殺，有一天她沒有理會他求助的呼喚，一個小時之後他就在自家前院草地上舉槍自盡。

正如謎男在他可待因興奮的貼文中提到，我們有個很有價值的網路可以利用。這個社群包括了外科醫生、學生、保鑣、電影導演、健身教練、軟體設計師、管理員、股票經紀人和心理醫師。於是我打給博士（Doc）。

博士會發現社群，是因為謎男基於好玩而報名了一個「附加學習中心」（Learning Annex），是由博士指導的約會研討會。謎男耐心地聽完博士分享的訣竅與策略，比起社群裡的技巧，博士講的只是業餘程度。後來

他和博士攀談，博士承認自己不太算是很有女人緣。於是謎男帶他到城裡玩了一個晚上，教他謎男方法，讓他進入社群。現在博士是個把妹機器，有他自己的後宮。他的代號來自他的心理學博士頭銜。所以我打給他尋求建議。

他建議我問謎男下列的問題，完全依照這個次序：

你消沉到想要放棄一切嗎？
你常常想到死亡嗎？
你會想要傷害自己或做些毀滅性的事嗎？
你會想要自殺嗎？
你想要怎麼做？
是什麼讓你沒有這麼做？
你想你會在接下來二十四小時之內這麼做嗎？

我把問題抄在一張紙上，折成四分之一放進我的後口袋。這將會是我的小抄，我的慣例。

14

　　當我到達謎男家的時候,他正在拆他的床,動作很機械化,他的反應也是。

　　型男:你在幹嘛?

　　謎男:我要把我的床送給我姊。我愛她,而且她應該擁有一張好一點的床。

　　型男:你消沉到覺得想要放棄一切嗎?

　　謎男:對,一切都沒有用,都是瀰學*(memetics)。如果你懂瀰學,你就會了解一切都沒有用,沒有意義。

　　型男:但是你很聰明,你有責任把它繁衍下去。

　　謎男:那不重要,我會讓我的基因澈底消失。

　　型男:你常常想到死亡嗎?

　　謎男:一直。

　　型男:你會想要傷害自己或做些毀滅性的事嗎?

---

*　藉由口耳相傳或網路,讓觀念快速蔓延的無形傳播方式。

謎男：會，活著真是痛苦。

型男：你會想要自殺嗎？

謎男：會。

型男：你想要怎麼做？

謎男：淹死，因為那是我最害怕的。

型男：是什麼讓你沒有這麼做？

謎男：我得先處理掉我的東西。我把派翠莎的電腦砸壞了，所以我想把我的電腦給她。

型男：她在乎嗎？

謎男：不，其實不在乎。

型男：她很生氣你弄壞電腦嗎？

謎男：不。

型男：你認為你會在接下來二十四小時之內自殺嗎？

謎男：你幹嘛問我這些問題？

型男：因為我是你朋友，我擔心你。

（門鈴響）

型男：哪位？

對講機上的聲音：你好，我是泰勒‧德登（Tyler Durden）。我找謎男。我是他的貼文的粉絲，想和他見一面。

型男：現在可能不太方便。

對講機上的聲音：可是我從金斯頓大老遠過來。

型男：很抱歉，老兄。他無法見任何人，他生病了。

15

　　我讓謎男留在他房間裡，到廚房查他父母家的電話號碼。他的真名是艾瑞克・馮・馬可維克（Erik von Markovik），但那只是另一個幻影。他已經改名為Erik Horvat-Markovic。

　　電話響了一聲，兩聲，三聲，一個男人接了起來。他的聲音粗啞，沒什麼禮貌。那是謎男的父親。

　　「嗨，我是令郎艾瑞克的朋友。」

　　「你是誰？」

　　「我是尼爾，艾瑞克的朋友。我想要……」

　　「別再打來了！」他咆哮。

　　「可是他需要……」

　　喀。那混蛋掛斷了。

　　只剩下一個我可以聯絡的人了。我回到謎男的房間，他正在喝水吞下一顆藥丸。他的臉漲紅而扭曲，彷彿正哭出看不見的眼淚。

　　「你剛剛吃了什麼？」我問。

　　「一些安眠藥。」他說。

　　「幾顆？」幹，我得叫救護車了。

「兩顆。」

「你幹嘛吃藥？」

「當我清醒的時候，人生爛透了，一切都沒有用。睡著了至少可以做夢。」他的語氣開始像《現代啟示錄》（Apocalypse Now）裡的馬龍‧白蘭度。

「我昨晚夢見自己坐在一台會飛的跑車裡，就像《回到未來》那一台，我們周圍有一堆電纜。我和姊姊在一起，她在開車。我們開到纜線上方，然後我看見我的生活就在下面。」

「聽著，」我說：「給我派翠莎的電話。」

他眼淚流了出來，看起來像個大嬰兒，一個打算要自殺的大嬰兒。

「你可以告訴我派翠莎的電話嗎？」我又輕聲細語地問了一次，像在對小孩子說話。

他把電話給了我，像個小孩。

我希望派翠莎不會掛我電話，希望她沒有把謎男從她生命裡完全割除，希望她會有解決的辦法。

她在第一聲鈴響就接起來了。當女朋友的時候，她被謎男視為理所當然，但她其實只是隱形支撐系統的一部分。直到她走了，她的實質作用才被注意到。

派翠莎的聲音有點男性化，帶著一點羅馬尼亞口音。她似乎不是很聰明，但是她在乎謎男。我聽得出她語氣裡的同情和關心。

「他以前也鬧過自殺，」她說：「你只能打電話給他母親或姊姊。她們或許會把他送進精神病院。」

「永遠嗎？」

「不，直到他克服這些問題的時候。」

謎男的房門打開，他走了出來。

經過我朝大門走去。

「嘿！」我對他大叫。「你要去哪裡？」

他轉過來一會兒，以空洞、麻木的眼神看著我。

「很高興認識你，兄弟。」他說，然後轉身離開。

「你要去哪裡？」我重複問。

他打開前門然後輕輕關上，最後的一句話是「我要去開槍幹掉我老爸，然後自殺。」

16

　　我追在謎男身後，他正慢慢步下樓梯，彷彿在夢遊。我衝到前面擋住公寓大門。

　　「嘿，」我用力拉著他的袖子：「我們回樓上去吧。我跟你姊姊說過了，她要來接你，只要再等幾分鐘就好。」

　　他猶豫了一下，猶豫著要不要相信我。他那麼溫和，看起來連一隻螞蟻都不會去傷害。我輕聲細語地哄他上樓。當他轉過身來走著的時候，我再次打給他家人。

　　「他會沒事的，」我想：「只要不是他父親接電話。」

　　他母親接了電話，說她會在一個半小時之內趕到。

　　謎男坐在他廚房裡的地墊上等著。那些安眠藥應該有點用，他盯著牆壁喃喃唸著一串演化哲學、瀰學和遊戲理論。喃喃絮語的結論總是「沒有用」或「沒有救」這些話。

　　他母親跟姊姊一起趕到。她們見到他的那一刻，臉色發白。

　　「我不知道情況已經這麼嚴重了。」瑪汀娜說。

　　她幫他打包行李，母親扶著他下樓。他只能被動地跟著，好像已經靈魂出體。

他們離開公寓朝著車子走去，準備帶他到亨伯河地區醫院（Humber River Regional Hospital）的精神病房去。謎男的母親幫他開車門的時候，一群四人組的女孩們從前面的一台休旅車中湧出。有一瞬間，謎男的眼中閃過生命的火花。

我看著他，希望再度聽到他說出那神奇的六個字：「你上還是我上？」那我就知道一切都會沒事。

但是他的眼神再次死去。他母親幫他彎身進入車內，抬起他的腿，把腿移進去，然後緊緊關上車門。

我隔著車窗看著他，微笑的金髮四人組反映在他臉上。他的臉色蒼白毫無血色，空洞地注視著前方，嘴巴緊閉，下顎緊縮，銳利的唇環在寒冷的午後陽光中閃耀。

那些女孩正在看壽司餐廳的菜單。她們咯咯笑著。那是美麗的聲音，那是生命的聲音，真希望謎男能聽得見。

17

謎男的崩潰在社群中引發了一場信心與自省的危機。我們全都在遊戲中沉溺得那麼深，以至於搞砸了自己的人生。

老爹休學了。有個叫做阿多尼斯（Adonis）的舊金山PUA，被老闆發現他上班都掛在在謎男沙發吧上，立刻被開除了。而我的寫作也近乎停擺。就連視界都對把妹新聞群組上癮，只好把他的網路線拔給室友，而且下令：「兩個星期內不要還給我。」

同時，社群正加倍地成長。更多更多的新手聚集到那些版面。他們都是年輕的孩子──有些還在讀高中──向我們這些PUA們尋求建議，不只是把妹和社交方面，而是每一件事：他們想要知道該申請哪間大學；該不該停用處方箋的精神藥物；是否應該自慰、戴套子、吸毒、逃家；想知道該讀什麼書、該怎麼想，以及如何才能像我們一樣。

在那些失落的靈魂之一，有個矮小、肌肉強壯的黎巴嫩學員，二十出頭，叫做奪標（Prizer）。他來自德州的艾巴索（El Paso），沒吻過女孩子。他請教如何在女人周圍覺得自在，於是我們告訴他，首先他得和女性交朋友。其次，他需要性經驗，但別太挑對象。結果他對我們的建議有點認真過頭了。

看看他的現場報告摘錄：

MSN社群：謎男沙發吧
主題：現場報告──在華瑞茲開苞
作者：奪標

我決定試試看性愛真正的感覺是怎樣，所以我越過國界到墨西哥邊城華瑞茲（Juarez）去。對象是個妓女，所以這基本上不算是把妹。但我認為這將有助於我的遊戲，至少我會比較不那麼饑渴。除了幫她口交和玩69的時候之外，我都沒硬起來。這些全都是我的初體驗。現在我不是處男了，你們認為女孩子會覺得我比較有吸引力嗎？

MSN社群：謎男沙發吧
主題：現場報告──在華瑞茲的另一夜
作者：奪標

我又在華瑞茲做了一次。這次我找了四個妓女。她甚至吞下我的精液，但是我還是沒辦法在性交時射精，這正常嗎？無論如何，為了有助於遊戲，我要她假裝是我的女友。但是當我想舔她屁眼，她竟然向我多收五塊錢。真是太爛了！無論如何，我寫這個報告，是因為我想如果我把錢花在華瑞茲的妓女身上大概六個月，而不是花在參加工作坊和電子書之類的東西上，或許更能改進我的巡視，也直接多了。你們認為多嘿咻能夠提升你的遊戲和自信程度嗎？

社群中的每個人都在幹譙奪標張貼關於妓女的現場報告，他是第一個向我求助的人。然後是個來自羅德島的城市佬（Cityprc）的訊息，另外有十幾個我不認識的人的請求。他們全都願意付我錢要我教他們把妹，有的想要飛過來找我或請我飛過去，他們願意支付任何費用，只為了看一個真正的PUA在現場行動。

謎男現在被關在亨伯醫院的精神治療部門，雜耍人為了專心經營他的感情關係，也撤下他的網站了，所以學員們都很空虛。不知何故我成了他們的新導師。所有我用來解釋我的慣例和討論夜遊的貼文，不只成為一種學習與分享的方式，也成了一種廣告形式。

但是把妹是一門黑暗的藝術。它的祕密是有代價的，而我們都在付出代價，無論是心智、學校、工作、時間、金錢、健康、道德或自我迷失。在夜店裡我們或許是超人，但我們內心正在墮落。

「我模仿你和謎男來改造我自己，」當我打電話給老爹關心他的近況，他說：「我得找回我自己，我本來擁有那麼多成功的潛力，以前每科都拿A的，現在卻在摧毀一切。」

他打算澈底禁絕關於把妹的任何事，首先是取消那些已經報名的研討會。「我也不會再打電話給那些辣妹了，直到我的生活回到常軌。」他說：「如果她們打給我，我會說，我得先整頓好我的生活，才能去巡視她們。我選擇了生活，我不會再遊戲了。」

「你必須像把妹那麼認真去上學和唸書。」

「是啊，」他說，彷彿剛剛頓悟了。「我會把學校當成僚機，把書本當成樞紐。讓每科考試都完全收場。」

「這麼說就可能有點太誇張了。但是，嗯，真替你高興。」

「呼，感覺真自由！」他說。

我們全都有同感，我們全都發現自己變得太衰竭而恢復了理智，我們得讓生活恢復平衡並且釐清優先順序，將把妹降級為一個光榮的嗜好。

不過，有種催眠的觀念叫做「分段法」（fractionation）。意思是說，一個在催眠狀態下的人被帶離出神狀態，然後又回去，那麼出神狀態會更深、更具威力。

把妹也是如此。我們全都短暫地離開——睜開眼睛看見真實世界的光亮，但是後來我們又再度回到那裡，而且更深入——超過我們所能想像。

建立情感連結

Create an Emotional Connection

人們常常望著運動場說，男生在踢足球而女生什麼事也沒做。但是女孩們並非無所事事，她們在談論這個世界。結果她們變得比男生更了解這個世界。

——卡蘿・姬莉根（CAROL GILLIGAN，美國女性主義、倫理學與心理學家），《不同的聲音：心理學理論與女性的發展》（*In a Different Voice*：*Psychological Theory and Women's Development*）

01

　　佩卓，十九歲，捷克妞，栗色長髮，金褐色皮膚，纖細的模特兒身材，而且她會的英文單字不超過十個。我和來自西雅圖的PUA夜光九一起在克羅埃西亞的赫瓦爾島（Hvar）認識了她和她表姊。我們表演魔術給她們看，她們請我們吃爆米花。我們在一張紙上畫了時鐘和時間，敲定當晚的約會。我們去了一處荒涼的小海灘，然後脫掉身上所有的衣服，只剩內褲和網球鞋，便跑進水裡。當她們用捷克話嘰哩呱啦地交談時，我們進到水裡和她們做愛。

　　安雅，二十二歲，是個非常聰明克羅埃西亞妞，正和她妹妹一起渡假。她渾身散發著性感、自信和優雅；她妹妹則相反。夜光九和我在克羅埃西亞的沃地司（Vodice）鎮海灘認識她們。那天晚上她們背著父母，跟我們在海邊夜遊。我們溜進一艘停在岸邊的遊艇，在船艙的廚房裡做愛。我留下二十歐元用來付我們喝掉的那瓶酒。

　　凱莉，十九歲，洛杉磯Dublin's餐廳的女服務生。她接近我然後稱讚我的辮子頭，我告訴她那是牙買加拉斯特法里教派的假髮，作為否定她的玩笑。隔天我和她見面的時候以光頭現身，但我們最後還是上了床。隔天我e-mail給她，說她把耳環掉在我家了，她回答：「我不戴耳環的，那不是

我的。」

瑪婷妮，我在紐約認識的一個奔放的金髮女郎，白皙的肌膚，紅豔的嘴唇，穿著一件轉印T恤。我搭訕過太多人了，已經忘了到底跟她說了什麼。隔天晚上，我們約在酒吧碰面，我帶了另外兩個女孩一起去，所以她得努力吸引我的注意。我有一秒鐘的時間感到歉疚，就那一秒鐘。在酒吧裡，我問她的床上工夫如何，以1到10分來說。在旅館房間裡，我找到了答案，7分。

拉朗雅，是個擁有印度女人曼妙身材的日本人。我大學時代就認識她，我們在同一家週報實習。那時候她是個很辣的實習生，而我是個很內向的實習生。幾年之後，我在洛杉磯碰見她，型男帶她進城約會。當我們早上一起醒來的時候，她的第一句話是：「真不敢相信你改變了那麼多。」我也不敢相信。

史黛西，是我在芝加哥認識的二十八歲厭食症患者。在漫長的電子郵件往返中，她以聰穎、坦率和詩意引誘我。當我們見面時，我很失望地發現她的笨拙與不善言辭，她或許對我也有同感。總之，我直接把她帶進我的臥房親熱。我把手指放進她裡面，感覺到陰道中間有個像網球網一般的肉質組織，那是她的處女膜，我告訴她我並不想成為奪走她貞操的人。那時我才了解，身為PUA有時候意謂著要拒絕。

雅娜，俄國熟女，五官輪廓分明，胸部做得很大。我在馬里布的酒吧認識她，她說那天是她的生日，但數字不能透露；我猜是四十五歲，但我沒說出來。我說我可以當她的性玩具，作為禮物，她就抓了我的屁股一把；我告訴她那可得另外收費。兩個晚上之後，我們喝了一杯雞尾酒然後轉移陣地到我家。她說她已經不再隨便跟人上床了，她要的是更有深度的

東西。那天我們上了床，還玩了角色扮演，我扮成老師，她扮頑皮的女學生。那是她的主意。

我不記得她的名字了。她是個喝醉的亞洲波霸，身邊圍繞著三個意識清醒的平胸亞洲女孩。她以為我是同性戀，我們大約聊了十五分鐘，我便牽著她走進洗手間。我們互相為對方口交，之後就沒再說過話。性就是這麼一回事。

吉兒，一位把妹達人同伴介紹我認識的澳洲女強人。她的金髮抓得刺刺的，穿著豹紋褲，有著野獸般的性慾。當她跳舞的時候──如果那可以稱之為跳舞的話──每個男人都看到傻眼。我們在她的BMW上做愛，頂篷拉下，把腳伸出車門外。我問她什麼時候有想要吻我的衝動，她說：「第一眼看見你的時候。」從來沒有女人對我這麼說過。

莎拉，四十幾歲的選角經紀人，是我在聖塔莫尼卡的海洋之家飯店（Casa Del Mar）酒吧認識的。她看起來乾淨亮眼，彷彿剛從洗髮精廣告中走出來一樣。聊了一個小時之後，我們在我家電梯裡做愛。她一直很擔心被監視器拍到。但我無法分辨她那麼興奮是因為怕被看到，還是因為那種緊張刺激感，或許兩者皆是。

希亞和蘭蒂，是我在Highlands夜店認識的女孩。希亞是個玩獨立搖滾的酷女孩，有一個男朋友。蘭蒂是個可愛的女演員，擁有我見過最俏皮的微笑，也有個男朋友。我花了一個月時間才說服希亞背著她男朋友偷吃；而說服蘭蒂只花了一天。

美嘉，是我在Jamba Juice果汁店認識的日本女孩。我被她吸引了。我們做愛的時候，我發現她並不相信剃陰毛這種事。隔天早晨她對我說：「我留著是因為要捐給癌症病童。」我大吃一驚：「他們頭上戴著妳的陰

毛？」原來她指的是頭髮。

安妮，脫衣舞孃，每天上兩小時的健身房，而且整型整上癮了。她有一頭金屬光澤的紅髮，為了搭配而紋的紅唇。我們做完愛之後，她說：「我已經精通視覺化的藝術。」我請她詳細說明。她說，既然男人是視覺動物，她會確認自己在床上做的每件事都要看起來很辣。但是當她為我示範的時候，她發現她無法繼續做愛了，因為那些情緒打開了童年受虐的創傷。視覺化過程結束了。

瑪雅，黑髮的哥德式肚皮舞孃，我在她的一場表演中和她調情。幾個月後我們在路上巧遇，她還記得我。隔天晚上我約她到我家，而她的車正在維修，所以我提議幫她付計程車錢。她半個小時內就到了。

艾莉希絲是個服飾店經理，看起來像是1980年代混過新浪潮樂團的樣子。蘇姍娜是最近剛離婚的設計師，想要重新發掘自己的性慾。朵莉絲是個已婚婦女，她的性生活已經死了。娜迪雅是個圖書館員，擁有A片女星的性技巧。這四個全都是實驗的結果：我試著為每個人設計出完美的慣例。幾次失敗之後，我成功了。我發現，祕訣就是讓自己看起來像是個自私鬼，然後在認識的時候當個迷人、優雅的紳士。

瑪姬和琳達是姊妹，她們已經冷戰很久了。安是個法國妹，完全不會說英文。潔希卡是我擔任陪審員時認識的書呆子。法芮兒在我的車子拋錨時幫我叫了拖吊車。史黛芬在為日落大道上的脫衣舞夜店發傳單。蘇珊是我朋友的姊妹。譚雅是我鄰居。

我的願望已經實現了。女人不再是一種挑戰，而是一種樂趣。

謎男崩潰後的幾個月間，我的遊戲進入全新的境界。一旦我得到女人的電話，要和她見面、上床就容易多了。以前我太執著於試圖得到什麼，

不懂得先退一步評估全局，再適切地行動。如今，累積了一整年的經驗之後，我終於跳脫原有的思維。我了解吸引的過程，以及女人給的信號。我綜觀了全局。

當我向女人搭訕時，我能夠判斷出她被我吸引的時間點，即使她刻意保持距離或很不自在。我知道何時該說話何時該閉嘴、何時該推何時該拉、何時該搞笑何時該正經、何時該親下去以及何時該說我們進展太快了。

無論女人丟給我什麼樣的測試、挑戰或抗拒，我都應對如流。當肚皮舞孃瑪雅寫信說：「謝謝你給我的多重高潮。Call我吧，何時請我吃頓飯？你還欠我計程車費呢。我指的是真正的約會喔。」我一點都不認為她討厭或逼得太緊，她只是想確認一下那麼快就上床對不對，並且測試看看她對我有多重要。我不用思考就知道該怎麼回信了。

「這樣吧，」我寫道：「我會還妳車錢，但是晚餐妳請，當作是高潮的代價。」她請我出去吃晚餐。

我看見了母體（matrix）。

我就是謎男。

02

主題：誰是最強的PUA？

作者：霹靂貓（Thundercat）

From：霹靂貓的把妹巢穴

好吧，關於誰是這裡最強的把妹達人，大家已經爭論好一陣子了。

這項評價事關自尊，對於誰才是最強的，大家顯然各有定見。其實，這種事非常主觀，我並不認為這問題會有公正客觀的答案。

這就好像是在問誰是戰爭中最強的戰士，一定會有某些派系只推舉出他們心目中的強者。所以我決定要自己評出場上的首席PUA。

型男絕對是第一把交椅。這傢伙可能是我見過在實戰中最邪惡、最狡猾、最會操縱人的混蛋了。重點是，他捉摸不定，那正是他的危險之處。他的手段高得嚇人，在你察覺之前，你已經在對他證明自己的資格，而且你就落在他想要你待的位階。重點是，他對男女都這樣，無人能倖免。

很多把妹高手使用、傳授的招數都是型男發明的，知道他有多厲害了吧。他根本就是個權謀大師，令我相當敬畏。再加上他是個長相平凡的人，你就知道這位是最強的絕地武士，沒有比他更厲害的了。

03

　　謎男崩潰之後,我去了克羅埃西亞,發現一切都變了。我已經不屬於搭訕女人的遊戲了,反而處在一個領導男人的遊戲之中。和我朝夕相處的那些克羅埃西亞把妹達人,竟然有兩個剃了光頭,他們在模仿我網路上的照片。

　　儘管我不想成為一個導師,但顯然我已經是了。當我和女人說話時,那些傢伙會靠過來聽我在說什麼,還抄在筆記本裡牢牢背誦。

　　在回家的路上,我看見羅斯·傑佛瑞進行了我的「嫉妒女友開場白」的變奏版(利用女人不希望男友和前女友說話的點),接著使出「假性時間限制」。之後,他甚至寫信向我要一份我的演化瞬移慣例。他在模仿我,並打算在他的座談會裡分享這些技巧。

　　然後霹靂貓的PUA評比出現了,我是第一名。我再也不能說我只是個學員。尼爾·史特勞斯已經正式消失了,在這些男人的眼中,我是型男,後天好手之王。全世界的男人都在使用我的笑話、我的回應、我的台詞來搭訕女人、親吻女人、搞定女人。

　　我已經超越了我設定的目標。

　　以前,我只是謎男的僚機,或羅斯的門徒,或史提夫·P的催眠對

象。現在我每一次出門都必須露個兩手。社群裡的傢伙都在背地裡問：「型男怎麼樣？他很厲害嗎？」如果我無法在十五分鐘內和一群女人裡最正的那個親熱，他們會認為我是冒牌貨。加入社群之前，我害怕在女人面前失敗，現在我害怕在男人面前失敗。

我也開始對自己產生不合理的期待，壓力主要來自兩個地方：如果我在餐廳裡看到正妹卻沒把她，我會覺得自己像個廢人。如果我在路上看見一個迷人的女明星／模特兒／女服務生經過，卻沒上前跟她搭訕，我會覺得自己是個偽君子。還是AFC的時候，光是和陌生女孩說話就夠讓我興奮了，而現在，我卻得在一星期之內讓她上我的床。

雖然我知道這種心態嚴重扭曲，但比起過去身為AFC的時候，我還是覺得當個PUA比較道德。學習遊戲有一個很重要的部分，不只是背誦開場白、電話遊戲或建立關係等策略，而是學習如何讓雙方都誠實表達對彼此的期待。而不是當我只想跟她上床，還騙她我想跟她交往；當我只想探進她褲底，還假裝要跟她當朋友；當我正在劈腿，還讓她以為我們是一對一的關係。

我終於內化了這個想法，女人並不總是想要談感情。事實上，一旦釋放了，女人的生理需求往往比男人更猛，只是有某些障礙需要克服，好讓她可以安心投降。我對遊戲拿手，是因為我了解PUA的目標就是不能讓女人有想逃的念頭。

所以，把妹的每個步驟都是設計來先發制人並解除目標的武裝——至少，在我們談到按部就班的遊戲，而不是女人自動送上門的時候。

舉例來說，開場白是隨意的，那不被認為是一種把妹的企圖。你只是當個友善的陌生人，走上前去問她們：「我朋友剛買了兩隻狗，她想用

1980或1990年代的流行二重唱來取名。妳們有什麼想法嗎？」

當你開始和一群人說話的時候，他們關心的第一件事是「我們得整晚都和這傢伙耗嗎？我們要怎麼擺脫他？」

所以你要給自己一個假性時間限制。「我只能夠待一下下，」當你加入一個團體的時候，告訴他們：「我還得回我朋友那裡。」

開始互動時，要注意那些最有可能拒絕你的人——嫉妒的男人、雞婆的朋友。當你挑戰、取笑和否定目標的時候，不能把這些人惹毛。如果她打斷你，舉例來說，你可以說：「哇，她一直都是這樣的嗎？你們都拿她怎麼辦？」如果她看起來很震驚，你就用小小的稱讚把她拉回來，這就是我所謂的「推拉法」（push-pull）——先虧再捧，讓她心裡一直上上下下。

她們為狗取了名字之後（什麼米力和瓦尼力〔Milli and Vanilli〕、霍爾與奧茲〔Hall and Oats〕、德瑞和史奴比〔Dre and Snoop〕——這些我全都聽過），就展示你的價值，讓她們玩好朋友測驗，講一些關於她們肢體語言的東西，或分析筆跡。然後假裝你必須回朋友那邊了。

現在她們不想放你走了。你已經讓她們知道你是全場最有趣、最好玩的人，這就是上鉤點。你現在可以放鬆地享受她們的陪伴，聽她們說話，了解她們的生活，建立真正的連結。

在最好的情況下，你可以帶那群人或你的目標到另一個酒吧、夜店、咖啡館或派對，進行即時約會。因為現在你是團體的一分子了，你可以放鬆下來，跟目標混得更熟，一旦你變成她們那群人的主角，她就被你吸引了。散場時，告訴那群人你和朋友走散了，需要搭她便車回家。幫她製造機會和你獨處，也不會讓她朋友察覺她打算和你上床。（如果這一套難度

太高，就先拿到她的電話，然後在一星期內約她出來玩。）

當她把車停在你家，邀請她進去看看你剛談到的某個東西（一個網站、一首歌、一本書、一段影片、一件襯衫、一顆保齡球，什麼都行）。但是首先，給她另一個假性時間限制：告訴她你必須早睡，因為你明天有很多工作，例如：「妳只能進來十五分鐘，然後我就得把妳踢出門了。」到了這地步，就算明知道會上床，還是得按部就班地進行遊戲，好讓她事後能夠騙自己說一切就是自然而然發生的。

帶她參觀你家，給她一杯飲料，說你很想放一段超好笑的五分鐘影片給她看。不幸的是，客廳的電視壞了，但是你房間裡還有一台。

當然，你房間裡沒有椅子，只有床。當她坐在床上的時候，你最好坐得離她遠遠的，好讓她覺得自在，甚至還懷疑你對她沒別的意思。如果你觸碰到她，就趕快縮回來，繼續交互使用時間限制和推拉法來強化對她的引誘，不斷提醒她得回家了。

然後，不經意地告訴她：「妳聞起來好香。」慢慢地嗅著她，從脖子一路到耳垂。這是你使用演化瞬移慣例的時機：聞她，咬她的手臂，讓她咬你的脖子，你咬回去，順勢吻她。除非她饑渴地撲向你，你得持續跟她說話，讓她無暇胡思亂想，並且要在她覺得彆扭前適時停手。你一定要搶在她之前抗議，這叫做「偷走她的框架」。眼前的目的就是讓她興奮起來，別讓她感到壓力、被利用或不安。

你們親熱，你脫掉她的上衣，她也脫掉你的，你開始脫她的胸罩。怎麼了？她不讓你更進一步？PUA們對這點有一個說法——「最後一刻的抵抗」（last minute resistance，簡稱LMR）。先後退一兩步，然後繼續。又來了？她只是作作樣子，不想讓你認為她很隨便，那叫「蕩婦防衛機制」

（anti-slut defense，簡稱ASD）。先抱抱她，哄哄她。如果她問愚蠢的問題，像是你有幾個兄弟姊妹，你就照實回答，再度讓她覺得自在。然後你再從頭開始：親熱，脫她的胸罩。這次她沒有反抗。你吸她的胸部，她弓起背來。現在她興奮起來了，坐到你身上磨蹭。你興奮了，你想要她。

你把她抬起來，解開她褲子的鈕扣。她撥開你的手。「妳說得對，」你同意，在她耳邊沉重地嘆氣：「我們不該這麼做的。」

你們又更加親熱。你再次伸手到她褲子，她還是阻止你。於是你吹熄蠟燭，開燈，關音樂，毀掉整個氣氛。當她困惑地躺在那裡的時候，你去開電腦上網，這叫做「冷凍」（freeze-out）。前一刻她還在享受你的熱情、觸摸和親密；現在你全部收回。

她翻身過來開始親吻你的胸口，試圖把你拉回來。你放下電腦，關燈，回應她的熱情。你伸手到她褲子，她還是阻止你，說你們才剛認識。你說你了解，然後再次開燈。她問你在幹嘛，你說你尊重她的決定，你並沒有不高興，用一種陳述事實的語氣告訴她。她滾到你身上然後鬧著玩地抱怨：「不要。」

她想做愛。她只是想知道你事後還會打電話給她，這會讓她安心一點——即使事實上她並不想再見到你。你讓她明白那一點。

你告訴她：「脫掉妳的褲子。」

她脫了。你們享受性愛，給彼此許多高潮，一整個晚上，一整個早上，也許甚至到好幾年後。

某個早晨，她問你和多少個女人交往過。

這是唯一你可以說謊的時候。

04

以一個社群來說，我們已經到達了傲慢的新高點。

「我開始覺得我好像在用牛刀殺雞，」前任學員暴衝這麼對我說。他剛剛圓滿達成社群史上最不可能的任務。一個叫做賈姬・金（Jackie Kim）的芝加哥上班族，不小心把她批評某次約會的心得轉寄給她整個通訊錄裡的人。內容就跟某些PUA們的現場報告一樣膚淺。

「該怎麼說呢……那個男的，」她寫道：「有車、錢、工作、可愛的公寓、遊艇──附帶一提那只能坐六個人，所以我真的覺得沒什麼──他的儀態和吻功倒是不賴，或許可以有下次約會。但是我可以告訴你，除非他去剪頭髮而且送我禮物，否則我頂多只當他是個朋友。」

這封電子郵件變成網路現象，被全世界瘋狂轉寄，還上了《芝加哥論壇報》（*Chicago Tribune*）。其中一個收到這封信的人就是暴衝，他立刻回了一封慰問信給她。賈姬回信說，他的信讓她好過多了，每當收到民眾寫來罵她的信，她就會重讀一次他的慰問信。幾封郵件往返，一次相片交換和一次約會之後，她就在暴衝的床上了。不用禮物，不用遊艇，不用剪髮，只是純粹的引誘。

暴衝的成功，引起社群裡的一陣騷動。突然間，去酒吧玩然後帶女孩

子回家，似乎已經不夠看了。

視界打電話叫了一個伴遊小姐，付她一小時350美元。但他的目標是讓她覺得有趣而且被吸引，好讓她為了繼續和他在一起，反而付他鐘點費。於是他努力地挑逗她，以每小時二十塊計算，他賺了八十塊錢。他們之後繼續見面，完全不收費。

葛林伯引誘一個到他門口推銷雜誌的十九歲女孩。儘管穿著四角褲和髒毛衣，他還是在一小時之內搞上她，而且沒買雜誌。聽到暴衝、視界和葛林伯最新的炫耀事蹟之後，在謎男崩潰後對社群幻滅的把妹達人們都迅速回鍋，全速進攻。其中最激底的是老爹。

老爹對專心唸書上法學院的保證維持了一個月，便開始在全國公路旅行，拜訪所有能夠見到的把妹達人。他每星期都寄行程表給我：他星期三要開車到芝加哥，去找獵戶座和暴衝；再去密西根見雜耍人；最後抵達多倫多，跟黑船長（Captain BL，一位耳聾的把妹達人）與No. 9共度週末。下星期他會到蒙特婁，找克里夫和大衛X。之後那個星期，他會一路沿著加州海岸往南開，從舊金山到洛杉磯到聖地牙哥。至於其他國家的把妹達人——倫敦、東京、阿姆斯特丹——他以電話或網路和他們保持聯絡。

一段時間過後，我不知道他是在學習遊戲，或只是試圖建立他的社交圈。他並不知道他只是在模仿我曾經做過的事：旅行全世界，和不同的把妹達人見面，然後變成最強的。

有個剛出道的把妹達人和老爹特別麻吉。他是個二十二歲的加拿大人，因為他老媽偶然連上一個把妹網站而發現這個新天地。他自稱泰勒‧德登（Tyler Durden），以《鬥陣俱樂部》（*Fight Club*）裡那個躁進的角色為名。而且他真的就像病毒或煽動者，最後改變了社群的路線和其中的每

一個人。

他是安大略省金斯頓皇后大學（Queens University）的哲學系學生。除此之外，沒有人知道太多關於他的事——也不會知道。他自稱是金斯頓最大的毒販之一，出身富裕的家庭，為學術期刊寫過嚴謹的哲學論文，還是個健身教練。但是都沒人能證實。

泰勒就像一陣颶風衝擊了把妹版。在任何人見過他之前，只有一件事很清楚：他沉迷的程度遠超過我們任何一個人。他爬完版上每一篇貼文——那有好幾千頁。而且他快速讀完所有建議書單——從《NLP簡介》到《支配你的隱藏自我》（*Mastering Your Hidden Self*）——真是驚人。他是個知識上癮者。

短短幾個月之內，他幾乎吸收了所有把妹的相關資訊，然後自封為權威，發表意識流短文和令人讚嘆的功績與吹噓的現場報告。就像蒼蠅遇上狗屎，那些想把妹的男孩們跟著他屁股後面跑。他是很有野心的新人物，一個快速自我改造的導師。而且很快地，他成了老爹的僚機，並加入老爹的旅程，拜訪每一個擁有愚蠢化名的PUA。其中之一，自然就是我。

泰勒一直e-mail給我。他是個固執的小鬼，我想我以前也是。他似乎對自己的煽動能力相當自豪。

這幾年以來，剛進社群的AFC會奉令執行一項菜鳥任務，就是沖個澡，換上漂亮衣服，然後到最近的購物中心去對每個經過的女人微笑說「嗨」。許多AFC發現這不只有助於克服他們的羞怯，有些女人還真的會停下來跟他們聊天。

泰勒提出一個新的任務，稱之為「破壞行動」（Project Mayhem），以向《鬥陣俱樂部》致敬。指令是跑向一個正妹，然後——甚至在出聲之前

——輕輕用身體撞她，用某個柔軟的東西敲她的頭，或某種搞笑的動作向她打招呼。

版上的人大多不用腦袋，只會盲從。我如果貼出服用避孕藥有助於遊戲，他們會真的跑去衛生所外頭排隊。所以讀到「破壞行動」之後，世界各地有數以百計的巡佐們會突然用超市推車或健身背袋撞女人。那不是誘惑，簡直是小學生胡鬧。

這其中隱含著泰勒‧德登的訴求：讓把妹看起來好玩而且顛覆——不像，比如說，快速引誘法，需要家庭作業、死記硬背、甚至冥想練習。

然而同時，也有一些關於泰勒‧德登的負面傳聞。視界曾經把他趕出去，因為他是個傲慢無禮而且不知感激的客人，老是不斷要求人家表演新慣例給他看。雖然泰勒的現場報告既有趣又引人注目，但每次他有機會上床的時候，似乎都會退縮。

05

MSN社群：謎男沙發吧

主題：現場報告——快速收場

作者：泰勒·德登

這件事十五分鐘前才剛發生，而且我只能告訴你們。

今天我覺得很無聊，所以跑去渥太華的里多購物中心（Rideau Centre），希望能認識一些新的HB（hot babe，辣妹），可以在今天晚上約出來玩，因為我的AFC朋友全都要陪他們的女朋友。我巡視整家購物中心，找不到半個超過7.5分的HB，超不爽。

我正打算要離開，剛好看見一家新開的果汁店，裡頭有個嬌小可愛的紅髮妹在工作——大約7.5分。

我點了一杯果汁，以下是事情發生經過：

TD：哪種芒果比較好喝：芒果颶風還是芒果微風？

HB：芒果颶風。

TD：喔，那我要點微風。

HB：哈哈，好啊。你想要哪一種配料？

TD：有哪些配料？

HB：寫在牆上那些。

TD：喔，所以我可以加些維他命和能量之類的東西進去囉。好極了！喝完這杯我就會精力充沛了！

HB：哈哈。

TD：擊掌！

HB：好啊！（她擊了我的掌。）哇！這大概是這一整天最酷的事了。

TD：很無聊吧？

HB：對啊，這裡好悶。

TD：嗯，好吧，妳猜怎麼了？

HB：怎麼了？

TD：我愛妳。

HB：哈哈。嗯，好吧。我也愛你。

TD：好極了！我們要結婚了。哇，真的可以在最奇怪的地方找到真愛，像是果汁店。

HB：哈哈。

TD：等等。我知道了，把眼睛閉上。

HB：為什麼？

TD：做就對了。

HB：你要偷我的收銀機或幹嘛嗎？

TD：才不是咧！我發誓。記住，我愛妳。

HB：好吧。（閉上眼睛）

櫃台很寬敞。我撲上去，上半身像超人那樣水平地趴在櫃台上，然後親了她。我一親她，她就開始尖叫，像是發瘋了一樣。

HB：啊啊啊啊啊啊啊啊！啊啊啊啊啊啊啊啊！

大家都看著我。她嚇壞了，像女妖般地尖叫到頭快掉下來，手臂揮來揮去。幹，幹，幹！我就知道這樣有一天會害死自己。幹，我應該再等多一點IOI之類的。幹，我以為我已經得到IOI了！我再也不會這樣做了！

TD：呃，我已經先說我愛妳了啊。
HB：啊啊啊啊啊啊啊啊！啊啊啊啊啊啊啊啊！
TD：呃，妳還好吧？
HB：啊啊啊啊啊啊啊啊！
TD：慘了。
HB：呃，好吧。總共是五塊三毛一。啊啊啊啊啊啊啊啊！

她試圖藉著說話恢復鎮靜，但還是繼續間歇性地尖叫。

TD：拜託冷靜一點。
HB：好，我沒事。你叫什麼名字？
TD：請不要叫警察來抓我。
HB：不是不是，只是電腦要用，我每一個人都會問。

TD：哦，我叫泰勒。

HB：哇，真是個好名字。

TD：呃，謝謝。妳呢？

HB：蘿倫。

TD：我喜歡。

HB：我的天啊，這真是我這輩子碰過最屌的事情了！

TD：酷！

HB：我的天啊，你好棒！我的天啊，我愛你！

TD：很榮幸為您服務，我保證我會再回來，讓妳的眼睛再閉上一次。

HB：你下次會多一點服務嗎？（她眨眼，這是性暗示，我猜）

TD：我不會讓妳失望的，你知道我愛妳。

HB：我很期待喔。

TD：哇，後面看起來很酷，帶我到後頭參觀一下。

HB：好啊，過來吧。

老天，我真不敢相信！我摸摸夾克口袋，還有兩個獵戶座上週末給我的保險套。如果我想的話，我可以上她。

但我退縮了。我沒辦法處理這種事！我認識她才不到兩分鐘！

現場有大概有五十個人盯著我，看著那小妞開門讓我跟她一起進去。我心想：「現在是怎樣？」這真的很尷尬。以現在的後見之明，我應該去做。不過當時我完全被嚇傻了。

於是我說：

TD：呃，其實我正在趕時間。

HB：我會再見到你嗎？

TD：嗯，我明天會出城一趟。

HB：好吧，那下班後呢？

TD：呃，我得跟我朋友出去，我明天會回來，到時候再一起出去玩。

HB：好啊。喔，我的天，這真是太棒了！哇！

然後我轉身走出去。

——TD

06

謎男回來了。

他的室友No. 9打電話來告訴我，謎男被醫院放出來了，現在和他的家人住在一起，並正在期待下星期可以回到公寓。到時泰勒・德登會過去上一堂一對一的課程。恢復教學或許太快了一點，但是謎男得付房租，而且泰勒迫不及待想見他。

「我從這奇怪的情緒之旅中走出來，其中有某種令人難以置信的認知原型。」幾天之後謎男告訴我。

他的聲音再次像安東尼・羅賓一樣清晰，心智很清醒。生命再次有了意義，然而，似乎有些什麼變了。他在狂躁的模式中——更甚以往——但那是一種新的狂躁模式。他並沒有真的回來，而是蛻變了。

「我已經設定好人生目標，」他接著說：「今年，我會打好基礎幹掉考柏菲，打倒他！我是超級巨星，我已經從毛毛蟲變成蝴蝶了。」

我問他有沒有吃藥，他說沒有。

「這件事我想得很清楚了，」他繼續說：「我只有在自我孤立的時候才會憂鬱。看看是什麼讓我變成那樣的：和派翠莎分手、新辣妹變調又糊

弄*我、沒有事業動力、獨自窩在公寓裡沒人可以說話。所以我們必須設計一個積極正向的環境——就像毛衣在澳洲的家一樣。讓我們可以相互激勵。我在醫院寫了很多關於這個想法的筆記，連我的精神醫師看了都誇獎我。我稱它為『好萊塢計畫』。」

這是我第一次聽到好萊塢計畫。當時我並沒有想太多，以為它最後會像幸福計畫一樣，又是一個胎死腹中的提案。

「我散發著光芒，」他繼續說：「我現在明白了。我是超級巨星，只是一直限制著自己罷了，我希望你能和我一起成為巨星。」

謎男回來了真好。雖然他不完美，卻擁有某種吸引力。有些人說他太自戀，他們說得沒錯，但至少他並不孤芳自賞，他還看見周圍那些人的潛力。那正是他能成為深具影響力的導師的原因。

「老兄，我已經是個巨星了，至少在社群裡。」我告訴他：「你不在的時候，我甚至被票選為把妹達人第一名——在你之上。真是瘋了，某天有個我見都沒見過的英國佬打電話告訴我，他搞女人的時候會幻想自己是我，感覺更有幹勁。你對這種事有什麼看法？」

要配得上我的名氣越來越難了。我們從前的學員超級巨星（Supastar），一個英俊粗獷的南卡羅萊那州教師，最近貼文說：「等我死後上了把妹天堂，型男會在那兒等我，因為他是把妹上帝。」

謎男聽了哈哈大笑。「那是你必須好好掌握的東西，」他說：「你已經創造出第二個你了。」

---

* 變調與糊弄（stale & blur）發生在女人停止回電話時，詳見書末一覽表。

07

　　謎男想要訂下我整整三個月的時間。他計畫在倫敦、阿姆斯特丹、多倫多、蒙特婁、溫哥華、奧斯汀、洛杉磯、波士頓、聖地牙哥和里約安排課程。

　　但是我沒辦法投入那麼多時間，我需要重整我的事業。在我成為全職把妹達人——或者如那些孩子現在稱呼我為把妹大師（mPUA，master pickup artist）——之前，我一直在做某件事，就是寫作。過去的我，人才剛睡醒，也還沒吃早餐或沖個澡，就髒兮兮地窩在電腦前打字。很沒搞頭。

　　現在我已經精通這整套關於女人的事了，我必須找回人生的其他部分，以求平衡。巡視這件事已經開始擾亂我的思緒。我太依賴女性的注意，讓它成為除了覓食之外我出門的唯一理由。把異性物化的過程中，我也讓自己失去人性。

　　所以我告訴謎男，我想縮減巡視的時間。目前我在洛杉磯和八個女孩交往，已經額滿了。有娜迪雅、瑪雅、美加、希亞、凱莉、希拉蕊、蘇姍娜和吉兒，她們都需要我，但都不會綁住我。她們知道我還和其他女人見面，她們或許也在和其他男人約會。我不知道，不在乎，也不會問。重點

是她們隨傳隨到，而我也是。

我沒有告訴謎男的是，我已經不信任他了。我不打算把時間空出來，訂好機票，只為了讓他再次在我面前崩潰。我又不是他的保姆。我總是告訴女人，信賴是靠爭取來的。他得再次贏得我的信賴。

謎男沒過多久就找到兩個熱情積極的僚機來替代我：泰勒・德登和老爹。我並不驚訝。自從謎男出院之後，這兩個人就一直待在多倫多，住在謎男的公寓裡，吸取他腦子裡每一條把妹資訊。

謎男每天都打給我，告訴我他們的進步。

他說：「我已經讓讓泰勒俯首稱臣了。他一開始是個混帳，但我們已經突破這一點了，他同意在我旗下當個稱職的學員。」

他說：「我終於理出和女人發生關係的公式了。你準備好了嗎？」一陣暫停。「關係等於信賴加上安心！」

他說：「當你見到泰勒・德登，不要指望你會喜歡他。先做好容忍他的心理準備吧，他很會找藉口。」

「那你幹嘛和他混在一起？」

「他打電話說週末想要過來，我讓他來了。他真的很煩，煩到讓我想出門透透氣。」

「所以他跟老爹一起過來的時候，我應該讓他待在我家嗎？」

「他是PUA家族的一分子，只要把他當作一個愛放屁的討厭小表弟就好了。」

一星期之後，老爹和泰勒・德登出現在我家門口。

老爹其實看起來還滿酷的，穿著皮夾克，太陽眼鏡推到額頭上，還有一件昂貴的棉襯衫蓋在牛仔褲上。在他身後站著一個我所見過最蒼白的

人，一束橘金色頭髮從他卵形的頭上直長出來，像個玩偶一樣。他的頭抬得高高的，笑容看起來像貼了膠帶般僵硬，而且五官扁平，好像套了絲襪。雖然他在網路上自稱是個舉重愛好者，看起來卻像隻白斬雞。總之，他一定有什麼遺傳上的缺陷。

他就是泰勒・德登。

當他進門的時候，對我點了點頭，一句寒暄也沒有——而且看都不看我一眼。我不相信那些不看我眼睛的人，但是我姑且先相信他。也許他為了要營造良好的第一印象而太緊張。他的文章裡說他一直參考我的貼文和技巧。他很崇拜我，他們全都崇拜我。但是大部分的人都很謙虛，而泰勒・德登對不自在的反應卻是表現出冷淡和傲慢。很好，U2合唱團的波諾也會這樣，那是他們的風格。我們出去吃晚餐時，泰勒開始說話了。事實上，他嘰哩呱啦講個不停，讓人很難插嘴。他說話喜歡拐彎抹角。聽得我頭都暈了。

「我正在追一個叫做蜜雪兒的女孩，」他說：「喔！追得超辛苦，真他媽的難追，老兄。」這時候他抬起頭，噘著嘴，挑著眉，然後猛點頭。他用這姿勢傳達到底有多難追，但是看起來既古怪又做作。

「然後我走到她身邊說：『蜜雪兒，妳好可愛，好辣喔。』」——這裡他用一種噁心的假音模仿她——「結果她看著我說：『我最討厭男人這樣。我只想要不哈我的男人，我討厭男人哈我。』」

聽了一個小時的廢話之後，我開始了解泰勒・德登了。人類互動對他而言是一種程式。行為由框架、調合、狀態、認同和其他主要的心理學理論來決定。而他想成為奧茲巫師（Wizard of Oz），那個躲在幕後拉線繩的小傢伙，他想讓周遭的每個人都以為他是王國中法力最高強的大師。

我懂了，我很高興弄懂它。

前因後果如下：他說，就他的年紀而言，他生理上很矮小而心理上很遲緩。他父親是個足球教練，把無法達到的高標準強加諸在他身上。關於他的生平，這是我所能蒐集到的細節，感覺很多都是他自己放的消息，真實性有待商榷。

每次女服務生走近，泰勒‧德登就慫恿我在她身上示範一個慣例。

「做那個嫉妒女友開場白。」他說。

「讓我看IVD*。」他說。

「做型男的EV*。」他說。

我曾經懷疑泰勒‧德登當初到底是怎麼煩視界的，現在我終於了解為什麼視界會把他踢出家門了。他似乎不關心我們的人性本質，不在乎我們做什麼工作、從哪裡來，或是對文化、政治和世界的想法。

他似乎不了解其中的區別：我們不只是PUA，我們是人啊。

---

* 互動價值展示（interactive value demonstration）的縮寫，見書末一覽表。

* 誘出價值觀（eliciting values）的縮寫，見書末一覽表。

08

晚餐之後，我為泰勒‧德登和老爹安排了一點特別的。希拉蕊，那個我從海蒂‧佛萊絲和安迪‧狄克手上搶來的藍髮脫衣舞孃，正在好萊塢的Spider Club表演。於是我打電話給其他幾個女生到那裡會合，包括蘿莉，那個啟發我發明演化瞬移慣例的愛爾蘭女孩。我想泰勒會想要認識葛林伯，所以我也邀他過來。

我們到達那裡的時候，蘿莉正和她的姊妹們坐在酒吧。幾乎每個店裡的男人都盯著她們瞧，試圖鼓起勇氣接近。我向泰勒介紹她們。說哈囉之後，他坐了下來，沒有再說半句話。他就杵在那兒整整十分鐘，保持著很彆扭的沉默，那是他當晚第一次閉上嘴巴。

我向老爹介紹她們的時候，老爹立刻活了過來。他從頭上摘下太陽眼鏡，直接戴在蘿莉頭上——這是謎男在多倫多教過他的招式，目的是當你冷落目標時，讓她走不開。他接著開始進行我的價值展示慣例，關於C形微笑和U形微笑。

我喜歡看著老爹進步。冷酷的裁決者總喜歡說，有些人就是行，有些人就是不行。而且你可以立刻看出某個人到底行不行，我始終都認為那是與生俱來的東西；然而，整個社群都預言那是可以學習的。雖然老爹有些

地方還是很生硬，但他開始學會了。他就像是專攻把妹的機器人。

當老爹取悅那些女孩的時候，泰勒·德登和我到另一個房間看希拉蕊跳舞。她關在鳥籠裡，在身體前方揮動著兩隻大羽毛扇，又露肩又露腿的。她擁有令人噴鼻血的火辣身材，可惜我不能再跟她上床了。

「你怎麼不跟蘿莉和她朋友們聊天？」我問泰勒。

「我不知道你在她們身上用過什麼樣的慣例，」他回答：「我怕會重複。」

「老弟，你可以加進自己的特色啊！」

現在希拉蕊身上只剩下羽毛內衣褲。她的肌膚好柔軟，雖然有點鷹勾鼻。我上次見到她的時候，她說她得了皰疹，我可不能跟她上床。

「咱們去別的地方吧？」泰勒用手肘輕推我。

「為什麼？這裡有很多女孩子。」

她坦承有皰疹是對的，總比瞞著我然後害我感染要好。我不能因為她的誠實而處罰她，只是現在我不可能再跟她上床了。

「我想見識一下你在全是陌生人的地方行動。」泰勒催我。

她以羽毛覆蓋身體，一直到她的腿下方，隨即將內褲丟向觀眾席。啊，一件飛舞的皰疹內褲，被某個留落腮鬍的嬉皮一把抓住，把它捏皺在拳頭裡然後興奮地舉在空中。他的小小性病獎品。

有人拍拍我的肩膀，是葛林伯，穿著他的幸運把妹衫。

「如何呀，老哥？」他問。

「沒什麼。你要不要陪泰勒·德登到馬鞍牧場去？」

「你不來嗎？」泰勒·德登問：「我真的很想看你示範哩。」

「我累了，老弟。」

「如果你來，我會模仿謎男想念他的靈魂伴侶型男的樣子給你看。那真的很受觀眾歡迎。」

不用了，謝謝。

我走到一個包廂，抓了一張在希拉蕊對面的椅子。

「跟你在一起的那些遜炮是誰啊？」她問。

「他們是把妹達人。」

「鬼才相信。」

「好啦，他們很年輕，還在學習。給他們一點時間嘛。」

她把左眼的假睫毛慢慢撕下。「想換地方嗎？」她問，然後輪到右眼。

如果去了，我就必須和她上床，那是一種默契。「不了，我真的該回家了。」

我想要讓自己通過一切試煉。我太神經質了，不該這麼來者不拒。

09

　　儘管泰勒·德登很顧人怨，我還是試著去喜歡他，別人也是如此。

　　當他和老爹巡迴全國當謎男的僚機時，他的技巧報告非常傑出。也許他只是因為我在場而緊張，或者在被迫為許多學員表演之後，他進步了，就像我一樣。我決定暫時相信他。

　　社群裡有一種趨勢。我一年前剛到這裡的時候，羅斯·傑佛瑞和快速引誘法主導著把妹版。然後謎男方法接替，接著是大衛·狄安傑羅和驕傲風趣法。現在，泰勒和老爹正在崛起。

　　有趣的是，雖然方法一直在改變，但女人並沒有改變。社群依然很隱密，知道我們在搞啥的女人非常少。這些趨勢和女性無關，而是和男性自尊有關。

　　其中最自大的羅斯·傑佛瑞正逐漸被遺忘。雖然快速引誘法依然有很大的貢獻，但對新生代的社群成員而言似乎已經落伍了，就像送花給女孩子、共喝一杯啤酒一樣。羅斯對這點很不爽，他對很多事情都很不爽。我會發現這一點，是在某天晚上回家聽到的電話留言：

　　嘿，型男，我是羅斯。我現在情緒很不穩。現在是十二點十分，通常

當我情緒不穩的時候，我會打給討厭的人然後狂罵。但現在我不打算這麼做。我只是要告訴你，不公平啊，老弟，多帶我去一個派對又不會死，何況你欠我的比這多多了。

如果你不履行約定，我也不會生氣。我只會讓你和快速引誘社群和其他的一切徹底斷絕關係。我說到做到！想想我如何改變你的生活，想想你回報給我的和你當初承諾的差多少。那真的不公平，我對你的期望不只如此。如果這聽起來像是我對付女人的招數，就那樣吧。

我知道羅斯在說什麼。自從上次派對之後，我就完全不甩他。他必須催眠我，好把他嗅卡門‧伊萊克特拉屁股的醜態逐出我的腦海，我才可能再帶他去參加派對。

然而，幾天後的晚上我打電話約羅斯去吃晚餐，念在舊日情誼。他並不如我預期的那麼不爽，主要是因為他心裡有了新的敵人：泰勒‧德登。

「那傢伙真令人不寒而慄，」羅斯說：「很恐怖，缺乏一般人會有的溫暖。未來如果他和謎男拆夥然後完全自己幹，我也不驚訝。他在任何一個比他厲害的人身邊，都顯得不自在。現在，他已經自稱勝過謎男了。」

當時我認為羅斯會這麼說是出於偏執，但泰勒‧德登很快就證明羅斯說得沒錯。

而且根據謎男的說法，那是我的錯。

「工作坊已經不好玩了，」謎男抱怨。他從新澤西州打來，他在那裡和泰勒‧德登跟老爹混在一起，住在一個叫加維洛司、以發明玩具為生的把妹達人家裡。「就只是工作而已。這些事只有你在的時候才會好玩，因為我們懂得互相掩護。」

我受寵若驚，雖然工作坊本來就不應該好玩，正如名稱所示，工作就是工作。

　　「此外，我的目標正在改變，」他繼續說：「一開始只是想被注意。但是現在，我認為我正在尋找真愛。我想要談一場小鹿亂撞的戀愛。我想要一個我能夠尊重她專業的女人，像是歌手或超火辣的脫衣舞孃。」

　　不可避免的拆夥很快就發生了。

　　謎男和泰勒、老爹飛到英國和阿姆斯特丹去上另一輪的工作坊。他離開的時候，引起一堆心得分享和要求他再開課的熱烈回應。應觀眾要求，泰勒‧德登和老爹自己留下來又繼續辦了幾場。他們的學校正在放假，和挖冰淇淋或在加油站打工比較起來，教男人如何把妹似乎是個很有趣的短期打工。

　　謎男一回到多倫多就打電話來。「我父親得了肺癌，快要不行了。」他說：「真奇怪，但我第一個想通知的人是你。」

　　「你還好嗎？」

　　「我並沒有很難過，但是我媽在哭，這是我第一次看見她哭。我爸一直希望在自己的墳墓上淋威士忌，所以我老哥說：『希望他不介意先從我的膀胱過濾。』」

　　謎男笑了起來。我試著為他擠出一些笑聲，但是擠不出來。那個畫面並不好笑。

　　同時，泰勒‧德登和老爹在歐洲跑來跑去。一開始，他們教的大多是謎男的東西。但是某天晚上在倫敦，一切全都變了。他們發展出新理論，就在萊斯特廣場（Leicester Square）的廣大戶外，那個背包客、夜店動物、觀光客、玩家和酒鬼的起始點，他們想出對付AMOG（alpha male of the group）的策略。

AMOG是指團體中的雄性領袖，是巡佐們永遠的眼中釘。沒什麼比這更丟臉的了：在你想把的女孩子面前，被一個滿身酒臭、行動笨重的壯漢一把從後面拎起來，並嘲笑你那些亮晶晶的配件。這永遠提醒你，你不是那種受歡迎的小孩，你只是個見不得人的怪胎在裝模作樣而已。

泰勒‧德登可能是我們這群怪胎當中最怪的一個。他雖然缺乏帥氣和優雅，卻能用分析理論來彌補，他是社交解構主義者和行為微型管理者，擅長觀察人類的互動，然後拆解成生理、語言、社會和心理的運轉元件。最後，反過來領導或逼退其他男性威脅者，例如，把走老愛在學校裡找他麻煩的運動健將的女友，比引誘一個獨坐在咖啡館裡的女孩，是一種更甜美的復仇滋味。

所以他會注意那些AMOG損他時的肢體語言、觀察他們對女生說他是個怪胎時的眼神、分析他們故意拍他背讓他站不穩的那股力道。他花在現場研究AMOG的時間，遠超過巡視女人，直到他辛苦地慢慢悟出一個社會新秩序——改寫自音樂人波伊德‧萊斯（Boyd Rice）的說法，強者仰賴弱者存活，智者則仰賴強者存活。

現在什麼也阻止不了PUA，他們可以在身材和冰箱一樣高大的男人面前釣走他馬子。他們踏進了危險的領域裡。

10

MSN社群：謎男沙發吧

主題：AMOG戰略

作者：泰勒・德登

以下是我近來研究的東西，相當有趣。

大部分是我從歐洲的天生好手身上學來的，我試圖從他們那裡偷走組合，而且避免被他們偷走我的組合。他們不像北美的傢伙那麼遜，他們有很多人擅長玩遊戲，而我已經想出贏他們的方法了。

以下所述大概經過幾百次的現場測試。

AMOG：嘿，小姐，怎麼啦？

PUA：嘿，老兄（把雙手舉在空中像是投降一樣），請你把這些女孩從我身邊帶走，我願意立刻付你一百塊。

（那些女孩會說：「不，不要。我們愛你，PUA。」然後她們會咯咯笑，並爬到你身上。這會當場讓那傢伙洩氣。）

AMOG：（露出他想要打架的信號）

PUA：哈哈，老兄，你現在是要找我打架嗎？哈，好吧，好吧。等等，等等。等一下！我們可以來點更有意思的，先比腕力，然後比單手伏地挺身。最後，擺出健美先生的姿勢！

（然後開始活動關節，說：「女士們？」她們會在一旁起鬨加油，說些你好強壯之類的話。這讓AMOG看起來像個豬頭，因為你讓他顯得太刻意以生理優勢取悅那些女孩。）

AMOG：嘿，老兄，繼續說啊，咱們來聽聽你都怎麼把妹的。

PUA：嘿，那我得試著讓你們這些倫敦酷哥（或穿破襯衫的傢伙、閃亮鞋子的傢伙或隨便什麼）印象深刻。你們幾個真他媽的厲害。

（重點是，以你對他僅有的了解來貶抑他，即使完全不相干，他會覺得很憋，並表現在他的肢體語言上）。

AMOG：你上衣的圖案是屁眼嗎？看來你需要有人保護喔，老兄，不然你會被所有男人插到死。

PUA：老兄，那就是我跟你混在一起的原因啊。我需要你，幫幫我吧，拜託，我一看到你，就知道你是為了要保護我的屁眼而出生。

（真的有人這麼對我說過。而且老實說，這是個很棒的羞辱。所以當你面

對一個懂遊戲的AMOG時，你必須更進一步，讓他看起來很努力想跟你交朋友，或開玩笑地說要雇他做一個你覺得低等的工作。比如說，「你真像個搞笑藝人，但是你不必為了讓我喜歡你而那麼搞笑。」或「老兄，那太棒了，你應該會想要設計我的網站之類的。」）

AMOG：（故意推你，以表現優勢。）
PUA：哈哈，老兄，我對男人沒興趣喔，同志夜店在那邊。

（那些女孩嘲笑他，然後他會開始向你證明自己不是同志。）

AMOG：（走到你面前）
PUA：（沉默）

（別理他，就靜靜站在那裡。如果他一直試圖壓倒你而你不回應的話，他就輸了，因為他太刻意要得到你的注意。另一個絕招是，用眼神向女孩表示我們一起離開這裡吧──模仿當氣氛被搞砸，大家交換的那種眼神──她們會跟你一起離開。）

以下是一些其他的建議。
如果我正在巡視的女孩是AMOG的女友，就「中和」他。如果他只是剛認識那些女孩，那麼就打倒他。
運用對的肢體語言，即可成功反擊AMOG。當你說這些台詞時，臉上要露出大大的微笑。你可以故意用手肘頂他胸口或拍他的背，讓他的飲料灑出

來，這得在友善的偽裝下進行。然後（這發生在我身上過）告訴他：「要公平競爭啊，老兄。」你伸出手作勢要跟他握手，當他也伸手回應你時，你就把手放下。不斷地戲弄他。

同時，你也可以搭AMOG的順風車。他安排好一切，然後你接收一切。這是我常做的事。我會先讓一個傢伙增加馬子的購買慾，我再適時切入並且贏過他。我會對她們說他是個怪胎，然後把她們從他身邊帶走。因為AMOG已經先把那些女孩撩撥起來了，所以那時她們依然會處於興奮狀態。在我接近的組合中，如果有個天生好手AMOG正在跟女孩說話，我大概百分之九十會這麼做。

祝大家玩得開心。

—TD

11

　　當泰勒・德登和老爹的倫敦授課心得報告貼上克里夫電子報的時候，謎男氣炸了。他並不是對AMOG理論不滿，你必須承認那部分是這兩人的貢獻。他在不爽泰勒和老爹竟然成立自己的網站和跟他對打。謎男稱自己的課堂座談會為「社交力學」（Social Dynamics），他們卻稱自己的現場授課為「正宗社交力學」（Real Social Dynamics）。

　　老爹對於建立把妹事業就像他以前對巡視那樣的機械化，完全複製謎男的模式。謎男收費六百美元，泰勒和老爹也是；謎男的課程為期三天，泰勒和老爹也是；謎男在晚上八點半開始上課到凌晨兩點半，泰勒和老爹也是。

　　雖然泰勒和老爹說謎男允許他們自立門戶，但謎男說他們偷走他的客戶名單。當他們用完那份名單，就跑到各個快速引誘法的網站貼文章，搶羅斯・傑佛瑞的弟子的生意。當羅斯開始察覺有異，他們就在各地成立自己的巢穴，從南加州的P-L-A-Y開始（玩家的洛杉磯雅虎社群，Player's Los Angeles Yahoo group）。

　　謎男把學員人數限制為六人，老爹和泰勒則塞了幾十個人。那種巡視簡直是無政府狀態，但是他們的財富滾滾而來。幾乎每一期課程，老

爹都會精心挑選一個學員——即使他是處男——讓他在下一期當客座教師。很快地，老爹擁有自己的一幫僚機——舊金山卡拉OK冠軍杰雷克司（Jlaix）、在時尚圈的方下巴紐約客病仔（Sickboy）、加大四年級學生也是謎男昔日門徒的織夢者（Dreamweaver），甚至多面——他飛到每個地方參加每一個課程。

儘管如此，每當泰勒和老爹去多倫多，謎男還是繼續讓他們住在他家，提供他們諮詢。我問他為什麼，他回答：「親近你的朋友，更要親近你的敵人。」就為這麼了不起的陳腔濫調，我想他知道自己在做什麼。

看見泰勒和老爹的成功之後，有兩件事開始在社群的其他人身上發酵。第一，任何人都可以開班授課，對一個傢伙指著兩個女孩說：「去接近她們。」並不需要任何特殊才能。第二，學習把妹的學費是很有彈性的，為了解決問題，男人不惜一擲千金。

謎男犯了關鍵的錯誤：他沒有要求學員簽下不得洩密的切結書，這下精靈溜出瓶子了。一個接一個，每個人都醒過來發現，他們花在研究和練習把妹的時間，比花在家庭、學校、工作和真正的朋友上的還多，而且除了讓避孕產業蓬勃發展之外，還有更多的用處。我們是這些知識的創造者與受益者，而這些知識超越了現實世界好幾光年之遠。我們已經發展出一個嶄新的性關係典範——讓男人掌握優勢，或至少有掌握優勢的幻覺。這是一個龐大的市場。

獵戶座，那個製作《神奇接觸》錄影帶的怪胎，開始在購物中心和校園裡開設白天的授課。

接下來，兩個叫做無害（Harmless）和謀略（Schematic）的PUA，也開始廣告他們自己的課程。這令大家相當傻眼，因為謀略一個月前才剛開

苞。

我認識的一個克羅埃西亞人，壞小子，是很有領袖魅力的PUA，在戰爭期間被狙擊槍打中之後，他腳跛了而且左手臂只剩部分功能，他設立一間叫做「玩家風格」（Playboy Lifestyle）的公司。學員飛到札格拉布去拜訪他，接受如何成為雄性領袖的訓練。練習包括用拳頭狂打他的肚子，拚命大叫：「去你的！」克羅埃西亞的平均月薪是四百美元，而他的課程卻要價八百五十美元。

多狂（Wilder）和師傅（Sensei），兩個都是謎男方法的畢業生，帶領舊金山的「把妹101」工作室。有個神祕的網站出現，販賣一本書叫做《否定攻擊釋疑》（*Neg Hits Explained*）。視界辭掉他的工作去進行一對一的授課。毛衣的員工之一把某個把妹網站和系列商品搭配在一起。天使、良明（Ryobi）和樂史托（Lockstock）這三個倫敦的大學生，創立了一家叫做「衝擊互動」（Impact Interaction）的工作室。就連那個跨越邊界的嫖客奪標，也發行了一套亂七八糟的DVD課程「引誘簡單做」（Seduction Made Easy），兼作有一搭沒一搭的喜劇。

最後，葛林伯和劈腿跳進這場騷動之中，各自發展出自己的把妹方法，並寫了一本相關的電子書。葛林伯在他出版的那個星期賺了一萬五千元；劈腿也拿到六千元。

社群相關企業正蓬勃發展。

該是我出手的時候了。這一切已經變得太巨大，就要爆開了。

我在社群中已經有一年半的時間了，在別的作家搶贏我之前，我得先拿下把妹次文化這個主題，該是現身的時候了。要提醒自己，我不只是PUA，還是一個作家，我有正經事業。於是，我打電話給一個《紐約時

報》風格版（Style）編輯友人，那邊似乎是非常適合寫這些東西的版面。

　　沒有人在網路上使用真名，我們都喊彼此的化名，即使羅斯‧傑佛瑞和大衛‧狄安傑羅都是化名，真實世界的工作和身分並不重要。因此，社群中的每個人都知道我是型男，很少人知道我的真名或是我在為《紐約時報》寫文章。

　　讓這些故事上報並非易事，我花了兩個月時間和編輯往來討論，寫了一份又一份的草稿。他們始終抱持懷疑的態度，想要各個不同導師的能力證明，想讓大眾知道技巧固有的怪異。他們似乎不太相信這些人——以及這個世界真的存在。

12

在我身為把妹達人的雙重身分故事上報前夕，我輾轉難眠。我創造了型男這個角色；而現在，我將用二千字的報紙文章來殺死他。我相信社群裡的人會很生氣，因為在他們中間出了個叛徒。我做了一個惡夢，巡佐們帶著火把聚集在我家門外，要把我活活燒死。

但是，再多的不安與煩惱都無法讓我預料到會是這樣的反應：一點反應也沒有。

當然，還是有一點點抱怨的聲音，有人擔心社群暴露可能招致毀滅，有些人不喜歡故事的基調，而謎男很生氣被稱作把妹達人而非「金星達人」（Venusian artist），那是他的最新用語。但是型男的可信度很高，在社群裡的地位很穩固，對那個世界的巡佐們而言，他先是把妹達人之後才是新聞記者。他們並沒有對尼爾·史特勞斯潛入他們的社群感到不爽，反而對型男讓這篇文章上了《紐約時報》感到驕傲。

我真是大吃一驚。我一點也沒把型男殺死，反而讓他變得更強了。巡佐們在Google上搜尋我的名字，在亞馬遜訂購我的書，寫很長的貼文細說我的事業。當我請求他們把我真實世界和網路上的身分分開時——主要是因為，我不希望我認識的女人查到我寫的關於她們的現場報告——他們真

的答應了。我依然掌控一切。

更令人驚訝的是，我並不想要離開這個次文化。現在我是這些孩子的良師，而且我有角色要扮演，我有友誼要維持。雖然我早就達成了變成把妹達人的目標，但這一路上，我意外地找到生平從未有過的同志情誼和歸屬感。不管喜不喜歡，我現在已經是社群不可或缺的一部分。那些孩子不覺得驚訝或被背叛是對的，我是他們的一分子。

至於我生活裡的女人，那篇文章也沒對她們造成影響。文章裡關於社群和我的部分，我早就告訴過她們了。而且，我發現了一個令我好奇的現象：如果我在上床之前告訴女人我是把妹達人，她還是會跟我上床，但是她會讓我多等一兩個星期，以確定自己和其他女孩不同；如果我在上床之後告訴女孩我是把妹達人，她通常會覺得很有趣，會被這整件事吸引，並相信我沒有對她耍手段。然而，她對社群的包容力，只能持續到我們分手或是停止見面的時候，到了那時候它就會被用來對付我。當一個把妹達人的問題在於誠實、真心、信賴和聯繫，這些對女人是很重要的。如果在剛開始一段關係的時候，拚命用了一堆技巧，就違背了維持關係所需的每一個原則。

文章刊出後沒多久，我接到一通威爾・達納（Will Dana）的電話，他是《滾石》雜誌的人物專題編輯。「我們正在做湯姆・克魯斯的封面故事。」他對我說。

「很好啊。」我說。

「是啊，他想要你來寫。」

「你可以說清楚一點嗎？你說的他是指誰？」

「湯姆・克魯斯特別指名你來寫。」

「為什麼？我以前從來沒有採訪過演員。」

「他讀了你在《紐約時報》上那篇把妹的文章。等你見到他的時候，你可以問他。他現在正在歐洲為《不可能的任務》續集勘景，等他回來的時候，他想要帶你一起去飛車學校。」

「什麼是飛車學校？」

「就是學習機車特技的地方。」

「聽起來很酷，我可以配合。」

我忘了告訴威爾，我這輩子從沒騎過機車。然而，那在我想學的把妹相關技巧清單上排名很高──就在改造課程之前，防身術之後。

取得引誘位置

Extract to a Seduction Location

在生理構造上與我們最接近的雄性靈長類並不餵養雌性。
小孩的重擔，令她一路備嘗艱辛，她獨力照料自己。他或
許會努力保護她或擁有她，但並不養她。

——瑪格麗特‧米德（MARGARET MEAD，美國人類學家，女性主義
主要領導人之一），《兩性之間》（*Male and Female*）

01

自從我加入把妹社群之後認識的人當中，他是第一個沒有令我失望的
人。

他的名字是湯姆・克魯斯。

「這一定會很棒，老兄。」當我在飛車學校和他碰面的時候，他熱
情迎接我。他笑著稱讚我的冒險，友善地用手肘撞了一下我的胸口。和泰
勒・德登在倫敦寫過的AMOG手勢完全一樣。

他穿著一件黑色騎士皮衣，左手臂下夾著一頂安全帽，下巴上有留了
兩天的短鬚。「我正在受飛過一台拖車的訓練，」他說，指著車道旁邊那
個組合式房屋。「會比那一個還要大，但是並沒有那麼困難。」

他瞇著眼望著那車子一會兒，想像著那個畫面。「好吧，跳躍不算太
難，難的是著地。」

他舉起右手朝我的肩膀捶了一下。

湯姆・克魯斯是完美的實例。他是泰勒、謎男和把妹社群裡的每一個
人曾經試圖效法的AMOG。他先天具備了絕對優勢，不論是生理或心理
上，他似乎能輕鬆應對任何社交場合，簡直是完美雄性領袖的具體化身。
社群中幾乎每個人都研究過他的電影，模仿他的肢體語言，而且經常在現

場使用《捍衛戰士》的術語。我有一堆問題要問他，但是我得先確定一件事。

「為什麼你會選我專訪你？」

沙塵從車道上揚起，吹到我們周圍。我們把安全帽緊夾在手臂下。

「我喜歡你在《紐約時報》的那篇文章，」他回答：「關於那些搭訕的傢伙。」

所以這是真的。

他頓了一下，眼睛瞇成一條細縫，這表示他要說到嚴肅的話題了。

他的左眼閉得比右眼緊一點，讓表情看起來很有張力。「你文章提到的那個傢伙，真的說《心靈角落》裡的角色是以他為範本創造出來的嗎？他真的那麼說？」

他指的是羅斯·傑佛瑞。羅斯引以為傲的成就之一，就是他啟發了保羅·湯姆斯·安德森的電影《心靈角落》裡的法蘭克·麥基（Frank T. J. Mackey）這個角色。麥基就是湯姆·克魯斯飾演的那個自大的把妹教師，但心裡有難解的弒父情結，他在研討會上戴著頭戴式麥克風，命令他的學員要「敬屌」（respect the cock）。

「他不該這麼說的，」湯姆·克魯斯接著說。他吞下一顆鹽錠，然後灌了一大瓶水。「他說的不是事實。真的，那是PTA想出來的，」PTA就是保羅·湯姆斯·安德森（Paul Thomas Anderson）。「那個傢伙一點也不麥基，他不是麥基。」確認這一點似乎對湯姆·克魯斯很重要。「我和保羅·湯姆斯·安德森花了四個月一起創造那個角色，而且我一點也沒有模仿那個傢伙的東西。」*

湯姆·克魯斯讓我坐在他的1000cc凱旋牌（Triumph）摩托車上，教我

如何發動引擎和打檔。隨後他繞著車道馳騁，還翹起車輪，而我則以時速十公里騎著他的頂級機車，覺得精疲力竭。之後他帶我到他的保母車裡，牆上貼滿了他和前妻妮可·基嫚領養的孩子們的圖畫。

「這個叫傑佛瑞的傢伙，是否在電影上映後把自己變得更麥基了？」湯姆·克魯斯問。

「他像麥基一樣傲慢自大而且有嚴重妄想症，但不像麥基那樣是個雄性領袖。」

「告訴你一件事，」湯姆·克魯斯坐到桌邊，桌上放滿了小三明治和冷盤火腿。「當我在演麥基那一大段獨白的時候，我們沒有告訴台下的臨時演員我們在幹嘛，但是他們就在我講話的同時開始興奮起來。結果那天收工的時候，保羅和我只好上台解釋：『聽著，各位。我們只是想要告訴大家這個角色在做什麼，他所說的都是不對的，很缺德。』」

又開始說教了，先是達斯汀，現在是湯姆·克魯斯。我無法理解，學習如何認識女人有什麼不對嗎？那正是我們人生的意義，是物種存續的方式。我想要的不過是演化的優勢，所以為什麼不能努力學著把它做好，就像學習生活中其他事情那樣？誰說你只能上騎機車的課程，卻不准上與女人互動的課程？我只是需要有人教我如何開始、如何上手，並沒有傷害任何人，沒有人在我和她上床之後抱怨過，沒有人受騙，沒有人受傷；她們想被引誘，每個人都想被引誘。那讓我們覺得有人愛。

「我們會說這些，是因為那些臨時演員真的聽進去了，還打算去身體力行。所以保羅跟我才會說：『天啊，各位，別當真啊！』」

---

* 然而，2000年電影雜誌《創意編劇》（*Creative Screenwriting*）的訪問中，保羅·湯姆斯·安德森提到了為了麥基這個角色，他確實研究過羅斯·傑佛瑞。

看吧，我很想對湯姆‧克魯斯說把妹是有誘惑力的，但是我不能，因為當他想起那一幕的時候會大笑出來，他的笑聲是充滿整個房間那種，不像一般人。一開始還好，就是普通的笑聲，連你也會的。笑點退去之後，你會停止發笑；但這時候湯姆‧克魯斯的笑聲會開始漸強，並和你四目相接。哈哈哈哈嘿嘿。然後你會試著再次跟他一起大笑，因為你知道你該這麼做，但是卻笑得不自然。在笑聲之間，他會偶然擠出幾個字來──「那不是真的。」比如說在這次的情況下。之後他會突然停下來，讓你覺得鬆了一口氣。

「嗯。」我告訴他，擠出最後一點尷尬的笑。「你說得倒是很容易。」

接下來一個星期，我們拜訪了好幾個山達基教派（Scientology）的建築。湯姆‧克魯斯是該教派的一員，已經不是什麼祕密了。這個宗教、自助團體、慈善機構、教派和哲學，是1950年代科幻小說家L‧羅恩‧賀巴特（L. Ron Hubbard）創立的。但是湯姆‧克魯斯以前從來沒有帶記者進入那個圈子。

我對L‧羅恩‧賀巴特了解得越多，越覺得他和謎男、羅斯‧傑佛瑞、泰勒‧德登是完全雷同的人格特質。他們都是聰明絕頂的自大狂，知道該如何把大量的知識和經驗轉變成人格導引的品牌，再賣給那些有使命感的人，通常是執迷於引導人類行為準則的學員，但是他們使用那些準則的道德感和動機，常引起爭議。

我們相處的最後一天，湯姆‧克魯斯帶我參觀好萊塢的「山達基教名流中心」（Scientology Celebrity Center），我在那裡看見一間擠滿學員的教室，他們正在接受「心靈計」（e-meter）的使用訓練，一種用來測量皮膚

電導的儀器。當好奇的民眾進入教堂，他們會被裝上心靈計，然後問一些問題。訪談者會和他們一起分析結果，告訴他們為什麼需要加入山達基教以解決他們的問題。

教室內的學員兩兩一組，以角色扮演的方式模擬訪談期間可能會發生的各種情境。他們面前攤著很大一本書，書裡告訴訪談者（或聽析員〔auditor〕，山達基教的術語）該如何回應每一種突發狀況。沒有什麼是偶然的，沒有任何潛在信徒會從他們手裡溜走。

我發現，他們重複演練的東西正是一種把妹的形式。若沒有這些嚴謹的結構、重複演練的慣例和解決問題的策略，就招募不到新教徒。

我對巡視的主要挫折之一，就是不斷重複同樣的台詞，一次又一次。我已經厭倦去問女孩子覺得魔咒有用嗎、她們想要做好朋友測驗嗎，或是她們是否注意到自己笑的時候鼻子會扭動。我只想要走進一個組合中，然後說：「愛我吧，我是型男！」

但是看過那些聽析員之後，我開始想，也許慣例不是輔佐，而是主體，各種煽動群眾的形式都得靠它。宗教是把妹，政治是把妹，人生也是把妹。

其實，我們每天也都在使用自己的慣例，我們仰賴它來讓別人喜歡我們、得到我們想要的東西、讓某個人發笑，或是又撐過一天，而不讓任何人知道我們對他們真正的想法。

參觀完畢之後，湯姆‧克魯斯和我在名流中心的餐廳裡吃午餐。他的鬍子刮得很乾淨，臉頰紅通通的，穿著合身T恤。吃完一大塊牛排之後，他討論到他的價值觀。他相信人要學習新事物，做只有他能做的工作，而且除了自己，不需要跟別人競爭。他是個意志堅定且堅決果斷的人，任何

必須實行的想法、必須排解的混亂、必須處理的問題，都會先在他的腦海中模擬一遍。

「我不太會一直找別人商量，」他說：「我常常思考，如果我知道那是對的，就不會再去問任何人了。我不會說：『老弟，你覺得怎麼樣？』我為自己做出每個決定——我的事業，我的人生。」湯姆‧克魯斯坐在椅子裡身體向前傾，手肘放在腿上，他的頭幾乎和桌面平行。說話的時候，他會藉著手勢表達自己，細微的程度就像他瞳孔的縮放。這傢伙生來就是要推銷東西的：電影、他自己、山達基教派、還有我。每當我批評自己或為自己找藉口，他就會突然生起氣來。

「我很抱歉，」談論到我寫過的一篇文章時，我一度這麼說：「我並不是故意要聽起來像那些作家一樣。」

「你何必道歉？為什麼不要像個作家？作家是有才華的人，能寫出讀者感興趣的事情。」然後他嘲弄地說：「不，你才不想成為那些有創意而且懂得表達的人。」

他是對的。我本來以為我已經不再需要導師了，但現在我還需要一位。湯姆‧克魯斯正在教我更多內在遊戲，比謎男、羅斯‧傑佛瑞、史提夫‧P或我父親都要多。

他站了起來，拳頭猛然捶在桌上，一種強硬的雄性領袖風格。「你為什麼不想當作家？去當吧，老兄。我說真的，那很酷！」

好吧。湯姆‧克魯斯說那很酷，拍板定案。

當我們說話的時候，我發現，我這輩子認識的所有人當中，沒有人比湯姆‧克魯斯腦筋更固執的了。這是個很擾人的想法，因為他的每一個概念，幾乎都能在L‧羅恩‧賀巴特那部巨著中的某個段落中找到。

我會發現這一點，是當湯姆‧克魯斯叫他的私人山達基教聯絡人拿一本厚重的紅皮書到桌上時，他把書翻到山達基教的榮譽守則，然後我們一條一條地討論——以身作則、盡你的義務、永遠不需要被讚美或肯定或同情、別向你自己的本性妥協。

他答應寄給我名人中心的山達基教年度宴會的邀請函，我開始擔心這其實和《滾石》雜誌的訪談文章一點關係也沒有，而是在招募新教徒。如果是真的，那他挑錯人了。他頂多是介紹我一個知識泉源供我汲取，像當代神話學大師喬瑟夫‧坎伯（Joseph Campbell）的著作、佛陀的教誨、或饒舌歌手Jay-Z的歌詞。

在用餐與研究時間之後，湯姆‧克魯斯邀請我到總裁室和他母親見面，她正在大樓裡頭上課。「關於你寫的那篇文章，我還有別的問題想請教你，」他邊走邊說：「裡面有很多東西是關於試圖控制別人和操縱情境。你能想像嗎？如果他們把那些力氣拿去做些有建設性的事，誰知道他們能夠完成什麼事。」

訪談結束了，文章出版了，湯姆‧克魯斯和我會再見面。到時候我將是個不同的人，但是他還是他，永遠不會改變。他是AMOG——而且他教我變成AMOG。然而，他並沒有說服我信教。

他有他的宗教，我有我的。

02

然而，我的教堂仍在建構當中。

湯姆·克魯斯是對的：我們的努力必須投注在有建設性的東西上，某個更宏觀的東西。寫完《紐約時報》的文章之後，我一直覺得我的作品對社群的影響尚未結束，它一直朝著某個方向前進。現在我知道目的地了：好萊塢計畫，那是我們征服女人的教堂。

這個頓悟在我生日那天出現。一群PUA為我在一家叫做Highlands的好萊塢夜店舉辦慶生派對。他們幾乎打給了這一年來我認識而且見過的每個人，大約來了三百個客人，連同另外二百個散客。甚至連社群裡的幾個大頭都出現了：瑞克、羅斯·傑佛瑞、史提夫·P、葛林伯、巴特·巴傑特（Bart Baggett，筆跡分析專家）、視界和亞堤（Arte，他主演自己的一系列性技巧錄影帶）。

雖然有這麼多重量級殺手齊聚一堂，但我毫無競爭的壓力，因為那個晚上我是夜店的主角。我打扮得像個貴公子，長長的黑色夾克，頂端只有一個鈕扣，一件奶油色的襯衫，荷葉邊的袖子露出我的手腕，而且我被女人們包圍著：炮友、朋友、陌生人。我無法跟她們聊超過兩分鐘，因為大家不斷拉我過去說話。我根本沒時間遊戲。

女人稱讚我的外表、我的身材、甚至我的屁股。一整個晚上有四個女孩塞給我她們的電話號碼。有一個說她必須去見她的男朋友，但是晚一點她可以溜出來跟我一起派對；另一個不只給我她的手機號碼，連家用電話號碼和地址都給了。這些都是我在派對之前不認識的女孩，其中有兩個甚至不是因為我生日而來的。我不需要慣例、男友終結者、祕密裝置或僚機。我只需要一個大口袋，裝滿所有小紙條。

除此之外，某個朋友帶了兩個A片女星過來自我介紹。其中一個叫黛凡或黛文；另一個有點暴牙。我們聊了半個小時，她們從頭到尾一直對我獻殷勤。那種感覺就像在上次在多倫多被誤認為是魔比，只是這次她們都知道我是型男。

謎男最近已經發展出另一個社會互動理論了。基本上是說，女人會不斷地衡量男人的價值，以決定是否有助於提高她們的人生目標。當晚我們在Highlands創造出來的小宇宙中，我得到最高的價值肯定。而且正如大部分男人都會被苗條、金髮、大胸部所制約，女人則對男人的地位和社交認同有感覺。

結束之後，我帶了一個嬌小可愛的大眼脫衣舞孃回家，她叫喬安娜。當她在我床上隔著衣服磨蹭我的時候，她問：「你是做什麼工作的？」

「什麼？」我回答，真不敢相信她會這麼問，但她似乎需要一點資訊以解釋我在派對中的地位，以及我對她的吸引力。

「你做什麼工作？」她再問一次。

那就是我頓悟的時候：巡視是失敗者做的事。

這一路走來，巡視被視為把妹的終點，但是遊戲的重點並不是要很會巡視。每個夜晚的巡視都是新的挑戰，除了一堆技巧，你並沒有建立任何

東西。讓我在生日那天上床的不是巡視，而是生活形態。生活形態是累積出來的，你做的每一件事都算在內，而且引導你更接近你的目標。

正確的生活形態，是拿來體驗的，不是拿來討論的。金錢、名聲和外貌雖然有幫助，但並非必要。那比較像是某種東西在高聲吶喊：女士們，放棄你們無聊、平凡、不滿足的生活吧，歡迎光臨我這令人興奮的世界！這裡充滿了有趣的人、新奇體驗、美好時光、輕鬆生活和夢想實現。

巡視的適用對象是遊戲中的學員，而不是玩家。我該把這份兄弟情誼提升到下一個層次，累積我們的資源，設計出一種生活形態，讓女人自己貼過來。該進行好萊塢計畫了。

03

謎男飛到城裡來找我。他只需要一句話，動手吧。

他是我唯一可以商量的人，他不怕改變，總是把握機會追求夢想。其他人總是說「不急吧……」，而謎男會說「那還等什麼！」那真是令我振奮的字眼——因為我每次聽到「不急吧」，通常表示永遠不會進行。

「現在正是時候，型男！」當他抵達我在聖塔莫尼卡的公寓，他說。「我們來建立這標準。巡視是失敗者做的事，沒錯，當個有搞頭的失敗者總比沒搞頭好，但我們現在說的可是最高層級的把妹啊。」

我就知道他會懂。

根據我讀過的那些關於冷讀的書籍，所有的人類問題都可以分成三個領域：健康、財富和人際關係，每一個都有其內部與外部的元素。在過去的一年半，我們只把焦點放在人際關係上。現在該讓我們火力全開，齊心合作，不只為了10分的正妹們。我們才不是一群傻屌。

實現好萊塢計畫的第一步，就是在好萊塢山莊找一間房子，最好有客房、大浴缸，而且地段靠近日落大道那些夜店。接下來，我們得精挑細選社群裡最強的人和我們住在一起。

也許我不該再相信謎男。這次，我不會再依賴他。他的名字不會出現

在房子的租約上，我的也不會。我們會找人頭來承擔風險和責任。

我們的人頭就住在富麗華飯店（Furama Hotel），名字是老爹。他因為成績太爛進不了法學院，所以改到洛杉磯的瑪莉蔓特大學（Loyola Marymount）學商。從威斯康辛州搬到洛杉磯那一天，他把行李丟進機場附近的飯店房間，搭計程車到我家，謎男正睡在我的沙發上。

「三個對我的人生最有影響力的人，」老爹在謎男腳邊的沙發上坐下來，對我們說：「就是你們兩個和我爸。」

老爹現在看起來像是健身過，頭髮還用髮膠抓出造型。我把他留在客廳陪謎男聊天，我則下樓幫大家張羅晚餐。

當我回來的時候，老爹已經是謎男的經紀人了。

「你真的知道自己在做什麼嗎？」我問謎男。我不敢相信，他竟然要讓一個從門徒變成對手的人當他的經紀人。謎男是個革新者。如果羅斯・傑佛瑞是把妹界的貓王，謎男就是披頭四，泰勒和老爹只是紐約娃娃（New York Dolls）：粗魯、又很吵，而且大家都認為他們是同性戀。

「老爹喜歡做生意，而且他可以填滿每個週末的課程，」謎男回答：「所以我只要露個臉就好了。」

老爹是個上網狂，他幾乎和每個重要的巡佐保持聯絡。他認識所有巢穴的頭目，上過所有的把妹版。只要幾封電子郵件和電話，他就能夠在世界上任何地方招募到十幾個學員。

「那是雙贏。」老爹堅持。自從進入把妹事業之後，這句話已經變成他的口頭禪。他比我想的還要聰明，他就要成為社群裡最強的把妹達人們的代理人了，而且他們都求之不得，因為他們都有相同的致命點：懶！

其實，那天我們根本沒有邀請老爹加入好萊塢計畫，只是因為他願意

做那些工作，就這樣自然而然地卡到位。飯店對街上有一間房地產仲介，老爹進去幫我們找了個叫做喬的仲介商。仲介在租屋上賺得不多，但是老爹答應教他把妹，說服喬幫我們工作。

「明天他會帶我們去看房子，」某個下午在富麗華飯店和他會面，老爹說：「我看中三個地方，一間在穆荷蘭大道（Mulholland Drive），一間是以前大牌歌唱團體鼠幫（Rat Pack）在日落大道上的小屋，還有一間超大的豪宅，有十間臥室、網球場、附設的舞池和吧台。」

「讚喔，我投超大豪宅一票。」我對他說：「多少錢？」

「一個月美金五萬。」

「當我沒說。」

老爹臉馬上垮下來。他不喜歡被拒絕，他是獨子。

他消失在他的飯店房間裡，半小時後出現，手裡拿了一張紙。他擬出一個計畫，可以每個月進帳五萬塊：每星期辦一次派對，每個月光靠入場費就有八千元、飲料五千元，各種把妹的研討會初估大約有兩萬元；我們再提供網球課，一個月可以增加兩千塊的收入；而房子的十個房客每個月付我們一千五的租金。

真令人印象深刻，但根本不切實際，把所有收入都花在房租上太不划算了。無論付出什麼代價，老爹都會讓好萊塢計畫成真。我開始了解謎男為何想找老爹一起合作了。他和我們一樣是積極進取的人，而且，不像謎男，老爹是個有始有終的人。

身為把妹達人，老爹也有資格加入好萊塢計畫。自從我們在多倫多認識他以來，他一次又一次地證明了在現場無所畏懼。而且隔天他將再次證明他的能耐，因為他在墨西哥餅店把到了芭莉絲・希爾頓（Paris Hilton）。

04

MSN社群：謎男沙發吧

主題：現場報告──引誘芭莉絲・希爾頓

作者：老爹

今天，我和型男、謎男跟房屋仲介商去看我們未來的房子，那是老牌搖滾歌手狄恩・馬丁（Dean Martin）在好萊塢山莊的故居。我愛死了這裡，而且等不及要簽約了。我們將會站在世界的頂端，一切都很完美。

那兒走幾步路就到一家很受歡迎的墨西哥速食餐廳，於是我們到那裡去吃一頓遲來的午餐。點過菜之後，我們在外頭找到空位。

突然間，我們的仲介靠過來對我耳語：

仲介：你知道嗎，我看見芭莉絲・希爾頓走進餐廳裡面，正在點墨西哥捲餅。你要過去把她嗎？

老爹：真的嗎？

型男：喂，如果你要過去，不要往她的方向看。

老爹：好吧，遊戲時間到了。

我站起來，走進餐廳，看見一個很正的金髮妞正在拿莎莎醬。我已經為這一刻做好萬全的準備了，現在正是試試身手的時候。於是我走到她那邊，假裝只是剛好走到醬料檯。我拿了一些莎莎醬，然後把頭轉過我的右肩看著她，以型男的嫉妒女友開場白展開對話。

老爹：嘿，我正需要一個女性的意見。

芭莉絲：（微笑抬頭看）請說。

老爹：妳會和一個跟前女友還是朋友的傢伙交往嗎？

芭莉絲：會啊，我想會吧。當然。

我開始走開，然後轉過身去繼續跟她對話。

老爹：呃，事實上，這是一個兩段式問題。

芭莉絲：（微笑而且發出笑聲）

老爹：想像妳正在和一個還跟前女友聯絡的傢伙交往，而且妳就要搬去跟他同居了，但是他有個抽屜全是他前女友的照片──不是裸照之類的，只是一些生活照和情書。

芭莉絲：喔。我會把那些東西通通收進一個盒子裡。

我打斷她，並且繼續開場白。

老爹：你覺得她想要他清掉那些照片是不合理的嗎？

芭莉絲：喔，當然。我交往過一個那樣的傢伙，結果我把東西扔掉了。

老爹：哇！我會這麼問是因為，我有個朋友碰到同樣的情形，結果她燒掉了。

芭莉絲：對，我應該那麼做的。（微笑）

老爹：嗯，真酷。

芭莉絲裝完她的莎莎醬，拿著醬料盒走開。

老爹：嘿，妳知道嗎，妳長得很像小一號的Q版小甜甜布蘭妮。喔，可能是因為妳的牙齒。

芭莉絲把醬料盒放到桌子上，看著我微笑。然後我背誦型男的C形和U形微笑慣例。

老爹：對！妳有小甜甜布蘭妮的微笑。好吧，那是我前女友說的。我的意思是，她覺得有C形齒的女孩，比如小甜甜布蘭妮，無論勾搭過多少傢伙，都會被認為是好女孩。妳有同一種C形微笑。

芭莉絲：（興奮並微笑）喔，是嗎？

老爹：嘿，我是說，看看雜誌封面上那些女孩子的微笑。她們都有同形的牙齒。好吧，至少那是她的說法。她甚至為了牙齒動手術，因為她是U形齒，像克莉絲汀。她說U形微笑會被認為不友善，那就是克莉絲汀被當作壞女孩而小甜甜沒有的原因。

芭莉絲：（微笑）哇！

我們走到櫃台，她拿了她的食物。我假裝正要離開，但還沒使出絕招，我不會就這樣罷手。她拿了食物便要離開餐廳，我必須把她留在那兒。所以我回過頭繼續對話。

老爹：我對妳有一種直覺。
芭莉絲：什麼直覺？

她放下食物然後看著我。

老爹：妳知道嗎，我可以只問三個問題，就說出關於妳自己不為人知的內在。
芭莉絲：哦，是嗎？
老爹：沒錯，來，過來這張桌子。
芭莉絲：好啊。

我在旁邊一張桌子坐下，她把食物放在桌上，然後坐在我對面。當她坐下時，她微笑著。我知道我準備好了，該進行按部就班的遊戲。

老爹：我朋友教過我一個很棒的想像技巧，叫做立方體。他現在就坐在旁邊那桌，我們剛為我們的新家採買完東西，房子就在那裡（指著好萊塢山莊的方向）。我之前已經在飯店住了十週了。嗯。
芭莉絲：喔，是喔！哪一間？
老爹：富麗華飯店。

芭莉絲：（點頭）是喔，我就住在那條街上。

老爹：讚喔，那我們是鄰居了。我正要搬進一間很棒的房子，我花了很多心血在上面。我朋友型男和我正在討論要把它變成一個可以舉行續攤派對的地方。

芭莉絲：酷。

老爹：好了。妳準備好要玩立方體了嗎？

芭莉絲：當然。（微笑）

老爹：在我開始之前，我得先問妳一些問題。妳是聰明的人嗎？

芭莉絲：是啊。

老爹：妳是很直覺的人嗎？

芭莉絲：是。

老爹：妳想像力豐富嗎？

芭莉絲：是。

老爹：好，好極了！我們繼續。想像妳正在沙漠中開車，然後妳看見一個立方體。那個立方體有多大？

芭莉絲：很大！

老爹：有多大？

芭莉絲：像一間飯店一樣大。

雖然我知道她是誰，但是我沒有露出馬腳指出她是希爾頓家族的人。

老爹：嗯，有意思。好吧，它是什麼顏色的？

芭莉絲：粉紅色。

老爹：酷！是透明的還是不透明的？

芭莉絲：透明的。

老爹：超炫！現在，我們來加一個梯子。這個梯子和立方體的關係位置如何？

芭莉絲：它就斜靠著立方體，進入中央。

老爹：啊！我就知道妳會那麼說。

芭莉絲：是嗎。（微笑而且笑出聲音）

老爹：是啊。現在我們再加一個東西到妳的想像畫面裡。我們來加一匹馬，這匹馬和畫面裡的每樣東西的關係位置如何？

芭莉絲：牠正在睡覺。

老爹：在哪裡睡覺？

芭莉絲：在立方體前面。

老爹：哇，真有趣。（停頓一下）好了。妳想知道這代表什麼意義嗎？（停頓一下）一點意義也沒有！沒有啦，我開玩笑的。立方體代表妳對自己的看法，那是妳的自我。妳的立方體相當大，表示妳很有自信。還有，妳的立方體是粉紅的。

芭莉絲：是啊，那是我最愛的顏色。

老爹：好，粉紅色是一種代表愛玩與開朗的色彩，妳會選這個顏色是因為妳身上也帶著同一種能量。妳是那種真的很喜歡玩樂和派對的人，也喜歡有其他人的陪伴。

芭莉絲：是啊。

老爹：妳的立方體是透明的，那代表別人如何與妳互動，所以妳是那種就算初次見面也可以立刻被看透的人。妳很容易跟人建立關係，那真的很

棒。

芭莉絲：你叫什麼名字？

老爹：老爹。妳叫什麼名字？

芭莉絲：芭莉絲。

老爹：我覺得我們有好多可以聊的。

芭莉絲：是啊。

老爹：我們真該找一天一起開個派對聚一聚。

芭莉絲：是啊，好主意。

老爹：拿去。

我遞給她紙筆，她寫下她的姓名，然後遞給我，期待著我認出她之後大吃一驚。但是我不動聲色，彷彿完全不知道她是誰。我把紙遞回去給她。

老爹：這裡。

芭莉絲：寫在下面嗎？

老爹：對。

芭莉絲：這是我的手機。

老爹：酷。

芭莉絲：是啊。我們真的應該再聚一聚。

老爹：是啊，那就再聊了。

我走回去和外面桌子的男生們會合。

型男：幹得好，老弟。別給老爹擊掌或讚許，免得被她看見。

仲介：擊掌，兄弟。

我對同伴解釋剛剛發生了什麼事，這實在太棒了，我就知道我辦得到。一切都有了意義，在好萊塢計畫中就能和芭莉絲·希爾頓混在一起。

謎男，她是我的，所以當芭莉絲來找我的時候，你可別出手喔。

05

老爹對芭莉絲・希爾頓說的每句話都是我教的：嫉妒女友開場白、C形與U形微笑慣例，就連他說到的立方體，也和他在第一次授課時錄下謎男與我的說法完全一樣，包括他說「真有趣」和「酷」的方式。他是個了不起的機器人，而且表現得比他的程式設計師還要好。

我們走回那房子，和屋主簽下了這棟狄恩・馬丁住過的豪宅。客廳看起來像是滑雪小屋，有一個壁爐，一個下凹式舞池，十公尺高的天花板，厚重木頭裝飾的牆壁，角落還有一個很大的吧台。這空間可以輕易容納數百人的研討會和派對。一樓客廳旁邊還有兩間臥室，每個房間外面都有樓梯通往另一間臥室。廚房旁邊還有一間小小的女傭房。

這房子最讚的部分是多層式的後院，第一層有兩個中庭，有棕櫚葉和檸檬樹遮蔭，第二層有一個很大的磚砌平台和花生形狀的泳池、一個按摩浴缸，還有用餐區、活動式烤肉架和冰箱。再上去是一座假山，有一條小徑蜿蜒進入一個隱密的小露台，就在房子的頂端。從那裡，我們可以看見燦爛的陽光以及十層樓高的好萊塢電影看板。這地方是辣妹磁鐵，在這裡我們不可能會失敗。

老爹在租約上簽下他的名字。除了分攤較多房租之外，也替他贏得主

臥室的使用權，裡頭有一個用來當床的高起平台，視野超好的窗戶和一個壁爐。浴室則配備了玻璃淋浴間、兩個更衣室和一個可供三人使用的按摩浴缸。

這房子有無限的可能性。老爹想像這裡可以用來舉辦葛萊美獎的慶功派對、電影首映和企業活動。他出門的時候不再巡視女孩，改為巡視公關和名人，為好萊塢計畫的慶祝派對牽線。他甚至使用快速引誘和NLP戰略，試圖催眠別人投資這棟房子。

有空的時候，他會在eBay上競標日晒機、電影放映機、撞球台和脫衣舞用的鋼管。他想要把好萊塢計畫變成芭莉絲・希爾頓每個週末都想要過來開派對的地方。

還有兩間臥室需要填滿，所以我們在謎男沙發吧上徵求室友。反應非常嚇人：每一個人都想進來。

刺激購買慾

Pump Buying Temperature

女孩都在這頭排排站，所有的男孩在另一列。

我看見你正在前進，而我卻被拋在後頭。

——安妮‧迪芙蘭蔻（ANI DIFRANCO，美國搖滾女歌手），〈故事〉
（The Story）

01

第一天晚上，我們從午夜就坐在按摩浴缸裡，直到全身都泡皺了，望著新家的棕櫚樹，以及我們很快就會去報到的夜店燈光。謎男對著夜空唱完整張《萬世巨星》原聲帶；老爹說著要把這房子用來舉辦頂級派對的計畫；賀柏從他的果汁機裡倒西瓜汁給大家喝。沒有女人，我們不需要任何女人來肯定我們，今晚是男人之夜。我們做到了，好萊塢計畫不再只是幻想。

「以我們顯赫的成就，肯定會讓這房子出名。」謎男預測，我們全都坐在那裡，臉上掛著微笑。「人們會開車過來然後說：『這是好萊塢名人型男、謎男、老爹和賀柏的家。他們在這裡開創事業，還舉辦了全世界最棒的派對。』」

賀柏是我們第四個室友。他是來自奧斯汀的二十二歲PUA，高大蒼白、脾氣很好，指甲塗成銀色的，穿著全白的衣物。就像我們其他人一樣，他也是個改造過的怪胎。但是他在德州擁有一棟房子、一輛賓士S600、一只勞力士錶、一間他從來不去的日落大道上的辦公室，和一台自動吸塵器。以他的年紀來說，他的財力令人印象深刻。他能這麼有錢，是靠某種祕密的賭場操作手段，雇用其他人為他賭博。他空閒的時候——基

本上他根本是整日無所事事——喜歡到洞穴探險、錄芭樂饒舌歌、上網買一堆用不到的怪東西。

謎男堅持在這屋子裡的每個人都要有一個身分——所以我們有魔術師、作家、賭徒和生意人。這樣的組合簡直比最煽情的實境節目更具戲劇性。

幾天之後，老爹讓第五個室友公子（Playboy）搬進女傭房。公子是來自紐約的派對公關，他曾經在康寧漢舞蹈團（Merce Cunningham Dance Company）工作，令我相當激賞。他天生就長得很好看，高大又健美，一頭茂密的黑髮，但他有個壞習慣，總愛戴著自以為很藝術的長圍巾，而且把褲頭拉到肚臍以上。為了搬來和我們一起住，他辭掉工作，所以老爹雇用他為正宗社交力學效力，以交換房租。然後是贊諾司（Xaneus），他住在後院的帳篷裡。

贊諾司來自科羅拉多，是個短小精幹、氣質陽光的大學足球隊員。他哀求我們讓他住進來，還說他願意睡在任何地方，幫我們做任何事。於是老爹為他搭了帳篷，要求他付水電和清潔費，帶他進入正宗社交力學教團中當個實習生。

最初的兩星期，我們唯一做的事就是對著這房子讚嘆。我們做到了，我們打敗了體制，坐擁西好萊塢最搶手的地段，並且幸運地找到幾個室友。賀柏甚至已經開始籌備第一屆「把妹達人高峰會」（Pickup Artist Summit）。

我們也開了家庭會議，訂出好萊塢計畫的運作架構，由老爹負責社交活動，賀柏掌管財務。然後訂定了下列生活公約：客人未經同意不得在此待超過一個月；凡在客廳開研討會者，須繳交百分之十回扣；不得勾搭任

何PUA帶進屋子的女人。不過,這些規定很快就被打破了。

剛開始,我很享受有室友一起住,離開我的作家世界,成為這逐漸壯大的團體的一分子。每天早晨醒來,我會看見賀柏和謎男對著客廳中央的冰桶投擲錢幣,或是從梯子上跳進一堆抱枕裡,好像是兩個在遊樂場裡玩瘋了的小孩。

「我有預感,我們會變成很好的朋友。」某天早上謎男對賀柏說。

公子舉辦了我們的第一場派對,總共來了五百個人。我們做出很棒的示範——也許不是對鄰居,但至少是對社群。在一個月之內,我們就聲名遠播。

有一群PUA搬進賀柏的舊房子裡,他們稱之為「奧斯汀計畫」。

我們以前在舊金山的一些學員,在唐人街租下一棟五個房間的房子,在客廳舉辦把妹研討會,成立了「舊金山計畫」。

幾個在澳洲伯斯的大學生也一起找了間房子,開始了「伯斯計畫」。他們在開學前三天就搭訕了一百個女人。

謎男和我在雪梨訓練過的四個PUA,租下一間電梯直通樓下夜店的海灘公寓,這是「雪梨計畫」。

沒有人了解這整個把妹社群的潛力,以及男人聊到馬子時的凝聚力。我們擁有房子,而且我們懂得怎麼玩。我們已經準備好要像病毒一樣傳遍全世界了。

02

　　我在好萊塢計畫的第一個月，意外地對性愛大開眼界。受震撼的程度，正如謎男第一次讓我了解在夜店裡的可能性；只是這次的場景，從夜店拉到床上。

　　這件事會發生，全都是因為賀柏不讓我睡覺——整整一個星期。

　　「你聽說過節約睡眠（sleep diet）嗎？」某天早上賀柏在梅爾餐廳裡問我：「我在網路上發現的。」

　　賀柏空閒時會在網路上找很多東西，比如：幫這房子添購一輛禮車、超便宜的床單、簡易襯衫折法和一個寵物企鵝專賣網（當他訂了一隻企鵝後，才發現那是個搞笑網站）。

　　「基本上，」他接著說：「就是訓練你一天只睡兩小時還能活著的方法。」

　　「怎麼做？」

　　「他們做過科學研究，為了取代每晚睡八個小時，你可以每四小時小睡二十分鐘。」

　　我被吸引了。如果每天多出六小時，我會有更多的時間寫作、玩耍、閱讀、運動、約會，並且學習其他把妹技巧。

「不會有問題吧？」

「嗯，」賀柏說：「大約要先花十天的時間調整作息，那並不容易。但是一旦你熬過來，就能很自然地小睡片刻。有人說他們的精神更好了，但也發現自己不知為什麼會想喝很多果汁。」

就像馬可提議開車到摩爾多瓦的那時候一樣，我毫不猶豫地答應了。如果不成功，我也沒什麼損失，除了十天的睡眠之外。

我們買了一堆電玩遊戲和DVD，而且請室友定時把我們搖醒。睡過頭或錯過一次小睡，都會讓整個實驗失敗，一切就得重頭開始。我每天都帶女孩子回家，當作保持清醒的附加動機。

我現在正和大約十個女人交往。她們是把妹達人所謂的MLTR——多重長期關係（multiple long-term relationship）。不像那些把妹界的死菜鳥，我從不對她們說謊，她們全都知道我腳踏多條船。而且令我驚訝地是，雖然這讓她們不太高興，但沒有人離開我。我在遊戲中最重要的發現之一，就是羅斯·傑佛瑞推薦的一本夏威夷胡納教（Huna）的自我改造書籍《支配你的隱藏自我》，它教了我一個觀念：「這世界就是你認為的樣子。」換句話說，如果你認為劈腿是很正常的，女人就會同意。那就是你自己的世界。然而，如果你對劈腿感到下流罪惡，就表示你無福消受。

唯一對這件事有意見的女人，是一個嬌小玲瓏、活力充沛的西班牙妞伊莎貝兒，她的習慣動作就是像老鼠尋找乳酪般的扭動鼻子。「我一次只跟一個人上床，」她老是這麼對我說：「我希望你也是。」

在睡眠實驗的第四天，我邀請希亞（在Highlands認識的那個獨立搖滾樂手）過來讓我保持清醒。她跟吉娃娃一樣嬌小，戴著黑框大眼鏡，但她有某種非常性感的特質，彷彿只差一雙玻璃鞋就能變身成公主。對大部分

男人而言，潛在的美和真正的美同樣具有吸引力。女人把自己打扮得漂漂亮亮出門，不僅是要讓男人欣賞，也是跟其他女人較勁。雖然男人確實很享受這些，但女人其實並不需要打扮得跟時尚雜誌一樣，因為男人豐富的想像力，一直在剝光每一個女人，同時也幫她們打分數，看她是否符合心目中的理想。而希亞正是那種女人會忽略，男人會想要的女孩，我們看得出她的潛力。

希亞到達的時候，賀柏和我滿臉鬍碴、兩眼布滿血絲，步履蹣跚地走到門口迎接她。節約睡眠正在發威，我們的待客之道和穩重是最先消失的東西。我們把她帶進賀柏的房間，就讓她坐在地板上，然後我們玩了一個小時的Xbox，好讓自己保持清醒。

門鈴再次響起，我沉重地走過去開門，伊莎貝兒站在門口。「我剛剛和朋友去Barfly舞廳跳舞。」她扭動著鼻子說：「既然到了這附近，就順道過來拜訪一下。」

「妳知道我討厭順道拜訪，但是很高興見到妳，或許吧。」我總是告訴我的MLTR們，過來之前要先打電話，以免像這樣的狀況發生。

我嘆了一口氣，然後讓她進來。趕她走似乎太失禮了。

我帶她進賀柏的房間，並且介紹每一個人。伊莎貝兒緊鄰著希亞坐在地板上，她的直覺啟動了。她上下打量著希亞，問：「妳是怎麼認識型男的？」

我有一種感覺，這不是偶然拜訪，而是突襲檢查。所以我把她們留在房間裡，跑去找謎男。我睏到無法處理那戲劇化的場面。

「老兄，」我說：「我慘了，伊莎貝兒和希亞要打起來了，要怎麼擺脫她們其中一個？」

「我有更好的主意，」他說：「你應該跟她們玩3P。」

「開什麼玩笑？」

「不是在開玩笑，我有個學員告訴過我他用來展開3P的技巧，你應該試試看。只要提議做一次無害的三方按摩，看看接下來會發生什麼事。」

「聽起來像在碰運氣。」我不想再來一次災難，像瓷器雙胞胎的浴缸事件那樣。

「那不是碰運氣，是冒險。碰運氣是完全隨機的，而冒險是經過計算的。如果有兩個女孩在你的房裡，不但聽你的指示，並且給你IOI，你就有勝算。」

謎男非常有說服力。在這整個把妹的過程中，我曾經被他說服去嘗試不適合我的服裝和舉動。有用的我會保留，沒用的就丟掉。我決定冒險一試。

我拖著步伐回到賀柏的房間。「嘿，各位，」我一邊打哈欠，一邊告訴那兩個女孩：「我想給妳們看看謎男和我拍的這支家庭影片，真的很好笑喔。」謎男從我們在蒙特婁和卡莉與凱洛琳的影片得到靈感，開始拍攝我們的旅行和冒險，剪成一支有趣的十分鐘短片。

我帶她們進我的房間。當然，裡頭沒有椅子，只有床。所以看片子時，我們全都躺在棉被上。

影片結束的時候，我鎮定下來，決定放手一搏。「我之前才剛剛得到一個很棒的經驗，」我告訴兩個女孩：「我去聖地牙哥找我朋友史提夫・P鬼混，他是導師也是巫醫。他和兩個學員為我表演了所謂的『雙感應按摩』（dual-induction massage）。他們的手在我背上同步動作。因為妳的意識無法處理那些動作，所以會覺得像是有幾千雙手在幫妳按摩，那感覺超

爽！」

如果你充滿熱忱且正確地描述任何事，人們聽了會想嘗試——尤其你不讓她們有機會拒絕的時候。

「趴好，」我對伊莎貝兒說。她最愛吃醋，所以得先按摩她。我跪在她右邊，讓希亞跪在她左邊跟著我的動作。

按摩完伊莎貝兒的背，我脫掉上衣趴下。換她們跪在我的兩側幫我按摩——剛開始有點不確定，隨後漸漸進入狀況。當她們的手在我肩胛骨周圍畫圓時，我感覺到房間裡的性愛能量開始提升，反應在她們身上。

很可能會成功。

輪到希亞的時候，她脫掉上衣然後趴下。這次我讓按摩更充滿肉慾，我按壓她的大腿內側和胸部旁邊。

按摩完希亞之後，她仍是趴著，伊莎貝兒和我跪在她兩旁。這是關鍵性的一刻，我必須順水推舟。

我緊張到手都開始顫抖了。我把伊莎貝兒的臉靠近我的臉，開始和她親熱。當我們接吻的時候，我壓低我們的身體，直到躺在希亞身上，她被我們壓在下面。隨後我把希亞的臉轉向我，開始親她。她回應了。真的有用。

我輕輕地把伊莎貝兒拉進親吻中。她們的嘴唇一接觸，充滿整個房間的性張力頓時爆出火花。她們很投入，彷彿一直都想要這麼做，不到一小時之前她們還是情敵啊。我不懂——但我並不需要懂。

希亞脫掉伊莎貝兒的上衣，然後我們倆開始吸她的胸部。我們脫掉她的褲子，舔她的大腿，直到她的背整個弓起來。我脫掉伊莎貝兒的內褲，希亞爬到我背後幫我脫掉褲子。

當我幫希亞解開牛仔褲排扣時，我看了時鐘一眼，凌晨兩點。我的心跳停住了，從我上次小睡之後已經過了四個小時。我怎麼能在人生中的第一次3P途中就這樣跑去睡，但是如果我不去睡，過去四天的努力就泡湯了。

「嘿，」我對她們說：「我很不想這麼做，但是我現在得小睡二十分鐘。如果妳們想的話可以一起睡。」

一邊是伊莎貝兒另一邊是希亞，我就這樣立刻睡著。我夢見街道變成水，而我正在游泳。當鬧鐘響的時候，我把兩個她們拉到身邊，繼續剛才的玩樂。

但是這次伊莎貝兒抽身了。「這樣很怪。」她說。

「的確很怪，」我回答：「我也有同感，但這是個新體驗，我想試試看。」

她點頭微笑，然後脫掉我的四角褲。她們同時把手放在我身上愛撫。我往後靠，看著她們表演，我要把這影像留在腦海裡。

然而，當希亞開始為我口交的時候，伊莎貝兒的身體緊繃起來。我記得瑞克曾經在大衛·狄安傑羅的研討會上說過一件關於3P的事：重點必須放在你女朋友的愉悅，不是你的。她要像領頭的雪橇犬——如他所稱——而你要讓她覺得很自在，而且很爽。

「這樣讓妳覺得不舒服嗎？」我問雪橇犬。

「有點。」她說。

我讓希亞的頭退回去，然後我們一起躺著聊天嬉戲，直到我的下一次小睡。那天晚上我沒有和希亞做愛，我知道伊莎貝兒無法眼睜睜看著我和別的女人性交，對她而言這已經跨出很大的一步了。

隔天晚上，我更精疲力盡了。賀柏和我坐在客廳看著《危險關係》（*Dangerous Liaisons*）以保持清醒，但是我們一直潛入短暫的白日夢，這叫做「微睡眠」（microsleeps）：我們的身體渴望休息，稍不注意它就偷偷地打盹。

「睡眠節約這檔事真是個餿主意。」我告訴賀柏。

「撐下去就對了，」他說：「長期來說是值得的。」

我買了好幾瓶維他命來支撐我的免疫系統，但是我一直忘記吃過哪種以及到底是何時吃的。幸好，娜迪雅很快就來了。她是我的另一個MLTR，在我個人實驗期間認識的性感圖書館員。她剛參加完一場由「自殺女孩」（Suicide Girls）成人網站辦的脫衣舞表演，還帶了一個叫做芭芭拉的女孩，她的黑色瀏海讓我想起SM寫真女星貝蒂・佩吉（Bettie Page）。

我為她們倒了飲料，然後一起坐在沙發上。雖然芭芭拉有男朋友，但是我注意到她很黏娜迪雅，似乎很迷戀她。於是我想，我會給她機會行動。

我為極度迫切的小睡先行告退——我夢見自己全身赤裸地躺在一望無際的雪地中——睡醒後我叫她們到我房間看片子。再度使出雙感應按摩這招，很意外地又成功了。她們開始接吻的那一刻，彼此投入的程度就像伊莎貝兒和希亞一樣。所以前一晚的事並不只是靠運氣。

不像伊莎貝兒，娜迪雅是沒有嫉妒心的雪橇犬。當我上娜迪雅的時候，芭芭拉跪在我後面舔我的蛋。我想要忍住射精，然後也上了芭芭拉，但是完全忍不住。眼前發生的事，遠超過我加入社群以來最狂野的期待。可惜我沒辦法撐久一點，結果沒有和芭芭拉做愛。

這是PUA們所謂的特質問題。

過去一年半，我花了很多時間改善我的外表、我的能量、我的態度和我的狀態。然而現在，當這些都在最低標準的時候——外表邋遢、感覺很糟——我卻經歷了這輩子性生活最墮落的兩天。於是我學到一個教訓：看起來越是不怎麼努力，就表現得越好。

隔天，賀柏和我坐在客廳，每隔幾分鐘就拿冰塊摩擦自己，以刺激我們維持清醒。事實證明，睡眠調整的過程比我們想像的要困難許多。我開始擔心我們是在浪費時間。畢竟，這整套睡眠節約的東西甚至沒有經過科學驗證。

「這個隧道的盡頭最好有彩虹，」我含糊地對賀柏說：「我是說，我們正在追尋彩虹盡頭的那一甕黃金，但我們並不知道它在不在那裡，或彩虹有沒有盡頭。」

賀柏已經晃神了，我剛把他從微睡眠中拉回來。「我做了一個關於QQ蟲的夢，」他含糊地說：「有人把QQ熊軟糖切碎做成QQ蟲。」

在另外兩次小睡循環之後，我開始頭痛，而且眼睛快睜不開了。我們試過泡冷水澡、互打巴掌、繞著客廳跑、拿著掃帚互相追逐，但都沒有用。

當我發現嘴裡竟然戴著牙套的時候，我知道我已經超過理智的界限。我國中之後就沒再戴過牙套了。

「我要去睡了。」賀柏終於說。

「不行！」我對他說：「如果你去睡，我一個人一定做不到。」

「小心牙籤！」他說。

我們倆都開始崩潰了。他剛睡了個微睡眠，夢境與現實混淆不分。

「只要再努力撐過一個睡眠周期就好。」我對他說。

　　但是在下一個二十分鐘的小睡之後，賀柏已經叫不起來了，他甚至拒絕睜開眼睛。我自己一個人撐不下去，只好拖著沉重的腳步上樓，飄進我這輩子最甜美的一次睡眠。雖然睡眠實驗失敗，我還是達成了我遊戲裡的新里程碑。

　　我知道自己對於雙感應按摩應該謙虛一點，假裝那只是通往墮落之路的另一步。但是發現3P的祕密，就像是發現把妹的祕笈。一旦雙感應按摩慣例被發展而且分享出來，全世界的PUA都會開始玩起3P。

　　好萊塢計畫已經成功了。

03

然後泰勒・德登來了。

他看起來好像做過噴染式仿曬。「我知道我在洛杉磯並沒有留下很好的印象。」他說。他握了我的手，甚至和我目光接觸了一微秒。

他穿著一件時髦的黑白上衣，開襟部分像馬甲一樣穿了線繩，不是很炫的款式，是我會想買的那種上衣。「社交的智慧對我而言並不是件容易的事，」他繼續說，我想他是在道歉。「一不小心就會變得非常自我中心，那實在不太好。我想我應該要培養更多能力，正如謎男一直對我說的，學習如何巡視男人。」

對他而言那算是謙卑了。從我們認識以來他已經做過幾十場授課了，我也在網路上看見他的進步。他的學員說他現在的把妹本領已經足以和謎男匹敵。我願意給他第二次機會，也許他真的努力做過一些改進。畢竟，這觀念是「這個社群」的主張。既然我們有兩個週末會去拉斯維加斯當謎男課程的僚機，我很期待看看他那些英勇事蹟是不是真的。

泰勒把他的袋子甩過肩，走向老爹的房間。老爹對事業的衝勁，加上泰勒・德登對成為社群最強把妹達人的追求，他們形成一個完美的團隊。

現在我們的房子擁有遊戲中最受推崇的PUA。當然，如果我記的沒

錯，泰勒‧德登從未被核准成為房客，已經沒有空房間了。然而，老爹自己負起邀請他的責任，在他浴室其中一個更衣間的地板鋪上床墊，改成多一個房間。

我們仍然沒有家具，只有我們買來放在下凹式舞池的五十個抱枕。那天晚上，公子安裝了一台電影放映機，投影在天花板上，我們全都躺在抱枕坑裡看《獵愛的人》（Carnal Knowledge）。

之後，泰勒‧德登過來找我。「你的檔案對我的遊戲真的有很大的影響，」他說。我在把妹版的文章被整理成一個很大的文字檔，而且和謎男、羅斯‧傑佛瑞的檔案一起放在網路上。「我有很多絕招都是從那裡學來的。」

和泰勒‧德登說話實在很難脫身。當他不在玩遊戲的時候，他就是在談遊戲。

「我正在做一個實驗，在現場告訴別人我就是你。」泰勒說。

「什麼意思？」

「我告訴他們我是尼爾‧史特勞斯，而且我為《滾石》雜誌寫東西。」

「那樣有什麼結果嗎？」這討人厭的小怪胎竟然到處冒充我，這個做法令我反胃，但我試著假裝無動於衷。

「不一定。有時候她們認為我在說謊。有時候她們會立刻說，喔我的天，我們應該約出去玩。有些女孩，如果你這麼告訴她們，立刻就被抓包，因為聽起來就像在唬爛。」

「我告訴你一件事。我已經寫作寫了十年了，那並沒有讓我上過半次床。作家既不酷也不性感，和作家混在一起得不到什麼社會認同。至

少，那是我的經驗。不然我幹嘛加入社群？不過你的嘗試讓我覺得受寵若驚。」

那個週末，泰勒·德登、謎男和我去了拉斯維加斯。一期課程收六個學員最剛好，而老爹為謎男收了十個。我們帶他們到Hard Rock賭場。通常，第一個晚上，我們會讓學員觀摩把妹達人行動。

身為一個把妹達人，泰勒·德登已經進步非常多，上次他在洛杉磯根本沒跟半個女人說話。我注意到他在巡視一個單身女子派對，我慢慢靠過去聽，他正說到謎男。

「看見那個戴禮帽的高個子了嗎？」他對她們說：「他喜歡引人注意，所以他會說些損人的話好讓別人喜歡他。遷就他一下，因為他需要幫助。」

他正在洩漏謎男的遊戲——「中和」他的否定。

「他喜歡變魔術吸引別人的注意，」他繼續說：「所以對他好一點吧，假裝妳很興奮。他做過很多場小朋友的生日派對。」

現在他在中和謎男的價值展示慣例。

在泰勒·德登離開那組人之後，我問他在做什麼。「老爹和我已經發展出許多新技巧，可以打敗你和謎男。」他說。

「所以你們會怎麼說我？」我問，試著裝作心平氣和。

泰勒·德登開始大笑。

「我們會說：『那是型男，他其實已經四十五歲了，但是看起來很年輕。他好可愛對吧，超像小艾爾默（Elmer Fudd*）。』」

---

* 《兔寶寶》卡通裡的光頭小獵人。

我不敢置信地盯著他。他在扯同伴的後腿，那真是魔鬼的行為。

「你可以打倒我啊，」泰勒說：「你可以說我看起來像麵糰寶寶（Pillsbury Doughboy）。」

我忍住我的厭惡感，然後思考如果是湯姆‧克魯斯會怎麼做？

「但是我並不想打倒你，老弟。」我回答，隱藏自己的想法，給了他一個大大的微笑，彷彿我覺得這一切很好笑。「你和我的不同之處就在這裡，我喜歡身邊都是比我更強的人，因為我喜歡接受刺激和挑戰；而你正好相反，你靠幹掉任何比你強的人來變成這裡最強的。」

「是啊，也許你說得對。」他說。

後來，我發現我只對了一半。泰勒‧德登的確喜歡除掉競爭者，但那是在他搾乾他們的利用價值之後。

那個週末剩下的時間，每當我和別人說話，無論男女，泰勒‧德登都會在我身後盤旋，聽著每一個字。我能看出他在思考，試圖分析出我每句台詞背後的規則和橋段。他已經研究過我的檔案了，他正在推敲我的個性。很快地，他將摸清我的底細。到時候，就像對付萊斯特廣場的AMOG一樣，他會拿我的台詞和技巧來對付我。

當晚的最後，我看見一個兩人組坐在Peacock Lounge酒吧裡：一個個頭高大、戴眼鏡的棕髮女郎，挺著不協調的巨大假奶。另一個是戴著白色貝雷帽的矮小金髮男人婆，身材嬌小、玲瓏有緻。

「那個金髮妞是A片女星，」謎男說，他可是這方面的專家。「她叫費絲。那是你的組合。」

儘管我已經待在社群一年半，被認為是最強的，看見美女的時候，還是覺得有威脅感。我過去的拙男影像總是會突然跑回來，小聲地說我學到

的一切都是錯的，說我皈依了錯誤的神，說這所有的遊戲台詞都只是心理自慰。

總之，我還是強迫自己進入組合，只為了證明我腦海中那拙男影像的微弱聲音是錯的。一旦開口說話，我就進入了自動模式。

我開始了嫉妒女朋友開場白。

我給自己一個時間限制。

我否定了目標的聲音沙啞。

我做了好朋友測驗。

C形微笑對U形微笑。

心靈感應測試。

「我可以跟你學到好多東西喔。」費絲說。

「我們愛死你了。」她的怪朋友過度熱情。

她們被我吃得死死的。我是怪胎，編出一堆狗屁測驗，而這兩個胸部加起來比我還重的女孩正全神貫注地注視著我。我沒啥好怕的，那裡沒有人會我們的伎倆。

我必須殲滅內在的拙男影像。他要到什麼時候才會消失？

我對謎男打暗號，要他處理那個障礙者。當他坐在怪女孩旁邊的時候，我又回到自動模式。

演化瞬移。

嗅聞。

拉頭髮。

咬手臂。

咬脖子。

「就接吻而言，從1到10，妳給自己幾分？」

突然間，費絲跳離她的位子。「我太興奮了，」她說：「我得走了。」

我不知道她只是因為我在巡視過程中犯了錯而回敬我一個藉口，還是我真的那麼厲害。

我接近附近的兩人組，一對正在飲酒作樂的嬉皮女孩，而且立刻就打入她們之中。然而，我們才聊了十分鐘，費絲就回來了，她抓著我的手說：「我們去洗手間吧。」

我們走進店內的洗手間，她把馬桶蓋放下讓我坐在上面。她一邊解開我的褲子鈕扣，一邊說：「你讓我好興奮，在知識和性方面。」

「我知道。」我對她說。

「你怎麼知道？」

「我整個晚上都感覺到我們之間的聯繫。即使我在和另外那兩個女孩說話，我也看得見妳正在盯著我看。」

她跪在地板上，她的手在我軟弱的老二上畫圈，然後俯身以口就之。但是我硬不起來。

我站起來，粗魯地把她抵著牆壁，和她親熱，如同我還是個拙男時看見萬惡在他家對女人那樣。然後我脫下她的褲子，讓她坐在馬桶蓋上，用手指進入她，為她口交。她弓起背來，眼皮顫動著，不斷發出呻吟，彷彿就要高潮了；但是她突然改變姿勢，再次俯身到我下面。

「射在我嘴裡。」她說。

我還是硬不起來，這以前從來沒發生過。我是說，我光是回想這些就硬起來了。

「我要幹妳。」我告訴她，一鼓作氣讓我的血流到該去的地方。

她站起來然後轉過身。我從口袋拿出保險套，想著那天晚上每個我曾經接近的女人，我開始有點硬了。她坐在我身上，她的背抵著我的肚子，這對半勃起的老二而言是最糟的姿勢。我進入她到了一半，再次頹軟下來。我不知道這是因為當晚我喝了兩杯威士忌、或缺乏前戲、或和A片女星在一起的威脅感，還是那天稍早之前我自慰過。

當我們離開廁所時，有一半的學員正站在那裡等待我的性交報告（lay report）。我之前聊過天的其中一個嬉皮進了洗手間，出來時手上拿著包在擦手紙裡的保險套。顯然我把套子丟在地上，而她覺得有義務把它拿出來到處展示。每個人都在慶祝那其實沒有發生過的成就。

之後我完全無法直視費絲的眼睛。我把自己塑造成一個那樣神祕、迷人、性能力高強的傢伙，卻在關鍵的一刻，謊言崩潰，變成一個乾癟的禿頭，和他垂軟無力的老二。

04

在拉斯維加斯授課的最後一天晚上，泰勒·德登在Hard Rock Cafe釣上了一個名叫史黛西的女服務生。她是個走哥德風格的金髮女郎，愛聽新金屬樂。史黛西下班後和我們在賭場碰面，還帶了她室友譚咪一起來，一個文靜的美女，有點嬰兒肥，身上有葡萄泡泡糖的氣味。

我穿了一件誇張的蛇皮西裝；謎男戴著高禮帽、飛行護目鏡，腳踩六吋厚底靴、黑色合成皮褲和一件黑色T恤，上面有個數位顯示的紅色跑馬燈字幕寫著「謎男」。即使在賭城，他看起來還是像個怪胎。

不到幾分鐘，泰勒·德登已經在對史黛西AMOG謎男。「妳看他穿的怪T恤，大家都在笑他。」他對她說：「我一直提醒他，不用做到這個地步讓別人接受他。」那些學員在房間散開和女人搭訕，我靠著吧台看著他們。過了一會兒，史黛西走到我身邊來。她看過我領導課程，而且因為絕對的社會認同（領導了男人，你就能領導女人），她對我很感興趣。我們說話的時候，她和我一直保持眼神接觸，玩著她的頭髮，找機會碰觸我的手臂，當我往後靠的時候她會跟著靠過來。所有IOI都出現了。我可以感覺到氣氛很對，彷彿下一秒就會跟她接吻。

但這是不對的，她是泰勒·德登的妹。那是PUA的道德規範：最先接

近組合的人才有資格對目標進行遊戲，直到她投降或是他放棄。但是PUA也不會AMOG他的僚機。如果泰勒·德登要告訴女孩子說我是艾爾默，那麼艾爾默就會獵殺他的兔子。

我揉著她的頭髮。

她微笑。

她願意吻我嗎？

她願意。

我們接吻了。

然後一顆蓬橘金色頭髮出現在我視線邊緣。那是泰勒·德登，看起來很不爽。

「跟我過來。」泰勒·德登抓著她的手臂說。

我開始道歉。理智上我知道我錯了，但是當激情的能量在你和女孩周圍累積起來，理智就被本能踢走。我搞砸了。當然，他是AMOG過我，但是負負並不會得正。感覺很糟。

不過，馬上就有人來安慰我。泰勒帶史黛西到我們的旅館房間，留下她室友譚咪。我們不到五分鐘就開始親熱。我不敢相信會這麼容易，她是那個週末第六個跟我親熱的女孩。

這時，謎男也把到一個衣不蔽體的脫衣舞孃，叫做安琪拉，以他的判斷，她是個10.5分。所以我們決定先下課──已經凌晨兩點了，學員們也算值回票價了──然後帶我們的妞去一間叫做Drai's的夜店。

我們走路去計程車招呼站的時候，謎男停了一下然後對著賭場的鏡子看著自己。「勝利的感覺真爽。」他說，對著倒影露齒而笑，他的倒影也對他笑了回來。

在計程車裡，安琪拉面對著謎男坐在他腿上，裙子蓋到他膝蓋。我們甚至還沒出停車場，他們就親熱起來。每次他們的嘴唇分開，她就輕柔地呻吟。她吸著他的食指，在她嘴裡進進出出。她正在為他，為我們，為外頭那些肉腳，為天上的上帝表演。車子經過的每一個路人都對這嘴唇相扣的男女歡呼吹口哨；她則弓起背，把白色內褲拉到一旁，露出一片修成完美淚滴型的陰毛作為回應。謎男把手指伸進她裡面。他們是完美的一對，彼此都沒有意識到對方。

清晨五點，安琪拉離開要開車回洛杉磯，謎男、譚咪和我搭計程車回到我們和泰勒‧德登下榻的路克索飯店（Luxor）。我和譚咪躺在床上親熱，謎男在另一張床上。泰勒坐在椅子上，史黛西坐在他腿上。

譚咪脫掉上衣和胸罩，然後脫下我的褲子。她握著我的老二，開始扭動手腕上下動作。她的嘴也加入，這次我的傢伙有反應了，沒有問題。我猜，上回是因為威士忌、A片女星和公廁的組合太老套了。

譚咪脫下她的褲子，然後我伸手進牛仔褲口袋，拿了保險套戴上。在和她做了一分鐘之後，我停下來。男孩們正在看，或許他們正試著別往這邊看。我不知道，我不敢去看他們。我從來沒有在房裡有其他男人的情況下做愛，何況是PUA。

譚咪似乎對此毫無顧慮，我很羨慕她這一點。總之，我帶她進淋浴間，然後打開水。我把她壓在淋浴間的門上，她的胸部貼在玻璃門上，然後從後面進入她。五分鐘衝刺之後，浴室的門突然打開，出現一道閃光。謎男、泰勒‧德登和史黛西就站在那裡拍照。

我唯一的念頭是：「他們在整我。」後來才了解，對他們而言，那只是拉斯維加斯紀念品。就像《紐約時報》的文章一樣，我是唯一擔心曝光

的人，其他的人都只是在鬧著玩而已。我必須克服這一點，這些傢伙並不在乎作家尼爾·史特勞斯，他們安穩地待在社群裡，外面的一切都無關緊要或似乎並不真實。他們唯一會看報紙的時候，是剛好有動物交配習性的科學文章。如果世界上發生了什麼天災人禍，也只是他被們拿來當話題而已，因為你永遠不知道明天會發生什麼事。

之後，那些女孩邀請我們到她們家吃早餐。我們打包好行李，開車到她們的公寓，而且吃到我們這輩子吃過最讚的培根蛋。泰勒·德登和謎男坐在沙發上，公然談論他們的把妹事業。我可以嗅出火藥味，謎男一直稱呼泰勒「以前的學員」；泰勒·德登自認為已經超越他的導師，創造一個全新而原創的引誘法。

太陽已經升起，身旁有女孩可以睡的時候，我並不想討論把妹。於是譚咪帶我到她房間，為我口交，然後我在飛回家前睡了兩個小時。

她的床有某種令人陶醉的要素——它擺放的位置、純潔的白色、床單的柔軟、被子的厚度、塞得緊緊的寢具。我一向喜愛女人的房間，柔軟、氣味香甜，天堂一定就是這樣吧。

05

　　謎男和泰勒‧德登要到傍晚才離開賭城，所以他們和那些女孩留下，我獨自搭計程車到機場。在回程的飛機上，我做了一個夢：

　　我釣到一個女人而且回到她家。她帶我到她的房間，我奮戰了好幾個小時，始終無法達陣。整個晚上就是推拉、馴服和抵抗。最後我乾脆放棄，跑去睡覺。

　　到了早上，我坐在她客廳的沙發上。她的室友，一個塗鮮紅色唇膏的拉丁女人，晃到我身邊說：「我很抱歉我的室友不想做，如果你想要的話，你可以跟我做。」

　　她坐在沙發上張開雙腿，腰部以下什麼也沒穿。她又問了我一次，我接受了。

　　當我們親熱時，她的唇膏沾得我滿臉都是。但是到了要做愛時，我的老二看起來很脹，但是不硬，很像要把長條蛋糕塞進她裡面。

　　之後，我原本的目標走進來。我在夢裡就這麼叫她：我的目標。我趕緊擦掉嘴上沾到的口紅，而她室友似乎在我背後的某個地方偷笑。

　　我知道我沒有通過這個預謀的測試，竟然背地裡跟她室友偷吃。這下她永遠不會喜歡我了，因為她知道我其實是個爛人。

那個晚上，她們辦了一個派對。謎男正在勾引我的目標，送給她一個車庫遙控器當作禮物。趁著沒人看見的時候，我抓了車庫遙控器走到外面。我一直按它，想像某個地方會有一道門被打開，然後出現一個送給她的驚喜禮物。

　　這時謎男走了出來，他在找那個女孩。原來車庫遙控器是他慣例的一部分——約她私下出來的暗號。我壓了按鈕，就呼叫了他。我以最快速度跑走，但是不到幾秒鐘謎男就追上我。他的腿太長了，這對他而言根本不算是挑戰。

　　「我很不爽，你幹嘛把我的妞。」我說。

　　「你有過機會跟她在一起，但是啥事也沒發生。」他回答：「你出局了！現在輪到我了。」

　　當我醒來的時候，我立刻了解夢境裡關於測試的部分。我因為和泰勒的目標親熱卻失敗了，加上對A片女星的不舉，我的無力感不言可喻。但是我不懂謎男把走我的目標這段——直到我回到家接到謎男的電話。

　　「希望你別介意，」他說：「譚咪剛剛幫我吹喇叭，她吞了我的精液。」

　　在她胃裡的某處，我的精液正和謎男的混合在一起。

　　「我不介意。」我說，我是真的不介意。和把妹達人交朋友，這也算是好玩的競爭之一。「只要記得是我先上的就好。」

　　然而泰勒‧德登並不這麼想。對他而言那不是好玩的競爭，那是他的生命。

　　他永遠不會原諒我和他的目標親熱。

06

重點是女人；結果是男人。

好萊塢計畫並沒有整天在泳池邊閒蕩的比基尼名模，只有滿臉青春痘的青少年、戴眼鏡的生意人、矮胖的學生、寂寞的百萬富翁、掙扎奮鬥的演員、挫敗的計程車司機和好多的電腦工程師。他們來的時候是拙男，出去的時候已經變成玩家。

每週五他們到達的時候，謎男或泰勒・德登會站在抱枕坑前教他們大致上相同的開場白、肢體語言的技巧和價值展示慣例。星期六下午，他們全都會去梅洛斯大道血拼。他們會買同樣的四吋厚底靴和黑白綁帶上衣，旁邊有一些流蘇垂著。他們買一樣的戒指、項鍊、帽子和太陽眼鏡，還會去人工日晒沙龍。

我們正在培養一支軍隊。

晚上他們降落在日落大道，一群玩家蜜蜂。即使研討會和授課結束了，他們會在日落大道上的那些夜店逗留好幾個月，進行遊戲。光是看到那款靴子和上衣兩旁晃動著的流蘇，就能從背後認出他們。他們成群結隊潛入女人堆裡，並派遣密使去說：「嘿，我需要一個女性的意見。」

即使在沒有課的晚上，這些打扮誇張的傢伙會在出去獵豔前，從方圓

百哩外聚集到我們的客廳。到了凌晨兩點，他們再度回到房子──不是把喝茫了、吃吃傻笑的女孩帶到按摩浴缸、陽台、更衣室和抱枕坑裡，就是空手而歸，然後徹夜分析他們的策略，討論個沒完沒了。

「你知道為什麼我的技巧勝過我所有的朋友嗎？」某天下午在梅爾餐廳，泰勒跳進我旁邊的座位，說：「只有一個該死的原因。」

「因為你比較敏感嗎？」我問。

「不，是因為我耕耘！」他得意洋洋地說。他的「耕耘」是指，以一句接一句的台詞，一個接一個的慣例對付女孩子，完全不給她反應的時間。「有一天晚上，某個女孩正要跑走，我對著她大叫著我的慣例。她就像磁鐵般被我吸回來。去他的社交常規！我會把它們全部推翻。你必須耕耘，沒有什麼情況是不能耕耘的。」

「我不耕耘的。」我告訴他。有些人交得到女朋友，是靠著死纏爛打直到她們心軟為止。但我不是追求，也不是耕耘，我只是給她機會喜歡我，她要麼喜歡要麼不喜歡，但通常她會喜歡。

「你只要一直逼過去就好了，那不可能沒用的。」泰勒繼續說：「如果那些女孩生我的氣，我就改變音調道歉，告訴她們我不太懂得察言觀色。」

我看著泰勒・德登說話。雖然他的話題全都是女人，但我幾乎沒看過他和哪個女人在一起過。

「也許我沒有談很多戀愛的原因，」當我們離開餐廳，他說：「是因為我不喜歡口交。」

「是你幫別人，還是別人幫你？」

「都不喜歡。」

那時候我才發現泰勒‧德登進入社群不是為了性，而是權力。

老爹的動機比較難判斷。本來，他進入遊戲是為了女人。剛搬進好萊塢計畫的時候，他幻想著把他的房間變成一個高科技的蘇丹皇宮，有一群後宮佳麗隨傳隨到。還想弄一張像王座一樣的床、一套高級的家庭劇院、一個緊鄰壁爐的吧台和從天花板垂下來的帷幔。

但是他的房間並沒有變成那樣。我和泰勒從梅爾餐廳回來的時候，謎男在老爹的房間裡爭吵著。

「你給泰勒‧德登的學員比我還要多。」謎男說。

「我試著讓它對每個人而言都是雙贏。」老爹反駁。每次他用這種說法，都會讓事情聽起來更模糊。

當我看到他的房間，我嚇了一跳。裡面幾乎沒有任何家具，只有睡袋和散落一地的枕頭。女人對這樣的臥室有一種想法：殺風景。

「誰住在這裡？」我問。

「一些RSD*的學員。」

「有多少人？」

「呃，現在，泰勒和病仔睡在我浴室裡的更衣間。然後三個新進學員睡這房間。」

「如果有人要待超過一個月，必須經過核准，我們在家庭會議上講好的。這房子已經住了夠多人了。」

「好極了。」老爹說。

「如果他們要使用房子，就應該付錢。」謎男說。

老爹茫然地看著他。

「我沒辦法跟那傢伙說話，」謎男對我抱怨：「他只會呆坐在那裡看

著你然後說：『好極了。』沒有別的反應。」

「才不是這樣，」老爹說：「別以為我是以前的學員，就可以任你擺布。」我從來沒看過老爹生氣。

他並不像其他人說話越來越大聲；相反地，他的聲音變得非常拘謹。在他內心深處，有個活生生、正在呼吸、情緒化的人等著被釋放出來。

那天之後，老爹不再從前門進入房子。為了避開謎男，他一路從後門走到中庭然後爬上通往他房間的樓梯。他的客人們也都這麼做。

---

* 正宗社交力學（Real Social Dynamics）的縮寫，見書末一覽表。

07

父親在我四十歲的時候過世

我就是哭不出來

不是因為我不愛他

不是因為他不愛我

我為所有不太重要的東西哭泣過

威士忌、痛苦和美女

他值得更好的眼淚

但我還沒有準備好

歌聲傳遍整個客廳。謎男躺在抱枕坑裡,胸前放著他的電腦,一次次地播放蓋伊・克拉克(Guy Clark)的〈蘭道刀〉(The Randall Knife)這首歌。

他似乎需要關懷,於是我走過去關心他。

「我爸死了,」他說,聲音毫無起伏,很難聽出他是否覺得難過。「時候也差不多了,一切發生得非常快,他又中風一次,然後今天早上十點過世。」

我在他旁邊坐下，聽他說話。他對自己是個消極的觀察者，當他心有所感時，會分析解構自己的情緒。

「即使我已經有心理準備了，感覺還是很奇怪。就像搖滾歌手強尼‧卡許（Johnny Cash）死的時候，明知道遲早會發生，但還是很震撼。」

謎男恨了他爸爸一輩子，巴不得他趕快死掉。但是現在發生了，他卻不知道該作何感想。他似乎對自己的難過感到困惑，他原本以為不會傷心。

「我跟我爸唯一的一次交集，是某個辣妹出現在電視上的時候，」

他說：「他看看我，我看看他，然後我們靜靜地一起欣賞。」

幾天後，我們舉辦第一屆把妹達人高峰會（Pickup Artist Summit）。世界各地的把妹達人飛到這裡來發表演說，幾百個RAFC（改造中的拙男，reformed average frustrated chump）聚集在我們的客廳聽他們演講。我們的室友公子和贊諾司已經被老爹和泰勒訓練成指導員，負責開場。

當公子談論著肢體語言，我回想起第一次和謎男在貝爾格勒的工作坊，想到那個緊張兮兮的異國選項、因為第一次得到e-mail收場而蹦蹦跳跳了一整條街的沙夏，和幽默的傑瑞。我很關心那些傢伙，由衷地希望他們能把到女人，我事後又和他們通e-mail好幾個月，追蹤他們的進展。

但現在我看著客廳，看到的是需索與饑渴。留著山羊鬍的禿頭——迷你版與放大版的我——都要求我擺姿勢和他們合照。以前可能當過模特兒的帥哥，竟也詢問我髮型和衣服採購的建議，要求我擺姿勢和他們合照。

大會中有兩個乾瘦的兄弟檔——都是處男——帶著他們的妹妹一起來。她是個沉默的十九歲女生，一雙大眼睛、小巧的胸部和一身嘻哈街頭打扮。多虧她的兄弟，她懂得關於遊戲的一切。當那些傢伙以驕傲風趣的

台詞接近她，她對他們說：「別在我身上用大衛‧狄安傑羅那一套，我全都讀過了。」她自我介紹她叫小敏，也要求我擺姿勢和她合照。

「我愛死你的文章了！」她說。

「妳讀過啊？」我很驚訝地問。

「是啊。」她咬咬嘴唇。

為了我的演說，我帶了五個正在交往中的女孩，在她們身上進行慣例示範，然後請她們當助教，指點台下那些人的穿著與肢體語言。結束後，我得到了起立鼓掌。

之後，我坐在我們新買的大紅色沙發上，被老爹、泰勒‧德登和他們的學員包圍著。他們正在討論謎男和我勾搭凱洛琳與卡莉的影片。不知何故，槍巫拿到這段影片，還把它放到網路上，粉碎了我僅剩的匿名性。

「那真是天才，」老爹說：「泰勒‧德登詳細破解了型男做的一切，他稱之為『型動』（Stylemog）。」

「那是什麼？」其中一個學員問。

「那是一種框架控制，」泰勒‧德登回答。框架是NLP術語：那是一個人的世界觀。無論是誰的框架——或個人主觀的真實——都是支配互動時最強的傾向。「型男擁有一整套完備的方法，來保持框架控制，並讓人想得到他的認可，來確保焦點總是在他身上。我正在寫一篇關於這個的文章。」

「好極了。」我說。

突然間，老爹、泰勒‧德登和那些學員對我笑了起來。「那正是你的習慣之一，」老爹說：「泰勒正在寫這個。」

「什麼？我只是說好極了，因為我覺得很扯。老實說，我等不及要讀

它。」

他們全都又笑了起來。很明顯我「型動」了他們。

「看吧，」泰勒‧德登說：「你會利用好奇心當做框架來得到關係，而且讓別人失去社會價值。當你像這樣表示肯定的時候，會讓你變成權威，讓別人想要得到你的認同。我們正在教這個。」

「該死，」我回答：「以後每當我說了什麼，大家都會以為我在進行正宗社交力學慣例了。」

他們全都笑了起來。那時我才發現我被設計了：泰勒‧德登正在寫的並不是我在社群裡學來的東西，那是我自己的，那是真正的我。雖然他誤會了我的本意——那是他的框架，他看世界的方法——但是他在拆解我的行為舉止，偷走我人格的構成元件，還為它們命名，把它們變成慣例。他要帶走我的靈魂，然後散布在日落大道上。

08

在高峰會最後一天，謎男突然心血來潮，想把座談會的價格從六百元漲到一千五百元。他請老爹修改網站上的標價。

「那沒道理，」老爹抗議：「市場會反彈啦。」

老爹已經很少出門了。他把時間都花在正宗社交力學網站以及企劃活動上。從我們搬進這房子以來，我只有一次見過他和女人在一起。

「那是我的方法，」謎男說：「人們會付錢的，我已經全都想好了。」

「太不切實際了，價格不會被接受的！」老爹直盯著謎男的胸部，他不喜歡正面衝突。

謎男用力躂步經過客廳，多面正在那裡發表演說。多面在座談會開始前一星期就進城，而且睡在房子某處──我不太確定是哪裡，因為老爹已經沒有更衣室可以塞人了。自從多面來了之後，我幾乎沒跟他說過話。他要不是在老爹房裡為正宗社交力學工作，就是在泰勒‧德登的授課當僚機，不然就是在健身。

我看了他幾分鐘。他現在狀態很好，穿著一件破T恤和一條鬆領帶。他告訴那些學員，他一直沒有開苞──甚至牽過女孩的手──直到二十六

歲那年。那是他對男人的慣例的一部分。他也變成一個導師了，而且一路下來，他已經失去我們剛認識時的那種純真了。

「我靠這手機做了很多事，但它根本不會通。」他拿起手機說：「我只是喜歡對著它說話，假裝自己是個大忙人，如果我在夜店覺得無聊的時候，手機就是你最好的僚機。」

多面有很棒的舞台效果和機靈的幽默感，真希望他多花一點時間在他的脫口秀事業上，而不是教把妹。他並非天生做這行的料，不像謎男和泰勒。

我跟著謎男進入廚房，他正靠在吧台上等我。「老爹背著我舉辦授課，」他忿忿不平：「有人說上個週末在Highlands夜店裡看見他和六個傢伙一起。」

我跳上吧台坐著，平視著他。

「我要幫你補充進度，告訴你其他發生的事。」他說。我以為他想抱怨老爹，但是他想談的是派翠莎。她和一個在脫衣夜店認識的美國黑人運動員交往，而且已經懷了他的孩子。雖然她還不打算跟他結婚，但是她想要留下孩子。她的母性呼喚著她。

「我試著客觀地看這件事，」謎男說，跨坐在一張餐椅上。「我並不生氣，但是覺得受傷，讓我想殺掉嬰兒和那傢伙。」

PUA的指定書目中，包括了演化理論的書：麥特·瑞德利（Matt Ridley）的《紅色皇后》（The Red Queen）、理查·道金斯（Richard Dawkins）的《自私的基因》（The Selfish Gene）和羅賓·貝克（Robin Baker）的《精子戰爭》（Sperm Wars）。你讀過之後，就能了解為什麼女人很容易喜歡上混蛋，為什麼男人想要這麼多性伴侶，以及為什麼這麼多

人背著配偶出軌的原因。然而，大家也了解大部分的

　　人克制了那些暴力衝動，其實是正常而且自然的。但對謎男這個天生的達爾文主義者而言，這些書為他的反社會情緒，以及想要傷害搞他女人的人，提供了知識上的辯護。那不是一件健康的事。

　　泰勒·德登走進入廚房，看見謎男一臉愁容。

　　「你知道你需要什麼嗎？」他告訴謎男：「你需要巡視。」

　　巡視是泰勒·德登對所有事情的解藥，他很信這一套，以為把妹能夠治療所有的問題——憂鬱、無力、仇恨、腸胃炎、蟲子。雖然我搬進這房子是為了建立一種生活形態，但是對泰勒而言，巡視是唯一的生活方式，他從不跟女人持續交往。他帶女人到日落大道上的那些夜店，然後再拋棄她們，好把到更多女孩。

　　「你得出去晃晃，」泰勒繼續說：「今天晚上跟型男一起出去吧。你們兩個的遊戲超強的，你可以找到比派翠莎辣兩倍的新女友。」

　　接著，那對處男兄弟、他們的妹妹小敏、和一個剃光頭的PUA一起進入廚房。在這大會期間，似乎無論我在那裡，一個小團體就會聚集在那裡，結果我就得出面主持。

　　「今天你的演說是最棒的，」禿頭PUA說：「你對那些女孩那麼溫柔優雅，就像觀賞精心編排的舞蹈。」

　　「謝啦，老弟。你叫什麼名字？」

　　「我叫型男之子（Stylechild）。」

　　幾個月來，這是我第一次啞口無言。

　　「我以你為自己取名。」

　　當他訴說關於他不幸的人生，以及他如何發現社群和我的文章，我瞥

見小敏用俏皮的眼神看著我。我刻意不對她進行遊戲，因為不想跟座談會上其他傢伙做一樣的事。除了我在演說上用到的那些女孩之外，她是整個週末在這房子裡唯一的女人。

在馬鞍牧場的那個晚上，小敏的目光焦點依然在我身上。我必須說些什麼——但不能是她已經在網路上看過，或者從她哥哥那聽來的任何事。

「嘿！」我終於對她說：「我正要去報名騎機器牛，跟我一起去吧？」

那不是台詞，我對那隻機器牛真的很感興趣。它在很多方面令我聯想到遊戲，它有十一段變速，從超容易到魔鬼級的超高難度。自從我第一次看到那隻牛，我的目標就是最高設定——神話般的十一級。目前為止，我只撐過十級。

那是毫無意義的野心，完全沒有任何實質用處。但是如果你讓普通男人面對某個還算有趣的東西，向他解釋只要不斷嘗試就會刷新排行榜紀錄，他就會迷上。所以這些玩意才會大受歡迎，例如電玩遊戲、武術、把妹社群。

我請店員把機器設定到十一級，塞給他五塊錢小費，確保他對我手下留情，然後爬進柵欄上了機器牛。我穿著皮褲——不是為了炫耀，而是為了增加摩擦力。我第一次騎完之後，隔天大腿一片瘀青，幾乎無法走路，也終於體會到女人和一個一百公斤的傢伙做愛是啥感覺。

我的胯下緊貼著鞍的前面，雙腿夾緊牛肚，然後舉手示意我準備好了。機器馬上就活跳跳地搖晃起來，速度快到我的目光失去焦點。我覺得我的腦子就要掉出頭顱了，臀部感受到前所未有的劇烈搖晃，胯下隨著機器牛的節奏撞擊著鞍柄。正當我快要滑到旁邊的時候，牛停下來了。我撐

過了七秒鐘。

一開始，我興高采烈地像是完成了某件大事——雖然這真的無足輕重，並不會改變我的人生，或我周圍任何人的人生。我開始反省為什麼會這麼在乎。不過幾分鐘時間，我已經有那種買錯東西的懊悔了。

之後，小敏說她累了，要求我陪她走回好萊塢計畫。

我了解那弦外之音。

當我們勾著手臂漫步回家的時候，她聊到她哥哥，以及他們學習遊戲的困難。「他們太保護我，我去約會的時候他們會不爽。」她說：「我認為他們是在嫉妒，因為他們自己沒辦法約會。」

當我們回到好萊塢計畫，我帶她到按摩池。

「我前任男友是很溫柔體貼的人，他為我做所有的事。」她繼續：「但是我並不喜歡他，他令我厭煩。我讀了哥哥的把妹資料後，才了解我為什麼沒有被他或學校裡其他傢伙吸引。他們都無聊死了，根本不懂驕傲風趣法。」

我脫下四角褲，然後跳進水中，舒緩我被機器牛衝撞的不適。她穿著胸罩和內褲加入我。她很瘦，而且很細緻，像個木偶一樣。我牽著她的手把她拉向我，她跨坐在我腿上，然後我們開始親熱。我脫掉她的胸罩，含住她的乳頭。然後我抱著全身赤裸而且滴著水的她到我的臥室，套上保險套，慢慢地進入她。沒有LMR。她的哥哥們因為崇拜我，反而把她送進我懷裡。

她是我的第一個女粉絲，而且不是最後一個。這整個PUA的事情已經變得太大了。有這麼多新的把妹事業出來競爭，在網路上強力推銷他們的服務，社群正倍數地成長，尤其在南加州，日落大道正在我們眼前轉變

著。

　　沒有半個女人可以倖免。出師的學員像幫派一樣遊蕩過街，成群結隊巡邏每一間夜店。那些酒吧在凌晨兩點關門的時候，他們會侵入梅爾餐廳，在走道上穿梭，在任何有女人的桌子坐下。他們把女人一卡車一卡車地運進房子裡。

　　而且他們全都在使用我的技巧。在每一間夜店，我看見他們的光頭、魔鬼似的山羊鬍、鞋子看起來就像一星期前我在比佛利中心買的那雙。到處都是迷你版的我，而我一點辦法也沒有。

09

MSN社群：謎男沙發吧
主題：我的接近時間表
作者：阿多尼斯

我被開除之後（花太多時間在謎男沙發吧了，哈哈），上個星期搬到洛杉磯，打算全心投入遊戲。我總覺得自己在這裡是個怪胎，因為我還是處男而且很宅，所以我決定鎖定週六，並且在那一天就要進行一百次接近。我下午會從拉布雷拉區（La Brea）和費爾費克司（Fairfax）之間的梅洛斯大道開始。我想，我每小時可以做十個接近，五小時將近五十個。（有人知道哪裡有賣New Rock靴的店家嗎？）然後我會回去沖個澡，接下來進軍日落大道，跑四間酒吧
（Dublin's、Miyagi's、Saddle Ranch、Standard），每間進行十二到十五次接近。一百次應該不成問題。就算我每次都慘敗，至少我會克服被拒絕的恐懼。

——阿多尼斯

MSN社群：謎男沙發吧

主題：125次接近

作者：阿多尼斯

各位，上星期六真是太棒了。我完成125次接近，真是太驚人了。出門之前，我聽了羅斯·傑佛瑞的「無法阻擋的信心」（Unstoppable Confidence）錄音，真的有幫助。我想像自己是個鑽石做的大巨人，沒有人能夠傷得了我。

我使用的意見開場白是RSD的經典：「誰比較會說謊，男人或女人？」一開始，正妹們賞我一個怪表情，彷彿我正在做問卷調查。但在馬鞍牧場開始生效了，我想我搭訕了那裡每一個女人。有個正妹願意給我電子郵件地址，但是我勉強去要電話號碼，結果完全失敗。幹！學到教訓了。然後我去了Standard，但那邊已經開過兩堂課了，基本上那裡的人都已經聽過「誰比較會說謊」開場白了，所以我開始搭訕街上的人。

我推薦所有人現在就出發這麼做。（但是要先確定你已經穿慣了你的新靴子！）我現在決定試著在這個月結束之前達成一千次接近。我的開場白遊戲會變得超強，而且我將不再對女人憤慨，也不再恐懼她們貶低我的能力。

——阿多尼斯

MSN社群：謎男沙發吧

主題：我的第一千次接近

作者：阿多尼斯

我每一次接近都做紀錄，正如約定，我剛完成我的第一千次接近——而且距離這個月結束還有四天！

在一千次接近之後，我敢說，拒絕或忽略的方式就那些而已，多聽幾次就沒感覺了，何必讓陌生人左右你的自我價值呢？

我學到的另一件事是，要立刻向正妹挑戰或引起她的好奇，不要太理性或太務實。我現在能夠停留在組合中十到十五分鐘，也已經進行過型動了，雖然一開始很難，但是現在我發現它比較容易控制組合，儘管我身材不高（約165公分）。有時候孤立對方，也做了立方體測驗，還拿過怪電話號碼。但我覺得自己煥然一新，變得更有自信，毫無社交恐懼。以前，我很缺乏安全感而且緊張兮兮，所以人們不想理我；現在我走在路上時，簡直光芒四射，正妹們一定能感覺得到。我強力推薦大家都試試看。肯定值得！

下個月，我要精通電話遊戲——打一千通電話，哈哈。如果堅持下去，我應該在年底前就可以搞到女人了。

——阿多尼斯

10

MSN社群：謎男沙發吧

主題：你是社交機器人嗎？

作者：型男

你注意到社群裡某些人有點奇怪嗎？

光是看著他們，你就知道他們缺了點什麼，他們似乎不像是人類。這些傢伙有的在現場表現傑出，也能得到很好的回應，有時候甚至拿到電話號碼和上床——但是他們似乎從來沒有女朋友。

你也是這種人嗎？為了找出答案，問你自己下列問題：

* 如果和女人對話的「材料」用完了，你會驚慌嗎？
* 你認為女人對你說的每一句負面的話，都是「廢物測試」嗎？
* 每個正在和女人互動的男人，你都視之為必須打敗的AMOG嗎？
* 你不先問「她是幾分？」就無法討論女人嗎？
* 在你生命中的女人，沒有和你上床的，你會稱之為「樞紐」而非朋友嗎？

* 你若在一個非社交場合和女人在一起，例如商業會議或安養院裡，你會莫名地分泌腎上腺素而且覺得有義務巡視她嗎？
* 你是否已經看不見把妹事物以外的價值，例如書本、電影、朋友、家庭、工作、學校、食物和水？
* 你的自尊總是被女人的反應擺布嗎？

那麼你可能是個社交機器人。

我認識的大部分巡佐都是社交機器人，尤其是那些在青少年時期或二十出頭時就發現社群的人。他們沒有太多真實生活經驗，完全藉由網路文章和授課學到的理論來學習社交。他們可能再也無法回歸正常了。跟這些社交機器人聊了二十分鐘之後，女人就發現他們其實虛有其表，對他們遠而避之；然後他們就在網路上抱怨女人都到哪去了。

網路新聞群組和把妹生活形態能夠給你很多──同時也失去很多。你最後可能會變成單面相的人，認為身邊的每個人都是社交機器人，並且過度解讀他或她的動作。

解決之道是，記住，把妹最好的方式是要有比把妹更好的事情可做。有些人放棄了一切──學校、工作，甚至女朋友──來學習遊戲，可是那些才是讓一個人更完整，對異性更有吸引力的東西呀。所以你要讓生活回歸平衡，能夠自己做出些什麼，女人才會蜂擁而來，而你在這裡學到的東西，可以讓你做好準備應付她們。

──型男

11

「我又不能叫學員不要上你的課。」

謎男和老爹又在爭吵了。

「你收太多人了，」謎男高舉雙手，非常惱怒地說：「這對我不好玩，對學員也不公平。」

「你這是在阻礙我做生意……」老爹聲音拘謹，充滿積鬱的挫折。

「好吧，」謎男大吼：「那就把我的名字從網站上拿掉。我們拆夥好了，我不想再跟正宗社交力學有任何瓜葛。」

這個合夥關係一開始就注定要失敗。

隔天，賀柏毛遂自薦成為謎男的事業合夥人，好像他一直對把妹事業伺機而動。自從他搬進房子以來，沒有和半個女人在一起過，除了希瑪之外，那是謎男的前任MLTR，從多倫多搬來洛杉磯。她進城後沒多久，謎男和希瑪就開始不對盤，她轉而對賀柏表示IOI。謎男沒有覺得不爽，反而還告訴賀柏巡視她的要訣。希瑪和賀柏當晚就搞在一起了。這件事也強化了謎男和賀柏的友誼。但他們還沒察覺周圍每個人都已經發現的事：惡例開啟了。

賀柏為謎男工作之後，這個大家庭就開始分裂了。正宗社交力學駐紮

在老爹的房間，謎男方法占據房子剩下的部分。

我是屋簷下唯一沒有選邊站的人。但老爹除了刻意冷落謎男和賀柏之外，連我也受到波及。如果老爹在房子後頭鬼鬼祟祟，正巧和我撞見，他會隨便打聲招呼，然後冷漠地走開。

他並不是在生氣，只是在執行某種排擠我的程式。令人好奇的是：大部分機器人並不會自己設定程式。

當初家庭會議訂下的每一條規矩——訪客必須經過許可、研討會收入一定百分比回饋房子、不追別的PUA的馬子——全都被忽視了。我們不知道老爹房裡到底塞了多少學員、巡佐和指導員。他們像打扮炫目的老鼠一樣在房裡到處跑來跑去。甚至連門也不用上鎖了。

他最近的新血是兩個實習生，看起來就像年輕版的他。沒有人知道他們的名字，他們被當作迷你老爹。

他們就跟老爹一樣對很我冷淡，並且一直在注意我的舉動，彷彿那是他們的任務。有時候我會看到他們和泰勒坐在梅爾餐廳內討論我。

「他會調整身體的位置，把話題引導到他的方向。」

「他偶爾會故意離開，假裝自己很搶手。」

「如果你講了一個笑話，他會誇大它，把焦點轉移到自己身上。」

「如果有人要求他做慣例，他會說：『等到現場再做。』好讓他可以掌握時間，以及更懂得欣賞的人。」

他們不是在批評我，而是在模仿我。怪的是，他們卻從不把我當成朋友一樣相處。他們只想聽、想吸收、想做筆記，完全去人性化。不過老實說，那棟房子裡似乎沒有誰一開始就是正常人。

我得離開那裡。

幸運的是，《滾石》雜誌想要我處理另一個難搞的對象，她是寇特妮·洛芙（Courtney Love）。

訪談安排在紐約的維京唱片辦公室，時間一個小時。當時寇特妮正處在惡名昭彰的巔峰。那個星期她在網路電視上對大衛·賴特曼露出胸部；《紐約郵報》頭版刊出在溫蒂漢堡店外，她的一個乳房被含在陌生人嘴裡；還有據稱在演唱會上用麥克風架K歌迷的頭而被逮捕。此外，她還被控吸毒，剛失去女兒的監護權。《滾石》的報導是這所有風波之後，她第一個接受的採訪。

我在維京唱片和她碰面的時候，她穿了一件高雅的黑色洋裝，上頭有條飾帶圍繞著她的身體。她塗上口紅的嘴唇相當豐潤。我想到那一堆刊登她名字的八卦小報標題，寇特妮看起來還算不錯——蒼白、苗條、雕像般的輪廓。然而很快地，飾帶鬆了而且像條尾巴垂在她後面，口紅也暈開了。這似乎是她人生的寫照：不斷地解體。

「如果你們這些傢伙在等我掛掉，你們還有得等呢。」她開始說。我是媒體，我是敵人。「我祖母活到一百零二歲才死。」

這是PUA所謂的「耍賤防衛」（bitch shield）。那不是針對個人，只是自我保護的機制。我不能讓它困擾我。我必須取得關係，讓她知道我有人性，不是另一個嗜血的記者。

「我現在還會做關於祖母的惡夢，」我告訴她：「因為我最後一次看見她的時候，大家打算要去參觀美術館，而我把她趕走，因為我想賴床。」

我們胡亂聊了一下我們的家人，她並不太喜歡她的家人。

現在我們有點進展了。

當訪談繼續，我擊中了上鉤點。她看著我，然後卸下心防，臉色漲紅，眼淚開始滴落。「我需要被拯救，」她啜泣：「你得救救我。」

現在我們建立起關係了。

關係等於信賴加上安心。

採訪時間到了，寇特妮提議交換電話號碼，說她那天晚上會打給我繼續訪談。我鬆了一口氣，因為在唱片公司辦公室裡的區區一小時訪談，無法成為非常有趣的人物側寫。湯姆·克魯斯至少有帶我去騎過摩托車和參觀山達基教會。

那天晚上，我和一些大學老友約在曼哈頓的一家夜店Soho House見面。自從加入社群之後就沒見過他們，他們幾乎認不出我來。他們花了一個半小時討論以前我有多笨拙內向，然後話題轉到工作和電影。我試圖說點什麼，但就是無法集中精神在那些對話上，聲音只是飄進我耳朵然後像耳屎一樣積在那裡。我覺得自己再也沒有辦法融入他們了。幸好，一個擁有大象腿和巨大假奶的亞馬遜女戰士不小心跌撞到桌子。她比我高了30公分，而且有點醉。

「你有沒有看見一個戴黑色牛仔帽的女孩子？」她以斷斷續續的德國口音問。

「跟我們一起坐，」我說：「我們比妳的朋友好玩多了。」

那是我向大衛·狄安傑羅學來的台詞，而且很有用。我的朋友們驚訝地看著她坐下，並且要了一根香菸。

亞馬遜女戰士開始和我聊天。每隔一陣子，她就拖我到洗手間，我看著她吸古柯鹼，像個人肉吸塵器。

「你看《慾望城市》嗎？」我們那個晚上第三次到洗手間，她問。

「有時候。」我對她說。

「我剛弄了個珍珠。」她以日耳曼人的驕傲說。

「那很好啊。」我完全不知道珍珠是什麼意思。

「那很酷，」她說：「還有那些小珠子。」

「喔，還有珠子，聽起來很棒。」

我根本沒搞懂，但是我喜歡聽她說話，享受她奇怪口音配上柔軟嘴唇的不協調感。也許她說的是後庭按摩珠（anal beads）。幹得好啊。

我停下來靠著我們正在經過的走廊牆壁。「妳的接吻技術如何，以1到10分來說？」

「我是10分，」她說：「我喜歡柔軟、緩慢、挑逗的吻。我討厭別人把舌頭用力往我的喉嚨猛塞。」

「是啊，我以前有個女朋友會那樣。好像跟一頭母牛親熱。」

「我的吹簫技術很棒喔。」她說。

「佩服佩服。」

這句簡短的回答花了我好幾個月時間才搞懂。有些女人喜歡在認識男人之後故意開黃腔，那是廢物測試。如果男人被虧得很不自在，他就失敗了；可是如果他得意忘形，反虧回去，他也失敗了。看過英國電視名人阿里‧基（Ali G）之後，我發現了答案：只要看著她的眼睛，讚許地點頭，然後浮現一個淺淺的微笑，以一種自作聰明的音調說：「佩服佩服。」現在，我幾乎對女人丟出每一種挑戰都有回應之道，但這次算不上挑戰——這是自動送上門的肥肉。我只要別做錯任何步驟。

我陷入沉默然後做出PUA所謂的「三角凝視」（triangular gazing），從她左眼慢慢看到她右眼，然後到她嘴唇，營造暗示的性張力。

她對我投懷送抱，然後舌頭猛塞我的喉嚨，像頭母牛一樣，然後退開。「討論接吻讓我好興奮。」她說。

「我們離開這裡吧。」我回答，讓身體不再緊貼著牆。

我們搭電梯下樓招了計程車。她告訴司機一個東村的住址，我猜我們正要去她家。

然後她跨坐在我身上，把沉甸甸的胸部從背心上衣撥出來，我想我應該要吸它。

我們到了她家，爬樓梯到她的公寓。她打開一盞燈，投射出一道暗褐色光線到房間，然後把滾石合唱團的《羊頭羹湯》（*Goats Head Soup*）放進音響裡。

「我去把我的珍珠穿上。」她告訴我。

「我等不及了。」我說，我真的等不及了。

當我躺在那裡，我才發現我忘了跟朋友道別。老實說，我一整晚都忽略了他們。巡視將我和我的過去之間豎起一道隱形的圍籬。但是當她穿著珍珠出現時，一切都值得了。珍珠根本不是後庭按摩珠，那是一件性感內褲，一串小金屬球連接前面和後面，橫過她的陰部。

也許她那天出門就是希望可以帶人回家展示一下。如她所願，我輕輕對著她的陰唇和陰蒂摩擦那些小球。我以為它的用途就是這樣，不過我也不確定，因為一分鐘後，珠鏈就從內褲斷開，像衛生棉條的線垂在她兩腿之間。

她的新珍珠不過如此。

「我去換衣服。」她說，似乎並沒有生氣，大量吸食古柯鹼就會讓人變成這樣。她穿著及膝黑色皮靴再次出現，在床上躺下，接著從一個酒紅

色小瓶子裡又像吸塵器那樣吸了一次。然後把瓶子舉到胸口，輕輕倒出一點粉末在她左胸。

我不吸毒的。身為PUA，有一部分是在學習控制自己的狀態，不必靠酒精或毒品也能擁有美好時光。每個女人在床上都不一樣，各有她自己的品味、怪癖和幻想。外表根本看不出她在床上是熱情狂野或像一條死魚。到達熱情，露出真實的那一刻，正是遊戲中我最喜愛的部分。我喜歡跟不同的女人上床，然後在高潮後和她躺在床上聊天。我就是喜歡跟女人互動。

我把頭埋在她的雙乳之間。而我真正擔心的是：我不想要整個晚上都保持亢奮，而且我有預感，古柯鹼有礙紳士的雄風。

反正我不是紳士。

手機突然響了，我的電話。

「我得接個電話。」我告訴她。我跳起來，把古柯鹼撒得床單到處都是，然後抓了我的手機。我大概知道是誰打來的。

「嘿，你可以過來嗎？」是寇特妮‧洛芙。「你能不能夠從唐人街弄一些針灸用的針——最痛最大根的那種，還要一些酒精和棉花棒。」

12

「這裡可以舒緩膽的毛病。」寇特妮・洛芙說，一邊把針插進我的腿。

「呃，這不是應該要有執照的專家才能做的嗎？」

「我很年輕的時候就已經在做了，」她回答：「但我好幾年沒做了，你是第一個。」她捻動著針。「感覺痛的話要告訴我。」

在那裡，腿部有一陣電擊。好了，夠了。

我和寇特妮・洛芙預定的一小時訪談已經演變成一個超現實的睡衣派對。除了吃飯，我待在她唐人街的庫房長達七十二小時。那裡有五百坪，除了一張床、一台電視和一張沙發之外，什麼也沒有。

她穿著T恤和睡褲，正處於隱居狀態：躲狗仔、躲經紀人、躲政府、躲銀行、躲男人、躲她自己。我被剝到只剩下四角褲，躺在她的沙發上，身上扎了十幾根針。她床邊的地板上滿是碎屑、菸蒂、衣服、食物包裝、針，和沙士罐；她手指和腳趾的顏色從肉色變成灰黑。她甚至怕到不敢接電話，以免聽到「一些鳥事的狗屁新聞」。

只有我們兩個人：記者和搖滾明星，玩家和女玩家。

她把《不羈夜》（*Boogie Nights*）放進DVD放影機，然後爬進她的床，

用一條髒毛毯蓋住自己。「我總是會問我正在交往的男人：『你最大的恐懼是什麼？』」她說。「我前男友說他怕漂浮不定，而他現在正是那樣；我最近迷戀的一個MTV導演說是失敗；而我正在經歷我最大的恐懼：就是失去力量。」

寇特妮人生裡的諸多問題中，消耗她最多的似乎是戀愛。那個音樂錄影帶導演不回她電話，那是女人最常見的問題，無論她們多漂亮或多有名。

「我有個理論，」她說：「必須和男人睡三次，才能讓他愛上我。而我只和他睡了兩次，我還需要再一個晚上才能得到他。」

這個導演已經藉由「推拉法」擄獲她的心。他走路送她回家，和她親熱，然後說他不能進去。無論是巧合還是故意，他遵照了大衛・狄安傑羅的以退為進原則。

「如果妳想得到他，」我說：「去讀羅伯・葛林（Robert Greene）的《引誘的藝術》（*The Art of Seduction*），那會給妳一些想法。」

她在地板上捻熄香菸。「我很需要幫助。」

《引誘的藝術》連同葛林的另一本書，《權力的48條法則》（*The 48 Laws of Power*），都是PUA的經典必讀書目。關於前者，葛林研究了歷史上和文學上最偉大的引誘，以尋找共通主題。內容分成：不同類型的誘惑者（包括浪子、理想情人和天生好手）、目標（演技女王、拯救者、過氣明星）和技巧，全部都與社群的哲學一致（間接接近、傳送混合的訊息、成為被慾求的對象、孤立目標）。

「你是怎麼知道那本書的？」她問。

「我過去一年半都和世上最強的把妹達人們混在一起。」

她從床上坐起來。「哇，快說！快說！」她像小女生一樣尖叫。聊把妹比其他話題有趣多了，每次話題轉向她的法律、媒體和監護權問題，她就眼眶含淚。

　　她全神貫注地聽著關於社群和好萊塢計畫的事。身上插著十幾根針，還要進行嚴肅的對話，並不是件容易的事。「我想要見見他們，」

　　她興奮地說：「你認為他們和華倫・比堤（Warren Beatty）一樣棒嗎？」

　　「我不知道，我又沒見過華倫・比堤。」

　　寇特妮爬下床，在我的腳、腿和胸部的那些針周圍搽上香精油。

　　「我跟你說，他非常能言善道。」

　　「我很想知道他是怎麼做的。」

　　「他很厲害。他有一次打電話給我說：『嘿，是我。』好像我應該知道他是誰。然後就想拐我當晚去他家。我終於答應的時候，他笑了起來，然後說他在巴黎。那完全就是心理操弄。他會擤完鼻涕，然後把髒面紙遞給他的約會對象。」

　　那是否定，華倫・比堤會否定女人。每一個PUA——無論他是否意識到——都使用相同的原則。那些社群裡的人和華倫・比堤、布萊特・瑞納（Brett Ratner）、大衛・布萊恩（David Blaine）這些名人的差別在於，我們不是單打獨鬥，還為技巧命名，分享資訊。

　　「我不知道這個導演有什麼問題，」寇特妮說：「我有神奇的陰部。如果你上了我，就會變成國王。我是國王製造者。」（白話翻譯：如果你上了她，你就出名了。）

　　她開始拔針，我輕鬆多了。「你頭上一定要插一根。那裡感覺最

好。」

寇特妮在地板上到處摸，抓到一根骯髒的針，瞄準我的眼睛上方。

「不，謝了。我今天已經夠了。」

「你一定要試一試，那對肝臟很好。」

「我的肝臟沒問題，謝謝。」

她把針丟回地板上。「好吧，那我要出去買一些餅乾。」

她扭動身體脫掉她的粉紅上衣，然後光著上身站在我面前。

「這是真的胸部，但是有用矽膠托高。」她說，走到我面前讓我看她左胸底下的疤痕。「你知道在乳房打一針要多少錢嗎？九千塊。」

「然後妳的問題就解決了。」我說。

「也讓我沒錢請律師了。」她生氣地說，滑進一件黑白娃娃裝。

當她從商店回來的時候，興奮地漲紅了臉。從袋子裡拿出一個咖啡蛋糕，分成兩半，在地下留下一行碎屑。「我們來打個賭，」她說。

「什麼？」

「我跟你打賭，我可以讓這個導演回心轉意。」

「我很懷疑妳做得到。如果他不回妳電話，他就是沒興趣。」

「他甚至向《紐約郵報》否認跟我睡過，」她用發黑的手指遞給我半片蛋糕，「但是我喜歡挑戰。」

「好吧，如果妳可以讓他回心轉意，妳就是比我厲害的把妹達人。」

「那我們來打賭。」她堅持。

「賭注是什麼？」

「如果我不能讓他回來，我就陪你一星期，在哪裡都可以。」

我茫然地看著她，完全被這主意嚇到，說不出話來。

「或是你可以替我下一個孩子取中間名，你自己選。」

「好。」

「我還有一個條件，我要聽聽那些跟你同住的每一個把妹達人的建議，一個小時。」

到了我該離開趕飛機的時候，寇特妮下床和我吻別。

「我只是需要打炮，」當我等電梯離開的時候，她說：「我只是需要一個蠻橫的傢伙到這裡來幹我。」

我知道我可以是那個傢伙，這就是IOI。但是我有把妹達人的職業道德、賭徒的職業道德和記者的職業道德，和她做愛就通通違規了。

那天早晨我在公寓告訴達斯汀的是真的：學習把妹讓我收穫良多，不只是我的性生活。我在社群中學到的技巧，也讓我成為比過去更好的採訪者。當我被派去採訪小甜甜布蘭妮的時候，我才發現自己有多厲害。

13

做這張專輯的時候，妳有很大的壓力嗎？

什麼，現在嗎？

就是妳自己的壓力，或是唱片銷售量的壓力？

我不知道耶。

妳不知道？

我不知道。

我聽說有一首歌是妳跟**DFA**一起創作的，為什麼後來沒有放進新專輯？

什麼DFA？

兩個紐約來的製作人，詹姆士・莫菲（**James Murphy**）和堤姆・高茲渥

斯（**Tim Goldsworthy**），他們自稱DFA。妳想起來了嗎？

是喔，也許他們做了什麼吧。

我和布蘭妮的訪談沒有任何進展。她雙腿交叉，在沙發上顯得坐立難安。她一點也不在乎，我只是她行事曆上的一段時間，而她正在忍受煎熬——真惡劣。

她的頭髮蓋在白色袋鼠牌帽子之下，大腿擠出牛仔褲的皺褶。她是全世界最性感的女人之一，但是她本人看起來像個俗氣的鄉下女孩。

她有一張美麗的臉，上了完美淡妝，但也有很男性化的部分。雖然身為一個性感偶像，但她沒有那種明星氣勢，而且感覺上很孤單，我想。

我靈機一動。只有一個方法可以挽救這次採訪：我必須巡視她。無論我在什麼國家，或是和什麼年紀、什麼階層、什麼種族的女人說話，遊戲總是有用。況且，對布蘭妮進行遊戲，我沒有任何損失。訪談已經無聊透頂了。說不定我會意外得到一句能派上用場的文章標題。

我把筆記折起來放進口袋。我必須像對付那些注意力不足症候群的夜店女孩一樣對待她。第一步就是抓住她的注意力。

「我要說一件關於妳的事，其他人可能都不知道。」我開始說：「觀眾有時候以為舞台下的妳很害羞或很大牌，其實妳並不是。」

「沒錯。」她說。

「想知道為什麼嗎？」

「好啊。」藉著問她需要正面答案的問題，我正在製造所謂的「同意階梯」（yes-ladder），好吸引她的注意力。

「當妳說話的時候，我觀察了妳的眼睛。當妳在思考時，眼球就往下而且往左移動，那代表妳是『動覺型』（kinesthetic）的人。妳是那種活在自我感覺中的人。」

「喔，我的天，」她說：「完全正確。」

當然完全正確，那是我研發出來的價值展示慣例之一。當一個人思考的時候，瞳孔會往七個不同的位置之一移動，每個位置都表示那個人正在運作大腦的不同部位。她專心地聽我分析眼球運動的各種類型。然後她的腿鬆開了，而且向我靠過來。遊戲開始了。

　　「我從來沒聽過這些，」她說：「誰教你的？」

　　我本來想要告訴她「一個國際把妹達人祕密組織」。

　　「那是我從很多次訪談中觀察到的。」但我這麼回答。

　　「事實上，觀察人們說話時眼球移動的方向，就可以判斷出他們有沒有說謊。」

　　「所以你知道我是不是在說謊？」她現在以完全不同的方式看著我。我已經不是記者了，我是她可以學習的對象，一個提供價值的對象，正對她的世界展示權威。

　　「我可以從妳的眼球運動、眼神接觸、說話的方式和肢體語言看得出來，方法很多。」

　　「我得去上上心理學的課，」她帶著惹人憐愛的表情說：「聽起來好有趣，研究人類。」有用了。她繼續講個不停：「而且你可以在認識某個人或是出去約會的時候，想著『他現在是在說謊嗎？』喔老天！」

　　該使出絕招了。

　　「我要教妳一個真正厲害的東西，然後我們得回到訪談。」我說，並丟出一個時間限制。「那是個實驗，我會試著猜出妳在想什麼。」

　　我使出一個簡單的心理學遊戲，要她心裡想著一位老朋友──某個我不認識而且沒聽說過的人──然後我會猜出那個人名字的第一個字母。縮寫是G. C.，我猜了兩次就猜到一個字母。那是我還在學習的新慣例，但是

對她而言已經夠炫了。

「我不敢相信你做到了！可能我前面有一些抗拒，所以你沒辦法兩個都猜到。」她說，「我們再試一次。」

「這次，妳何不自己試試看？」

「我不敢，」她把手指放進嘴裡，夾在牙齒之間。她的牙齒很美，那真是完美的C形。「我做不到。」

她不再是小甜甜布蘭妮了。她只是單人組，一個落單的目標。

「我們做個簡單一點的，」我說：「我會在1到10之間寫下一個數字。我要妳完全不要思考，妳必須相信直覺。讀心並不需要特別的能力，只是讓妳內在的噪音安靜下來，專心傾聽妳的感覺。」

我在紙上寫下數字後，正面朝下遞給她。

「現在，告訴我，」我說：「妳感覺到的第一個數字是？」

「如果錯了怎麼辦？」她問：「可能是錯的。」

這是我們在現場所謂的LSE女孩──她是「低自尊」型（low self-esteem）。

「妳認為是多少？」

「7。」她說。

「現在，**翻開**那張紙。」我對她說。

她慢慢地翻開，似乎不大敢看，然後把紙拿到和眼睛平行，看見一個大大的7。她尖叫，跳離沙發，衝向飯店的鏡子，看著鏡子裡的她，嘴巴張得超大。

「喔，我的天啊！」她對自己的倒影說：「我做到了！」

好像她必須看著鏡子裡的自己，才能確定剛剛發生的事情是真的。

「哇，」她猛吸一口氣：「我做到了。」她就像是第一次見到小甜甜布蘭妮的小女孩。她是她自己的粉絲。

「我就知道是7！」她飛奔回到沙發。她當然知道。那是我向謎男學到的第一個魔術：如果你讓一個人從1到10之間任選一個數字，有百分之七十的機率——尤其你催他趕快決定——會是7。

所以，對，我唬了她。但是她的自信需要好好提升一下。

「看吧，」我告訴她：「妳的內心早就有答案了，只是這個社會訓練妳想太多。」我真的如此相信。

「好酷的訪談！」她大叫：「我喜歡這次訪談！這是我這輩子最棒的一次訪談了！」

她把臉轉向我，望著我的眼睛，問：「我們可以暫停錄音嗎？」

接下來十五分鐘，我們談論性靈、寫作和生活。她只是個迷失的小女孩，正在經歷遲來、情緒化的青春期。她在尋找某個真實的東西，比知名度和工作人員的奉承更有深度的東西。我展示了價值，現在我們進行到引誘的關係階段。也許謎男是對的，所有的人際關係都依循著相同的公式：

關係等於信賴加上安心。

然而，我還有工作要做。我打開錄音機，問了原本那些問題，再加上我的其他問題。這次她給了我真正的答案，稿子能用的答案。

訪談結束時，我關掉錄音機。

「你知道嗎，」布蘭妮說：「每一件事發生都是有原因的。」

「我真的相信。」我告訴她。

「我也是，」她摸著我的肩膀，一個燦爛的微笑橫過她的臉。「我想跟你交換電話。」

14

　　訪談時間結束之後，布蘭妮離開房間去換衣服，繼續接受MTV頻道的訪問。十分鐘之後她和她的宣傳一起回來。

　　當她在攝影機前坐下，她的宣傳怪異地看著我。

　　「你知道，她以前從來不會和作家這樣。」她的宣傳說。

　　「真的嗎？」我問。

　　「她說好像你們兩個注定會見面。」

　　當MTV的訪談開始，宣傳和我安靜地站在一旁。

　　「那天晚上妳玩得很瘋吧？」採訪者問。

　　「是啊。」布蘭妮回答。

　　「當妳走進夜店把每個人都嚇了一跳，妳做了什麼嗎？」

　　「喔，就是很瘋狂。」

　　「有多開心呢？」

　　突然間，布蘭妮站了起來。

　　「這樣不行，」她告訴工作人員。「我沒感覺。」

　　她蹬著高跟鞋走向門口，留下一頭霧水的工作人員和助理。當她經過我的時候，她的嘴角上揚，出現一個有默契的微笑。我帶壞她了。比起流

行節目要求的，布蘭妮有更深的東西。

我發現這種遊戲對明星比對一般人還管用。明星們總是受到嚴密保護，他們的互動很有限，所以價值展示或對的否定，反而效果更大。

接下來那幾天，我常常回想那些發生過的事。我知道布蘭妮並沒有被我吸引，她並不認為我是可能的對象，但是我讓她感到興趣，那是朝著正確方向的一步。把妹是線性的過程：先抓住想像，然後抓住心。

興趣加上魅力加上引誘等於性。

當然，也許這全都只是自我催眠。就我所知，她和每個記者交換電話，好讓對方覺得受到禮遇而寫出一篇好報導。或許那只是宣傳技巧，刻意跟記者套交情。也許我才是被巡視的人，不是她。

我永遠無法知道真相。

我每天盯著那個號碼，但是我無法撥它。我告訴自己不要跨越了記者的分際：如果她不喜歡我寫的東西（這相當有可能），我可不希望她對外宣稱我寫了那篇壞報導是因為她沒回我電話。

「打就對了，」謎男不斷慫恿我：「你有什麼好損失的？告訴她：『妳能不要打扮得像小甜甜布蘭妮嗎？我們來做件瘋狂的事，而且不能被逮到。我們要戴上假髮爬上好萊塢看板，然後摸摸它祈求好運。』」

「假如我是在社交場合見到她的話，沒問題。但那是工作啊。」

「你的遊戲現在已經玩到另一個層次了。寫完文章的同時，就不再是工作了。所以打給她！」但是我做不到。如果是《花花公子》的年度玩伴女郎，不用一秒我就打過去了。我對那樣的女人已經不再恐懼，我覺得自己配得上，也證明過好幾次了。但是小甜甜布蘭妮？

一年半的時間裡，一個人的自信只能夠增加這麼多嗎？

進行身體接觸

Make a Physical Connection

你是否認為愛情本身，居住在如此醜陋的軀殼中，能夠興
盛長久？

——埃德娜·聖文森·米蕾（EDNA ST. VINCENT MILLAY，美國女詩
人、劇作家），〈你是否認為愛情本身〉（And do you think that
love itself）

01

　　只要一個女人就可以讓好萊塢計畫毀滅。

　　整體上看來，卡蒂雅只是個典型的派對女王，喜歡喝酒、跳舞、做愛、還有嗑藥。但是她——也許因為天真，也許因為報復，也許因為真愛——將會打敗房子裡的每一個把妹達人。所有的把妹研究、慣例、行為橋段，都抵不過一個被輕蔑的女人。

　　我從紐約回來的時候，謎男有一場研討會排在洛杉磯。他現在收費一千五百美元——而且有人願意付。他有五個學員，就一個週末的談話和巡視而言，收入相當可觀。卡蒂雅只是一個他在示範遊戲時收集到的電話號碼之一。他在一間叫做Star Shoes的酒吧認識她。那天她喝得很醉，而且很可能嗑了藥。

　　在好萊塢計畫，星期一是電話日。每個人都在撥他們上週末收集到的電話，看看哪些女孩還很熱情，哪些已經變調了。謎男打電話的時候，唯一接電話的是卡蒂雅。如果當時卡蒂雅不在家，或者謎男撥通了另一個號碼，我們所有人的人生就會完全不同。

　　儘管我們有高超的技巧，要搞到女人上床仍是機率問題。當我們認識女人的時候，她們正處於生命中的不同狀態，可能在尋求男友、一夜情、

丈夫，或是報復性的上床；或者她們並不尋求任何東西，因為她們正在一段幸福的戀情中；或是剛從一段情傷中復原過來。

卡蒂雅可能正在尋找一個住的地方。

謎男打給她的時候，卡蒂雅不記得見過他。然而，在電話上聊了一個半小時後，她答應過來。

「穿輕鬆一點，」謎男告訴她：「我只能玩一、兩個小時。」

使用像「輕鬆」和「玩」這樣的字眼，以及時間限制，都是讓對方解除壓力的策略之一，讓人願意對陌生人付出時間的好方法。

當晚卡蒂雅來了，穿著粉紅運動衫，牽著一隻叫做莉莉的小狗。卡蒂雅和莉莉都立刻賓至如歸，前者攤在抱枕坑裡，後者在地毯上拉了一坨屎。

謎男穿著牛仔褲、黑色長T恤，頭髮綁成馬尾，從房間裡走出來。

「我正要把電腦連上投影機，給妳看一些我拍的影片。」他告訴她。

「別擔心，不用麻煩。」卡蒂雅以爽朗的俄國口音回答。她有個動來動去的小鼻子，紅通通的臉頰，彈跳的金髮大大增加她的可愛度。

謎男把燈光調暗，給她看我們的家庭影片。這已經變成這屋子的常用慣例了，因為可以輕鬆傳達我們自己和朋友們的正面特質，甚至不需要說話。影片放完後，謎男和卡蒂雅互相按摩而且親熱。三天之後，他們才第二次見面，就達成了協議。

「我正要搬家，」之後她告訴謎男：「所以這個週末我去拉斯維加斯的時候，可以讓莉莉待在這裡嗎？」

把莉莉留在這裡是個狡猾的戰略，因為當卡蒂雅不在的時候，我們全都喜歡上這隻可愛的小狗——進而擴及到牠的主人。她們的個性很相似：

都蹦蹦跳跳、精力充沛而且喜歡舔謎男的臉。

卡蒂雅從拉斯維加斯回來之後，謎男幫她搬家。「妳不用去租新的公寓了，反正妳大部分時間都會和我在一起。」他告訴她：「何不乾脆搬來我的房間？」

她的家當只有兩個帆布袋、一個化妝箱、莉莉，和一輛馬自達休旅車，裡面塞滿了衣服和鞋子。雖然她為一些泳裝月曆當過模特兒，但沒有固定的工作或收入。她晚上會去補習班學特效化妝，每天下課後，會在房裡閒晃，脖子上戴著假的勒傷，額頭上的傷口溢出人工腦漿，或是戴著九十歲阿婆的皺紋和老人斑。

卡蒂雅很快就融入這個家。她自願當老爹工作室的樞紐，在賀柏晚上出門之前幫他畫眼線，打掃我們全都懶得整理的廚房，和贊諾司一起去血拼，還在《花花公子》雜誌的派對上扮演女主人。她有令人讚嘆的能力，可以和任何人交朋友，雖然她的動機不明，也許她真的是個熱愛人群的人。總之，她讓這個家充滿溫暖與同胞愛的光芒，從我們第一天搬進來坐在按摩浴缸裡、夢想著未來的那個晚上之後，就再也沒有過這種感覺了。我喜歡她，我們全都喜歡她。我們甚至讓她十六歲的弟弟，一個有妥瑞症的男孩，在抱枕坑睡了幾個星期。

謎男更是高興。從派翠莎之後，他就沒有和任何人認真交往過了。

「我真迷戀我馬子，」有一天晚上他驕傲地把卡蒂雅的泳裝月曆拿給一群巡佐看。「我一直想著她，就像你有個小孩那樣。我想照顧她，保護她。」

那天稍晚，賀柏在烤肉架上烤牛排，卡蒂雅和我坐在按摩池中，共享一瓶酒。

「我覺得害怕。」她說。

「為什麼？」我問，其實我已經知道為什麼。

「我開始愛上謎男了。」

「嗯，他是個有才華而且很棒的傢伙。」

「是啊，」她說：「我從不讓自己像這樣愛上一個人。我對他還不夠了解，我很擔心。」

然後她沉默地坐著。如果她真的走錯了路，她會希望我說些什麼，警告她。

但我什麼也沒說。

幾天之後，謎男、卡蒂雅和我飛到拉斯維加斯。那天晚上我們換好衣服要出門的時候，謎男開始唸著他最愛的話題。「我真愛這個女孩，」他畫了黑色眼線，在眼睛下塗了白色遮瑕膏。「她還是個雙性戀，在紐奧良有一對情侶炮友。」他把在澳洲買的黑色牛仔帽端正地戴在頭上，然後欣賞鏡子裡的自己。

我們在Hard Rock賭場的Mr. Lucky's吃晚餐，卡蒂雅喝了兩杯香檳，然後到對街的一間Club Paradise脫衣夜店又多喝了兩杯。

當女服務生來到桌邊，卡蒂雅對謎男說：「她真辣。」謎男從頭到腳打量著女服務生。她是個活潑的拉丁女郎，黑色長髮閃閃動人，包得緊緊的身材快要爆出她的衣服。

「有沒有看過《鬼哭神號》（*Poltergeist*）這部電影？」謎男問女服務生。他玩弄她的吸管，對她說他們一定處不來，問她以什麼出名——「每一個人都有出名的絕技。」很快地，那個女服務生每隔幾分鐘就到我們這桌來和謎男打情罵俏。

「我想看那個女孩……」謎男對卡蒂雅說：「把妳吃乾抹淨。」

「你只是想上她吧。」卡蒂雅隨口說。我想對任何女人來說——尤其是喝醉了——看著當初用來釣她的同樣手段被用在其他女人身上是很痛苦的，而且還那麼有效。

卡蒂雅突然站起來衝出酒吧，謎男跟過去安撫她。但是卡蒂雅不想理他，他便像個生氣的孩子一樣跺著腳離開夜店。雖然卡蒂雅是雙性戀，但是謎男仍然得不到3P。他每次都犯同樣的錯誤：他逼得太緊了。他得遵照瑞克的忠告：「讓體驗成為她的幻想，而不是他的。」

我醒來之後，自行去搭飛機回家，把他們留在旅館房間裡，準備搭傍晚的班機。

幾個小時後，我接到了電話：「嘿，我是卡蒂雅。」

「嘿，出了什麼事嗎？」

「沒有，謎男想跟我結婚。他在Hard Rock的舞池裡單腳下跪求婚，每個人都在鼓掌叫好，真的好貼心。我該怎麼辦？」

我唯一想得出謎男要結婚的理由是，這樣他就可以拿到美國籍。但是卡蒂雅不是美國公民，她是用俄國護照。

「別急著做任何決定，」我勸她：「可以先訂婚就好，或者，如果妳願意的話，那裡的小教堂有承諾的儀式，先那樣就好。然後多花點時間在一起，看看這是不是你們倆都真正想要的。」

謎男抓了電話。「嘿，老兄，你一定會很生我的氣，我們要去結婚了！我愛這個女孩，她真是瘋狂。我們要去小教堂，好了，拜。」

這傢伙真是白癡。

那晚，謎男抱著卡蒂雅進入好萊塢計畫的門，哼著結婚進行曲。

他們才認識三個星期。

「看看我的戒指，」卡蒂雅柔聲說：「是不是很美呀？」

「我們的戒指價值八千美元。」謎男驕傲地說，那基本上是他全部的財產。雖然他正在靠授課大把撈錢，但他也熱愛男性玩具——電腦、數位相機、PDA，基本上就是任何有晶片的東西。

「結婚這件事，」當卡蒂雅在洗手間的時候，謎男對我說：「是最好的慣例。現在她愛我，因為稱我為丈夫而樂翻了。這就像是『時間錯亂』（time distortion）。」

「老兄，這是最糟的慣例了，」我回答：「因為你只能做一次。」

謎男向我走進一步，拔掉他的戒指。「我要告訴你一個祕密，」他小聲地說，把戒指放在我的手上。「我們沒有真的結婚。」

如果是任何其他把妹達人告訴我，他在賭城和一個剛認識的女孩結婚，我會知道那是開玩笑。但謎男這麼頑固而且無法預料，所以我的態度很保留。

「你離開之後，我們經過一間珠寶店，然後決定假裝我們結婚了。所以我用一百塊買了兩個戒指。她真的很會說謊，完全騙過了你。」

「你們兩個都是偉大的魔術師。」

「別告訴卡蒂雅我告訴你了。我想她真的很享受角色扮演，在情感的層次上，這和真的結婚是一樣的。」

謎男是對的：認知就是真實。接下來那幾天，他們的關係整個改變了，真的表現得像是一對老夫老妻。

既然他已經和女人同居，謎男沒有必要再出去了。對他而言，夜店是用來巡視的。但對卡蒂雅而言，夜店是用來跳舞的。所以她開始去夜店，

沒有跟他一起。過了一陣子，謎男幾乎沒有離開他的房間，甚至他的床。很難分辨他只是懶，或是憂鬱症發作了。

把妹達人有個稱為「石頭對黃金」（rocks versus gold）的橋段。那是男人給交往中的女人的說詞，在她停止和他做愛的時候，他會告訴她，交往中的女人想要石頭，而男人尋求黃金。石頭，對女人而言，就是美好的約會、浪漫的關注和情感的聯繫。黃金對男人而言就是性愛。如果你只給女人黃金或只給男人石頭，兩邊都不會滿意，一定要互惠。而卡蒂雅給了謎男黃金，但是他沒給她石頭。他完全不帶她出去玩。

不用多久他們就感情生變了。

他說：「她每天晚上都喝醉，真令我抓狂。」

她說：「我剛認識他的時候，他有那麼多的計畫和抱負，但現在他根本就不離開他的床。那有什麼意義？」

他說：「她從不閉嘴。不斷針對毫無意義的事情狂吠。」

她說：「我每晚喝到爛醉，是因為我不想待在那麼悲慘的現實裡！」

謎男需要一個比較溫馴的女人，卡蒂雅需要一個比較活躍的男人。這令我們其他人感傷。住在這男人窩裡這麼多個月之後，我們愛上了她積極的活力和開朗的精神。

謎男教會自己關於把妹的每一件事，卻完全不懂如何維持戀情。他擁有一個美麗的女友，充滿火花與生命力，他卻熄滅了它。

很快地，另一個完全不同類型的女人，會搬進好萊塢計畫裡。

我在晚上11：39收到簡訊：「我可以住你家嗎？他們把車賣了，還有更糟的事，你不會想知道的。我沒辦法獨處。」

是寇特妮‧洛芙。

02

我敲著寇特妮公司在西洛杉磯的宿舍門。

「進來，門沒鎖。」

寇特妮坐在地板上，手上拿著黃色螢光筆，地上到處都是美國運通卡帳單和銀行對帳單。她穿著Marc Jacobs黑色洋裝，側邊一排鈕扣，掉了一顆。

「我不能再看這些了，」她呻吟：「這裡有好多貸款是我從來不知情或沒同意過的。」

她站起來把一張帳單猛然丟在桌子上。有一半的項目被畫起來，潦草地寫上註記。「如果我繼續待在這裡，一定會再吸毒。」她哀號。

她沒有經紀人，要打點好自己的事顯然已經超過她的能力範圍。

「我不想要一個人，」她哀求：「我需要一個地方讓我待個幾天，然後我保證不會再煩你。」

「沒問題，」我猜她對我在《滾石》寫的報導沒什麼意見。「賀柏說妳可以睡他的房間。但是我警告妳，妳住的可不是一般的房子。」

「我知道。我想要見見這些把妹達人，也許他們能幫我。」

我和她一起走下樓，把她的三十公斤重行李箱綁在我車後的行李架

上。

「還有，妳應該要知道卡蒂雅的弟弟和我們住在一起，」我說：「他看起來有點奇怪，因為他是個妥瑞症患者。」

「像是會無法控制地大叫『狗屎！幹！』那樣嗎？」

「對，差不多是那樣。」

我把車停進車庫，把她的行李箱拖上樓。第一個看見她的是賀柏，他正從廚房出來。

「嗨，屎蛋。」寇特妮對他說。

「不是啦，」我跟她說：「他不是卡蒂雅的弟弟。」

她弟弟沒多久就從廚房走出來，喝著可樂。

「嗨，屎蛋。」寇特妮對他說。

她往後退了一步，踩到了莉莉，牠大聲狂吠。寇特妮回過頭，我以為她會道歉。

「滾開！」她對那隻狗說。

這幾天一定會很有趣。

我帶她參觀房子，然後跟她說晚安。兩分鐘後，她走進我的房間。

「我要牙刷。」她一邊說一邊飄進我的浴室。

「藥櫃裡有一把新的。」我在她身後喊著。

「這個就好。」她大喊，抓了洗手台旁邊我用到磨損的牙刷。

她身上有種令人疼愛的特質。她擁有一種幾乎每個把妹達人都想要卻要不到的特色：凡事都不在乎。

隔天早晨，我下樓發現她在客廳裡抽菸，而且除了一件昂貴的日本絲質內褲之外什麼也沒穿。她的身體布滿了黑色的痕跡，彷彿剛滾過黑炭。

她就這樣裸著上身認識了房子裡其他的人。

「我以前跟妳爸騎過馬。」當我介紹老爹的時候，他這麼對她說。

寇特妮皺了眉頭。「如果你再說一次那個男人是我爸，我會揍扁你的臉！」

她並不是故意要這麼凶的——她才剛搬進來，只是就事論事——但是老爹對挑釁不太能適應。從簽下好萊塢計畫租約的那一天起，老爹要的就是和名人往來。但現在他和一個名人住在一起——事實上，是當時全國最聲名狼藉的女人——卻被她嚇壞了。從那天起他就一直躲著她，就像迴避每一個和他的把妹事業無關的人。

接下來，寇特妮認識了卡蒂雅。「我剛剛驗孕，」卡蒂雅告訴她，把嘴嘟成一個孩子氣的自憐表情。「結果是陽性。」

「妳應該生下孩子，」寇特妮說：「那是全世界最美好的事。」

我正住在實境節目《超現實生活》（*The Surreal Life*）裡。

03

　　謎男跪在卡蒂雅面前親吻她的肚子。「如果妳想留著孩子，無論我們是否永遠在一起，我都會支持妳的決定，那會是個很可愛的孩子。」

　　陽光從中庭灑進廚房，照亮了細細一行從爆滿的垃圾桶內延伸到地板磁磚上的螞蟻小隊。謎男起身之前，舔了舔手指把口水抹在那行列的中間，螞蟻從斷裂點往不同方向亂跑。

　　「真不敢相信你竟然會想留下小孩，」卡蒂雅回答，她的聲音聽起來輕快但輕蔑。「說得好像我們已經結婚了，你真奇怪。」

　　那些螞蟻開始回到行列。很快地，秩序再度恢復，很難看出那裡曾有過一場大災難。

　　「我愛妳，」謎男面無表情地說：「而妳知道我人生的使命：生存和繁衍。所以我不覺得生下小孩有什麼不好的，我願意盡我那一半的義務。」

　　然而，我們的房子並不像一行螞蟻那樣自動并然有序。沒有規則的束縛或不成文的架構，我們全都依循著聞起來像男性荷爾蒙的隱形化學路徑，那種自然狀態就是無秩序。

　　整個下午，謎男和卡蒂雅都在爭吵是否應該墮胎以及誰該付這筆錢，

而這種事情不是團體可以決定的。三天後卡蒂雅和謎男去了墮胎診所。

「你猜怎麼了？」回來的時候，卡蒂雅高聲說：「我沒有懷孕。」

她興奮地跳起來。謎男站在她身後，對她比出中指。他臉上的表情是純粹的憎恨，我以前從沒見過他對女人表現出如此的惡意。

幾個小時後，我發現卡蒂雅在吧台給自己倒了一杯白酒，然後又一杯，接著再一杯。

「謎男不出房門，也不做愛。」她抱怨：「所以我今晚要自己出去玩個痛快。」

「應該的。」

「過來跟我喝一杯。」她輕柔低語。

「好啊。」

「沒有擔心，就沒有麻煩。」她慢慢喝著酒，靠著我坐在沙發上。

「哇，」她說：「你真的有在健身，手臂看起來很棒。」

「謝謝，」過去一年半我學到的事情之一，就是接受稱讚，只要說「謝謝」，那是有自信的人會做的唯一反應。

她側過身來捏我的二頭肌。「你是家裡唯一一個我能說話的人。」

她的臉距離我只有一吋。

我感覺到能量的顫動。

「你看這裡，」她說，掀起她的上衣。「我有一條抓痕。」

「很好啊。」

「在這裡，摸摸看。」

她拉著我的手朝向她的胸部，我真的得閃人了。

「嗯，跟妳聊天很有趣，但是我得回房間幫我的貓清潔牙齒。」

「你又沒養貓。」她反駁。

我繞到屋後，穿過中庭進入謎男房間。他正躺在床上，只穿著牛仔褲，筆記電腦擱在他赤裸的肚子上。他正在看《回到未來》第二集。

「我高一的時候，曾經想過要自殺，因為我沒有活下去的目標。」

他說：「然後我聽說《回到未來》第二集再過二十三天就要上映了，於是我在日曆上每天畫掉一格，直到我看到了電影。那是唯一一件阻止我自殺的事情。」

他把影片暫停，然後把電腦挪開他的肚子。「光聽到開場音樂，我就哭了，老兄。這是我活著的原因，我記得所有的台詞。」他拿起 DVD 盒子讓我看封面。「我摸過這部車。」

我在他的床腳坐下。沒有人喜歡報告壞消息。我拿起DVD盒子，看著它。

謎男喜歡像《天才反擊》（*Real Genius*）、《少年愛因斯坦》（*Young Einstein*）和《小子難纏》（*The Karate Kid*）這些電影。我則喜歡荷索（Werner Herzog）、拉斯馮提爾（Lars von Trier）和皮克斯（Pixar）的作品。這並不表示我比他厲害，只是表示我們是不同種類的怪胎。

「老兄，」我告訴他：「你老婆正在勾引我。」

「我並不驚訝，她今晚稍早的時候勾引了公子。」

「你不打算想想辦法嗎？」

「我不在乎，她可以做她想做的事。」

「好吧，至少她沒有懷孕。」

「我跟你說，」他說：「她真是個白癡。那根本不是驗孕的，那是測排卵的。她在藥房買錯盒了，才會測了三次，每次都是陽性。所以唯一的

結論是，她還在排卵。」

「聽著，老兄。」我注意到他手臂上的抓痕。「你正在逼她走。如果她勾引家裡的每一個人，那是因為她試圖報復你。那是石頭對黃金理論，老兄，你沒有給她石頭。」

「對啊，她是個沒大腦的酒鬼。」他停了下來，閉上眼睛一會兒，然後渴望地點點頭。「但是她的屁股是10分。」

當我離開謎男的房間，卡蒂雅已經不在客廳了。而老爹的門是開著的，她在老爹的床上抱著他——沒有穿上衣。

我回我的房間，然後等著。一個小時之後，暴風雨來襲。大吼大叫的聲音，摔門的聲音，玻璃碎裂的聲音。

有人敲我的門。

是寇特妮。「你室友總是這麼吵嗎？」

她是可以談一談的人。

我跟著寇特妮到賀柏的房間。寇特妮接收了他的房間，賀柏則去睡抱枕坑。衣服、書本和菸灰散布在整個地板上。一根燃燒的蠟燭放在床腳，火焰距離棉被只有一吋。她的一件洋裝披掛在一個發燙的落地燈上。而且房子裡的全部四本電話簿都攤開在她床上，每一本都有幾頁被撕下來。我檢查那些碎紙片：那是律師的名單。

從謎男房間傳來的噪音越來越大聲。

「我們去看看發生什麼事了。」她說。

我不想捲入，我不想幫任何人的擦屁股，這他媽的不是我的責任。

我們走進謎男的浴室。卡蒂雅正跪在地板上，雙手扣在脖子上，彷彿要窒息了。她的弟弟俯身向她，把氣喘呼吸器伸進她口中。謎男站在不遠

處，對卡蒂雅怒目而視。

「要叫救護車嗎？」我問。

「他們會逮捕她，因為她有吸毒。」謎男輕蔑地說。

卡蒂雅抬頭瞪著他。

如果她還可以瞪著謎男，那麼顯然沒有生命危險。

當卡蒂雅終於從謎男房間出來，她的臉又紅又濕。寇特妮牽著她走向客廳的沙發。她靠著她坐下，依舊抓著她的手，然後寇特妮告訴她，她經歷過的墮胎以及生孩子的喜悅。我看著這詭異的組合坐在一起，寇特妮同時兼任了好萊塢計畫的孩子和保姆。

或許她也是房子裡神智最正常的人，想想還真可怕。

04

隔天清晨，寇特妮在一個早得不正常的時間衝出她的房門。

「怎麼了？發生什麼事了？」她問，一臉睡眼惺忪。「我做了一個惡夢，我不知道我在哪裡。」她環顧四周，看著我、睡在沙發上的卡蒂雅、在抱枕坑裡打呼的卡蒂雅的弟弟和賀柏。「大家都很好，沒事了。」她鬆了一口氣。

她回房然後關上門。幾分鐘之後，一位司機來到門口。

「寇特妮在哪裡？」他問。

「在睡覺。」我說。

「她再一個小時要上法院。」

他敲了她的門然後走進去。過了一會兒，一大堆衣服從寇特妮的房間翻出來。

「我需要一件可以穿去法院的衣服。」她一邊說，一邊換穿各式各樣的服裝，在浴室跑進跑出地對著鏡子檢查。最後，她穿了卡蒂雅的無肩帶黑色小洋裝，戴著賀柏的廉價太陽眼鏡，右手臂下夾了一本羅伯‧葛林的《權力的48條法則》離開了房子。

「這是件愚蠢的洋裝，剛好配這件愚蠢的案子。」那天她這麼對法庭

記者說。

她出門之後，我們整理房間時發現：

賀柏的床單有被香菸燒過的洞，門後面的牆壁因為不斷用力摔門而損壞。地板上有一灘不明液體，蠟燭還在燃燒，衣服被拋到每一個燈具上。

廚房裡，冰箱和櫥櫃門全都開著。兩罐花生奶油和一瓶果醬倒在吧台上，蓋子掉在地板上。一坨坨的花生奶油從吧台、櫥櫃緩緩流下來。她打開麵包袋的方式不是用頂端的扭結，而是直接撕開塑膠袋，像野獸一樣。她完全不在乎。她餓了就吃。那是另一個把妹達人欣賞的特質：她可以很野蠻。

寇特妮從法院回來以後，和房子裡的把妹達人陰謀集團坐在一起討論她上傑・雷諾（Jay Leno）的《今夜秀》（*The Tonight Show*）的打扮。謎男和賀柏告訴她社會認同的觀念，和框架這類神經語言程式的想法。她需要被重新框架。目前大眾看待她的框架，就是看待一個瘋婆子的框架。但是和她同住兩個星期之後，我們知道她只是經歷了一段低潮期。她很古怪，但是並不瘋狂。事實上，她絕頂聰明，馬上理解並內化了他們說的每一項觀念。

「所以到時候，我的新框架就是，我是個受難少女。」她說。

那天晚上，她在《今夜秀》上光芒四射，一改八卦小報大肆報導她之前上大衛・賴特曼節目時的放蕩形象。她在攝影機面既冷靜又端莊，而且她和她的女子樂團雀爾西（Chelsea）的表演，讓大家想起她不只是個名人，還是搖滾巨星。

我們一行人也開車到現場看她錄影，有賀柏、謎男、卡蒂雅，還有我幾天前在酒吧認識的女孩卡拉。錄完影之後，我們上樓到寇特妮的休息

室，她正坐在一張凳子上，周圍是雀爾西樂團的人。我對她的吉他手大為驚豔：她很高，金髮顏色淡得很美，渾身散發著搖滾氣息。

為什麼我在夜店都看不到像這樣的女孩？

「我可以在你的房間多待兩個星期嗎？」寇特妮問賀柏。

「當然可以。」他回答。賀柏對任何事或任何人從來不會拒絕。當謎男在他的房間愁眉苦臉，他會跳出來幫卡蒂雅逗她弟弟開心。

「可能要待一個月哦。」我們離開時，寇特妮在我們身後叫著。

在停車場上，謎男爬進卡蒂雅車子的駕駛座。他一整天都沒跟卡蒂雅說話。她坐在副駕駛座，把一張卡爾・寇克司（Carl Cox）的混音舞曲放進音響裡。她的音樂品味侷限在浩室和電子；謎男則只聽工具樂團（Tool）、珍珠果醬樂團（Pearl Jam）和臨場感樂團（Live）。那應該是個警訊。

當我們駛出停車場時，謎男的電話響了。他把音樂關掉接電話。

卡蒂雅伸手過去小聲地把音樂打開。

謎男憤怒地再次把它關掉。

於是變成：開、關、開、關——每開關一次都帶著更多的惡意，直到最後謎男猛踩煞車，大吼一聲「去你媽的」，然後跳下車子。

他站在范杜拉大道（Ventura Boulevard）的中央，擋住了交通，右手高舉比中指，直直對著卡蒂雅的臉。

卡蒂雅爬進駕駛座，開到路口，然後回頭接謎男，他沿著人行道走著。當她把車停在他旁邊，他停下來給她一個輕蔑的表情，手臂交叉做出「幹」的姿勢，然後繼續走。

她直接把車開走。她並不生氣，只是對他的孩子氣感到失望。

那天晚上，謎男沒有回家。我打電話給他好幾次，但是他沒有接。

隔天早上我醒來的時候，他還是沒回來。每一次我撥他的手機，都直接轉到語音信箱。我開始擔心起來。

幾個小時後，有人敲了門。我去應門，期待是謎男，結果是寇特妮的司機站在那裡。寇特妮的眾多才能之一，是將一公尺內的任何人都變成她的私人助理。初次造訪房子的把妹學員們，會不由自主跑去「東京流行」（Tokyopop）買寇特妮想看的漫畫、去她公司的宿舍拿寢具，或是發e-mail給財務專家蘇絲·歐曼（Suze Orman）。

「屎蛋！」寇特妮叫卡蒂雅的弟弟：「你可以跟司機一起回去我公寓拿我的DVD嗎？」

在他離開之後，寇特妮告訴卡蒂雅：「他是個好孩子，而且滿可愛的。」

「妳知道嗎，他還是處男。」卡蒂雅說。

「嗯。」寇特妮回答。她沉默著，對這件事思考片刻，然後點著頭告訴卡蒂雅：「我會出於善心跟他上床。」

那天晚上，謎男回來了，兩手各摟著一個脫衣舞孃。

「嘿，夥伴。」他說，好像他只是剛從雜貨店回來。

「你跑去哪裡了？」

「我去了一間脫衣夜店，整晚都跟吉娜在一起。」

「嗨。」他左手邊那個褐髮馬臉女子說，溫順地揮著手。

「喂，你應該要打電話的。你要跟卡蒂雅鬧彆扭沒問題，但是賀柏和我真的很擔心，那樣很差勁。」

他和那些女孩大搖大擺走過房子，確定對卡蒂雅介紹過她們，然後和

她們一起坐在中庭。

　　卡蒂雅去做她自己的事。她去淋浴，清理廚房裡每天爆發的花生奶油，然後在賀柏的臉上做特效化妝學校的家庭作業——給他動個腦葉切除手術。

　　謎男的脫衣舞孃招數沒有成功地引起她的嫉妒，但是確實讓其他人對他的尊敬變得更少。

05

　　這遲早會發生。卡蒂雅的魔掌終究伸向了房子裡的某個人。在假懷孕事件之後，她一直在勾引我們所有人。

　　賀柏終於瓦解了。他一向保持輕鬆，維持冷靜，樂於傾聽，謙遜而且低調。換句話說，他和謎男完全相反。他和卡蒂雅在一起的時間對他造成了影響，當謎男在噘嘴生氣、躺在床上發懶或為了報復和脫衣舞孃睡覺時，他對卡蒂雅培養出感情。眼看她遭受謎男的操縱和忽視之後，他開始認為自己比較配得上她。

　　「已經變得越來越難拒絕了。」他對我說。

　　「去問謎男吧，他現在或許已經不愛她了。」

　　「是啊，畢竟，他對希瑪那件事都很鎮定。」（希瑪是謎男從多倫多來訪的前MLTR，曾經跟賀柏搞在一起。）

　　於是賀柏去問謎男，答案是不行。但是那個晚上，謎男跟卡蒂雅再次爭吵之後，謎男在客廳找到賀柏。「我們分手了，」他輕鬆地說，「她是你的了。」

　　那是很快就會讓他後悔的話。

　　不到幾小時，賀柏就讓他的老二進了她裡面。因為寇特妮睡在他的床

上，所以他在公子的房間裡上了卡蒂雅。

那天晚上謎男從夜店回來，去廚房拿一瓶雪碧時，他聽見了。那些呻吟，曾經是他每晚獨享的夜曲，現在正對著另一個男人唱。他震驚地站在公子房門外，聽著他們做愛。卡蒂雅似乎很享受，非常大聲。

謎男走進客廳，昏倒在地板上，血從他臉上流出來。就像他父親的死，這對他的影響比他預期得還要大。

絕對不要低估你自己在乎的程度。

「我愛她，」眼淚從他臉頰流下，他說：「我愛那個女孩。」

「不，你不愛。」我糾正他：「你那天說你恨她。」我忍了好幾個星期的想法一湧而出。「你愛的只是她的身體，你生氣的唯一原因是因為你覺得被甩了。」

「不，我氣她是因為她不愛我。」

「她愛你的程度遠超出跟你在一起的其他女孩。有一天晚上她跟我一起坐在按摩池裡，說她有多害怕陷下去，可是當她真的愛上你，你馬上就變成一個冷酷、封閉、悲慘的混蛋。」

「但是我愛她。」

「你對每一個睡過的女孩都這麼說。那不是真愛，那是假的，那是幻覺！」

「不，不是！」他用盡力氣大叫：「你錯了！」

他站了起來，衝進他的房間，摔上門，油漆碎片掉到地毯上。

他從小就不受重視，以至於失去愛情會觸動他所有的情緒，掀開他童年為了逃避現實所建造出的自戀防護罩。

當我走回我的房間，腦中浮現《綠野仙蹤》的一幕，巫師告訴錫人

說：「一顆心不是由你付出多少愛來判斷的，而是看別人有多愛你。」

我期望睡上一覺能夠驅趕我所有的想法、煩惱與惡化，好讓我能夠神清氣爽地展開另一天。但是我被寇特妮打斷了。她站在我門口，手上拿了一捆紙。

「你得讓法蘭克·阿巴內（Frank Abagnale）跟我通電話，」她要求，「他可以搞定這個。然後打給麗莎告訴她我要見她。」

「沒問題。」

我不知道她在說什麼。我不知道該如何聯絡法蘭克·阿巴內（冒牌達人，他的傳記啟發了《神鬼交鋒》〔Catch Me If You Can〕這部電影），或是她的吉他手麗莎。但是現在我已經懂得如何應付寇特妮持續不斷的要求：只要答應然後什麼也不做。反正她不到幾個小時就會忘光光。

到了早上，我去看看謎男。他穿著睡袍坐在床上，顫抖著抽搐著，漲紅著臉，而且眼眶充滿淚水。我以前從來沒有見過他這個樣子。當他在多倫多鬧憂鬱的時候，只是暫時封閉而且變成緊張性精神分裂。

這次他似乎真的很痛苦。

早上卡蒂雅進來他的浴室拿她的牙刷。

「妳要告訴我昨晚發生的事嗎？」謎男問。

「我為什麼要？你根本是把我當成禮物送給賀柏。」卡蒂雅說。

「妳上他了嗎？」

「好吧，這麼說好了，」她說：「我享受到我這輩子最棒的性愛。」

那句話壓垮了謎男。

「我想要殺了她。」他翻過身，像一隻垂死的狗那樣呻吟。「理智上，我知道我被我的情緒控制。但是我的理智現在只剩下百分之二，情緒

變得非常赤裸直接。」他的拳頭緊抓著床單。「我覺得怪異又空虛，就像大完便那樣。」

他翻過去再次開始啜泣。「我覺得像大完便一樣空虛。」

如果他是在搞笑，我一定會笑出來。

當他悲痛時，我一直想起寇特妮的一句歌詞：「我鋪了我的床／我會躺在上面。」謎男已經鋪了他的床，而現在賀柏正躺在上面。

他對著天花板舉起手，大聲尖叫起來。突然間，寇特妮從門口探出頭來。「是因為我嗎？如果你希望的話，我可以睡在前面的房間。」

她有時候真體貼。

我走進客廳，告訴寇特妮發生什麼事了。卡蒂雅正坐在外面的陽台抽菸。

「我覺得好糟，」卡蒂雅說：「可憐的謎男。」她為他發出同情的聲音──唉唉……嗯嗯……彷彿正在聊她的狗。

賀柏垂著頭、拖著步伐走到桌子。他沉默著，試著想說什麼話來打圓場。他們兩個似乎對上床的事都不覺得後悔，只是不了解為什麼謎男那麼在意。我們誰也不了解。

寇特妮點了菸，告訴賀柏她經歷過的一次三角關係，分享變成嫉妒，之後她如何離開到舊金山，加入「不再信仰」樂團（Faith No More），還有她如何想到「自殺女孩」這個主意，在歐洲如何試著把一個追星族變成歌手。在她冗長的漫談之中有一個隱喻，是針對賀柏目前在友情與愛情之間進退兩難的窘境──只是我們找不到在哪裡。

就在那時，賀柏的電話響了。他接了起來，然後帶著驚訝的表情，把手機遞給寇特妮。

「是法蘭克・阿巴內打來的，」他說：「我猜他聽到我的留言了。」

我把他們三個留在陽台，然後打電話給謎男的姊姊瑪汀娜。

「他又開始崩潰了。」我說。

「有多糟？」

「一開始像是普通的心碎，但是今天早上他超過臨界點了，這情況似乎已經觸發了某種化學反應，他現在哭得唏哩嘩啦。」

「好吧，如果情況變更糟的話，我弄張機票讓他回多倫多，如果你可以讓他上飛機，等他到了，我們會照顧他。」

「如果他回多倫多，一切就都完了。他的簽證過期了，他不能再入境美國。這樣他就再也沒有機會成為知名魔術師，還有，他的把妹事業會毀滅。」

「我知道，但是我們還有什麼選擇？」

「我先試著自己處理看看。」

「還是把他送回家吧，加拿大的健保是免費的。我們負擔不起讓他在美國任何地方的醫療費——尤其如果他得住療養院的話。」

「讓我試試看。如果情況惡化，我會把他送回妳那裡。」

看著謎男和卡蒂雅的關係發展真是令人大開眼界。是他邀請她搬進來，娶了她，他沒有讓她懷孕，他忽略她，然後憎恨她，他允許賀柏跟她上床。除了自己之外，他不能怪任何人。

同時，自從《紐約時報》文章發表之後，好幾個實境節目製作單位打過電話找謎男——包括《美國偶像》（*American Idol*）的製作人。

VH1頻道甚至寄給他一份節目合約，要他在節目中把窩囊廢變成大情聖。謎男曾經那麼迫切想要的明星地位，現在唾手可得，但是他沒有回電

給任何人。

「又來了，」當我告訴她關於那些實境節目的提議，瑪汀娜嘆氣：
「每次他快要成功的時候，他就會崩潰，然後全部放棄。」

「所以妳的意思是……」

「是的，」她說：「對於即將得手的成功，他其實非常害怕。」

06

　　隔天晚上，卡蒂雅凌晨兩點才回到家。她和賀柏一起，還有那對她有時候會一起睡的紐奧良炮友情侶。當他們在客廳裡喝酒，謎男推開房門，坐在地板的枕頭上，看著他們。他正努力讓自己不要崩潰。

　　那一對情侶中的女人有180公分高，腹部鍛鍊得很結實，棕色頭髮垂到雕塑完美的臀部，全新的假奶，和一個大鼻子，那是下一個等著整型的地方。當卡蒂雅靠過去和她親熱的時候，謎男的臉皺起來而且漲紅。如果他能夠留住卡蒂雅久一點，就能得到他夢寐以求的3P了。但是現在，他卻黏在枕頭上，看卡蒂雅和那對情侶有說有笑，看賀柏帶著滿足的笑容坐在那裡，看那些女孩換上比基尼昂首闊步地走到游泳池，看賀柏加入她們。

　　卡蒂雅曾經給了謎男她的愛，而現在他為不懂得珍惜而付出代價。

　　接近早晨的時候，謎男的心智瓦解得更澈底。當他不在沙發上哭泣的時候，就在房子四處走動，好確定卡蒂雅沒有跟賀柏在一起。如果他找不到他們，他會打電話給她。不管她接不接電話，結果都相同：謎男會突然大發雷霆，破壞他手腳能及的任何東西。他把幾個書架拉倒在地上，瘋狂破壞他的枕頭，羽毛撒遍他的房間，還把他的手機丟向牆壁摔成兩半，在水泥牆上留下深深的黑色凹痕。

「卡蒂雅在哪？」他會問公子。

「她在梅洛斯買衣服。」

「賀柏在哪？」

「嗯……跟她在一起吧。」

然後謎男的心一揪，臉色拉下來，眼淚直流，雙腿無力，開始為這所有的一切做出奇怪的演化辯護。「是自私的基因作祟，」他會這麼說：「是那個無緣出生的孩子在懲罰我的離開。」

賀柏和卡蒂雅一起從梅洛斯購物回來的時候，我提醒賀柏：「你被利用了，她正在利用你讓謎男回頭。」

「不，」他說：「並不是那樣，我們真的對彼此有感覺。」

「好吧，那你幫我個忙，盡量不要見她，直到謎男比較好一點，可以嗎？我打算要求她暫時搬出去一段時間。」

「好吧，」他有點不情願地說：「但這可不是件容易的事。」

那天晚上，我帶卡蒂雅和她弟弟去看電影。A計畫是讓她離開房子，遠離賀柏，好讓謎男不會再惡化；B計畫是和她上床，好讓賀柏知道他和卡蒂雅的感情並沒有那麼特別。

很幸運地，A計畫成功了。

「妳正在毀滅謎男，」當我開車從電影院送她回去的時候，我告訴她：「妳得離開房子，而且不要回來，直到我說可以。這已經不只是妳的問題了，謎男有嚴重的心理問題，妳引爆了它。」

「好吧。」她說。她抬頭看著我，像個被訓話的孩子。

「而且答應我不要再跟賀柏上床了，妳已經傷害了我的一個室友，又將令我的另一個室友心碎。我不能袖手旁觀。」

「我答應。」她說。

「好玩的部分結束了，妳已經得到妳想要的了。」

「好吧，」她說：「我不玩了。」

「打勾勾約定？」我們勾了手指。

我應該讓她發個毒誓才對。

相較於這種事，把妹實在很容易。假設如謎男所言，人類只是演化設計出來的程式，但對我們任何人而言，顯然還是太過複雜，永遠也搞不懂。我們唯一搞得清楚的，只有一些前因後果簡單的人際關係。

如果你貶低一個女人的自尊，她會尋求你的認同；如果你讓一個女人嫉妒，她會更被你吸引。但是除了吸引和慾望，還有更深沉的感覺，是我們之中很少人感覺得到的，而且沒有人精通。而這些感覺——「心」和「愛」這個字都只是比喻——讓好萊塢計畫，這個已經分裂的家庭，摧毀得更加澈底。

後來的發展是，謎男嚇壞了家裡每一個人，他吵著要自殺，我從卡蒂雅那裡拿了顆贊安諾錠給他，把他弄上車，帶他到好萊塢心理健康中心，然後他兩度試圖跑掉，他想要勾引治療師但是做不到。

六個小時後，他離開診所，手上拿了一包思樂康（Seroquel）藥丸，體內帶著另一顆贊安諾錠。我以前從來沒聽說過思樂康，所以當我們回到家，我看了它附的小冊子。

「適用於精神分裂症。」小冊子上寫。

謎男從我手上拿走小冊子然後讀著。「只是安眠藥罷了，」他說：「可以幫助我睡著。」

「是啊，」我對他說：「安眠藥。」

摧毀最終抵抗

Blast Last-minute Resistance

性感就是讓男人勃起的東西……如果沒有不平等、沒有違背、沒有支配、沒有權力，就沒有性興奮。

——凱瑟琳‧麥金儂（CATHARINE MACKINNON，美國反色情的女性主義者），《朝向女性主義國家理論》（*Toward a Feminist Theory of the State*）

01

這是好萊塢計畫的檸檬水日。至少，那是寇特妮‧洛芙決定的。謎男正在復原，卡蒂雅去紐奧良待了六個星期，一切漸入佳境。

寇特妮嘴上叼著菸，從櫥櫃抓了一個大攪拌缽。她打開冰箱，拎了兩盒半加侖的檸檬水和一夸脫的柳橙汁，全倒進攪拌缽裡，滿出來的又多倒了好幾個壺。然後她從冷凍庫抓了一把冰塊丟進攪拌缽中。最後，她把髒兮兮的手指伸進每一個容器中攪拌。果汁濺到吧台上，她嘴上的菸灰也飄進攪拌缽中。

她把香菸捻熄在吧台的黃色磁磚上，忙亂地環顧四周，直到她看見頭上的櫥子。她拉開櫥櫃的門，一手抓出四個玻璃杯，然後一個接一個浸入缽中裝滿檸檬水。她又拿了任何她找得到的各式杯子，倒入檸檬水。

客廳裡，謎男光著腳盤腿坐在沙發上，主持著他三個星期前從心理健康中心回來之後的第一場把妹研討會。他穿著一件T恤和牛仔褲。下巴長著鬍碴，眼皮懶洋洋地垂在失焦的眼睛上。他一直定時服用思樂康，靠睡覺逃避他的憂鬱。

「人際關係有三個階段，」他麻木地告訴學員們：「開始，中間，和結束。而我現在正在經歷結束。我不會對你說謊，上星期我已經哭了三次

了。」

他的六個學員面面相覷，覺得很困惑。他們是來學習如何把妹的。但是對謎男而言，這不只是一個研討會，這是心理治療。他已經對他們嘮叨關於卡蒂雅的事情兩小時了。

「這就是你們正在建立的，而且可能很困難。」他繼續說：「我對下一個女孩的計畫，是再辦一次假結婚。我上次犯的錯誤是讓卡蒂雅和她母親知道那是個玩笑。下一次，我會在後院辦婚禮，請一個演員當證婚人，除了她和她父母之外，每個人都知道這不是真的結婚。」

其中一個學員，三十幾歲的帥哥，理小平頭，下巴像水泥般方正，舉起了他的手。「但是你剛剛不是才告訴我們，上次的假結婚是場災難嗎？」

「我只是在做現場測試，」謎男說：「那是一個很棒的慣例。」

每當謎男從他的憂鬱回復，他的心態就會稍微改變一點。這次有一股憤怒潛藏在表面之下，連同一種對女人新萌生的恨意。

突然間，寇特妮從廚房蹣跚而來。「誰想喝檸檬水？」

那些學員瞠目結舌地望著她。「給你，」她說，硬塞了一杯給謎男，另一個給水泥下巴。「小可愛，你在這裡做什麼？」她問。

「我是防身術教練，」他說：「謎男讓我聽課，交換以色列搏擊術（Krav Maga）的課程。」

寇特妮跑進廚房又拿了兩杯檸檬水回來，然後又兩杯，再兩杯，直到房間裡的玻璃杯比人還要多。

「我們已經喝夠了。」當她又拿了兩杯回來，謎男說。

「賀柏在哪？」她問。

「可能正在洗澡。」

寇特妮衝到浴室然後踢著門。「賀柏？你在裡面嗎？」她又更用力踹門。

「我在洗澡啦。」他大喊回去。

「這很重要，我要進來了。」

她推開門，跑進去，然後拉開浴簾。

「怎麼回事？」賀柏驚慌失措地問。他赤裸裸地站在那裡，頭髮上有一條條洗髮精泡沫。「房子失火了嗎？」

「我為你做了這個。」寇特妮說。她在賀柏濕答答的雙手中各塞了一杯檸檬水，然後匆匆離開。賀柏呆站在那裡。自從他答應不再和卡蒂雅說話，一直孤獨地在房子裡默默飄來飄去。雖然他基於自尊不會承認，但是他的心很痛。他愛她。

謎男的學員午餐休息的時候，寇特妮匆匆經過他們，上樓到老爹的房間，在地毯上留下一行檸檬水滴。她衝進門裡。老爹、病仔、泰勒·德登、公子、贊諾司、還有迷你老爹正在各自的電腦上工作。多面正躺在老爹凌亂的床上，讀著《薄伽梵歌》。待在這房子的期間，多面已經無聊到開始閱讀公子的東方宗教書籍，這意外地引導他走上一條自我發現的心靈之路。

「寇特妮，」當她分配飲料的時候，泰勒問：「妳可以讓我們上Joseph's酒吧星期一的賓客名單嗎？」

寇特妮拿起電話，和泰勒一起走進浴室，撥電話給布蘭特·波瑟司（Brent Bolthouse），他是星期一派對的主辦人，Joseph's最出名的就是他們挑選嚴格的賓客名單，以及許多想當明星的美女。「布蘭特，」她說：

「我的朋友泰勒・德登是個專業的把妹達人。」泰勒用力揮手叫寇特妮別提到這一點。「他以把妹為生，那真的很酷。」泰勒懊惱地把手抱著頭。「你可以讓他進賓客名單，好讓他可以和他朋友一起過去把妹嗎？」

寇特妮從洗手台邊拿起一條六包裝的保險套，像手鐲一樣繞在她手腕上，然後開始在浴室裡探查。她探頭進那兩個更衣室——老爹惡名昭彰的客房——在廁所的兩邊。

「我要問你一件事。」她從泰勒・德登的更衣室退出來，那裡面有一個行李箱、一堆骯髒的衣服、和一塊放在地板上的睡墊。她問：「你喜歡女人嗎？」

在浴室窗戶的另一邊，水泥下巴沿著中庭的地磚拖著一包沙袋。

「我剛開始並不厭惡女人，」泰勒回答：「但是當你越來越厲害，而且開始和那些有男友的女人上床，你就不會再相信女人。」

巡視的副作用之一，就是會貶低一個人對異性的看法。你看見太多背叛、說謊和不忠。一個已經結婚三年或更久的女人，要搞上她通常比單身女子還容易；如果已經有男朋友，認識當晚就上她的機率，比要她事後再回電的機率要大。你最後會發現，女人就跟男人一樣壞——只是比較善於掩飾。

「當我一開始把妹的時候，我受到很多傷害。」他繼續說：「我認識一個很棒的女孩子，我真的很喜歡她，而且我們聊了整個晚上。她說她愛我，還說很幸運能認識我。但是之後我在某個廢物測試上失敗，她馬上拍拍屁股走人，而且不再和我說話，我們過去八個小時建立的東西完全付諸流水。所以我變得麻木。」

世界上有些男人會憎恨女人、不尊敬女人、叫他們婊子和臭屄。這些

人不是PUA，PUA不會憎恨女人，他們敬畏女人。一個人光是把自己定義為PUA——這個頭銜只能由女人的反應爭取而來——就注定要從異性的注意中得到他的自尊和身分認同，無異於喜劇演員和觀眾的關係。如果他們不笑，你就不好笑。於是，作為自尊的防衛機制，有些PUA會在學習過程中產生厭惡女人的傾向。

巡視對靈魂可能是有害的。

在窗戶外面，水泥下巴扶住沙袋，讓謎男對著揮擊他軟弱的長拳。

「用力點！」他對著謎男大吼：「使盡全力攻擊！」

02

　　在好萊塢計畫之外，整個社群已經開始踏上一個危險、不穩的邊緣。現場報告變成不只是認識女孩，而是捲入打群架，然後被踢出夜店。社群成員親身經歷好萊塢計畫發生的戲劇化事件，也經歷了杰雷克司（Jlaix）獨特的貼文，他玩獵槍，迷卡拉OK，長得像貓王，是泰勒・德登和老爹在舊金山發掘出來的PUA。

MSN社群：謎男沙發吧
主題：現場報告──杰雷克司的第一個脫衣舞孃
作者：杰雷克司

我剛從賭城飛回來，真他媽的累斃了。昨天我被攆出一間卡拉OK酒吧，因為我在旅行者合唱團（Journey）的〈分道揚鑣〉（Separate Ways〔Worlds Apart〕）這首歌間奏的時候，在地板上滾來滾去而且大哭。但是這篇主題不是卡拉OK。
我要講的是關於和一個脫衣舞孃上床的事，所以我們直接進入主題吧。

我在星期三下午就進城喝酒。一些工作上認識的傢伙和我一起待在Hard Rock Cafe。我們因為調製恐怖雞尾酒，然後挑戰誰敢喝下去，於是被 Hard Rock趕出去。一杯典型的恐怖雞尾酒，包含了牛肉、培根、啤酒、馬鈴薯泥、更多啤酒、肋排、冰塊、洋蔥、芥末、牛排醬、鹽、胡椒、代糖、和一點點伏特加。我的一位同事吐在桌上之後，我們改去一間叫 Olympic Gardens的脫衣夜店。

我很不爽，我想要巡視，不想看什麼彆腳脫衣舞。我老是對同事說我是多了不起的把妹達人，現在必須向他們證明我不是在唬爛。為了這件事，我已經做過嚴密的訓練，不過坦白說，還真有點緊張，如果這趟旅行沒有成功，我不就跟個白癡一樣。我不喜歡脫衣夜店，因為我拒絕為了任何一種性付錢，但我還是跟著去了，當那些傢伙在找樂子的時候，我點了杯啤酒坐在那裡。

有個女孩在我對面的包廂坐下來。她在那裡工作，但是決定要休息一天，因為客人不多，而且店裡有太多小妞了。我開始在她身上進行慣例，開她玩笑。我的朋友看著我，好像我瘋了一樣，因為我一直叫她蠢妞。

她不斷說：「你好跩喔！」然後真的被我吸引了。我的朋友眼睜睜地看著這一切發生，下巴都掉下來了。我告訴她，我們正要回旅館，她應該跟過來，而且要打電話給她的一些「辣婊子朋友」。她很不爽我叫她婊子，所以我立刻轉移話題。「喔，我有個朋友好奇怪，她吃下一整個檸檬，就像在吃柳橙一樣，吧啦吧啦……」這讓她忘記了不愉快。再用更多的慣例連續攻擊她──碰、碰、碰，沒多久，我們全都一起離開。

在店外，那個經理叫她回去工作，但是我把她拉上計程車。她說：「我是有腦子的脫衣舞孃！」我對她進行謎男的「我們太相像了」技巧，然後是

型男的C形對U形。

我們回到旅館的時候，我把她帶到我房間。在那裡，我對她做了立方體。

然後我告訴她：「我在墨西哥餅店對芭莉絲‧希爾頓做這個測驗的時候，她說她的立方體像飯店一樣大，真是個自大狂！」所以現在她以為我整天和名人、模特兒混在一起了，其實那根本是老爹的經驗。

我還做了泰勒‧德登的新玩意，說：「我已經厭倦了和這些一天到晚嗑藥、整型的小妞交往了。別誤會我的意思，我很樂意在老式酒吧的馬桶水箱上做，就像別的男人一樣，但只能偶爾為之！我想，妳不是那樣的，對吧？」她向我證明她自己。我問她吻功厲不厲害，然後我們親了一會兒。我停下來後提議去樓下喝一杯。

在賭場中。我開始進行自在慣例，在我生活的空白畫布上填上東西。我說了連鎖理髮店、狂練腹肌的夏天、公園裡的氣球、脫衣舞孃保姆、還有我的貓被上了。那全是我生活中發生的故事，而且相信我，標題比實際內容有趣多了。

我們在賭場裡逛了一陣子，尋找我朋友。我告訴她，我累了好想睡覺，她應該上來，說床邊故事給我聽，幫我蓋被子。她問：「我們要做什麼？壞事嗎？我才認識你三十分鐘！」

我說：「嘿，最好不要！我得很早起床，所以妳可別害我熬夜！況且我有威士忌屌*（whiskey dick）。」這是個經典說法，你們這些傢伙一定要用用看。

我們回到房間裡，有三個神情恍惚同事坐在裡頭，我趕快把他們趕出房間，叫他們去賭一把。那小妞看著桌子說：「有人在這裡吸古柯鹼，我看得出來，我是脫衣舞孃。」

我開始唱傑弗瑞・奧斯朋（Jeffrey Osborne）的〈乘著愛的翅膀〉（On the Wings of Love）給她聽，告訴她我想要擁抱，於是我們相擁而且聊了一會兒。然後我告訴她，我想要秀一個絕招給她看，接著我撲倒她幫她口交。我把她身體彎起來說：「我想要舔。」然後脫了她的褲子。沒穿內褲。我檢查她有沒有傷口，然後開始舔。她有一個陰蒂環，我以前從沒見過。它很詭異地敲著我的牙齒。五分鐘之後我把手指放進去，而且把她舔到投降。

我說：「可惜我有威士忌屌*！」

她說：「在我看來沒問題啊。」於是我把老二插到她裡面去。

我從沒見過這麼瘦的馬子有這麼大的奶子！這是我幹過最辣的馬子了：我的第一個脫衣舞孃，而且是我的第一個9分！事後我緊緊抱著她。她看到我有那麼多傷口和傷疤感到驚訝。我溫柔地親吻這個有可愛屁屁的脫衣舞孃，說：「我不是瘋子，而是個裝模作樣的不正常的瘋子。我只是在處理存在的荒謬，把荒謬推下存在的喉嚨。」

她給了我她的電話，抱了我一下，要我打給她。

隔天晚上我用〈我的小馬〉（My Little Pony）這首童謠來開場。「嘿。你們記得〈我的小馬〉這首歌嗎？是啊，我有點想不起來，他們有神力嗎？吧啦吧啦……」在那個晚上結束之前，我對著幾個女人醉醺醺地怒吼著：「窩……的肖馬……」結果又被另一間脫衣夜店扔出去了。

我記得的最後一件事，是坐在我的床上看電視，困惑地對著空蕩蕩的房間大叫，然後就昏過去了。

——杰雷克司

---

* 喝太多酒就不舉的老二。

03

我第一次見到她，她正在大便。

我打開我的浴室門，她正坐在馬桶上。

「妳是誰啊？」我問。

「我是佳比。」

佳比是獨行俠（Maverick）的朋友，獨行俠就是那些在每週末會自動跑來我們家、出現在客廳的眾多年輕PUA之一。佳比的態度像選美皇后，但身材像一袋蕃茄。我往後退一步，正要關上我身後的門。

「嘿，」她紅著臉說：「這真是間好房子，你是做什麼工作的？」

那句話立刻就洩了底。在洛杉磯巡視，會發展出一種雷達，辨識出可能會利用人的女人。她們之中比較沒技巧的，在對話的前幾分鐘就會問，你開哪一種車、做什麼工作、某某名人是不是你的朋友，以判定你的社會階層以及你對她們有多少利用價值。而比較有技巧的女人根本不必開口：她們看你的手錶、看你說話的時候別人如何回應你、聽你言詞中那些不可靠的關鍵字。這就是PUA們稱之為「次溝通」（subcommunication）的信號。

佳比是屬於比較沒技巧的那種。

她洗手的時候，順手打開藥櫃檢查裡面放了什麼。然後她踏進我的房間，繼續她的探險。「你是作家嗎？」她問：「你可以寫我的故事哦，我的故事真的很有趣。我想當個女演員，你知道有些人天生就是要成名的。」她從我的書桌上拿了一副雷朋太陽眼鏡戴上。「那就是我，並不是說我很特別或是什麼的，只是從很小的時候就感覺得到，因為人們對待我的方式就是不同。」

　　有錢人不需要告訴你他很有錢。

　　她一邊喋喋不休，一邊從我桌上的一個盤子上抓了一個鬆糕。今天是鬆糕日，寇特妮在屋子裡跑來跑去，分給每人一盤堆得滿到根本吃不完的鬆糕。

　　佳比咬了一口，然後把鬆餅丟回盤子上。不知道是誰讓她進來的，獨行俠不在，她在這裡也沒有別的朋友。

　　「我得工作了，」我告訴她：「很高興認識妳。」

　　我以為她可以自己找到路離開房子，但是她肯定是轉錯彎了。稍後，謎男發現她坐在他的馬桶上。

　　這兩個都是很自戀的人，我以為他們會相斥，就像兩個磁鐵的正極。沒想到他們上了床。

　　接下來一個星期她都待在房子裡，和謎男上床，而且未經許可就借走寇特妮的衣服，然後跟寇特妮打起來。佳比就像謎男，人生中最大的恐懼就是身邊沒人聽她說話，所以她不斷地在房子裡竄來竄去，講八卦、抱怨、惹毛寇特妮。

　　某天下午，寇特妮在廚房裡用兩根湯匙挖著花生奶油的罐子，她問佳比：「妳不回家的嗎？」

「家?」佳比好笑地看著她:「我就住在這兒啊。」

這房子吸引像這樣的人。但最後,它會把他們全都趕出去。

崔拉是好萊塢計畫的下一個受害者。她第一次出現在房子裡,是因為謎男幾年前把過的一個脫衣舞孃患了重度憂鬱,而謎男對這種事有點經驗,可以提供她一些忠告。於是,那個脫衣舞孃醉醺醺地來到房子裡,還帶著崔拉一起。

崔拉不是美女。她是個有刺青的三十四歲好萊塢搖滾樂手,飽受風霜的肌膚,和她的臉一樣剛硬的身體,編成鳥巢般的辮子頭,有顆善良的心。她令我想起龐帝克小火鳥(Pontiac Fiero),那是一款非常老舊的跑車,隨時可能解體。

當謎男和崔拉開始調情,那個憂鬱的脫衣舞孃突然哭了起來。她在抱枕坑哭了半個小時,直到崔拉和謎男躲到他的房間去。當晚佳比回到家,沒有半句抗議,直接爬進有他們兩個的床上,立刻就睡著。佳比和謎男並不相愛,只是需要彼此的庇護。

那天早晨之後,以及接下來的數個早晨,崔拉為房子裡的每個人煎鬆餅。她似乎不打算很快離開,於是謎男以一星期四百美金雇用她當私人助理。

謎男越是忽視崔拉,她就越是相信自己愛著他。他藉著追不同的女人,一次次地傷害她,她卻一直甘願被繼續傷害。謎男似乎很享受那些眼淚,這令他覺得自己對某個人很重要。如果不是崔拉在房子裡哭,就是佳比在哭,如果不是佳比,就是其他人。從謎男上次憂鬱的蛹中,孕育出一隻怪物。

好萊塢計畫本來應該是讓我們自身、我們的事業,以及我們的性生活

更好。結果，房子卻變成了饑渴男人和神經質女人的收容所。它吸引有心理問題的人，嚇走優秀的人。除了寇特妮、謎男的女人這樣的長期房客，還有老爹的新講師、員工和學員，很難看得出到底有多少人真的住在這房子裡。

然而，在我將它合理化的同時，我仍繼續著學習和成長的過程。我這輩子大部分時間都是一個人住，一個人工作，我從來沒有很廣大的社交圈或很緊密的朋友網絡。在社群之前，我從來沒有參加社團、團隊運動或參與任何真正的團體。好萊塢計畫把我從唯我主義的象牙塔中帶出來，它給我成為領導者所需要的資源，教我如何走過團體力學的鋼索，幫助我不去在乎微不足道的瑣事，像是私人財產、孤獨、清潔、神智清醒和睡眠。它把我變成一個有責任感的成年人，這是我這輩子第一次。

我必須如此，我的身邊都是小孩子。每天都會有人來向我求助：

佳比：謎男是個混蛋！他說這不是我的房子，而且沒有人希望我待在這裡。

謎男：寇特妮從我的房間拿走八百元。她說要替我付房租補償我，但是她的支票跳票了。

寇特妮：那個褲子拉太高的傢伙一直在騷擾我。你可以叫他離我這一點嗎？

公子：寇特妮把小便冰在冰箱裡。還有崔拉窩在我的浴室哭，不肯出來。

崔拉：謎男正在他的房裡試圖搞一個小妞，他叫我滾蛋。可是老爹不讓我睡他的房間。

老爹：蒙特婁的克里夫住在我的房間，寇特妮跑來拿了他四本書和三件內褲。

每個問題都有解決之道，每一場爭論都有妥協，每一個自我都有安撫的方法。我幾乎沒有時間去巡視了。我唯一能夠認識的新女人，都是那些進入房子的女人。避免好萊塢計畫內爆變成了我的全職工作。

04

我離開房子去買些日常用品，才不過一個小時，當我回來的時候，車道上有一輛紅色保時捷，客廳裡有個十三歲的女孩，還有兩個臭臉的金髮女孩在中庭抽菸。

「這到底是怎麼回事？」我問，一邊踢我身後的門讓它關起來。

「這是瑪莉。」謎男說。

「清潔婦的女兒？」我們從來就留不住傭人。要清理十幾個男人和數不清的派對女孩累積了一星期的碗盤、爆滿的垃圾桶、廚餘、灑出來的酒和菸蒂，工作量實在是超過一般人的能力範圍。結果在傭人的遞換之間，往往得忍受房子的髒亂長達一個月或更久。

「清潔婦出門去採買了，所以我照顧她。」謎男向我走近幾大步：「她讓我想起我的外甥女。」

很高興看見謎男精神再度恢復正常，顯然家裡的青少年對他有平靜的作用。至於保時捷，寇特妮讓車停過來這裡，好讓謎男能夠開車送她去排練。但是謎男試開過一次，還是搞不定手排車。

「那她們是誰？」我指著那些金髮女郎問。

「她們是寇特妮樂團的人。」

我走到中庭去自我介紹。

「我是珊，」一個有點男人婆的女孩操著皇后區口音說：「我在寇特妮的樂團打鼓。」

「我們以前見過。」我對她說。

「我們以前也見過。」另一個女孩輕蔑地說，她的長島口音犀利到令我驚訝。她比我高五公分，頭髮像馬的鬃毛直梳到後面，褐色的大眼睛被厚厚的睫毛膏框起來，令我想起青少年時期曾對著手鐲合唱團（Bangles）裡的蘇珊娜‧霍夫斯（Susanna Hoffs）打手槍。這個女孩是搖滾的典範。

「是喔，」我結巴起來：「我在《今夜秀》有見過妳吧？」

「在那之前。雅蓋爾飯店的派對，你整個晚上都在和那對雙胞胎說話。」

「喔，瓷器雙胞胎。」我無法想像我竟然會忘記她，她那麼有魅力。優雅的儀態是我發現女性最迷人的特點之一，而這女孩的氣質不但暗示著自信，也暗示著「少惹我」！

我回到屋裡問謎男她的事。「那是麗莎，寇特妮的吉他手。」他說：「根本是個惡婆娘。」

她們會來這裡，是因為寇特妮打算在我們的房子裡為一個英國電視節目錄一場原音表演。但是寇特妮不見人影，所以珊和麗莎正在氣頭上。我坐下來安撫她的團員。在她們身旁，我覺得好渺小。

我拿起一個麗莎的CD盒，翻著那些CD。真令我佩服，她有來自西非維德角群島（Cape Verde islands）的歌后西莎莉亞‧艾芙拉（Cesaria Evora）的音樂。她憂傷的歌曲，背後襯著輕快的拉丁旋律，也許是這世上最好的親熱音樂了。我一看見那張CD，就知道我遇到一個可以更深入了解的人。

在我心靈深處隱約想起，在發現把妹產業之前，是什麼讓我能夠認識女人和女人互動：共通點。光是發現你熱中的東西，別人也同樣喜歡，就足以燃起我們稱之為化學反應的奇妙情緒。研究費洛蒙的科學家宣稱，當兩個人發現他們擁有共同點的時候，費洛蒙就會分泌，然後開始互相吸引。

不久之後，謎男加入我們。他跌進椅子裡坐了一會兒，一個黑洞頓時吸光了麗莎和我好不容易釋放出的費洛蒙。「我今天打給卡蒂雅，」他說：「我們聊了一會兒，我仍然愛她。」

他看著珊和麗莎，彷彿想找對象下手。「她們知道關於卡蒂雅的鬧劇嗎？」他問。

那些女孩翻了個白眼，她們有自己的鬧劇要處理。

「好吧，」我自行告退。「我要去Poquito Mas買些墨西哥捲餅。很高興再見到妳們。」

我不想要和那些瘋狂有牽扯——即使我是其中的一部分。

我走下山丘到Poquito Mas，發現多面坐在戶外的一桌，讀著一本跟他的頭一樣重的書。他戴著一條運動頭帶，穿著短褲和一件破舊的白T恤，濕濡著剛運動完的汗水。

這是幾個月來我第一次看到他單獨在房子外面。自從在謎男的第一次授課認識他，我就把他當弟弟看——但自從他成為正宗社交力學的一員，就跟我漸行漸遠。我決定努力一下，和他再次產生連結。

「你在讀什麼？」我問。

「尼薩伽達塔‧瑪哈拉吉大師（Sri Nisargadatta Maharaj）的《物我合一》（*I Am That*），」他說：「我比較喜歡他，勝過於拉瑪那‧馬哈希大

師（Sri Ramana Maharshi）。他的教誨比較現代而且易讀性高。」

「哇！真了不起。」我不知道還能說什麼，我對印度吠檀多（Vedanta）的著述並不特別熟悉。

「是啊，我正開始發現，生命中除了女孩子還有更多東西。那些東西……」他指了指山上的好萊塢計畫，「都沒有意義，一切都沒有意義。」

我有點期待他在任何一刻突然笑起來，然後像過去那樣開始談論他的老二。「所以你已經厭倦巡視了？」我問。

「是啊，我曾經很沉迷，但是當我讀到你那篇社交機器人的文章，我發現自己已經變成那樣了，所以我要搬出來。」

「你要回老家，還是自己找個地方住？」

「都不是，」他說：「我要去印度。」

「不會吧，為什麼？」當多面進入社群的時候，他是我見過最怕死的人。他以前甚至從來沒搭過飛機。

「我想要搞清楚我是誰。在清奈（Chennai）附近有一個精舍，叫做拉瑪那斯拉門（Sri Ramanasramam），我想待在那裡。」

「待多久？」

「半年或一年吧，也可能是永遠。我真的不知道，順其自然囉。」

我很意外，但並不震驚。多面從把妹達人突然轉變成心靈探索者，令我想起了達斯汀。有些人一輩子都在試圖填滿他們靈魂的缺陷，當女人無法填補那些空虛的時候，他們轉向更偉大的東西：神。如果他們發現連神都無法撫平內心的空虛時，我很好奇達斯汀和多面該何去何從。

「好吧，老弟，祝你一路順風。我很想說，我會想念你，但是我們這

半年來幾乎沒說過話，感覺有點奇怪。」

「是啊，」他說：「那是我的錯。」他頓了一下，擠出一個微笑。

那一瞬間，過去的多面回來了。「我一直是個缺乏安全感的混蛋。」他說。

「我也是。」我告訴他。

當我回到房子的時候，從英國來的那些電視工作人員到了，連同寇特妮的新經紀人和一個造型師。

「我再也不想跟她合作了，」造型師說，顯然寇特妮不會及時出現開始錄影。「自從她開始嗑藥，就變成一個難搞的惡夢。」

在屋子裡我們沒有看見任何吸毒的證據，但是有鑑於寇特妮反覆無常的行為，也許好萊塢計畫並未如她所願，幫她遠離毒品。我為她覺得難過，她任由這房子的問題讓她分心，反而不去處理她亟待解決的生活問題。也許我們全都如此。

那晚我醒來，看見寇特妮站在我的床腳，手上拿著一隻Prada鞋。

「我們來重新裝潢房子，」她興奮地說：「這隻鞋是我們的錘子。」

我看著時鐘，凌晨兩點二十分。

「你有釘子或是大頭釘嗎？」她問。不等我回答，逕自跑到樓下然後帶回來一盒釘子、一個要釘在我牆上的畫框、一個給我的抱枕，以及一個壓扁的粉紅色盒子，看起來像個古老的情人節禮物。

「這就是那個心形盒子，」她說：「我要你留著。」

她拿起我的吉他，坐在床邊，然後彈著我最喜歡的鄉村歌曲〈長長的黑色面紗〉（Long Black Veil）。

「我明天晚上要去一個朋友的生日派對，在Forbidden City。」她把吉

他丟到地板上說：「我希望你也過來，我們一起離開這房子吧，這對我們會是件好事。」

「這樣吧，我跟妳約在那裡碰面。」我知道她出門前要花多少時間準備。

「好吧，我會跟麗莎一起去。」

「說到麗莎，」我說：「今天有一大堆人在這裡等妳，妳跑哪裡去了？我想她們一定很不爽。」

她的臉沉了下來，嘴唇嘟起來，然後眼淚從她的眼睛落下。「我會去尋求幫助的，」她說：「我保證。」

05

我穿了一件白外套，裡面是一件黑色上衣，裝飾著可以設定文字的LCD顯示幕。我輸入了「Kill Me」。我至少有一個月沒出來巡視了，很想引人注意。我對寇特妮會不會出現在Forbidden City不敢指望太高，所以我約了賀柏一起去當僚機。

我們最近一起飛到休士頓去挑選好萊塢計畫的禮車，一輛1998年的十人座加長型凱迪拉克，賀柏在eBay上找到的。買禮車的興奮讓賀柏沖昏頭，竟然把錢拿去寵物網站買了一隻沙袋鼠。前往派對的途中，我們爭論著在屋子裡養一隻小型有袋動物的必要性與人道問題。

「牠們會是很棒的寵物，」他堅持：「牠們就像很有家教的袋鼠，會陪你睡覺，和你一起洗澡，你還可以抓著牠們的尾巴散步呢。」

好萊塢計畫已經一團亂了，現在最不需要的就是沙袋鼠。這個大失敗的唯一用處，就是可以拿來當作很棒的開場白。我們在派對裡跑來跑去，問每一個人對於養沙袋鼠當寵物的看法。靠著開場白和我的上衣，不到半小時我們就被女人包圍了。再一次大顯身手的感覺真好。

我們太過沉浸在房子裡的肥皂劇，以至於忘了當初想搬進去的動機。

當一個身材高挑駝背、自稱是模特兒的女孩對我的上衣摸來摸去，我

看見一個金髮女孩在人群之中閃耀著光芒。她的五官輪廓分明，眼睛在半月形的厚重藍色眼影之下閃爍著。她是寇特妮的吉他手麗莎。

在她旁邊，所有我剛才搭訕過的那些懷著明星夢的女人們，立刻相形失色。麗莎的格調和姿態，把她們全都比了下去。

我自行告退，然後跑到她那邊去。

「寇特妮在哪？」我問。

「她實在準備太久了，所以我一個人來。」

「我欣賞敢獨自出席派對的人。」

「我就是派對。」她說，沒有眨眼或微笑，我想她是認真的。

整個晚上，麗莎和我並肩坐在椅子上，成為裡面最顯眼的一對。派對似乎是衝著我們來，彷彿我們一起產生了某種引力。我們附近的沙發座，很快就擠滿了模特兒、喜劇演員、上過實境節目的人，還有職籃選手丹尼斯・羅德曼（Dennis Rodman）。稍早跟我聊過天的女人們都湊過來哈拉，麗莎和我用筆在她們手臂上畫畫，餵她們喝伏特加調酒，或給她們玩她們猜不出來的智力測驗。這是PUA所謂的創造「我們的世界」陰謀。在我們的泡泡王國中，我們是國王和皇后，而其他人都是我們的玩具。

一群狗仔隊突然對著站在附近的丹尼斯・羅德曼拍照，我看著麗莎的臉龐被那些閃光燈照亮。突然間，我的心從麻木中甦醒，並且撞擊著我的胸口。

派對結束時，麗莎用手臂勾著我，問：「你能送我回家嗎？我太醉了不能開車。」我的心再次怦然跳起，然後進入快速、不規則的跳動。她可能醉到無法開車，但是我也緊張到無法開車。

我都還來不及回答，她就把她的賓士車鑰匙丟進我手裡。我打給賀

柏，請他把我的車開回家。「真不敢相信，」我告訴他：「我成功了！」

但事實上並沒有成功。

我開車載麗莎回她家。我認得那棟大樓，就在我帶謎男去過的好萊塢心理健康中心的正對面。當我們抵達她家，她直接進入浴室。我則在她的床上躺下，裝出很輕鬆的樣子。

麗莎輕輕走出浴室，看著我，然後以一種令人敬畏的表情說：「別以為我們之間會有什麼事情發生。」

該死，我是型男，妳必須愛我。我是MPUA。

她換了衣服，然後我們開車到我家去找寇特妮。然而，我們只在客廳裡看見泰勒帶領了十個男人，正在進行某種練習，包括繞著沙發跑步，高聲大叫，然後彼此擊掌。泰勒最近正在實驗一種技巧，在生理上替學員的心情打氣，好在晚上出去認識女人。他相信，無論他們是否真的表現得比較好，腎上腺素的分泌和同袍情誼會讓他們覺得玩得很愉快，因此會在網路上給正宗社交力學很好的評價。原來，這已經變成一項競爭性的產業了。

寇特妮似乎再度消失。也許她那天晚上是認真的，而且正在尋求幫助，也說不定她正陷入更多的麻煩之中。

我帶麗莎上去我的房間，點了一些蠟燭，把西莎莉亞·艾芙拉的CD放進音響，然後走到我的衣櫃。

「我們來找點樂子。」我對她說。

我拉出一個裝滿舊的萬聖節道具的垃圾袋，倒出了面具、假髮和帽子。我們把東西全都戴在身上，用我的數位相機拍照。我要嘗試數位相片慣例。

我們拍了一張微笑的照片，然後是正經的。到了第三張，是浪漫的姿勢，我們彼此對望。她的眼神看起來很快樂；在強悍的外表下，其實是脆弱與柔軟。

我和她保持眼神接觸，然後準備靠近親吻她，並對準相機好捕捉這個鏡頭。

「我不會親你的。」她斥責。

那句話像滾燙的咖啡燙傷我的臉。沒有一個女孩是我認識半小時之內還親不到的。她有什麼問題？

我冷凍她然後再試一次。什麼也沒有。

就是這種時候，身為一個PUA，你會開始質疑你在自己身上所下的工夫。你會開始擔心，也許她看見真正的你了，那個在愚蠢化名之前就存在的你，那個在高中寫詩描述這同樣情形的你。

我進行了一個動人的、熱情的演化瞬移慣例的表演。在遙遠的某處，我聽見一千個PUA們鼓掌喝采。

「我不會咬你的。」她說。

還是沒用。我告訴她有人寫過的最美麗的愛情故事：村上春樹寫的，在四月的早晨遇見百分之百的女孩，那是關於身為靈魂伴侶的一個男人和一個女人的故事。但是當他們稍稍懷疑彼此的連結，而不敢勇往直前的時候，他們就永遠失去了彼此。

她冷若冰霜。

我又嘗試了一個強硬的冷凍。我吹熄蠟燭，關掉音樂，打開燈光，然後開電腦檢查我的電子郵件。

結果她爬進我的床，蓋上被子，然後睡覺。

我只好也上了床，但我們各自睡在床的兩側。

我還有一招：耍賴。到了早晨，我不發一語，開始按摩她的小腿，然後把手慢慢往上按到她的大腿。如果我可以在生理上讓她興奮起來，她的理智就會解放，自然就會敗下陣來。

我的目的並不是為了性。我只是想讓性這整件事趕快發生，好讓我們能夠正常地在一起。她不必再試圖拒絕給我任何東西，我也不必再試圖向她索求任何東西。我一直都痛恨「性就是女人給、男人拿」的想法，它應該是一種互相分享的東西啊。

但是麗莎並不分享。當我開始按摩她溫暖的鼠蹊部時，她像警報器一樣在空氣中響起尖銳的聲音。「你在幹嘛？」便猛然把我的手撥開。

之後我們一起吃早餐、午餐，還有晚餐。我們聊著寇特妮、PUA們、我的寫作、她的音樂、我們的人生，和其他我不記得但是一定很迷人的事，因為時間一轉眼就過去了。她和我同年；她喜歡的樂團和我完全一樣；她每次開口都字字珠璣；對於我講的笑話，好笑的她會大笑，不好笑的她會拿來取笑。

另一個晚上她也和我在一起。同樣什麼也沒發生。我碰上對手了。

早餐之後，我站在玄關看著麗莎離開。她走上坡，進入她的賓士車裡，打開敞篷蓋，然後開走。我轉身爬上階梯，絕不能回頭偷看，要看起來很酷，而且不再給她任何IOI。

「嘿，過來一下。」她從車裡大喊。

我搖頭拒絕。她正在毀了我的離開。

「我說真的，過來一下，這很重要。」

我嘆了口氣，然後走到她的車邊。「我真的很抱歉，請你不要生

氣。」她說：「但是我開出來的時候，不小心撞凹你的禮車了。」

我全身發冷。那是我們最貴重的資產。

「開玩笑的啦！」她說，踩下油門然後揮揮手把我留在塵煙之中。

當她轉向日落大道，大聲播放著衝擊樂團（Clash）的歌，我望著她的金髮在車邊翻飛而過。

我又被她耍了。

06

　　有一天晚上，我和謎男坐在按摩池裡，我告訴他我對麗莎的挫敗。

　　過去我常常問他對女人的建議，而他很少誤導我。雖然處理人際關係很顯然不是他的專長，但是說到摧毀最後一刻的抵抗，他真是無懈可擊。

　　「開始摸你自己。」他說。

　　「現在？在這裡？」

　　「不是，是下次你們一起躺在床上的時候，只要掏出你的老二然後開始摸它。」

　　「然後呢？」

　　「你把她的手拉過來放在你的蛋蛋上，她會幫你打手槍。」

　　「你是說真的嗎？」

　　「是啊。然後用手指在老二上沾一點前列腺液，再把手指放進她嘴裡。」

　　「鬼扯！這根本就像電影演的那種損友的惡作劇，朋友照做了，女孩嚇跑了，然後給建議的傢伙說：『我還以為你知道我在開玩笑咧。』」

　　「我是在說真的。在那之後，你們實質上就算已經做愛了。」

　　三天後的凌晨兩點，那些酒吧關門之後，麗莎和寇特妮的鼓手珊一起

順道過來我的房子。她喝掛了。

我們爬進床裡，然後彼此胡言亂語了好幾個小時。「我不知道我是怎麼回事？」她含糊地說：「我很不想離開你的房間，我可以就這樣永遠聽你說話。」

她翻身看著我。「當我沒說，」她突然反悔：「我並沒有那個意思，酒精就像讓人說實話的藥一樣。」

現在正是我的機會。謎男的話閃過我的腦袋，我考慮著掏出老二，把她的手放在上面的好處和壞處。

可是我不能這麼做。不是因為我不敢，而是因為這絕對不會成功。

麗莎會當著我的面大笑，說些很尖銳的話像是：「你要打手槍自己打，我可不打算幫你。」然後她會告訴她所有的朋友，有個下流的傢伙在她面前打手槍。

謎男並不永遠是對的。

我們又過了一個柏拉圖式的夜晚，這真令我抓狂。我知道她喜歡我，卻不願意更親密。我正在「我們還是當朋友就好」的邊緣上搖搖欲墜。

也許我真的不是她的菜。我可以想像她和那種有刺青、渾身肌肉、穿皮夾克的人在一起，而不是必須上把妹課程、骨瘦如柴的都會型男。她快把我折磨死了。

打從我學到「真命天女症」這個字以來，這是我第一次得這種病，而且我知道結果已經注定了，沒有人會得到他的真命天女。他會變得太黏人太饑渴，然後全搞砸了。而且，相當確定地，我也搞砸了。

隔天晚上，麗莎出城去了，和寇特妮到亞特蘭大的一個音樂節表演。她離開後打了三次電話來。

「你晚餐時間有空嗎，等我回來的時候？」她問。

「我不知道，」我對她說：「那要看妳乖不乖。」

「好吧，」她說：「如果你是這種態度，我就不過去找你了。」

我只是想逗她並且開她玩笑，像大衛・狄安傑羅曾經教過我的。沒想到卻破壞了那一刻。我聽起來像個混蛋。

「別這麼難搞，」我說，是直接了當的時候了。「等妳回來的時候，我想見妳。我要離開這裡兩個星期，所以那會是我們相處的最後機會了。」

在背景中，我可以聽見珊在說話。「妳跟他說話的樣子，好像他是妳男友。」她告訴麗莎。「也許我希望他當我男友。」麗莎對她說。

所以我沒有被LJBF。我等不及要她回來，我也想要她當我的女友。

我為了麗莎回來花了一整天籌劃最完美的誘惑。我會搭禮車到機場接她。賀柏開車，而我在後座等著她。我要帶她到日落侯爵飯店（Sunset Marquis Hotel）裡的威士忌酒吧，從好萊塢計畫走路就會到。

女人不會尊敬幫她們付錢的傢伙，但同時又會拒絕太寒酸的傢伙。

所以我會事先到威士忌酒吧，給經理一百塊，告訴他無論我們點什麼都計在房間帳上。然後，我打算帶她回家。我在電腦上寫下所有可以用來對抗她LMR的橋段和慣例，既然我知道她喜歡我，我有信心把這件事情推展到最後。

如果她仍然抵抗，那麼她顯然有人格疏離的問題，我就必須當LJBF的那個朋友。

她的班機預定傍晚六點半抵達。當賀柏開著禮車穿梭在達美航空的航站找她時，我在車後座吧台調製雞尾酒。

然而，班機到達的時候，她不在上面。

我很困惑，但是不失望——還沒。遇上混亂和意外時，一個PUA必須樂於改變或放棄計畫。於是賀柏載我回家，我傳了簡訊給麗莎。她沒有回電話，我又傳了一個簡訊，然後白白浪費了整個晚上等她的消息。

到了清晨五點鐘，我被手機鈴聲吵醒。

「很抱歉吵醒你，但是我得找個人說話。」電話另一端的聲音是男的，澳洲口音。那是毛衣。

自從我上次見到毛衣以來，他已經離開社群而且結婚了。我時常想到他。每一次有人問到，社群裡的男人學習這些技巧是否只是為了搞到更多女人，我會舉毛衣為例，表示也有人是為了正當理由。

「我今天試圖自殺。」他說。

「發生什麼事了？」

「我的妻子十天內就要生下我們第一個小孩了，但我覺得糟透了。我為她付出一切，她還是不滿意。逼我離開我的朋友，我的事業夥伴也要離開我。她花掉我所有的錢，卻只會抱怨。」他停下來忍住眼淚。「而現在她要生下這個孩子，我被困住了。」

「但你不是愛上她了嗎？她怎麼會變成這樣？」

「不，是我變了。要成為謎男和大衛‧狄安傑羅教我們成為的那種人實在太難了。那種人不是什麼好人，我不想變成那樣。我喜歡讓別人開心，所以對她有求必應。我一星期送她三次花。以她的方法來取悅她，但是沒有用。」

我從來沒有像這兩年來一樣聽過那麼多成年男人的哭聲。「我今天坐在車庫裡，開著引擎然後關上車窗。」他繼續說：「自從1986年之後我就

沒想過要自殺。但是我已經到了臨界點，看不見任何活下去的目標。」

毛衣並不需要被拯救，他只是需要一個可以說話的朋友。為了引誘女人，他假裝成某個他不是的人，而現在他正在承擔後果。

「剛開始進入社群的時候，我寫下每一件我想要的東西。」他說：「現在我正在過著我想像中的生活。我有錢，有大房子，有美麗的女人。但是我對美女的部分寫得不夠詳細，我沒有寫說她必須以尊敬和仁慈對待我。」

那天清晨，寇特妮回到房子。我可以聽見她在客廳對著佳比尖叫。

我走下樓，發現寇特妮把佳比的袋子拎出房子，然後我發現自己說出似乎每次走到客廳都會脫口而出的四個字：「怎麼回事？」

「佳比跟謎男吵架了，她要搬出去。」寇特妮說：「所以我正在幫她。」

寇特妮幾乎藏不住她的微笑。

「樂團其他人從亞特蘭大回來了嗎？」我問，試著聽起來像是隨口問問。

「是啊，她們搭前一班飛機回家。」

我很快地轉過身去。我知道如果我說些什麼來回應，我的聲音將會洩漏出我的失望。

佳比離開之後，寇特妮把一束鼠尾草丟在咖啡桌上。「我們來清清這裡的空氣，」她說。然後她跳到廚房去，邊說道：「我們需要一些米，求個好運。」

找不到任何米，她拿了一包冷凍紐奧良什錦飯和一碗水回來。她把紐奧良什錦飯倒進水裡，把鼠尾草種在中央，然後跑到她的房間，拿出一件

藍白格紋的法蘭絨襯衫。

「這個可以用，」她說：「這是寇特的襯衫，我只剩三件了。」

她小心地把襯衫擺在桌子下面，以避免弄壞。據稱這可以為房子帶來好的能量。在點燃鼠尾草之後，她要謎男、賀柏和我坐在她的臨時神壇旁邊，然後大家牽著手。她的手抓得好緊，我骨頭都快散掉了。

「感謝上帝賜給我們這一天以及賜予我們的一切。」她祈禱，「我們請求清除這房子的所有邪惡能量。請為這裡帶來平靜和諧與友誼。不再有眼淚！幫助我打贏紐約的官司，還有幫助我清理我的其他問題。我會和祢一起努力，上帝。我真的會。賜給我力量。阿門。」

「阿門。」我們跟著說。

隔天，一個司機過來送寇特妮到機場，她要去紐約。到了那裡，她為自己的祈禱會得到答案，但是家裡的氣氛因為她的缺席變得更加陰暗。其實，寇特妮和佳比都不是問題的原因，她們只是徵兆，某個更大的東西正在啃噬我們的生活。

07

那個下午，麗莎留了一個很短的簡訊給我。「嗨，我是麗莎，我回來了。我們搭了早一班飛機。」就這樣。沒有抱歉，沒有溫柔，沒有提到她完全搞砸的計畫。

我回電給她，但是她沒接。「我再過幾個小時就要跟視界一起去邁阿密，」我對她的語音信箱說：「我真的很想在離開之前跟妳說說話。」那像是一個死拙男的留言，而且她也沒有回電。當我在邁阿密的時候，我天天檢查留言。什麼鬼也沒有。

我不是像泰勒·德登那樣的耕耘者。如果她有興趣，她就會打來。我已經被甩了，而且是被長久以來第一個真的有感覺的女人。我想她可能已經開始和別人交往，某個能夠克服她的LMR的人。

一開始我很氣她，後來我氣自己，再來只覺得難過。

PUA總是建議，克服真命天女症最好的方法就是和一堆其他女孩子上床。所以我開始瘋狂。

我可不想落得像毛衣一樣的下場。差點就讓自己被套牢。

在邁阿密，我每晚都去巡視，帶著比過去更多的熱情、動力和成功。我不喜歡一夜情，既然和一個人那麼親密，為什麼事後就要拋掉？我比較

喜歡十夜情：十個夜晚的美妙性愛，一夜比一夜更熱情、更狂野、更有實驗性，彼此會越來越自在，而且知道如何讓對方興奮。所以在和每個女人睡過之後，我把她們像軟糖一樣混搭在一起。

這是我的世界。

我最期待在一起的女孩是潔西卡，一個滿身刺青的二十一歲女孩，我在洛杉磯睡過幾次，還有另一個潔西卡，是我在Crobar酒吧認識的，也是二十一歲，但是和潔西卡一號完全相反，她看起來很天真，有點嬰兒肥。我知道她們兩個都喜歡A片，所以我想事情可能會變得很有趣。

在旅館酒吧喝了一杯之後，我帶她們到我房間，做一個符文解讀，然後讓她們獨處幾分鐘互相認識一下。當我回來的時候，我先讓她們看我筆記電腦裡的家庭影片，然後展開那屢試不爽的雙感應按摩。現在那全都只是慣例了，就像嫉妒女友開場白，或是好朋友測驗。而且一如以往地有用。

一旦她們的嘴唇相觸，就從陌生人轉變成愛人了。看著兩個女人在這樣不尋常的情境下那麼快就變得親密，每一次都令我驚訝。

那天晚上就像我預期的一樣淫穢，我們嘗試了每一種姿勢。當潔西卡一號要求我射在她嘴裡時，我如她所願。她把精液吐進潔西卡二號的嘴裡，然後她們開始激情地親熱。那是我這輩子最性感的一刻了。

但是事後我感到空虛和孤獨。我並不在乎她們，我真正擁有的不過是一個回憶和一個故事。我生命中的每一個女孩都可以消失、可以不再打電話給我，而且我不會在乎。

全世界所有的十夜情和3P，都不足以讓我忘了我的真命天女。

PUA們都錯了。

08

在社會上，男人的性慾表面上看起來或許非常旺盛——有脫衣夜店、色情網站、《Maxim》之類的雜誌和隨處可見的小廣告。但是，儘管如此，真正的男性慾望往往被壓抑了。

男人想到性的頻率，比他們透露給女人或同儕知道的還要多。老師想上他們的學生，父親想上他們女兒的同學，醫生想上他們的病人。而現在，就算是一個非常不性感的女人，都可能有個男人在世界的某個地方，一邊打手槍一邊想著幹她不知道會是什麼感覺。她可能甚至不認識他：他可能是在街上擦身而過的生意人，或是搭地鐵坐在她對面的大學生。現代人交往的大謊言是，為了和一個女人上床，男人一開始必須假裝他並不想要。

女人覺得最可怕的事，就是男人對脫衣舞孃、AV女優和少女的迷戀。那很嚇人，因為那威脅到女人的世界。如果所有男人都真的需要那樣的女人，那麼她的婚姻和從此幸福快樂的幻想要怎麼辦呢？她要廝守一生的男人，其實真正渴望的是內衣模特兒，或是鄰居的女兒，或是他藏在衣櫃裡的錄影帶中那個SM女王。女人會變老，但是十八歲的女孩永遠是無敵的。男人想要的不是一個人，而是一具肉體，面對這個可能性，愛就蕩然無存

了。

幸好，這不是故事全貌。男人是視覺的思考者，因此我們常常被自己的眼睛欺騙。事實是，幻想往往勝於真實。我已經學到這個教訓了，大部分男人終究會學到這個教訓。謎男可能以為，他可以和兩個彼此相愛就像愛他一樣的女孩在一起，但是很可能最後會變成，她們會令他抓狂，還會聯合起來對付他，就像和卡蒂雅在一起時那樣慘。

男人不是狗。我們只是以為我們是，而且偶爾假裝我們是。但是，女人會藉著相信男人擁有良善的天性，進而啟發我們，讓我們實現這些天性。這是男人往往害怕承諾的原因之一，而且有時候，就像謎男的狀況，甚至會反叛它，努力引出一個女人最壞的一面。

09

我在邁阿密的時候，卡蒂雅回來了。

我害怕這一天的到來，以及將在房子引起的騷動。但是謎男期待這一天，就像期待生日。他一切都計畫好了。

當時我不在場，我從相關人士那裡重建了這場災難故事。

好萊塢計畫已經陷到一個新低點。

謎男：我在房子的續攤派對認識一個叫做珍的十九歲辣妹。我剝光了她，就像《愛你九週半》裡的淋浴戲。她有我摸過最柔軟的皮膚和最棒的屁股。而且我就站在那裡看著那個屁股和皮膚想：「因為我值得。」

卡蒂雅：我在紐奧良的時候，謎男每隔一天就打給我，對我甜言蜜語。他說：「我有一個妳會很愛的十九歲美女。」我問他是不是要把她送給我。他說：「不，我們一起分享。」

謎男：這主意不是為了要讓卡蒂雅再次當我的女朋友，而是要讓她當珍和我的玩具。我的計畫是搭禮車到機場接她，到市場買些食物，然後回

到房子做雙感應按摩。

賀柏：卡蒂雅不在的那整整一個半月，即使她一直傳簡訊給我，我幾乎都沒有理她。謎男整天都在吹噓他打算如何跟她3P，就像一把刀在我的心上扭轉著。我一直告訴謎男別理她，而且不要讓她回房子免得自找麻煩，但他就是不聽。

卡蒂雅：我提前一天抵達洛杉磯，這件事謎男並不知道，我租了一間套房，和一些紐奧良來的朋友玩耍。我去了一間旅館，然後打給賀柏，因為那個時候我真的想開始跟他交往。隔天早上我出現在房子裡，告訴謎男班機早到了，所以我搭計程車來。

賀柏：當我回家看見卡蒂雅的行李箱，我就進房間做我自己的事。但是，謎男和卡蒂雅進來找我說話。然後我們去謎男的浴室，卡蒂雅幫我們塗指甲。她後來去謎男的更衣間拿一件毛衣，謎男也跟了進去。過了五分鐘，他們還在更衣間裡。

謎男：她叫我進更衣間，說：「我想跟賀柏交往。」我不認為她這麼說是真心的，她只是想氣我。我跟珍太親熱了，我相信她很嫉妒。所以我叫賀柏進更衣間，然後問卡蒂雅：「妳為什麼不直接告訴他呢？」

卡蒂雅：我真的喜歡賀柏。在紐奧良的期間，我們通過電話，而且我喜歡他的個性。他很好相處，從不爭吵任何事。

謎男：賀柏和卡蒂雅在一旁卿卿我我、擁抱，而且顯得有點尷尬，於是我說：「你們幹嘛不親個嘴，然後打個炮？」他們真的做了，真令我抓狂。但是，正如大衛・狄安傑羅所說，吸引不是一種選擇。

賀柏：那天晚上，我們進行了一場雙重約會。謎男請崔拉開禮車載我們到聖塔莫尼卡碼頭。我太天真了，以為一切都會沒事。

崔拉：我不敢相信謎男竟敢叫我開車，讓這種誇張的事情在我眼前發生。他以為自己可以呼風喚雨。我覺得自己好噁心，竟然會喜歡這種人。

謎男：結果那天晚上珍和卡蒂雅在禮車上搞上了。我有她們在碼頭的電話亭裡互吸乳頭的照片。情況越來越複雜。如果卡蒂雅變成賀柏的女友，3P就不會發生，我也不會讓珍再碰卡蒂雅了。然而，卡蒂雅被珍吸引，所以她開始對珍說我的壞話。

卡蒂雅：謎男一直說他真的很喜歡珍，不想在她面前讓自己像個混蛋。我對他說：「你還真了不起，全世界就只有珍受得了你。」我很高興他有伴了，因為我想跟賀柏在一起。

謎男：後來珍回聖地牙哥的老家一個星期，而卡蒂雅天天打電話給她。珍不在的某天晚上，我搞到一個模特兒跟我上床，而且正處理最後一刻的抵抗。我用手指弄她，又自己打手槍，還是無法得逞。於是在冷凍期

間，我到廚房去拿瓶雪碧。卻又聽見卡蒂雅和賀柏嘿咻，那些呻吟聲引發了我的嫉妒，然後我開始哭。雖然我床上有個馬子，我還是哭個不停。後來我回房告訴那個模特兒我的生活有多糟，她說她想走了。我打算開車送她回去，但是之後崔拉開始揶揄我。

崔拉：我睡在抱枕坑，突然謎男走過去，很不爽的樣子。我笑了出來，因為我很樂。那個時候，我必須以幽默來面對，如果我不這麼做，我會再次受到傷害。結果他衝過來抓住我而且炒我魷魚。那個模特兒只好叫計程車回家。

卡蒂雅：接下來那個星期，謎男想借我的車到聖地牙哥載珍。在回來的路上，珍和我在車上聊得很愉快。謎男覺得被冷落了，所以他開始否定我。

謎男：我感覺到卡蒂雅想從我手上偷走珍，然後跟賀柏分享。所以我在車上對卡蒂雅發飆，我們大吵一架。珍看了冷冷地說：「送我回家好了。」之後，珍要我別再打給她了。

謎男（貼在謎男沙發吧）：請小心賀柏、卡蒂雅和珍。如果任何人看見賀柏（很好認，因為他打扮很誇張）或是他的女友卡蒂雅（雙性戀俄國人，9.5分，很好認）和珍（十九歲，墨西哥人，9.5分，也很好認）在一起，請通知謎男，好讓我可以制裁賀柏。

卡蒂雅：他以為我想讓珍背叛他。但是在車上那次之後，她也不想跟我有任何關係了。她覺得我在說謊，因為我說了那麼多關於謎男的好話。這讓我看起來像個笨蛋。

謎男：賀柏和我依然有工作上的關係，所以我們為了一場座談一起去芝加哥。我向他解釋我內心的嫉妒感，並在他和我前女友的關係上劃出各種界線。

賀柏：在芝加哥授課的最後一天，謎男和我一起去吃東西。謎男打入我們旁邊的女孩四人組。在巡視的時候，他說：「妳相信嗎？這傢伙真的接收了我的前女友。」

他告訴她們整個故事，我偶爾表達自己的看法，然後他卻真的生氣起來。他突然說：「卡蒂雅不准再踏入我的房子一步！」

我說：「那也是我的房子，會變成這樣是你造成的。」

他說：「如果我在房子裡再看見她一次，我會毀了你。」

然後我告訴他：「隨便你。」

謎男：當我們回來的時候，崔拉已經搬出好萊塢計畫，辭掉私人助理，而且搬去跟卡蒂雅一起住。

崔拉：卡蒂雅和我變成朋友。我們因為討論謎男到底是什麼樣的人而變熟。她問我想不想要當她的室友。我說：「馬上就搬！」

賀柏：最後，謎男妥協了。我說卡蒂雅待在房子的時間不會超過半星

期。我們握手達成協議。

我從芝加哥回來後，在洛杉磯待了一個星期，後來因為一個家族聚會要去波士頓。那整個星期我都待在卡蒂雅的公寓，清靜一下。

卡蒂雅：賀柏不在的時候，我去幫忙老爹的工作室。我們星期五晚上忙到很晚才收工，然後去梅爾餐廳。他說我可以睡賀柏的房間。當我醒來的時候，我看見謎男。他問我在這個房子裡做什麼，我說：「老爹和我昨晚混到很晚。我們玩得很愉快。」

然後我說：「我還遇見你的一個朋友。」

他說：「你遇見誰了？」

我說：「希瑪。」

然後他就抓狂了。

謎男：當卡蒂雅以一種非常挑釁的方式告訴我，她和我從多倫多來的前女友混在一起的時候，我狂怒不已。我失去珍是因為她，失去崔拉也是因為她，而現在她還要偷走希瑪！對我而言，希瑪依然是一個可以選擇的對象。

卡蒂雅：謎男衝去把賀柏的房門踹到掉下來，大叫：「賀柏在哪？」隨後跑回他的房間，抓了一個希瑪的相框，把它往賀柏床頭的牆壁丟。他說：「妳男友不在這裡的時候，我不想看到妳！」

謎男：我知道我無法跟卡蒂雅講理，而且我也不能夠碰她，所以我

決定嚇嚇她。我踢了門然後叫她滾出房子。她說：「這不是你的房子。」我告訴她：「我付了房租，我住在這裡。妳是個客人，而妳的主人不在這裡！」

卡蒂雅：謎男開始威脅我說，如果他再看見我在房子裡一次，就要讓賀柏好看。他把蠟燭到處亂丟，把賀柏的床墊掀到床下，把花盆砸到牆上，然後打開賀柏的陽台落地窗，把我的東西丟出去。他打破我的印度愛經精油瓶，氣死人了。

謎男：我說：「不准再回來這裡，要不然……」卡蒂雅說：「不然怎樣？你要殺了我嗎？」然後我說：「不，我愛妳。如果妳搬回來的話，我會傷害你男友，叫他管好自己的女人。」

卡蒂雅：我到樓上去找老爹，但他不在。於是我開車回我的公寓。五分鐘後，老爹打來。他說：「那不是謎男的房子，租約上簽是我的名字。而且妳是我的客人，我現在過去接你。」於是他偷偷讓我進房子裡。

謎男：老爹在破壞行規。他雇用我的前女友到他工作室，她是我訓練過的，而那也算竊取我的智慧財產。

賀柏（e-mail給謎男）：有人告訴我，我的房間和東西被「破壞」了，因為卡蒂雅在房子裡。我不知道這個破壞是什麼意思，但是我覺得住那裡已經不安全了。你似乎以為全世界是繞著你轉的，而且每個人都應該聽你

的。

謎男（e-mail給賀柏）：我不想讓卡蒂雅在這裡，這就是最後決定，所以你不必回我這封信，也別再提這個話題，因為那會把我惹毛，讓你被扔出窗外。我只警告你這一次。如果你回來之後她又出現，我會立刻海扁你。如果你識相一點，那我們就能在同一個屋簷下和平共處。無論是哪一種，我們的合夥關係很顯然地，結束了。

泰勒・德登（e-mail給謎男）：你會失去了卡蒂雅有很多因素，但是在我看來，你彷彿在情感上依賴著她。但你像黑洞一樣需索無度，更無法忍受自己不被注意，那是你悲慘的弱點。別把你的女人給你的朋友，別試圖把派對女王變成你的女朋友，也別低估把剛改造的AFC帶進我們的生活形態的後果。

10

　　當我在邁阿密的時候，我的電話每天響。我接起來，結果都是謎男或賀柏或卡蒂雅或崔拉或泰勒·德登打來的。我還接到關於奧斯汀計畫的電話，那裡也正在瓦解：因為帳單沒付，瓦斯和水電被切斷了，臥室裡散亂著蠟燭、髒衣服和色情刊物。但是我唯一想聽到的是麗莎的聲音。

　　當我回到好萊塢計畫，賀柏的房間亂七八糟，牆壁上都是坑洞，房門被靠鉸鏈拉著搖搖欲墜，床墊蓋在電視機上，而且玻璃和泥土撒得整個木頭地板到處都是。

　　從一個把妹達人的角度來看，謎男做的這些事，是藉由製造戲劇性場面和共同敵人，強化卡蒂雅和賀柏的關係。但是謎男並沒有像把妹達人那樣思考，他無法控制自己。

　　那天晚上，門鈴響了。謎男去應門的時候，發現一個二十幾歲、渾身肌肉的男人站在雨中，臉上帶著憤怒的表情。卡蒂雅的車停在房子前面。

　　「我是卡蒂雅的弟弟。」那男人告訴謎男。

　　「才怪，我認識她弟弟。」

　　「好吧，」他說，走過謎男然後進入房子裡。「我聽說你恐嚇要殺她。最好是不要。」

「我從來沒有恐嚇過卡蒂雅，」謎男打量著卡蒂雅的朋友。他雖然矮但很強壯。「我恐嚇的是賀柏。」

「很好，如果你敢動她一根寒毛，我會親手劈開你的頭蓋骨。」

謎男對挑釁就是不能妥善回應，就像那次在外德涅斯特邊界的車裡吵架那樣，他突然抓狂，脖子青筋暴露，臉色漲紅，他挺起胸來。

「想打架嗎？」謎男大吼：「那就來啊，我隨時奉陪到底。」

「來啊！」卡蒂雅的朋友說：「那就到外面。我不想要把血沾到地毯上。」

「不必！就在這裡解決。我就是要地板上有血，我要留點東西下來紀念你。」

在視線的邊緣，謎男看見一堆他從海邊帶回來的大石頭，把它漆成符文石（runestones）。他伸手拿了一個，準備砸在對方的頭殼上。但他很快改變了主意，他走了三大步到賀柏已經殘破不堪的門邊，又踹了一次讓它掉到地板上。

「過來啊，」謎男大叫：「我不會為我將要做的任何事情道歉。」

他抓了一個書架拉倒在地。

卡蒂雅的朋友看見謎男目露凶光──打架的時候，瘋子往往擁有競爭優勢。「你不需要把門踹下來。」他說，一面退開。「我只想要那隻狗，老兄。卡蒂雅派我來拿她的狗。」

那傢伙把莉莉抱在手裡，謎男停下來看著他。警報解除了，皮質素、腎上腺素、雄性激素──所有在他體內衝來衝去的荷爾蒙──開始退去。他的腦袋回到理智模式。「你幹嘛不一開始就說清楚，跑到我家來威脅我？」

那傢伙站在門邊，一臉困惑，手上抱著莉莉。

「你需要莉莉的飼料嗎？」謎男問。

「嗯，要吧。我猜。」

謎男走進廚房，抓了莉莉的狗餅乾袋和幾罐狗罐頭交給他。

在離開的路上，那傢伙掉了幾個罐頭。謎男彎下腰，撿起來遞給他，然後拍拍他的背。

我上了樓，癱在床上盯著天花板。

我為什麼在這裡？這不再只是我對達斯汀的羨慕了。這一路走來，我已經被困在社交網絡中，並且被一堆社群儀式綁住——以為自己是未來的超人，最善於取悅的人，可以從那些握有開啟女性心靈之鑰的大師手中得到傳承。我會搬進來跟他們住，是因為我以為我們擁有所有問題的答案。我想像大家一起努力把生活的各個層面都帶到一個新高點，不只是對女人。還發揮出團結的力量。

但是，我們沒有創造出一個相互支持的系統，我們創造出來的其實是《蒼蠅王》。

要解決這一點，必須要做點什麼。而我對這些傢伙和這個社群的信心搖搖欲墜。

管理期待

Manage Expectations

現在它很美好，但是最後，萬物自有其秩序，那是在我內心狹窄的日記中，值得學習的某件事。

——安·塞克斯頓（ANNE SEXTON，美國女詩人），〈致約翰，他求我別再追問〉（For John, Who Begs Me Not to Enquire Further）

01

　　謎男和賀柏面對面坐在沙發上，雙手環抱在胸前。那不但是防禦姿勢，而且表示態度堅決。他們中間站著謎男的以色列搏擊教練和路王（Roadking），一個PUA，他的工作是保鑣。賀柏拒絕在沒有受到保護的情況下進到房子裡。

　　其他室友們——老爹、贊諾司、公子和我——坐在與他們垂直的沙發上。泰勒沒有出現，因為他說自己是客人，雖然他已經住在老爹的更衣室裡好幾個月了。

　　我們召開家庭會議，想一次解決謎男和賀柏之間的爭議。

　　他們各自陳述自己的觀點。謎男說他不會允許他的前女友再次踏進這個房子。賀柏說，如果他的女朋友不能來這個房子，他就會搬出去。他們各自花了半個小時傳達這些簡單的論點。

　　「現在，正常狀況下，我覺得賀柏應該搬出去，如果他那麼想要和謎男前女友在一起。」我說，試著扮演好調解者角色。「然而，謎男，你破壞房子又威脅室友。既沒有為你的行為道歉，也沒有負起修繕的責任。」賀柏的門依然橫躺在地板上，牆壁上的凹痕也還在，他的房間依然看起來像被龍捲風掃過。「你這種行為讓我們無法苟同。」

「我故意要給賀伯一點警告，如果我在這棟房子裡再看見卡蒂雅，下場就是這樣。」謎男不高興地說：「那很合理吧，表示我很確實執行我們的生活公約。」

PUA社群的問題之一是，為了要把到女人，男人原本該遵守的行為標準，變得無限上綱。而其中最嚴重的，就是「變成雄性領袖」的念頭。結果讓一大堆從小被欺負到大的男人們，變得像以前欺負他們的人，而導致像謎男那樣不成熟的行為。

「我可以說句話嗎？」路王插嘴：「賀柏在這裡違反了一個重要的規則。」

「是什麼？」賀柏問。他的聲音裡沒有忿怒或憎恨，只有眼眶泛紅洩漏了他現在的情緒。

「就是兄弟重於馬子。」路王說。

「不，」謎男說：「雖然我很想同意，但是有時候的確是馬子重於兄弟。」

那個下午賀柏第一次露出微笑：他和謎男在這件事上看法一致。

如果社群缺少團結與營收利益，還剩下什麼能讓我們待在裡面？六個傢伙追逐著有限的單身女人。戰爭結束，首領被槍決，為了奪回異性領土權，男人自己打造了悲劇。也許我們被成立之初的目標給蒙蔽了，看不出好萊塢計畫一開始就注定要失敗。

在三個小時毫無進展的辯論之後——這期間，老爹很反常地一句話也沒說——我們要求謎男和賀柏讓我們私下討論出一個共同的決定。

他們倆都同意接受我們的任何決定。

當我們進入老爹房間時，裡頭出現一陣騷動，有幾個人匆忙躲進浴室

然後關上門。我已經快一個月沒進他房間了。地面幾乎被六張攤開的黑色泡綿椅給占滿，每張上面都有一個枕頭和被子。

睡在這裡的人呢？他們是誰？

我們把床折回成為椅子，坐下，然後準備做出結論。這時老爹終於開口了。

「我不會和那個傢伙住在同一個房子裡。」他說。

「誰？」我問。

「謎男！」

老爹的手顫抖著，不是因為憎恨就是因為緊張。他是很難解讀的一個人。他已經好幾個月沒有巡視了，而他曾經努力自我改造的成果，很多都已經消失了。他現在看起來，和我當初在多倫多認識他時一樣空洞、內向。他的熱情不再是把妹，而是正宗社交力學。他不再參加認識女人的研討會，大部分時間都花在舉辦全國各地的行銷座談。

「謎男妨礙了我的工作，」老爹繼續說。他的聲音疏遠而且平板，從他腦袋深處的某個地方發出回音。「他破壞房子，我也很擔心他會傷害我。」

「你在說什麼？他不會對你做任何事的。」

「我做了惡夢，夢見謎男帶著刀子闖進我房間。我要在我的門上裝鎖，我很害怕他會闖進來。」

「這太荒謬了，」我說：「他不會傷害你的。那是你自己的問題，你得學會如何處理挑釁和衝突，而不是避開每一個人，甚至想把他們踢出房子。」

無論我怎麼勸老爹，他還是不斷重複那句話——「我不會和那個傢伙

住在同一間房子裡」——以一種機器人的聲音回話，彷彿被設定過了。

「你有沒有仔細想過，」公子終於問我：「你袒護謎男的唯一理由是因為他是你的朋友？」

也許公子說得對。我給謎男特別待遇，因為他帶我進入社群，而且這房子是他的主意。要不是他，我們誰也不會在這裡。但是他自己搞砸了。我必須考慮怎麼樣對團體最好。

「但是，」我說：「我還是希望能找到解決的辦法，不需要任何一個人離開房子。」

「我們會相信你的任何決定，」老爹說：「你是一家之主，大家都尊敬你。」

我覺得這樣很奇怪，老爹那麼堅持要讓謎男離開，卻把決定權交到我手中。接下來兩個半小時，我們討論可能的折衷方案。討論得越多，困境似乎越複雜。沒有任何解決方案可以讓大家滿意：

老爹不要和謎男住在同一個房子裡。

謎男不要和卡蒂雅住在同一個房子裡。

而賀柏不要住在沒有卡蒂雅的房子。

有人必須離開。

「這房子裡所有的問題都能追到同一個源頭，」公子肯定地說：「那個源頭就是謎男。」

我望著贊諾司。「你同意公子和老爹的意見嗎？」我問他。

「我同意，」他說。他回答時兩眼無神，彷彿他並不真的在場。他也在變成像其他人那樣的機器人。「我想謎男必須離開。」

02

　　我們叫謎男和賀柏進入房間，告訴他們我們的決定。總算為複雜的困境提出可能的折衷方法，我對自己展現出高明的領導技巧感到自豪，後來才發現這是錯的。

　　「賀柏，」我開始說：「卡蒂雅兩個月內不可以進入房子。在那之後，如果你還在跟她交往，她就可以過來住。」

　　賀柏點頭。

　　「謎男，你有兩個月的時間忘掉卡蒂雅，給你自己找個新女友。此外，我們不容許任何暴力，如果你威脅任何人的生命、攻擊任何人或損壞財物，你會立刻被逐出房子。」

　　謎男沒有點頭。

　　「所以你的意思是，我得滾出房子，而那個婊子可以取代我。」他吼叫。

　　「呃，」公子說：「到時候賀柏和卡蒂雅可能已經分手了。」

　　「我可不認為。」賀柏說。

　　謎男雙手舉向空中。「很好，那麼你們是在趕我出去了。」

　　「不是，」我說：「我們給你兩個月的時間控制情緒。」

我試著幫他，但是他拒絕被幫助。

「如果你要離開，至少提早兩星期通知我，」老爹說：「我會退還你全部的押金，開始尋找新房客。」

老爹很高興，他如願以償。

謎男的額頭皺了起來，頭不自覺地抖動著。「你知道，」他說：「老爹想把我趕出去，因為他跟我是競爭對手。這無關於謎男對賀柏，這是謎男方法損上正宗社交力學。我給了他整個商業架構，教他如何支配性慾，並且成為一個生意人。他現在甚至對新進學員收費一千五百元，還教我的東西！」謎男瞪著老爹；老爹視若無睹。「現在我被他利用完了，就想把我趕走，然後把我的房間變成十二個人的宿舍。」

在那個時候，我認為謎男是在狡辯，他仍然拒絕對他的行為負責。

「事情不一定會變成這樣，」我告訴他：「這一路上的每一步，你都做了錯誤的決定，現在必須承擔這些後果。我們並沒有要趕你出去，是你自己決定要離開。」

謎男手抱著胸，倨傲地看著我們。

「你以為那是雄性領袖解決問題的方法，結果卻背道而馳，你難道看不出來嗎？」我繼續。

「那是設計來讓卡蒂雅離開房子的戰略，而且有用。」他堅稱：「她從那之後就再也沒有回來過了。」

我失去了冷靜。該讓他醒過來好好反省了。

「你需要某種很困難的愛，」我說，在整個會議期間我第一次提高音量。「你是我見過最棒的魔術師，然而，認識你以來，你從來沒有為你的九十分鐘節目，或任何節目，前進過任何一步。你的把妹事業亂七八糟，

你以前的門徒正在大把大把地賺進本來應該屬於你的鈔票！至於你的愛情生活，在卡蒂雅之後，你已經趕走每一個你睡過的女孩，我不會推薦任何女孩跟你交往。你在財務上、心理上和情緒上全都亂七八糟！」每句話都讓我覺得胸中的重擔正在減輕。「你什麼也沒有！沒有健康、沒有財富、沒有人際關係。你誰也不能怪，除了你自己！」

謎男把頭垂在他的手中。他的肩膀開始抖動，大大的淚滴滾出他的眼睛。「我是個廢人，」他哭著：「我已經毀了！」

支撐著他詭辯和自欺的高牆倒塌了。「我該怎麼做？」他看著我：「告訴我該怎麼辦。」

眼淚從我的眼睛止不住地流出來。我轉過頭去面對牆壁，避免讓賀柏和老爹看見。眼淚流得更快了。儘管謎男的缺點一大堆，我還是在乎這個傢伙。加入把妹社群兩年之後，我仍然沒有女朋友，但是因為某個原因，我和這個哭泣的偉大天才綁在一起了。也許它真的分享了創造關係的情緒和經驗，而不是七小時慣例接著兩小時性愛。

「你需要治療，」我說：「你需要治療或諮商，不能只是一直傷害自己。」

「我知道，」他說，眼睛充滿了淚水。他把手握成拳頭，然後自責地打著他的頭。「我知道，我搞砸了。」

03

　　我走出老爹的房間然後離開房子。我頭好痛，這真是漫長的一天。

　　當我開始下山去買墨西哥捲餅時，一輛黑色賓士敞篷車擦過轉角直奔上山，裡面是兩個金髮女郎。

　　車子在我面前發出尖銳的煞車聲，駕駛座傳出一個聲音叫著我的名字，是麗莎。我的心跳漏了一拍。

　　她穿著一件彩虹高領的Diesel紅外套，看起來像是超級名模和賽車手的混合。我鬍子沒刮，穿著運動褲，因為剛和室友辯論了一整天而疲憊不堪。我同時感受到許多情緒：丟臉、興奮、惱怒、恐懼、喜悅。我沒想到會再見到她。

　　「我們要去喝一杯，」麗莎大喊：「要一起來嗎？」

　　「妳在這裡做什麼？」我試著保持冷靜，表現得對她的突然現身毫不在意。

　　「去威士忌酒吧。」

　　「妳不是路過嗎？」

　　「是啊，我順道過來找你一起去。不想去啊？」

　　她散發著一種態度。我還是喜歡她，她是個挑戰，聽到任何對她的挖

苦、否定或驕傲風趣，絕對會反擊。

　　「讓我換件衣服，」我說：「跟妳約那邊碰面吧。」

　　我套了一件Levi's紅標牛仔褲，口袋前方有仿貓抓紋路延伸到下面，還有一件我從澳洲買回來的軍領襯衫，然後跑下山去找她們。

　　要跟麗莎說話，並找出她在亞特蘭大之後消失的原因，讓我感到很焦慮。當我到達的時候，麗莎和珊正和兩個精壯、渾身刺青的搖滾樂手坐在同一桌。他們正是我想像中麗莎會交往的那種人。我坐在他們中間，刺青墨水和頭髮染料讓我相形見絀。

　　當他們八卦著我既不知道也不關心的搖滾模仿者，排山倒海而來的焦慮占領了我的思緒。我不想隨便跟著附合或假裝開心。我只想要跟麗莎獨處。

　　當我的額頭落下第一滴汗水，我跳了起來。再也受不了了。

　　「我很快就回來。」我說。我需要巡視——不是因為我想把妹，而是想讓自己進入一種積極的狀態和健談的情緒，否則像那樣笨拙地坐在那裡，我會崩潰。

　　我在吧台點酒的時候，聞到身後紫丁香的味道。我轉過頭看見兩個穿黑色晚禮服的女人。「嘿，兩位，我想問妳們對一件事的意見。」我開始，帶著比平常少一點的熱忱。

　　「讓我猜猜，」其中一個女人說：「你有一個朋友，他的女朋友正在不爽，因為他還跟他的前女友聯絡。」

　　「怎麼每個傢伙都在問我們這個，」她的朋友說：「是怎樣？」

　　我抓了我的可樂離開，到中庭抽菸。帶著一些恐懼，我對坐在長椅上的兩人組進行了魔咒開場白。很幸運地，她們還沒有聽過。

「嘿，」我想要強迫自己健談一點，我問：「妳們認識多久了？」

「大約十年。」其中一個女孩說。

「我看得出來。我得給妳們做個好朋友測驗。」

「喔，我們已經聽過了。」她禮貌地說。

這天終於來了。日落大道已經被巡視光了。

社群已經變得太龐大而且失控，太多競爭者正在教授相同的教材。而且飽和的不只是洛杉磯，聖地牙哥、蒙特婁、紐約、舊金山和多倫多的PUA們，最近回報著相同的問題：他們已經沒有新的女孩可以巡視了。

我走回麗莎和她朋友那裡。「我累壞了，」我告訴麗莎：「我要回家了。不過我明天要開車去馬里布衝浪。歡迎妳和珊一起來，會很好玩的。」

她抬頭看著我，整個晚上我們第一次有了聯繫。「好啊，可以啊。」她說：「聽起來很不錯。」

「好極了，中午在我家集合。」聯繫結束。

我從威士忌酒吧回到家的時候，伊莎貝兒正在等我。我鐵定不能睡覺了。

「我不是告訴過妳，要來之前先打電話嗎？」我問。

「我有留言給你。」

伊莎貝兒沒有任何問題。五年以前，我會願意放棄寫作一整年，只要能跟那樣的女孩睡一次。但是她無法提供什麼。她有所有的洞：有耳朵聽我說話，有嘴巴陪我聊天，有陰道讓我高潮。我們不會是知己，只是彼此排解孤獨的消遣。我們從來沒有對話，只是用話語填滿空洞的空間。至少，那是我的想法。

但是有時候，光是藉著和男人做愛，而那個男人比她預期的還冷淡，女人也會培養出感覺，開始想要更多。

　　「你還在跟其他女孩交往嗎？」到了早上，伊莎貝兒滾到我的身上問，侵略性地看著我的眼睛。

　　那是個意義深遠的問題，只有一個正確答案。我給了她錯的答案——誠實的答案。「好吧，我認識了一個叫做麗莎的女孩，我對她很有感覺。」

　　「那麼，你得在她和我之間做選擇。」

　　過去，我常被最後通牒所騙。但是我已經學到，最後通牒是無能為力的表達，是空洞的威脅，試圖用來影響一個無從控制的結果。

　　「光是要求我做出選擇，」我說：「妳就已經預設自己是輸家了。」

　　她把頭垂在我肩上然後哭起來。我為她感到難過，但我唯一的感覺就是那樣。

　　她離開之後一個小時，珊和麗莎到了。謎男坐在電腦前瘋狂地打字。他抬頭看著麗莎，她穿著Juicy Couture的亞麻連身衣，頭上戴著連身帽，他試圖否定她。「那是什麼打扮？」他問。那是他唯一知道如何與美女產生關聯的方法。

　　麗莎看了謎男一眼。他穿著一件睡袍、四角褲、黑色腳指甲油，還有拖鞋。她給了他一個令人畏縮的眼神，然後嗤之以鼻，面無表情地說：「問你自己吧，寶貝。」

　　麗莎是防否定的。在她身邊，其他女孩看起來都不完美。她們大部分的童年，女性都處於男性權威者的從屬狀態中，所以她們長大後，心理萎縮地穿梭這個世界，不斷讓自己在異性面前沉默。她們覺得從前用來操縱

父親的撒嬌技巧，對世界上其他人同樣有用，而通常她們是對的。但麗莎不吃男人的期待與慾望這一套。她活出了大多數女人會偽善地告訴男人的建議：她不害怕做她自己。

謎男就這麼一次沉默了。他清清他的喉嚨，有點大聲地說：「我很忙。」然後轉過去繼續打字。昨天的家庭會議之後，我確定他正在謎男沙發吧貼文發洩怒氣。

我們出發去海灘之前，我讓珊看麗莎第一次在這裡過夜那天所拍的相片，就是我們戴假髮玩角色扮演那次。

「你看這張，」珊說，當她看見麗莎和我深情對望的那張相片，就在我們沒有接吻之前。「我從沒見過麗莎這麼快樂的樣子。」

「是啊，」麗莎綻開了一個露齒的笑容說：「我想妳說得對。」

珊跑到樓上用我的廁所，麗莎和我把那些衝浪板裝進禮車後面，這車子兼做我的衝浪車。當我們開往馬里布，我注意到珊靠過去對麗莎小聲地說了什麼，麗莎臉上的微笑立刻消失。

「怎麼了？」我問。

她們遲疑地互看。

「怎麼了？」我真的想知道。我很確定是跟我有關的，而且肯定不是什麼好事。

「不重要啦，」珊說，「只是女孩子家的事。」

「呃，好吧。」

以前我衝浪的時候，通常會在靠近岸邊的地方逗留，衝比較小的浪，而那些衝浪好手會划到比較遠的地方衝大浪。我以為岸邊好，因為有比較多的浪。但是在幫助珊和麗莎適應她們的衝浪板之後，我和那些衝浪專家

一起划出去嘗試捕捉大浪。

當我等浪時，我羨慕地看著靠近海岸的衝浪者捉到一個接一個的浪。二十分鐘之後，水終於在我身後湧起，然後我開始划。當我周邊視野冒出一面藍色的牆，我的身體緊繃，不知道自己能不能應付這麼大的浪。它啪的一聲抓住了我的衝浪板，彷彿雷鳴，然後我一躍而起。那道藍色遠遠伸展到頭頂之上。我切過開口一路到浪頂，然後調整方向回到岸邊。我覺得充滿生氣、欣喜若狂。沒想到我可以像那樣駕馭海浪。這是從國中後的第一次，我開心地想要寫詩。

我帶著板子回到岸邊，知道時候到了，在女孩子這件事情上，該去征服大浪，而不要再和裡面軟弱的小浪鬼混，要就要最好的，而不是最多的。因為我值得。

當我們回到家，我把麗莎拉到一邊。

「星期六我想要帶妳去吃壽司。」我說。

我聽起來有夠AFC。還求她要不要出來跟我約會。

她猶豫了片刻，彷彿在想一個輕鬆拒絕我的方法。她皺起嘴唇，斜瞄著。然後，終於，她開口了。「好吧，我猜。」

「妳猜？」我不記得上次問女孩子要不要約會，而對方卻給我這種回應是什麼時候了。

「不，只是……」她阻止了自己，「算了。是的，我很樂意。我只是在想，你到底什麼時候才要開口。」

「這樣好多了，我八點過去接妳。」

女孩們離開之後，我到廚房去煎了一塊雞胸肉。一堆人做過無數頓飯的殘漬，凝成了一層黑色油垢附在火爐上。當我料理食物時，泰勒·德登

從中庭的門進來，穿著慢跑鞋，戴著隨身聽。他脫掉T恤，檢查腹部的一層肥肉，然後拿掉他的隨身聽耳機。

「嘿，老兄，我聽說了謎男的事。」他說：「我真的很遺憾事情變成這樣。如果我能夠做些什麼幫忙說服他留下來，請讓我知道。」

「他頑固得很，我很懷疑有什麼是你能做的？」

「如果他離開，好萊塢計畫就再也不存在了。」他繼續說：「我猜這裡大概會變成正宗社交力學之家吧。」

「或許吧。」我把雞肉盛到盤子上，然後抓了刀叉。

「喔，對了。我今天去梅洛斯買了一件上衣，看起來就像是你會穿的衣服。你看看。」

「不錯啊，雖然有點詭異。」有件事我打算跟泰勒討論一下。「我想跟你談談關於分攤房租或公共支出的事。你已經待在這裡好幾個月了，而我們搬進來那天就定了一個規則，長期的客人應該對房子有所貢獻。」

「當然，老兄。」他說：「你跟老爹說就好了。」

他的話是同意的，肢體語言卻不然。他說話時，不自在地移動著他的頭，似乎不知道該看哪裡，他轉來轉去然後離開。他似乎常常很不自然地突然改變方向，以迴避任何關於房子的問題、鬧劇場面或會議。在他的微笑背後，我察覺到某種東西——就像我在拉斯維加斯親吻他的馬子時感覺到的。因為要求他付房租，我對他構成了威脅。

我把食物拿到房間，打開電腦，然後瀏覽謎男沙發吧。我想讀一讀謎男那個下午拚命打字的傑作。

04

MSN社群：謎男沙發吧

主題：謎男搬走了

作者：謎男

我可能下個月就會搬出好萊塢計畫，那不再是一個適合我的地方了。這種充滿侵略性的環境，住在裡頭已經變得不愉快了。

就生活形態而言，好萊塢計畫是個大失敗。我不認為住在這裡對任何人會是正面的體驗。當我那間租金高得嚇人的房間空出來，其他邪惡的室友（救救型男吧），將會在某個時候暗中搞破壞。這已發生過很多次了。

拿我的特定案例來說，先撇開同一個屋簷下存在另一個競爭事業的問題（這是老爹和我之間的信賴關係的眾多缺口之一），房子的成員認為可以介入我私人的性生活，這是我無法忍受的情況。我被告知，我那個不值得信賴的前女友，在兩個月之後將被允許回到房子裡。

如果她回來（這是老爹希望的），我將被迫搬走，因為我不希望這麼惡毒的人靠近我或我的朋友。除非有卡蒂雅正威脅要提出控告我的禁制令，如此對我私人情感的介入可能會造成令人遺憾的後果。

至於那些說我需要心理協助的人，解決憂鬱最好的方法，不是付錢給某個陌生人聽你講話或吃藥，那只能治標不治本。長期的修復，是正面的社會環境，還有願意傾聽和分享你的挑戰的朋友。那是好萊塢計畫原本應該要成為的樣子。如果任何人想要跟我聊聊這個狀況，以及我為什麼不贊成住在這裡，打電話給我。我不希望其他人像我一樣受騙或受傷害。

在決定搬進這裡之前，先了解一下這裡的文化。

就醬子。

——謎男

P.S. 如果我搬出來，我會賣掉我的床。床非常乾淨，我只和十個女孩在上面睡過。它是一張加州式特大尺寸的床，價格是現金900元，不含被子或床單。以下是曾經睡過這張床的名單：

1. 脫衣舞孃喬安娜

2. 金髮模特兒瑪麗

3. 蜘蛛夜總會的辣妹酒保

4. 從多倫多來的前女友希瑪

5. 卡蒂雅那個*&％！

6. 嘮叨的佳比

7. 十九歲辣妹珍

8. 視界的表妹（我知道，但我還是很喜歡跟她在一起）

9. 私人助理崔拉

10. 被我嚇走的模特兒（只到三壘）

我想全部就這些了。這是張很棒的床，很堅固，曾躺過十一個快樂的人。

MSN社群：謎男沙發吧

主題：現場報告──謎男遇見他未來的妻子

作者：謎男

我遇見我未來的妻子，而且決定不告訴你們關於她的事。她就是那麼重要而且高貴，是我的夢中情人（至少目前我認為她是）。這次我會從頭到尾都不會公開她的事，這樣就不會因為跟你們分享，而漸漸破壞我的情感關係。我對她會比對你們更忠誠，因為兄弟重於馬子這種規範，只適用於炮友。

以下是你們需要知道的部分：當我上次在芝加哥跟賀柏辦座談的時候，我短暫地見過她。我只認識她七分鐘就電話收場。之後我們在電話上聊了好幾個小時又好幾個小時。我愛她的個性。而且，是的，就身材和臉蛋來說，她是個10分。我已經在電話上和她媽媽聊過天了，她也喜歡我。這個女孩正要到洛杉磯來找我一個星期，我替她買了機票。我的家人也會在同一個星期過來見見她。

雖然我們只在彼此面前出現七分鐘，但是我預言我們會結婚，一起過生活，生小孩。這個預言如何？哈，來自世界上最強的把妹達人。

你不會看見她在我的授課當僚機，因為我不能利用她，除非她想幫助我擺脫嘲弄和恥笑。對這一群卑劣的窩囊廢，她是碰不得的。她不是派對女孩，和過去那五個女孩不一樣。她可能看起來像個派對女孩（嗯），但她是完美的，至少對我而言。我的朋友很快就會見到她。

至於所有其他的PUA們，離她遠一點，因為你們知道我會咬人。

愛你們的，謎男

05

謎男穿著睡袍，不悅地穿梭在到處是垃圾的房子裡，只想跟願意聽他發牢騷的人說話。任何要他接受治療的嘗試，都會因為他長篇大論解釋他的情緒和行為在演化上如何地理所當然而徒勞無功。他在家庭會議中崩潰時曾打開過的脆弱與誠實之窗已經關閉了。他的框架再次撐起，內心重新築起扭曲的牆壁，隔開藉口與真實世界。

雖然他沒有生我的氣，但我覺得有罪惡感。那個逼迫他離開房子的折衷辦法是我的決定。我的領導智慧不過如此。

更糟的是，卡蒂雅正在雪上加霜。她已經先告知房東她會搬走，打算時間一到就搬進賀柏的房間。到時候，她的復仇就成功了。

那個星期五，我和謎男開車到機場接他姊姊、母親和外甥女。她們擠進禮車後座，以他迫切渴望的愛包圍著他。

我們前往聯合航空的航站。謎男這個星期還有一位客人要來：安妮雅。是他在芝加哥認識的那個女孩——未來的謎男太太，終極的療癒。謎男的巡視專長之一，是他所謂的「雇傭槍手」（hired guns），如酒保、脫衣舞孃、酒促小姐和女服務生。安妮雅是芝加哥Crobar的衣物寄放員。

我們停在航站外等著。「我未來的妻子快到囉。」謎男對家人說。

「別把人家嚇跑了，像上一個那樣。」他媽媽輕笑。她似乎已經掌握如何在丈夫和孩子的壓力之下的存活祕訣，就是不要太嚴肅看待任何人或任何事。人生是她和上帝之間的笑話。

就在自動門開啟的瞬間，我們認出安妮雅。她身材嬌小，一頭染過的金髮、不成比例的大胸部、和一張小小的蘋果臉，透露了她的東歐血統，就像之前的派翠莎和卡蒂雅一樣。

謎男迎接過她的袋子，帶她上車。一路上安妮雅除了一聲溫馴的「哈囉」，沒說半句話，只是順從地坐著聽謎男說話。她正是他的型。

她或許不是像卡蒂雅那樣的派對女孩，但是安妮雅有她自己的包袱，而且隔天意外地抵達機場。他的名字是尚恩。

星期六我們發現尚恩站在屋外，每隔五分鐘就撥一次安妮雅的手機。安妮雅從來沒有告訴謎男她訂婚了，也沒有告訴她未婚夫，就跑到洛杉磯拜訪一個她在工作時認識的把妹達人。尚恩顯然檢查過她的留言，發現了謎男的簡訊，於是決定飛來洛杉磯迎戰他的對手。

謎男身上的諷刺還沒消失。「我了解尚恩想幹什麼。」他說：「我對他而言就像賀柏一樣。他想殺了我，然後搶回他的女人。」他停了一下，把姿勢調整成一種像是雄性領袖的姿勢，如果他有胸肌的話。「我得出去跟他聊聊。」

謎男大搖大擺地走到屋外，我和他姊姊跟母親在客廳等著。我們坐在椅套上──現在已經髒到不行，連汗漬都更髒了──那是眼淚、女人屁股，和耗費我人生好幾個月的家庭會議的背景道具。我有股衝動，想要逃離這個我對自己設下的圈套。我們不斷地挖洞給自己跳，一次又一次，而且似乎沒有得到教訓。

「妳們知道，」我對她們說：「謎男只是想讓自己振作起來，才會又找上這個女孩。」

「是啊，」他媽媽說：「他以為重點是那些女孩，但其實是他的自尊太低。」只有母親能夠將一個人的整個野心和存在的理由，簡化為全面性的基本不安全感。

「我擔心的是暴力，」我說：「他認為暴力可以解決問題，那是很危險的想法。」

「正面衝突從來就不會有用，」他媽媽說：「我總是說他不必直接槓上，可以在附近繞一下，因為總是會有後路。」

「現在我知道他是怎麼想出謎男方法的了。」他的母親不經意間總結了謎男認識女人的慣用方式：間接法。

瑪汀娜皺著眉，在沙發上移來移去。「他的憂鬱一次比一次糟，」她嘆氣：「他以前從來不那麼暴力的。」

「嗯，我記得有一次他很生氣，他甩了門而且殺了他的寵物鼠。」他的母親說：「但是我從來沒見過他因為任何事情抓狂過。就連貓咪死了，他也只是說：『生命就是如此。』」

「我在想，現在的狀況是，」瑪汀娜說：「因為我們父親的過世，他開始發現其實爸爸並不像他記憶中那麼壞。所以讓自己變得更像爸爸。」

我想起謎男和我在外德涅斯特邊界的對話。他暗指他的爸爸是個怪物。「所以令尊不像謎男所說的那麼壞？」

「問題在於，他們太像了。」瑪汀娜解釋：「爸爸可以完全控制他。他非常有領袖魅力但也非常頑固。他們一向處不來。謎男總是會做忤逆爸爸的事，而爸爸也不會跟他客氣，總是對他大呼小叫。」

「我們必須把他們隔得遠遠的，」謎男媽媽插嘴：「如果其中一個突然看對方不順眼，就會打起來。」

「現在爸爸走了，」瑪汀娜說：「謎男需要有人讓他發洩忿怒。所以卡蒂雅就代替了父親的位置，成了代罪羔羊。」

自從謎男在多倫多崩潰之後，我就一直有個疑問，好解除我覺得必須拯救他的義務。而現在時機剛好。

「所以我們要怎麼辦？」

我們詳細討論了半個鐘頭。瑪汀娜終於決定，答案就是讓他自由去闖，給他機會運用他的才華和天賦做出些什麼，給他時間追求彼此相愛的10分女孩。然後在下次崩潰、或是再下一次、或是某次讓他得回老家休養的毀滅性崩潰之前，希望他能對他的人生目標有所進步。他就像手裡拿著氣球走在流沙上。在這方面，他和大家都一樣，只是他氣球裡的空氣流失得比較快。

謎男大步走進廚房，我們中斷討論。

「搞定了，」他說：「我和安妮雅的未婚夫在梅爾餐廳談了很久。我告訴他要修補和他們的關係已經太遲了。安妮雅現在是我的女朋友，而且我們彼此相愛。這個結果變成謎男方法史上的最佳典範。」

瑪汀娜給了我一個別有深意的眼神。謎男的母親把手臂叉在胸前，對自己輕笑。

他把一個錄音機猛放在廚房流理台上。「我錄下了整個對話，」他說：「你想聽嗎？」

「不用了。」我告訴他。我受夠這些肥皂劇了。

此外，我和麗莎還有一個約會。

06

我晚上八點去接麗莎,然後帶她到一間叫做「武士刀」(Katana)的日本餐廳。那是我這輩子最辛苦的一頓晚餐。我們已經花了這麼多時間在一起,我伎倆都使光了。我被迫要當我自己。

「有件事我一直想問妳。」我說,餐廳中庭上方灼熱的燈泡燙著我們的頭皮,而且清酒溫暖了我們的胃。這問題已經讓我失眠了一個星期。「從亞特蘭大回來之後妳是怎麼回事?幹嘛放我鴿子?」

「你在電話上很沒禮貌,」她說:「而且我不認為我們明確地約好了。」所以那是她的版本的貓繩理論,用來懲罰我不乖。

「我是在搞驕傲風趣那一套,我想要見到妳。」

「隨便。反正你很沒禮貌,自以為高人一等,而且對事情那麼無所謂、那麼冷淡,結果讓我沒興趣了。我想:『我想要誰都可以,這個傢伙憑什麼突然間跟我裝酷?』」

我們說話的時候,我試圖搞清楚自己為什麼這麼喜歡她,為什麼在認識這麼多人之後,她會變成我的迷戀。我憤世嫉俗的那一面說,我只是陷入把妹戰略的女性版本。要讓人認為他們愛上你,祕訣在於占據他們的思考,那正是麗莎對我做的事。她在肉體上對我冷淡且拒絕我,同時又以恰

好足夠的鼓勵釣著我，讓我繼續追她。

但反過來說，如果是一個我不在乎的女人搞欲擒故縱這套，我早就放棄了。當然，我的迷戀也可能是因為，我正處在厭惡女性與雄性領袖的時期，如同巡視的副作用。麗莎非常獨立，是我仰望而非俯視的一個人。所以也許在我內心的野蠻人只是想要跟她上床而且征服她。

然後有一個微小的可能性是，她努力想要碰觸我一直藏起來不讓任何人碰觸的部分，甚至連我自己都不願碰觸的地方。有一部分的我想要停止思考、停止尋找、停止擔心大家對我的想法，只想放手讓自己自由自在，就停留在那一刻，就像我在馬里布衝大浪的感覺。而有時候，當麗莎和我都放下防衛，我和她在一起的感覺就像那樣。雖然是兩個人在一起，卻像獨處一樣自在。

我們開車回到我的房子。麗莎穿上一件白色T恤和短褲，然後我們躺在床上，像之前那麼多次那樣——蓋棉被純聊天，我們望著彼此，但身體完全沒有碰在一起。

我想繼續晚餐時的談話。我不再試圖引誘她，我只是需要答案。

「所以妳那天為什麼要開車上山來再見我一次？」

「你不在的時候，我才發現我有多想你。」我好愛看著她說話時嘴唇離開門牙的樣子。「我的朋友都在笑我，因為我會倒數你回來的日子。你不在的時候，我還去買菜，想煮東西給你吃。」她遲疑然後微笑，彷彿她正在提供原本不打算透露的訊息。「我買了一塊新鮮的旗魚，後來壞掉就丟了。」

一股自信的暖流湧上我的胸口，我仍然有機會和她在一起。

「但是太遲了，」她說：「我給過你機會，但是你搞砸了。」

大衛・狄安傑羅會說在這裡要進行驕傲風趣法；羅斯・傑佛瑞會說不要陷入她的框架；謎男會說懲罰她。但是我必須問：「我怎麼搞砸的？」

「首先，當你從邁阿密回來的時候，你沒有打給我。我必須自己去找你。」

「等等，我以為妳在拒絕我。我不在的時候妳都沒打電話過來。」

「你的留言說你出城去而且不會回電話，所以我沒有留訊息。」

「沒錯，但是我會回妳的電話啊。」

「然後你到了威士忌酒吧還不發一語。然後最後一根稻草是我們到你家要去衝浪的時候。我告訴珊我又開始喜歡你了，她說：『算了吧，我上去他房間上廁所的時候，在地板上發現用過的保險套。』」

我的腦袋跳起來K了它自己一下。我真是粗心，我忘了把我和伊莎貝兒用過的保險套丟掉。那就是前往馬里布的途中，珊和她在車裡咬耳朵的事情。

「那妳為什麼答應今天晚上跟我出來？」

「這是一個正式約會，而你有點緊張，我想你一定真的很喜歡我。」

我把自己撐在枕頭上。我就要說出我這輩子最AFC的話了。「我告訴妳，那些把妹達人有個叫做真命天女症的說法，就是一種只迷戀一個女孩的症狀。而且最後他們絕對無法跟這個女孩在一起，因為在她身邊會變得太緊張，然後把她嚇跑。」

「所以呢？」她問。

「所以，」我說：「妳是我的真命天女。」

我們現在看著彼此的眼睛。我可以看見她的眼睛閃閃發亮，我知道我的也在閃閃發亮。該是吻她的時候了。

沒有台詞、沒有慣例、沒有演化瞬移——反正我試過的都沒有成功。我靠近，她靠近。她閉上眼睛，我也閉上眼睛，我們的嘴唇碰觸。那正是我一直認為接吻應該開始的樣子。

　　我們躺在那裡親熱了好幾個小時，並且剖析過去幾個星期來的連結與誤會。

　　麗莎睡著的時候，我帶著電話簿悄悄溜到樓下。我打給娜迪雅、希亞、蘇姍娜、伊莎貝兒、潔西卡和每一個FB和MLTR和其他我正在交往的縮寫名字，告訴她們我已經開始和某個我想要忠實對待的人在一起了。

　　「所以你選擇她而不是我？」伊莎貝兒憤怒地問。

　　「那不是理智可以選擇的。」

　　「她在床上或其他方面比較厲害嗎？」

　　「我不知道，我們只接過吻。」

　　「所以你現在想甩掉我……」她勉強擠出笑容。

　　「我沒要甩掉妳。我還會想和妳見面，以朋友的身分。」我可以聽見那句話像一把匕首刺穿她的心，就像我加入社群之前它屢次刺穿我的心。

　　「但是我愛你。」

　　她怎麼可能愛我？她需要和其他傢伙上床，好忘了她的真命天子。

　　「我很抱歉。」我說。我真的很抱歉。

　　隨意的性愛有個壞處：有時候它突然不再隨意。人們會培養出更多的慾望。當一個人的期待無法迎合另一個人的，那麼期待較高的人就痛苦了。沒有免費的性愛這回事，凡事總要付出代價。

　　我違反了羅斯・傑佛瑞唯一的一條把妹道德守則：讓她離開的時候比你遇見她的時候更好。

07

蒸氣從水面升起，飛入沒有星星的洛杉磯天空，謎男和我面對面坐在按摩浴缸裡。他把一條蒼白的手臂掛在池邊，另一手拿著裝了橘色液體和冰塊的玻璃杯，小口小口地吸著。看起來像一杯雞尾酒，這很奇怪，因為謎男從來不喝酒。

「我已經通知老爹了，」他說：「下個月正式搬出去。」

他要遺棄我，就像他在多倫多崩潰的期間。這下我會困在這房子裡，跟逼他離開的快樂情侶，還有從老爹房間裡製造出來的複製人兵團住在一起。

「但是這樣就讓你的敵人贏了，」我從按摩池裡撈起一個菸蒂，丟進一個空玻璃杯說：「只要留在這裡，守住你的地盤就好。如果你在這裡，卡蒂雅不敢進這房子一步。奮戰下去，別留我一個人和這些傢伙混在一起。」

「不，我的忿怒和憎恨太巨大了——大到足以讓我搬走，我不想再見到他們。」

他從玻璃杯裡又喝了一小口。「你在喝什麼？」我問。

「螺絲起子。我想我有點醉了。你知道，我以前從來沒有喝醉過，因

為我不要像我父親一樣。但是現在他走了，我想試試看也好。」

「可是，老兄，現在不是喝酒的好時機，你已經很不穩定了，不需要讓酒精也摻一腳。」

「我覺得很享受。」

和往常一樣，我在浪費唇舌。

他又吸了一口，這次吸得很誇張，彷彿正在做一件很有魅力而且很屌的事情。「對了，昨天晚上伊莎貝兒來找過你。」他說。

「真煩。關於麗莎的事，我已經對她說得很清楚了。」

他靠過來，用他的玻璃杯底攪動著水裡的泡沫。「你又還沒跟麗莎上床。幹嘛不留著伊莎貝兒？放棄那樣的身材真的很可惜。」

「不可能，我不想對麗莎有罪惡感，那會破壞我們彼此的信賴。」

我靠到按摩池邊，把手浸入泳池中。水溫暖得就像熱水池一樣，又有人一直開著加熱系統。我們的瓦斯帳單肯定會是天文數字。

「你聽過青蛙和蠍子的故事嗎？」謎男問。

「不知道，但是我熱愛比喻。」當謎男靠在按摩池邊講故事，我跳進泳池中踩水。

「有一天，蠍子站在溪邊，要求青蛙載他到對岸。『我怎麼知道你不會螫我？』青蛙問。『如果我螫你，我就淹死啦。』蠍子說。青蛙想了想，覺得蠍子說得對。所以他把蠍子放到背上送他過河。但是過河的途中，蠍子把他的刺刺進青蛙的背。他們倆快要淹死的時候，青蛙喘著氣問：『為什麼？』蠍子回答：『因為這是我的天性。』」

當我在他下面的泳池裡漂浮，謎男吸了一口螺絲起子，然後把眼神固定在我身上。他緩慢而且從容不迫地說著，就像當初要我立刻脫下尼爾‧

史特勞斯的無聊外皮那樣。「那是你的天性，」他繼續說：「你現在是把妹達人型男。你已經咬過一口知識的禁果，無法再回到以前的樣子了。」

「老兄，」我往回滑了幾下。「此話竟然出自一個要和剛認識的女人結婚生小孩的傢伙，聽起來格外諷刺。」

「我們是多角戀愛的，」他說：「結果我們都得欺騙我們的女友。如果那會威脅到感情，那就認了吧。」他喝光飲料，然後按著太陽穴，像在對抗暈眩的魔咒。「不要低估否認的力量。」

「不，」我不能看他，我不會讓他毀了這些。「我不需要任何建議了。」

我爬出泳池，把毛巾甩過肩，走入客廳。贊諾司、公子和泰勒正坐在那裡。我一進去，他們就跑上樓到老爹的房間，連個招呼也沒打。

他們的舉動實在很怪，但是住在好萊塢計畫這麼久，已經沒有什麼好大驚小怪的了。

我上樓到我的房間，沖了澡，然後翻著一本我最近買的中古傳說《帕西法爾》（*Parsifal*）。人們常藉由閱讀尋找自己，並且找出某個和他們有共鳴的人。而現在，帕西法爾的天性比蠍子還令我有共鳴。

故事是關於一個從小受到保護的乖乖牌男孩，他遇見一些騎士，然後決定要像他們一樣。所以他開始走進那個世界，有一連串的冒險，然後從笨蛋變成傳奇的騎士。

因為聖杯國王（負責保衛聖杯的人）受傷了，國土變成了一片荒地。結果帕西法爾剛好被帶到聖杯城堡，他看見國王正陷在可怕的痛苦之中。基於惻隱之心，他很想問：「怎麼回事？」

根據傳說，如果有心地純淨的人問國王那個問題，他就會痊癒，土地

的荒瘠也會解除。

可是帕西法爾並不知道這一點。身為一個騎士，他被訓練成必須遵守嚴格的行為規範，除非他被點名，否則不准開口發問或說話。所以，他沒有和國王交談就去睡了。隔天早上，他醒來發現聖杯城堡已經消失。他毀了拯救國王和國家的機會，因為他遵從了訓練戒律而非他的心意。不像蠍子，帕西法爾有選擇，只是他做了錯誤的選擇。

我走過客廳去廚房拿飲料的時候，看見謎男在電視前面喝另一杯雞尾酒。一邊看《小子難纏》錄影帶一邊哭。「我從來沒有宮城師父，」他啜泣，從他發紅的臉頰上擦掉眼淚。他喝醉了。「我爸什麼也沒教我。我只不過想要個宮城師父。」

我想我們都在尋找某個人，來教我們在人生中贏得勝利所需要的對策、騎士的行為規範、雄性領袖的方法。那就是我們彼此需要的原因。但是策略順序和行為系統永遠無法修復心裡面壞掉的部分；也沒有什麼能夠修好它，我們只能擁抱那個崩壞。

08

　　麗莎和我共度了接下來的每一天。我一直擔心我會毀了它，擔心我們花太多時間黏在一起，擔心她會對我厭倦。瑞克總是說：「讓她想你，那是一種禮物。給她那個思念你的禮物。」但是我們難捨難分。

　　「你對我而言真是完美，」當我們連續第四天躺在我的床上，她說：「我從來沒有和我這麼喜歡的傢伙上過床，真怕我會黏上你。」

　　在強悍的外表下，她很脆弱。她所有的推拉都不是預謀的心理學戰略，那是她情感與理智的交戰。也許她起初不願意對我敞開心胸的原因，是因為她正在保護內在某個脆弱的東西。就像我一樣，她害怕真的對別人有感覺——去愛、變脆弱、讓別人掌控她的快樂和幸福。

　　當我和其他女孩上床的時候，我一個晚上只會和她們做一次愛——如果我夠喜歡她們的話，早晨再做第二次。但是對麗莎，當我們初次做愛的時候，令人驚異的事情發生了。在我高潮之後，老二並沒有軟下來。它挺立著，像以前多面所言，又硬又饑渴。

　　我又和她做了第二次。

　　「妳摸摸看。」之後我說。它依然準備好要上工。

　　那個晚上我們做了第三次和第四次，它一直沒有軟掉，我無法理解。

我的老二，我本來以為它是完全沒有心靈的動物，只會急著把自己插進任何洞穴，想不到它竟然會對情感有所回應。每一次麗莎和我做愛，它都撐了三、四次高潮。我們在車裡、小巷子裡、餐廳洗手間，還有在飯店大廳的自動販賣機室做愛，還被維修工人逮到，差點被勒索二十塊錢。

我跟A片女星在洗手間裡的不舉，也許跟威士忌毫無關係，而是我身體的自然反應：我既不在乎也不真的想要她，而且我確定她也有同感，那只是玩玩。和麗莎做愛不是玩玩，那跟肯定與自我滿足無關，不像我那些自豪的把妹技巧。那是一個真空地帶，裡面什麼都沒有，除了我們兩個和我們對彼此的熱情，其他的存在像是一種干擾。

然後，某天下午，正當我完全忘了她的時候，寇特妮回來了。她的禮車停在房子前，她穿著藍色洋裝和白色披肩，看起來豔光四射。

「我的陰部再度充血了！」這是她大聲宣布的第一件事。

「妳上了那個妳在追的導演嗎？」我問。

「沒有。我在紐約認識一個新的男人，我會變成蕩婦都是他的錯，因為我現在隨時都想要。」

她朝著我跳過來，輕盈得像個芭蕾女伶。

「很好，」我說：「我們對妳的導演迷戀打過賭。」

「沒錯，我想我輸了。」

「那表示我可以取妳的下一個孩子的中間名。」

她微笑而且充滿期待地望著我，彷彿我應該立刻就說出一個來。

我在腦袋裡翻找著適合的名單。「型男怎麼樣？」我終於決定，「反正我要讓這個名字隱退了，所以我最好把它傳下去。」我對這個主意思考了片刻，這真是個愚蠢的名號。不過，她女兒的中間名還是「豆子」

（Bean）咧。

她發出尖叫然後給了我一個激烈的擁抱。「你知道嗎，最近這幾個月我覺得你很有性感魅力。」她說。

我嚥了一口口水，然後準備告訴她關於麗莎的事。就在我開口之前，她繼續說。

「我聽說了關於你和麗莎的事，我覺得那很棒，我待在這房子畢竟還是有一些好結果對吧？」

「是啊。希望對妳也是。」

「我根本就不願意去回想在這裡發生的事。」

「好吧，妳看起來很好。做愛對妳的氣色有很神奇的效果。」

「嗯，是做愛和戒毒。」

她對著我眨眼微笑。她的祈禱得到了回應。她恢復正常了。

「我不打算煩你，我會住在雅蓋爾飯店，直到我把女兒接回來，應該會很快。」她說。「我過來是要還我跟謎男借的錢。」

她把支票交給我，然後跳進禮車裡。當我看著她離開，她搖下窗戶大喊：「這張不會跳票了。」

我真的會非常想念她。

幾天後，麗莎和我去了山達基教會名流中心。我們並沒有變成山達基教徒；我們太愛錢了。湯姆·克魯斯實現他的承諾，寄給我年度宴會的邀請函。那是我在洛杉磯參加過最星光雲集的盛事之一。

晚餐之後，湯姆·克魯斯走向我這一桌，他的鬍子刮得乾乾淨淨，穿著熨燙整齊的黑色燕尾服。他的接近像是催眠：步伐堅定，微笑自然，目標清楚。我站起來和他握手，然後他用力拍了我的肩膀。我努力保持平

衡，幾乎站不住。

「那是你女朋友嗎？」他問，以絲毫不好色的方式上下打量著麗莎。我無法想像他好色的樣子。「你沒有告訴我原來她這麼漂亮。」

「謝謝，我從未因為某個人而這麼滿足過。」

「所以你已經對把妹厭倦了？」

「是啊，一陣子過後，就開始覺得像是把東西裝進破掉的桶子裡。」

「沒錯，」他大聲地說：「卡麥隆·克洛（Cameron Crowe）和我在拍《香草天空》的時候，我們討論過一夜情和炮友是怎麼回事。當你有點開始認真投入的時候，那些都只是假的親密，而且是無法滿足的。在一段真正的戀愛中，性有更多的意義。你會想長相廝守並且談論人生。那是很酷的事。」

「是啊，問題是我不希望這就是我這個次文化旅程的終點。這只是重申了那些社會訊息，一夫一妻制、真愛克服一切，還有好萊塢式的老套結局。那看起來太廉價了。」

「誰說廉價了？」湯姆·克魯斯問，他的眼睛瞇起來，他的手以友善的姿勢伸過來攻擊我。「你知道嗎？我經歷過那些。戀愛什麼時候開始變成廉價了？」

他再一次AMOG我。

09

鬼魂。

我們只是幽靈，無形地漂流在幾個月不見女傭或維修工人的腐敗房屋裡。

謎男不跟賀柏說話，賀柏不跟謎男說話，老爹幾乎不跟任何人說話。而且因為某些原因，病仔、公子、贊諾司和所有其他正宗社交力學的工蜂們，都停止和謎男與我互動。甚至連在房子裡活動的年輕PUA們——織夢者、獨行俠和其他以前的學員——在我經過的時候也不打招呼。如果我試圖加入他們的談話，他們都回應得很簡略，甚至不正眼看我。

唯一和每個人說話的人是泰勒‧德登。但是和他的互動從來不像是對話，而是盤問。

「我真的很想問你一件事。」某天下午當他和病仔從廚房出現的時候，他說。

「你到底何德何能，能夠把到麗莎？」泰勒‧德登問：「因為即使我每天晚上出去，對自己下了那麼多工夫，我知道我還是不可能把到像她那麼正的女朋友。」

麗莎令人驚奇的地方在於，儘管她很強悍，但她是我交往過最大方

的女人之一。她過來的時候很少不帶著小禮物——品木宣言的洗面乳、約翰・瓦維托斯（John Varvatos）的古龍水、一本我正在找的《亨利四世第一部》（*Henry IV, Part I*）。也許我已經找到了我的卡芮絲。

「我猜是因為我有生活經驗，」我告訴他：「你所做的只是每天晚上去巡視。你只對自己的一個面向努力，就像每天上健身房，卻只練二頭肌。」

他皺起眉，心理開始快速地運轉。有一瞬間，他看起來像是把我的忠告聽進去了。然後他拒絕它，而且眼睛像是冒出火焰。如果在他眼中的不是憎恨，至少是生氣。他在氣我依然不把他當成對手看待，因為他在我眼裡還是不酷，即便他模仿得那麼澈底，還是不夠酷。麗莎跟我交往是因為，對她而言，我很酷。泰勒・德登永遠不會很酷。

他對著我的耳朵嘮叨了十分鐘，關於他現在在現場有多厲害，再也不需要慣例就能得到IOI，還有名人老是邀他去參加派對。

最後，他轉身上樓到老爹的房間。病仔留在後面，站在我旁邊。「你不過來嗎？」泰勒一邊問病仔，一邊朝樓上點著頭，彷彿那裡有重要的事情正在發生。

「我只是想要跟型男道別。」病仔說。

「你要走了？」我問。我很驚訝病仔承認我的存在。

通往老爹房間的門在頭頂輕輕關上。病仔緊張地朝上看。

「我要離開這整個東西。」他說。

「什麼整個東西？」

「這房子有毒。」那些話從他那裡爆開來，彷彿它們在裡面慢慢地形成，像水泡一樣。「在洛杉磯有這麼多酷的事情可以做，而每個人唯一想

做的卻是把妹。我待在這裡這麼久了，甚至還沒看過太平洋。這些傢伙是廢物，我不會介紹他們任何一個給我在紐約的朋友。」

「我懂你的意思，麗莎也受不了他們。」

他嘆了口氣，把緊張從肩膀卸下，如釋重負，因為他終於找到一個正常人，一個能夠了解的人，一個沒有完全被洗腦的人。「他們一直把女孩子帶回房子，但是那些女孩會被嚇到然後跑掉。泰勒·德登幾乎無法讓任何人回他電話。我不認為這兩個月以來他有上過床。過去一年老爹大概只跟一個女孩子做過。謎男無法留住女朋友以拯救他的生活。贊諾司剛到這裡的時候，原本是個很酷的傢伙，但他現在像個仿冒品，只會談巡視。你是我唯一想要模仿的傢伙，你有很棒的生活、很好的工作和很正的女朋友。」

馬屁可以讓你通行無阻。「聽我說，我明天要幫麗莎上衝浪課。要一起來嗎？離開這裡去看看大海，對你會有幫助的。」

10

MSN社群：謎男沙發吧

主題：現場報告──在好萊塢計畫的生活

作者：病仔

有些人可能不認識我，我一直睡在好萊塢計畫的老爹的更衣室裡。儘管發生很多鬧劇，但今天是我在這裡度過最棒的一天。

我比平常早起，然後跟型男和他女友去馬里布衝浪。他女友真的是很棒的人。看著他們的相處，真的令人有所啟發。他是我在遊戲中認識的人當中，少數幾個成果豐碩的人。

衝浪真是太好玩了！還好我有去，因為這個夏天我都還沒有去過。我要向任何尚未嘗試過的人推薦這個運動。一旦碰到了水，你的心靈澄清，不會再去想什麼別的事情。那真的是個非常放鬆的經驗。

之後，我們在太平洋邊的一個魚攤吃東西，而且好好聊了音樂、朋友、旅行、生活和事業。

當我回到房子，我做了一些工作。然後我和公子一起看《迷途神龍》（*The Lost Dragon*），我和他已經變成好朋友了。在看電影的時候，賀柏

和謎男在外面說話，解決他們的歧異。雖然謎男仍然對卡蒂雅很不爽，但他說不會再反對賀柏和她戀愛。而賀柏說如果謎男賠償他房間那些損壞，他也會原諒謎男的行為。感謝老天，很高興看見這件事以一種理智的方式結束。無論如何，謎男明天就要搬走，我覺得很可惜。

大約凌晨兩點的時候，公子、謎男和我坐在客廳抽水菸、聽音樂、談論我們生活的目標。

我今天都還沒有聊到半句關於巡視、把妹或社群。我的一天充滿了和真實朋友的真實談話。我不需要搞上某個波霸來得到肯定。事實上，我整天沒做過半個組合。這才是讓人生值得活下去的日子，也是我搬離好萊塢計畫之後會想念的日子。

──病仔

11

　　我無奈地坐在客廳看謎男打包他最後的財產：那些厚底靴、誇張的帽子、他不再穿的細直條紋西裝、貼著他照片的午餐盒、裝滿女同志 A片和《七〇年代秀》（*That 70s Show*）影集的硬碟。

　　我不禁覺得也許我們做了錯誤的決定。

　　「你要去哪？」我問。

　　「我要搬到拉斯維加斯，我打算展開賭城計畫。我已經從我在這裡的錯誤中學到不少，賭城計畫將會更浩大而且更好。賭城有更辣的女人，還有做賭城魔術的好機會。我打算叫我姊夫飛到賭城錄他的歌，由我演唱。想像一下，」──他把手劃過空中彷彿念著一行字──「世界最強把妹達人發行情歌專輯。誰會不買？」謎男瘋狂的想像力回來了。「安妮雅會跟我一起住在那裡。而且，因為你是我最好的朋友，一旦我成立了賭城計畫，我希望你加入我。我們這次會正確地經營它。我們會掌管一切，仔細過濾每一個搬進房子的人。」

　　「抱歉了，夥伴。」我不能每次都幫他擦屁股。

　　「謎男與型男聯手出擊！就像以前一樣。」他堅持。他打開房子的前門，把一個行李箱搬到階台上，說出他用來將失敗變成勝利的偉大格言之

一。「有問題的地方就有機會。」

「我不想再經歷一次了。」原本道歉的話，一出口變成了責難。

「我了解。」他說：「有時候事情會變調。我要你知道，即使我們最近意見不合，我永遠是你的朋友，一輩子都是。你不需要處理你和我的關係，好好享受和女朋友在一起的時光吧，我們總是會有時間一起聚聚的。你是我的人生中最重要的人。」

我的臉漲了起來，流下一道眼淚。

「別把一切搞得這麼怪，好嗎？」他虛弱地微笑，強忍住情緒。

一台計程車停進車道裡按了喇叭，謎男緊緊關上好萊塢計畫的門。空虛蒼白的門，在我的淚眼中搖晃。我感覺像是失去了自己的一部分。那一瞬間，我不清楚我們誰是比較蠢的笨蛋。

一星期之內，卡蒂雅就搬進了賀柏的房間，老爹也搬了兩個PUA到謎男的舊房間。其中一個是我以前的學員織夢者，另一個我不認識。老爹打算讓第三個PUA搬進謎男的更衣室裡。因為加入了年輕的新房客，好萊塢計畫看起來更像兄弟會館，不過兄弟會館要乾淨多了。

沒有謎男坐在客廳，隨時而且樂意和任何經過的人分享他最近的肥皂劇情，房子裡的缺乏溝通變得更令人不安了。每當我穿過客廳，我會發現新室友趴在地毯上打電動。即使我問候他們，他們從不抬頭看一眼或說句話。他們不是PUA，是植物人。如果兩年前有人告訴我，這就是我期待的生活形態，我是絕對不會加入社群的。我已經了解到，靠搖桿生活的人注定死在搖桿旁。

在老爹的二十四歲生日派對上，沒有半個女人出現——更別提芭莉絲・希爾頓，不用說，她從來就沒如老爹所願，來參加好萊塢計畫的派

對。他唯一的朋友是PUA們。而且，不知為何，他們全都不甩我。我無法理解。

接下來那個星期，從來不曾和我正面衝突的泰勒，開始在網路上貼文章攻擊我。我決定該找他談一談房子裡每個人的奇怪行徑了。我穿過廚房裡那些滿出來的垃圾袋；我走過後院，在那裡按摩池底部已經有一小灘泥了；然後我敲敲老爹的後門。

我發現泰勒坐在電腦前，在把妹版上貼文。

「我想要跟你談談最近發生的事，」我說：「房子裡的每個人都很奇怪——甚至比平常怪。而且你似乎很想吵架，大家在不爽什麼？是我太常和麗莎在一起，而不出去巡視嗎？」

「那是一部分原因，」他說：「主要原因是，在這棟房子裡沒有人喜歡你，大家都認為你傲慢自負，而且你應該為這房子裡的許多麻煩負責，因為你在人後說壞話。」雖然這些是從泰勒口中說出來的重話，但他的聲音並沒有惡意。他幾乎是諂媚地說著，彷彿以一個PUA的身分給另一個PUA建設性的忠告。「我告訴你這些，是因為我是你朋友，我不想要看你變成謎男那樣。」

我不知道該如何回答，我真的嚇了一跳，完全不知道房子裡其他人有那樣的感覺。

「是啊，」他接著說：「你注意到了嗎，多面以前是你的朋友，為何後來他開始避開你？那是因為他不信任你。織夢者告訴我他恨你那麼有種，獨行俠也討厭你。」

我思考著他說的話，也許他是對的。我曾經帶給初次見面的巡佐同伴們的熱忱已經消失，因為我看見慣例被販賣，而不是分享，完全正常的男

人變成可怕的社會寄生蟲。所以，雖然我對每個人總是很友善，但也許他們都注意到我已經對社群幻滅了。

另一方面，正如雜要人說的，人們很容易覺得在我身邊很自在，我總是很友善很好相處。但我加入社群之前就是這樣了啊，我沒有樹立敵人，至少我這麼認為。

我和泰勒談了一個小時，還是無法了解為什麼這些傢伙，這些我花了兩年時間漸漸認識的人，會痛恨我有種。我做了什麼？

我很快地發現，答案就是我什麼也沒做。

12

　　當我看見公子在客廳打包他的書，我問了平常那句：「發生什麼事了？」

　　「我要搬出去。」

　　先是多面，然後謎男，接著是病仔，現在輪到公子。我在一艘快沉沒的船上。

　　「可以給我幾分鐘時間嗎？」他問：「在我離開之前，我有些話想一吐為快。」

　　公子帶我進他的房間，然後關上門。

　　「他們正在試圖冷凍你。」他說。

　　「誰在試圖冷凍我？」

　　「老爹和泰勒‧德登，他們正在對你使用戰略。」

　　「什麼啊？你說的戰略是什麼意思？」

　　「哇，你真的完全不知道老爹房裡在搞什麼。泰勒‧德登叫大家都不要理你。他想要你認為大家都討厭你，讓你在房子裡待得不舒服。」

　　「為什麼要那樣？」

　　「他想要接管房子。他不能讓你待在這裡，因為你威脅到他。」

這就說明了那天泰勒・德登搞的心理戰術。他想把我趕出去。他在我身上玩遊戲。

「他認為你威脅到他的權力，因為他沒有辦法把你吸收進去。你不像贊諾司那麼軟弱。」公子繼續說：「他說你威脅他，因為你跟他要房租。你也威脅到他的女人緣，因為你跟他在賭城把到的女孩子親熱。他認為如果讓他的女孩靠近你，她們會對他失去興趣。」

「他還在不爽那件事啊？」

「是啊。但是我認為主要的問題在於，泰勒和老爹把你跟謎男當成同一國的，而謎男是他們的競爭對手。他們有幫派心理，他們以結盟來思考。既然已經趕走謎男，下一個當然就輪到你了。他們想讓整棟房子變成正宗社交力學的辦公室兼宿舍。」

「我不懂。怎麼會是他們趕走謎男的？明明是謎男自掘墳墓。」

「你沒看見他們這一路是怎麼滲透的嗎？老爹是怎麼邀請卡蒂雅睡在房子裡，然後在謎男踢她出去之後又帶她回來？他們在用餌釣他。」

公子說的每句話，都讓我豁然開朗。「在家庭會議中，老爹在他房間裡說的每句話都是泰勒・德登教他說的。他只是聽命行事，而我也犯了錯跟著走。如果能夠重來一次，我會支持謎男留下來。這棟房子是他的計畫。即使他的行為失當，他還是有權利不要他的前女友待在這裡。」

我完全落入他們的股掌。他們真的是操縱大師，設計了那個會議，讓我誤以為我是在主導。老爹甚至一直稱呼我為一家之主。也正因為如此，他們設計讓謎男被踢出去成為我的決定。整個雙贏的主意不過如此。

「他們把我當傀儡一樣耍。」我無法置信地搖著頭說。

「他們也玩我。那就是我要離開的主要原因。泰勒・德登能夠讓那些

傢伙做任何他想要的事。他的動機不是女人，而是獲取和權力。」

我怎麼會如此盲目？在拉斯維加斯，我曾經直接了當地告訴泰勒，他就是那種踩著別人的屍體成功的人，而且他也同意。

「他們在老爹房間裡做的事，就是在浴室裡盤算計畫。」公子詳細說明：「從泰勒嘴裡說出來的每個字都是設計過的，他貼的每篇文章都是有目的的。那傢伙的心裡都是齒輪，牽一髮而動全身。他把生活中的一切都視為組合。他們現在甚至在討論『男性組合』（guy sets），利用慣例來讓學員對他們的課程有比較好的評價，而且用慣例來控制房子裡的人。每當有新的人到他們房間，他們就對他灌輸反對你的想法。」

我們長年研究如何掌控夜店裡的社交情況，同時也造成危險的示範，它衍生出一種認為人生中的一切都只是遊戲的心態，為了玩家的利益，只要使用對的慣例就可以操縱。

但有件事我還是不了解。「如果你說的是真的，」我問公子：「為什麼老爹在計畫把我們趕出房子之前，就已經避著我和謎男呢？」

「那也是泰勒的主意，」公子說：「他不想讓老爹取代謎男的事業，他認為那是他的，所以他不斷從中作梗。一旦讓謎男和老爹反目，他就叫老爹故意避開你們，而且從後門進出。」

原來從第一天開始，房子裡發生的所有怪事，都是一個在更衣室裡的小人策劃的，一個好萊塢計畫巫師。我覺得自己真是個白癡。

「你和謎男犯的最大錯誤，」公子總結：「就是讓老爹搬進這棟房子裡。」

我得到一個教訓，也許是這個社群給我的最後一個教訓，那就是永遠要相信我的直覺和第一印象。第一次見到他們的時候，我不就信任老爹或

泰勒。我覺得老爹被寵壞了又不知變通，而泰勒沒有人性又愛操縱人。

雖然在打扮和遊戲上，他們的確有大進步，但謎男是對的：蠍子無法違反牠的天性。

然而，謎男和我也不是完全沒責任。我們利用老爹當凱子簽下租約，還負責最貴的那間房租。我們從來沒有試著和他做朋友，或把他當成一個可以平起平坐的人。

我後來在共用電腦檢查電子郵件的時候，發現一個叫做Family Key Logger的程式。要不是因為我和公子討論之後，心裡衍生出某種偏執，我很可能忽略它的存在。於是我Google這個程式的名字。當我看見搜尋結果，憤怒就像一個大鐵球那樣擊穿我的身體。有人安裝木馬軟體記錄鍵盤上打下的每一個字，並存成文字檔。這台電腦是用來當作共享資源的，供室友和客人們上網。這表示無論是誰裝了這個程式，現在都擁有了每個人的密碼、信用卡號和私人電子郵件。

在渾然不覺的狀況下，從我們搬進來的那一刻起，就已經有一場戰爭在房子裡爆發了。之後，我打電話給紐約的病仔。我需要別的意見。

「你知道這些事嗎？」在告訴他公子說過的每件事之後，我問他。

「沒錯。當謎男還在的時候，他們對他做的就是現在正在對你做的事。泰勒和老爹說：『不要跟謎男說話，冷凍他！』他們做的每一件事都是慣例。謎男那場家庭會議早就策劃好幾天了。他們不斷地討論該如何讓謎男搬出去，然後接管好萊塢計畫。房子是他們事業計畫的一部分。所以我不想再跟那些爛人混在一塊了。」

隔天，我跟獨行俠和織夢者談話。他們也說了同樣的故事：謎男和我，社群裡公認最強的玩家，都被耍了。信徒正在砸毀他們的偶像。

13

　　我還有一位把妹導師得去拜見。我並不是要向他討教如何把妹，而是該如何停止這一切。每個社群裡的人都提過他的大名。他是某種飄浮在把妹世界的神靈，一個神話人物，像是奧狄塞（Odysseus）、寇克艦長（Captain Kirk）或11分的正妹。他就是艾力克・韋伯，第一代PUA，1970年那本開啟了一切的書《如何把妹》的作者，也是同名電影的主角。

　　我在一間小小的後製工作室和他碰面，他正在剪接一部他導的片子。他的外型並不特別引人注意，看起來就像個中年廣告業主管，有灰色的頭髮，扣得太高的硬挺襯衫，和普通的黑色褲子。只有他的眼睛閃耀著活力，證明他年輕時代的膽識尚未消退。

你知道把妹社群嗎？

　　知道，我覺得有種被模仿的感覺。我的書上市之後，有一部分令我排斥。我並不認為需要做那麼變態的事情，以及澈底改變一個人。我從來就不熱中用專橫的方式征服女人，我有興趣的是找個人來愛。我也沒有興趣一直把妹，現在我有太多其他事情想做了。

是什麼讓你覺得夠了？

　　我失去興趣是在結婚之後，因為比較有自信，也發現到累積那些輝煌的戰績，並無法治好我存在主義的絕望。我那兩個說我性別歧視的女兒也有幫助，我想我的確是有一點。

你存在主義的絕望是什麼？

　　我認為存在的困境在於我們是社會化的動物，所以我們全都在跟一種低劣感搏鬥。但是，當我們發現自己並沒有想像中那麼差，又發現其他人也認為自己不完美時，那種痛苦就會降低，而認為自己毫無價值的想法，會在某種程度上消逝。

那麼，那些擺脫不了低劣感的人呢？

　　他們會沉迷於和越來越多的女人上床，而那本身就是個問題。所以才會有那麼多需要被治療的傢伙。我忘了到底見過多少不會打扮的人問我：「艾力克，我好像把不到妹。」我會告訴他們：「你需要新衣服、改善儀態、報名正音班。」這一切都是心理深度創傷的證據。

　　我老婆是我三十八年前把到的。當時我正在研究那本書，並對她用了一句台詞。她在酒吧裡從我身邊經過，我說：「妳真的美到我不想放過妳。」我以為這個強悍的紐約妹會生氣。但是她說：「是喔。」後來我就擺脫不了她了。

所以你是如何構思那本書的？

　　我有個朋友，他跟我一樣在廣告公司當文案助理。有一天我們倆都望著隔壁以色列航空辦公室的窗戶發呆，突然注意到一個在裡面工作的女孩。她是地中海人，長得很美，就像波提切利（Botticelli）畫中的人物。隔天，他告訴我說，他午餐休息時間跟著她到熟食店，看見她買了三明治到公園吃，然後他跑去搭訕，和她約好星期五一起吃晚餐。

　　結果隔週他又告訴我，她是處女。因為她太緊了，他必須跑出去買一罐凡士林。就是那件事給了我寫把妹書的靈感，我對他把跟陌生人說話變成家常便飯的厚臉皮能力很感興趣。我的成長過程一直很害羞而且缺乏自信。我寫有關把妹的事，是因為我做不到，而我真的真的很想要對這件事拿手。

當時有任何的先例嗎？

　　1960年代中期，美國的社會起了劇烈的改變。女人開始吃避孕藥，滾石和披頭四當紅，巴布‧狄倫變成流行。整個反叛文化正在成形。生活突然變得非常狂野色情。

　　在1940和1950年代，如果你在自己出生的地方長大，會認識的人可能是你在教會遇到或姑媽介紹的。但是1960年代，年輕人都離開父母搬到城市獨居。他們沒有認識朋友的傳統管道，於是單身酒吧變得很受歡迎。人們需要新的工具來認識陌生人。

你認為天生好手和像我們這樣需要系統性學習的人，有什麼不同？

我認為天生好手擁有心理上的力量去做這些事。在我單身時期的最後階段，我突然有了驚人的膽識。我培養出一種勇氣，可以在一杯酒之後對女人說：「我想上妳。」有些女人會期待你的主動，我花了好長的時間才學到這點。

當話題轉到天生好手和現場故事時，艾力克‧韋伯好像活了過來，眼裡的火花變亮了。有一個半小時的時間，我們交換著關於遊戲的故事和理論。雖然他說了很多婚姻和從此幸福快樂的故事，但在那表面之下，這個嫉妒他朋友對女人很有一套的拙男仍然蠢動著。

我們聊完之後，他讓我看他正在剪接的電影的一幕。劇情是關於一個蒼白、禿頭的失業中年男子，正在兜售一個很糟糕的劇本，而且靠他的前妻接濟，他的前妻現在嫁給一個英俊、成功的男人。

「電影裡那個編劇，是你看待自己的反射嗎？」當我們一起走出大樓，我問。

「那是內在的我，」他承認：「我有時候覺得自己很可悲、很蠢、而且沒人愛。」

「即使在你身為把妹達人、丈夫和父親所能擁有的信心之後？」

「嗯，」他打開他的車門，說：「你能做的就是不時裝出自信的外表。時間一久，其他人就會相信，」他抓了門把關門。「然後你就死了。」

喀，車門緊緊關上。

14

　　凌晨兩點，麗莎突然衝進房子裡，進行她每夜例行的酒醉闖入。她用力踏上我的樓梯，沿路丟開她的皮包和衣服，然後跳上我的床，身上什麼也沒有，除了一瓶啤酒。

　　「我完全被你吸引住了。」她脫口說出。

　　「真的嗎？」

　　「你知道有哪些部分嗎？」

　　「呃，也許吧。」

　　「你希望我一個一個說出來嗎？」

　　「當然。」

　　「情感上、生理上和心理上。」

　　「那是很多方面。」

　　「我可以詳細說明。」

　　「好。讓我們從生理上的開始。」那依舊是我最需要獲得肯定的領域。

　　「我特別愛你的牙齒，和你的嘴。」我仔細聽她是否露出遲疑。很好，沒有。「我愛你寬寬的肩膀還有窄窄的臀部。我愛你身上毛髮的分

布。我愛你眼睛的顏色，因為跟我的一樣。我愛你鼻子的形狀。我愛你頭旁邊的那些凹陷。」

「喔，老天。」我翻到她身上然後抓著她的肩膀。「以前從來沒有人稱讚過我頭部的凹陷。我也愛它們！」

為了掩飾我的興奮，我大聲笑了起來。然後我向她坦承每一件事。我告訴她關於過去兩年認識玩家和學習遊戲的事，我告訴她關於AFC和PUA、FB和MLTR、IOI和AMOG的一切。

「我希望妳某一天穿得很辣，」我得意忘形地說：「然後我們去酒吧。我會對所有想把妳的傢伙進行AMOG。」

她把我推開，我們對望著彼此。「你並不需要接受他們的建議。」

她說，她的呼吸令人陶醉而且充滿醉意。「我喜歡你的每一點，還有你讓我覺得特別的每一點，那些都是你在認識PUA們之前就已經擁有的。我並不想要你穿戴那些愚蠢的首飾和矮子樂。在那些自我改造的狗屁之前，我就已經喜歡你了。」

「你從PUA那裡學到的東西，差點讓我們沒辦法在一起。」麗莎繼續說：「我希望你當尼爾就好：禿頭、書呆子、眼鏡，所有的一切。」

也許她是對的。也許她會喜歡那個真正的我。但是如果我沒有把過去兩年花在學習如何踏出最好的一步，她絕對不會有機會認識我。沒有那些訓練，我絕對不會有信心和麗莎這樣的女孩說話和相處，她是永遠的挑戰。

我需要謎男、羅斯・傑佛瑞、大衛・狄安傑羅、大衛X、雜耍人、史提夫・P・拉斯普廷，和所有其他的化名人士。我需要他們幫我找出我是什麼樣的人，一切才能夠開始。而現在我已經找出那個人，把他帶出他的

殼，而且學會接受他，也許我已經超越他們了。

麗莎坐起身來，喝了一口啤酒。「今天晚上每個人都在跟我搭訕。」她咯咯地笑。謙虛從來就不是她的風格。「我希望你了解，你正在跟全洛杉磯最正的女孩交往。」

我不發一語地拉開書桌最下面的抽屜，從裡面抓出兩個大信封拿到床上。我把第一個信封裡的東西倒到床上，有幾百張小紙片、杯墊、火柴盒、名片、餐巾紙和撕開的收據。每一個都是不同女孩的筆跡。然後我把第二個也倒在床上——更多同樣的東西——直到出現一小座紙片山。那些全都是我從謎男那關鍵性的第一期授課之後收集到電話號碼。

「我知道妳是最棒的，」我終於回答她：「我花了兩年時間認識洛杉磯每一個女人。在這麼多人當中，我選擇了妳。」

這麼久以來，這是我說過最美的一句話了。然而，在我說了之後，我發現這並不完全正確。如果我學到了任何事情，那就是：男人無法選擇女人，只能給她一個機會選擇他。

15

賀柏是下一個離開的人。

我從房間窗戶看見他把他的自動吸塵器塞進一台租來的廂型車裡。

「我打算回奧斯汀，」當我跑過去跟他說話的時候，他帶著蒼白的微笑回答。

他是我原本以為最不可能放棄房子的人。「為什麼？你和謎男經歷過這麼多事情之後，還要離開？」

「我只是覺得這房子已經失敗了。」他說：「已經再也沒有人可以一起玩了。那些傢伙，在我開始為謎男工作的時候就不再和我說話，而且老爹一直讓我不太滿意的傢伙搬進來。」

「卡蒂雅怎麼辦？」

「她要跟我一起搬到奧斯汀。」我猜如果卡蒂雅只是為了報復而跟他在一起，現在早就甩掉他了。

「嗯，對了，萬一你的沙袋鼠送來了，我該怎麼辦？」

「我已經安排把牠送到奧斯汀了。」

看著賀柏打包東西，我被比謎男離開時更深的哀傷籠罩。

在謎男的事件中，我失去了一個朋友和以前的良師。但我以為如果沒

有那些鬧劇事件，我們就能團結起來。然而，在泰勒的詭計和賀柏的離開之間，好萊塢計畫真的滅亡了。

除了老爹和泰勒之外，每個人似乎都從社群的魔咒中醒來。就連奪標——那個在華瑞斯開苞的巡佐——都停止販售他的把妹教學光碟，變成一個重生的基督徒。在他最後的貼文中，他警告：「快離開你的恍神狀態，別把你的薪水交給一堆只會哄騙的窩囊廢。人生中還有比把妹更重要的事。」

如果我們當中最笨的巡佐都已經超越了社群，我還待在這裡幹嘛？

在賀柏和我身後，一個啤酒瓶被砸碎在街道上，綠色玻璃碎片散得到處都是。我抬頭看見一個染了金色阿姆式平頭，穿著白色背心的少年，坐在我們的階梯上。

「那是誰啊？」

「我不知道，」賀柏說：「他在老爹的房間過夜。」

現在只剩我一個人獨力對抗房子其他企圖逼我搬走的變種人。我已經厭倦打仗了，也已經厭倦對人們失望，我再也不想待在這裡了。況且，我有一個女朋友。

我仍然忍不住想：「如果我那麼聰明，怎麼會憑白讓房子落入老爹手中？」

我們那天晚上一起躺在床上的時候，麗莎給了我答案。

「因為你不想要這房子，」她說：「這不是生活，只是一個你涉足的次文化。一個透過模仿來的虛偽行為模式怎麼可能會是好東西呢？離開吧，這些傢伙對你的人生沒有幫助了，他們正在妨礙你前進。」

小時候看《綠野仙蹤》，當善良女巫格琳達告訴桃樂絲，她在到達奧

茲王國的那一刻就已經擁有回家的力量，我總是覺得很失望。現在，二十年後，我懂了。我一直都擁有離開社群的力量，但我一直到現在才走到路的盡頭。我仍然相信這些傢伙擁有某些我沒有的優點。然而，所有導師想要纏住我的原因——泰勒·德登即使恨我，還是想要成為我的原因——正是他們也認為我有某些他們缺乏的特質。

我們全都向外頭尋找我們缺少的部分，而且全都找錯了方向。我們不但沒有找到自己，反而還失去了自我感覺。謎男不會有答案，在酒吧的金髮10分兩人組也不會有答案，答案就在你自己的內心。

想贏得這場遊戲，就要離開它。

就連多面都已經發現到這一點。在澳洲的內觀冥想中心和印度的精舍待過之後，他要回家了，如他給我的e-mail中所說：「回到過去的樣子。」

到了早上，我被樓下的噪音吵醒。三個正宗社交力學的新人——取代了公子、病仔和多面——正在把從IKEA搬回來的箱子拖進賀柏的房間。就像在他們之前來的那些人一樣，他們從學員變成實習生和員工，用不支薪的工作交換把妹課程和一個可以睡覺的更衣室。他們辭掉工作、休學、離開自己的家鄉，就為了這個。

我穿著短褲坐在客廳裡看著他們工作，他們很勤奮、很有效率，他們是機器人。他們不發一語地組裝了三個雙層鋪，還有一整套床單、毛毯和睡墊。賀柏的房間正被改造成軍營，以容納這支擴張中的軍隊。每天晚上，這支軍隊會被派到日落大道上去打仗——配備著我的衣服、我的故事、我的舉止行為。而住在浴室裡的那些將軍們，正策劃著他們征服社群的最終階段。就連謎男沙發吧都會很快淪陷，謎男自己也被清算了。

現在這裡已經沒有什麼可以給我的了。

我回到我的房間，從衣櫥裡拿出幾個帆布袋，然後開始打包。掛在衣櫥裡的是幾排炫目的衣物：一件絨毛紫色背心、一件緊身黑色化纖褲、一頂粉紅牛仔帽。地板上堆了幾十本書，關於調情、NLP、譚崔按摩、女性性幻想、筆跡分析，以及如何當一個女人喜愛的混蛋。在我即將啟程前往的地方，我不需要其中任何一本。

　　是該把這棟房子，這個社群，遠遠拋在腦後了。真正的生活在向我招手。

把妹術語一覽表

Glossary

以下是本書中使用或是提到的把妹術語與縮寫的清單。有些是出自社群的用語，有些是來自催眠和行銷術語，有些是被把妹達人借用的一般用語。以下的定義，僅適用於把妹的世界中，並盡可能地列出該用語的創造者。

AFC（average frustrated chump）挫敗的拙男

名詞：典型的好人，不具備把妹技巧或不了解怎麼吸引女人；在他還沒搞定的女人身旁，往往採取哀求、蹩腳的行為模式。出自：羅斯・傑佛瑞。

AMOG（alpha male of the group/alpha male other guy）團體中的雄性領袖

1.名詞：擅長社交的男性，會和把妹達人爭奪女人或妨礙把妹達人的遊戲。出自：Old_Dog。2.動詞：經由肢體、言語或心理的戰略，將一個潛在的男性競爭者從一群女人中排除。同義詞：outalpha。出自：泰勒・德登。

ANCHOR錨定

1.名詞：一種會引發特定情緒或行為反應的外部刺激（影像、聲音或接觸），例如，因為一首歌，回憶起一個正面的生活事件而感到快樂。錨定被把妹達人用來將某個女人產生的好感與自己聯想在一起。2.動詞：在某種外部刺激和情緒或行為反應之間創造連結的動作。出自：理查・班德勒與約翰・葛瑞德。

ASD（anti-slut defense）蕩婦防衛機制

名詞：某些女人用來拒絕性行為，或規避性行為之後的責任歸屬，所使用的策略；或為了避免被其男人、朋友、社會，或她自己視為淫蕩，所採取的防衛。這可能在性行為之前或之後發生，也可能阻礙性行為的發生。出自：Yaritai。

BF（boyfriend）男友，名詞。

BF DESTROYER（boyfriend destroyer）男友終結者

名詞：把妹達人為了引誘名花有主的女人所使用的一種橋段、慣例或台詞。

BITCH SHIELD耍賤防衛

名詞：女人用來制止陌生男人接近的防衛性反應。雖然她對開場白的反應可能很無禮，但這並不必然表示這女人本身很無禮，或甚至無法進行對話。

BLUR糊弄

動詞或形容詞：女人停止回電話的狀態，雖然她一開始對那個男人打來的電話很興奮。

BUYING TEMPERATURE購買慾

名詞：女人準備和男人進行親密接觸的程度。很高的購買慾通常來得快去得也快，和吸引力不同。為了長時間維持一個女人的生理興趣程度，把妹達人會試圖以快步調的慣例來增加她的購買慾。出自：泰勒‧德登。

CALIBRATE察言觀色

動詞：解讀一個人或一群人的言行反應，並精確地推論出他們當時的想法或感覺。出自：理查‧班德勒與約翰‧葛瑞德。

CAVEMAN撒野

動詞：在女人的同意之下，直接而積極地增加身體接觸，並且朝著性的目的進行；意指早期人類並不使用智慧和言語，而是依本能與動物性來求偶。

CHICK CRACK馬子快克

名詞：大部分女人感興趣，而大部分男人都沒興趣的任何精神或心理面的主題。出自：泰勒‧德登。

COCKBLOCK擋屏

名詞和動詞：干擾或妨礙把妹達人遊戲的人，不管是偶然或故意。擋屏者可能

是女人的朋友、把妹達人的朋友，或者陌生人。

CRASH AND BURN打槍

動詞：剛接近一個女人或一群人，就遭對方直接且無禮地拒絕或閃避。

DAY TWO第二天

名詞：第一次約會。同義詞：second meeting（第二次見面）。

DHV（demonstration of higher value）展示高度價值

名詞或動詞：一個慣例，把妹達人在其中展現一種技巧或特質，以提升他的價值、吸引力或一群人的評價，讓他在夜店把其他較遜色的男人比下去。反義詞：DLV（demonstration of lower value）。

DOGGY DINNER BOWL LOOK小狗討食臉

名詞：女人被男人吸引時，所表現出的恍惚表情。簡稱：DDB。出自：羅斯・傑佛瑞。

ELICIT VALUES誘出價值觀

動詞片語：經由對話引出對一個人重要的東西，通常是為了要知道是什麼在驅策他們的深度內在慾望。在把妹用語中，誘出價值觀可以幫男人判定出，聲稱自己正在尋找有錢老公的女人，其實只是在尋找安全感。簡稱：EV。出自：理查・班德勒與約翰・葛瑞德。

FALSE TAKEAWAY假性剝奪，見TAKEAWAY。

FALSE TIME CONSTRAINT假性時間限制，見TIME CONSTRAINT。

FB（fuck buddy）炮友

名詞：可以進行隨興性行為，而沒有投入情感或期待交往的人。

FIELD現場

名詞：把妹達人能認識女人的任何公開場所。

FIELD REPORT現場報告

名詞：搭訕或夜間出遊把妹的文字紀錄，通常貼在網路上。簡稱：FR。其他種類的報告包括：OR（outing report，約會報告）、LR（lay report，性交報告）、FU（fuckup report，失敗報告）、TR（threesome report，3P報告）。

FIELD TEST現場測試

動詞：和其他把妹達人分享之前，先在不同社交場合的某些女人身上實驗，並精進某個把妹戰略或慣例。

FLAKE放鳥

動詞：女人取消約會或沒有前來赴約。

FLUFF打屁

動詞：通常是在兩個剛認識的人之間的隨意寒暄，會出現的話題包括：住在哪裡、做什麼工作，以及大概的興趣和嗜好。

FMAC（find, meet, attract, close）尋找、認識、吸引、收場

名詞：把妹模式的基本順序。出自：謎男。

FRAME框架

名詞：一個包含了人、事、物或環境的文本脈絡，也就是個人的世界觀。出自：理查‧班德勒與約翰‧葛瑞德。

FREEZE OUT冷凍

動詞或名詞：對一個女人不理不睬，好讓她自己尋求肯定，通常用來反擊做愛前最後一刻的抵抗。

FULL-CLOSE完全收場

1.動詞：完成性行為。2.名詞：性行為。同義：fuck closed-close或f-close。
出自：謎男。

GROUP THEORY團體理論

名詞：概念來自於女人通常有朋友陪伴，為了認識她，男人必須先贏得她朋友
的贊同，並且故意表現得對她興趣缺缺。出自：謎男。

HB（hot babe）辣妹

名詞：把妹社群成員用來指稱辣妹的用語。評論辣妹時，通常會附上一個對她
美麗程度的評分，例如：HB10（辣妹10分）；或是接著一個代號，例如：HB
Redhead（紅髮辣妹）。出自：Aardvark。

HIRED GUNS雇傭槍手

名詞：服務業的女性員工，通常因為美貌而得到該份工作，例如：酒保、女服
務生、酒促小姐和脫衣舞孃。出自：謎男。

HOOK POINT上鉤點

名詞：把妹過程中的某個時間點。當女人（或團體）決定，她很喜歡那個剛才
搭訕自己的男人的陪伴，而且不希望他離開。出自：型男。

INSTANT DATE 即時約會

名詞：同一天帶著剛認識的女人到另一處續攤，通常會從吵雜的環境換到較能
安靜交談的地方，以認識彼此，例如從酒吧到咖啡廳。出自：謎男。

IOI（indicator of interest）興趣指標

名詞：女人給男人的暗示，間接表示她被他吸引了或對他感興趣。這些線索通
常是無意識而且很細微的，包括：當男人說話的時候靠過去、問些普通的問
題好讓對話繼續，或當他握她手的時候緊握回去。反義：IOD（Indicator of
Disinterest，反感指標）。出自：謎男。

IVD（interactive value demonstration）互動價值展示

名詞：一種簡短的慣例，藉著教她某個關於她自己的東西，來抓住她的注意和興趣。出自：型男。

KINO進挪

動詞：觸碰或被觸碰，帶著性暗示或挑起興奮的意圖，通常發生在真正的性接觸之前。例如：揉頭髮、握手或抓屁股。源自「kinesthesia」動覺。出自：羅斯・傑佛瑞。

KISS-CLOSE親吻收場

1.動詞：熱情地接吻或愛撫。2.名詞：一個熱情的吻或愛撫。簡稱：k-close或close。出自：謎男。

LJBF（let's just be friends）我們還是當朋友就好

動詞或形容詞：女人對男人的一套說詞，用來表示她在性慾或愛情上對他沒興趣。男人常聽見一整套的LJBF的理由，或是被LJBF（LJBF'ed）的故事。台版說法是「被發了一張好人卡」。

LMR（last minute resistance）最後一刻的抵抗

名詞：通常發生在接吻後，女人透過言語或動作阻止自己感興趣的男人，避免進入更親密的性接觸。例如：解開她的胸罩、把手伸進她內褲裡，或是插入。

LSE（low self-esteem）低自尊

形容詞：用來描述女人缺乏安全感而且傾向於採取自貶或自毀的行為。出自：MrSex4uNYC。

LTR（long-term relationship）長期關係

名詞：即女朋友。

MANAGE EXPECTATIONS管理期待

動詞：男人跟女人上床之前，就先講明立場，讓她不會期待太多或太少。

MLTR（multiple long-term relationship）多重長期關係

名詞：被劈腿的女人，或是把妹達人目前交往的許多女朋友之一。理想的狀況是，把妹達人對他的MLTR們都很誠實，讓她們知道他也和其他女人交往。出自：Svengali。

MM（Mystery Method）謎男方法

名詞：由謎男創立的把妹學派，著重於間接團體接近。出自：謎男。

MODEL模仿

動詞：觀察並仿效另一個人的行為，通常是模仿擁有受人喜愛的特質或技巧的人。出自：理查·班德勒與約翰·葛瑞德。

MPB（male pattern blindness）男性模式盲目

名詞：某些男人的無能，無法判斷女人是否被他吸引或對他感興趣，直到她離開了才知道，要行動已經太晚了。出自：Vincent。

MPUA（master pickup artist）把妹大師

名詞：非常擅長遊戲的玩家，其技巧讓他登上社群最頂尖的地位。

MYSTERY'S LOUNGE謎男沙發吧

名詞：一個會員制的私人網路論壇，社群中的許多重要把妹達人在此交換技巧、相片和現場報告。出自：謎男。

NEG否定

名詞：把妹達人對剛認識的美女所使用的模糊說法，或無意間的冒犯，用來向她（或她朋友）表示對她缺乏興趣。例如：「妳的指甲好漂亮，是真的指甲嗎？」2.動詞：對一個美女故意表現得興趣缺缺。藉由一種模糊的說法、無意的

冒犯，或提出建設性的批評。同義詞：neg hit。出自：謎男。

NEWBIE MISSION 菜鳥任務

名詞：幫助害羞的男人克服恐懼的練習。菜鳥任務包括：花一整天在公眾場所，例如購物中心，對經過的每個女人說「嗨」。

NLP（neuro-linguistic programming）神經語言程式

名詞：一個發展於1970年代的催眠學派，大致上根據米爾頓‧艾瑞克森（Milton Erickson）的技巧。不像傳統催眠會讓對象進入睡眠，這是一種清醒的催眠，以微妙的對話暗示和身體姿勢，在潛意識裡影響一個人。出自：理查‧班德勒與約翰‧葛瑞德。

NONVERSATION空對話

名詞：一種對話，一個人並沒有注意另一個人在說什麼，通常是因為缺乏興趣或分心。出自：型男。

NUMBER-CLOSE電話收場

1.動詞：從女人那裡得到正確的電話號碼。注意，把自己的電話給女人不算。
2.名詞：在把妹過程中得到的女人的電話號碼。同義：#CLOSE。出自：謎男。

OBSTACLE障礙者

名詞：把妹達人為了對團體中他感興趣的女人進行遊戲，不得不先吸引住的一個人或幾個人。出自，謎男。

ONE-ITIS真命天女症、真命天女

名詞：1.對某個女孩的暗戀，把妹達人認為這種對單一女人的執著，會大幅降低男人和她交往或上床的機會。2.某人迷戀的女孩。出自：John C. Ryan。

OPENER開場白

名詞：用來和一個或一群陌生人展開對話的一套說詞、問題或故事。開場白可

以是因應環境的（自然發展的）、是重複的（預先編造的）、直接的（對一個女人表示戀愛或性的興趣）或間接的（不表示任何興趣）。

OUTALPHA反制雄性領袖

動詞，見AMOG。

PAIMAI（pre-approach invitation, male approach invitation）接近之前的邀請、要男人接近的邀請

名詞：一種不經言辭或一連串的舉動，讓女人或團體注意到某個男人的方法，讓對方被真正搭訕之前，就先表達出想認識他的意思。出自：形控。

PATTERN橋段

名詞：一套說詞，通常是編造好的，用來吸引女人或是令女人興奮。

PATTERN INTERRUPT橋段中斷式

名詞：意料之外的一個字、一段話或突然出現的動作，用來阻止一個人的回應。例如：打斷一個正在談論前男友的女人，並迅速轉移話題。出自：理查‧班德勒與約翰‧葛瑞德。

PAWN抵押

1.動詞：融入一個團體，以便認識某個女人或是其旁邊的團體。2.名詞：為了認識附近的某個女人或團體而接近的某個人。抵押可以是認識的人或陌生人。出自：謎男。

PEACOCK孔雀理論

故意穿戴非常顯眼的衣物或配備，以得到女人的注意。裝備包括：明亮閃耀的上衣、螢光飾品、羽毛圍巾、彩色牛仔帽，或是能在人群中顯得突出的東西。出自：謎男。

PHASE-SHIFT瞬移

動詞：與女人一對一交談中進行轉變，從一般談話變成緩慢、充滿性意味的談話、觸摸或肢體語言；用在嘗試接吻之前。出自：謎男。

PIVOT樞紐

名詞：通常是女性朋友，用來在社交場合中幫忙認識其他女人。樞紐有很多功能，她提供了社會認同，或引起目標的嫉妒，她可以讓困難的組合比較容易切入，而且可以向目標誇耀把妹達人。同義：WINGWOMAN。

PROXIMITY ALERT SYSTEM鄰近警報系統

名詞：察覺到一個或一群女人奇怪地站在附近，期望有人來搭訕的狀態。通常，女人會背對著把妹達人，好讓一切看起來像是巧合。出自：謎男。

PUSH-PULL推拉法

名詞：一種用來創造或增加吸引力的技巧，男人對女人刻意欲擒故縱。這順序可以是：（1）發生在幾秒內，例如握一個女人的手然後放下，彷彿你還不信任她；（2）長時間，例如在講這通電話時很親切，下一通電話卻顯得疏遠而且無禮。出自：型男。

RAFC（reformed average frustrated chump）改造中的挫敗拙男

名詞：還沒變成把妹達人，或還不熟悉把妹技巧的把妹學員。

REFRAME重新框架

動詞：改變某人的想法或看待情況的脈絡；或是改變一個人在一個想法或情況中的意義。出自：理查‧班德勒與約翰‧葛瑞德。

ROUTINE慣例

名詞：一段故事、編造的對話、技巧展示，或是其他準備好的材料，用來開始、維持或推進和一個女人或她的團體的互動。例如：好朋友測驗、演化瞬移、心靈感應遊戲。

RSD（Real Social Dynamics）正宗社交力學

名詞：專營把妹研討會、授課和相關產品的一家公司，由老爹和泰勒‧德登創立。出自：老爹。

SARGE巡視

1.動詞：把妹，或出門去認識女人。2.名詞；被把到的女人。出自：Aardvark。

SARGER巡佐

名詞：把妹的人或把妹社群的成員。

SECOND MEETING第二次見面

名詞：第一次約會。同義詞：DAY TWO。

SET組合

名詞：社交場合中的一群人。兩人組（two-set）是兩個人一群，三人組（three-set）是三個人一群，依此類推。組合可能包括女人、男人，或兩者皆有（此狀況被稱為混合組「mixed sets」）。出自：謎男。

SHB（super hot babe）超級辣妹

名詞：一個非常有吸引力的女人。

SHIT TEST廢物測試

名詞：一個問題、要求或看似敵意的意見。女人用來評量一個男人是否值得成為男友或性伴侶。如果男人只看問題、要求或看似敵意的意見的表面，他就失敗了，也失去和她進一步互動的機會。例如，說他對她而言太年輕或太老，或是要求他做些沒必要的事。

SHOTGUN NEG霰彈槍否定

名詞：在團體中，對單一女人的否定，藉由虧她以取悅團體。出自：謎男。

SNIPER NEG狙擊槍否定

名詞：在一對一交談時用來讓女人覺得尷尬的否定。出自：謎男。

SOI（statement of intent/show of interest）興趣表現

名詞：一種直接的說法，用來讓女人知道有人被她吸引，或是對她印象深刻。
出自：Rio。

SS（Speed Seduction）快速引誘

名詞：一個以神經語言程式為基礎的把妹學派，由羅斯‧傑佛瑞在1980年代建立。出自：羅斯‧傑佛瑞。

STALE變調

動詞或形容詞：電話聯繫已經失效，這種狀況通常是因為互動之間拖了太久，女人已經失去興趣了；也可形容一個對把妹達人失去興趣的女人。

STYLEMOG型動

名詞或動詞：一組微妙的戰略、行為舉止、暗藏諷刺的恭維，用來讓把妹達人領導一個團體。出自：泰勒‧德登。

SUBCOMMUNICATION次溝通

名詞：由一個人的舉止、穿著或一般表現出來的印象、訊息或影響；一種間接、非語言的溝通形式，通常女人比男人容易感覺得到。出自：泰勒‧德登。

SUPPLICATE哀求

動詞：為了取悅女人，而讓自己處於卑微或低劣的位置，例如：請她吃飯，或為了贊同她而改變自己的想法。

SYNESTHESIA共感覺

名詞：原來的意思是不同感官知覺的重疊，例如：「聞」到一種顏色。在把妹時用來指稱一種清醒的催眠，其中，女人被置於高度的清醒狀態中，然後被告

知要想像愉悅的影像和感覺，讓它越來越強烈飽和。目的是藉由暗示性、譬喻的話語、感覺和想像，激起她的興奮。同義：HYPEREMPERIA。

TAKEAWAY剝奪

名詞：一種把妹技巧，男人接近女人並相處融洽時，刻意離開短暫幾秒鐘或長達幾個鐘頭，用以顯示對她缺乏興趣，並增加對她的吸引力。同義：FALSE TAKEAWAY。

TARGET目標

名詞：被把妹達人鎖定，並對她進行遊戲的女人。出自：謎男。

THREE-SECOND RULE三秒法則

名詞：一個指導方針，即初次見到女人，三秒內就要接近她，如此可避免男人因顧慮太多而緊張，也避免因為盯著她太久而嚇跑她。出自：謎男。

TIME CONSTRAINT時間限制

名詞：告訴一個女人或一群人，你很快就要離開了。用意在解除女人的焦慮，讓她不會擔心剛認識的男人會整晚黏在她旁邊。或是她去男人的家時，被期待要和他上床。同義：false time constraint（假性時間限制）。出自：型男。

TIME DISTORTION 時間錯亂

名詞：原為催眠用語，指催眠對象對時間長短沒有實感，亦指一種把妹技巧，讓女人感覺自己認識把妹達人的時間比實際上還久。時間錯亂的例子包括：在同一晚帶一個女人去好幾個不同的地方，或是讓女人想像兩個人的未來事件與冒險。同義詞：FUTURE PACING（未來步調）或FUTURE EVENTS PROJECTION（未來事件投射）。

TRANCE WORDS罩門語

名詞：一個人在說話時強調或重複的字句，暗示著這些字句對說話者有特殊意義。一旦把妹達人知道某個女人的罩門語，他可以將那些字句用在對話中，讓

她產生共鳴。出自：理查‧班德勒與約翰‧葛瑞德。

TRIANGULAR GAZING三角凝視

動詞：試圖親吻女人前使用的一種技巧。當進行眼神接觸時，男人會數次短暫、暗示地瞄向她的嘴唇。

WBAFC（way-below average frustrated chump）遠低於標準的挫敗拙男

名詞：對女人完全沒辦法的男人，通常是因為尷尬、緊張和缺乏經驗。

WING 僚機

名詞：具備一些把妹常識的男性友人，可以幫忙認識女人、吸引女人或把女人帶回家。在把妹達人跟女人說話的時候，他能幫忙支開女人的朋友，或是直接告訴女人把妹達人的正面特質。同義：WINGMAN。

WINGWOMAN 女僚機

名詞，見PIVOT。

WOOD木頭

名詞：無用之物，如廢紙，通常用來描述一個女人大方寫下電話號碼，對方打去了，她卻不回他電話。

YES-LADDER同意階梯

名詞：一種說服的技巧。藉由設計好讓對方正面回答的一連串基本問題，增加此人對最後的關鍵問題也做出正面回答的機率。例如：妳積極主動嗎？妳愛冒險嗎？妳想玩一個叫做立方體的遊戲嗎？

致謝詞

Acknowledgments

他們現在在哪裡呢？

自從開始寫這本書以來，已經有太多事情發生，不管是好萊塢計畫或書中人物們的生活，都足以再寫一本續集了。不過，我還是摘要說明就好，我自己的故事已經說完了。以下是感謝名單……

感謝謎男，他依照原訂計畫和女友安妮雅一起搬到拉斯維加斯，住在拉斯維加斯大道上的公寓，也終於找到一位夠格的事業夥伴，薩佛伊，讓他的財務狀況大為好轉。他幾乎每個週末都會舉辦研討會，學費是驚人的2,250美元，但據我所知，學員們都上得很開心。他在拉斯維加斯的第一個朋友，大衛・考柏菲，在看了《紐約時報》上關於社群的那篇文章後和謎男聯絡，幾乎每天和他通話。不過，謎男尚未成功說服安妮雅嘗試3P。

感謝泰勒・德登和老爹，他們自己也很快就離開好萊塢計畫了。更多PUA可恥地進出這屋子之後，他們讓一對新世紀夫妻搬進謎男的房間，交換這對夫妻在紐約的公寓使用權，好當作授課的基地。新房客的國際黑天覺悟會（Hare Krishna）狂熱者幾乎每天到訪致意——在好萊塢計畫的客廳祭祀歌唱、舞蹈和鬥法。但是當泰勒・德登到曼哈頓去主持一個週末的授課時，那間公寓的住戶卻不讓他在那裡教課。

同時，根據房客的說法，掌控好萊塢計畫的鬥爭開始了。接下來發生的事，真相可能永遠沒人知道。新世紀夫妻表示，泰勒和老爹被當地主管當局控告在住宅區進行商業活動，遭法院傳喚之後匆匆逃離紐約。泰勒和老爹卻堅稱，是好萊塢計畫的租金耗掉太多公司營收。無論是哪個原因，在十八個月的租約到期之前一個半月，老爹、泰勒和其他住在房子裡的把妹達人，匆匆打包後離開。搬到一間集合公寓，距離麗莎家以及我帶謎男

去的那個心理治療中心只有一條街。

　　泰勒·德登和他的新女友住在那裡，而老爹繼續追求芭莉絲·希爾頓，而且覺得自己越來越接近她了。這兩人繼續經營正宗社交力學，而且從學員那裡獲得非凡的褒揚感謝。

　　感謝好萊塢計畫，現在住的是一對古怪的新世紀夫妻和一位優秀的清潔婦，自稱為「清潔佛陀」（Cleaning Buddha），她住在我的老房間裡。

　　感謝賀柏和卡蒂雅，他們在奧斯汀繼續交往了六個月。賀柏和他的沙袋鼠香尼卡一起住在他買的房子。同時，他為了跟朋友打賭，正在受訓要打破百米短跑紀錄。他還懸賞給任何可以成功控制睡眠節約的人。卡蒂雅後來回到紐奧良，在那裡當模特兒和彩妝師。她的弟弟成了基督教徒，這一年多來沒有再出現妥瑞症的症狀。

　　感謝病仔和公子，他們回到紐約之後無法拋開把妹世界，現在共同經營一家先鋒形象公司（Cutting Edge Image Consulting），提供造型和約會的錄音帶課程，以及現場授課和電子書產品。

　　感謝達斯汀，天生好手之王，他仍然住在耶路撒冷，而且和拉比的女兒結婚了，可惜我無法出席他的婚禮。

　　感謝馬可，他在貝爾格勒訂婚了。他說他拒絕了把妹達人的建議，用吟詩、送花、和正式的約會追了他的未婚妻好幾個月。他們打算要搬到芝加哥，一起共組家庭。

　　感謝羅斯·傑佛瑞，他終於結束和謎男的敵對。和一個護士短暫交往之後，現在回到現場巡視，幫助男人做出重大突破，以克服恐懼、害羞和舊思維，據他表示，他現在從NLP擴展出來，和一個心靈覺醒的指導者與一個瑜伽教師，共同探究對個人改造更精神性的想法。

感謝寇特妮・洛芙，她解決了官司，到目前都很努力遠離八卦小報。她和女兒快樂地住在一起，而且正和比利・寇根（Billy Corgan）與琳達・派瑞（Linda Perry）一起籌備新專輯。她說她想要在電影裡飾演卡蒂雅。

感謝形控，他默默地維持這個社群的運作。他的快速引誘（Fast Seduction）網站一直是所有把妹大師的交流場所，而且他的研究和網站內容，對把妹術語的整理非常有幫助。

感謝克里夫，社群的另一個支柱，他最近帶了幾百個學員和幾十個講師到蒙特婁舉辦第一次年度把妹達人大會。

感謝萬惡，他在亞特蘭大娶了那個喜歡被拴著散步的女人。我最近很榮幸見到她，你絕對無法想像。

感謝小甜甜布蘭妮，她也結婚了，兩次喔。感謝湯姆・克魯斯，他最近宣布訂婚，而且不怕公開表達他的愛。每當我要做困難的決定，就會自問：「湯姆・克魯斯會怎麼做？」然後我會在沙發跳上跳下。

感謝織夢者，他現在正在寫劇本。在本書出版之前不久，他被診斷出腦瘤，被獨行俠送到醫院。謎男沙發吧的成員之一維希堤（Versity），他的父親是頂尖的癌症外科醫師，提供了不少幫助。織夢者，你是個有才華、有創意的人，我們全都為你祈禱。

感謝葛林伯，他把全部時間投入於行銷他的把妹電子書和錄音帶課程；感謝劈腿，他離開洛杉磯去上研究所；感謝視界，他最近成為維希堤的孩子的教父；感謝毛衣，他正在和他妻子辦分居。

感謝社群，和過去兩年來我交到的幾百個朋友。希望你們全都能找到你們在尋找的東西——在愛情和生活中。你們有些人可能會不安，因為我放棄了遊戲。但是別擔心：總是會有方法讓男人和女人認識和上床。無論

是什麼方法，你們全都會找到的。

感謝凱洛琳、娜迪雅、瑪雅、美加、希亞、凱莉、希拉蕊、蘇姍娜、潔西卡一號和二號，以及成為我生命中一部分的其他美麗的女性。打電話給我，我會解釋一切。

感謝所有其他的導師：大衛・狄安傑羅，他的電子報已成長到有110萬個會員，而且還對女人提供如何抓住並留住男人的建議；瑞克，他搬到羅馬尼亞追求新事業和浪漫冒險；史提夫・P和拉斯普廷，他們在系列錄影帶中分享他們的技巧。同時也感謝搖擺貓（Swingcat）和大衛・薛德。

感謝每一個允許我引用他們的貼文和現場報告的人。雜耍人，他暫停了喜劇生涯，以發展他的把妹事業並完成電子書，現在和他的新女友（一個健身教練兼馬拉松選手）住在一起，他依然喜歡抒情歌天王巴瑞・曼尼洛（Barry Manilow）。多面，他完全脫離社群了，專注於開拓喜劇事業和每週的現場表演。杰雷克司，他找到一個謎男一直夢寐以求的雙性戀女友，而且在一系列刺激的現場報告中詳述他們的冒險，值得自成一本書。

感謝Judith Regan，她在《紐約郵報》第六版指控我勾引她十三歲的女兒。我想她是開玩笑的，就算不是，我也原諒她。她從一開始就一直支持著我經歷這整個瘋狂的冒險，她不只是出版商也是守護天使。

感謝Regan Books的其他工作人員，尤其是我（在此插入誇張的形容詞）的責任編輯Cal Morgan，在編完這本書之後他很興奮要認識麗莎，當他見到她的時候，結巴到說不出話來。

同時感謝長久受苦的Bernard Chang、Michelle Ishay、Richard Ljoenes、Paul Crichton、Cassie Jones、Kyran Cassidy和Aliza Fogelson。

感謝我的經紀人Ira Silverberg，他一直想讓我寫些知識分子的主題。感

謝Anna Stein和其他在Donadio and Olson的工作人員。

感謝David Lubliner、Andrew Miano、Craig Emanuel、Paul Weitz、Chris Weitz、Andrea Giannetti、Matt Tolmach和Amy Pascal，因為他們支持了另一個好萊塢計畫。

感謝我謙虛的特派員Fedward Hyde的協助研究，他愛用長字的e-mail簡直媲美喬哀思作品，也許不是詹姆士‧喬伊思（James Joyce），但至少是心理諮商專家喬伊思‧博拉樂斯博士（Dr. Joyce Brothers）（你被型動了。）感謝Lovedrop，他創造了最初的謎男方法課程手冊。感謝Sue Wood，她耐心地謄寫記錄一個又一個的錄音帶，這是很不簡單的成就，因為其中包括了好幾個鐘頭的催眠和家庭會議。也感謝Laura Dawn和Daron Murphy分擔了其他的錄音帶。

感謝我眾多的自我改造指導者，包括Joseph Arthur（因為聲音課程、無盡的智慧、和一次大開眼界的伊沙蘭按摩〔Esalen retreat〕）和Julia Caulder（她教我亞歷山大技巧，讓我在洛杉磯歌劇院看她唱華格納歌劇）。

感謝每一個讀過初期手稿的人，包括Anya Marina、Maya Kroth、M the G、Paula和Hazel Grace、Marg這位嚴厲的保姆，以及我弟弟Todd，現在他腦子裡有一堆寧願忘記的影像。

最後，是的，麗莎和我仍然在一起。雖然過去兩年我已經學會了所有關於吸引、誘惑和求愛的東西，但對於如何維持一段健康的關係，我卻什麼也沒學到。相處比學習把妹需要更多時間和努力，但這已經帶給我更多更多的滿足和喜悅了。也許是因為，這並不是遊戲。

---

* 註：此書2005年出版，根2006年2月19日的英國小報《周日鏡報》〔Sunday Mirror〕報導，麗莎與作者已經分手。她的下一任男友是壞小子羅比‧威廉斯。）

not only passion